BEIHANG LAW REVIEW

北航法律评论

编辑部地址：北京市海淀区学院路37号北京航空航天大学法学院
　　　　　《北航法律评论》编辑部　　邮编：100191
Email：bhlawrev@163.com
微信（Wechat）公众号：北航法律评论

主办／北京航空航天大学法学院

北航法律评论

■ 主编／李昊　明辉

■ 2017年第1辑（总第8辑）

BEIHANG LAW REVIEW

法律出版社

目　　录

译　文

专题:民营化

引 言

李 剑

西方的"民营化"(privatisierung)是起自20世纪80年代,发生在公共行政领域内的一场重大变革。它代表着政府对国家干预主义、福利主义等行政理念的反思。西方的民营化过程伴随着经济运行环境与机制的自由化、政府对经济管制放松、市场机制的增强以及民营经济功能的强化等,而在具体措施上则表现为政府把国有企业和公共服务设施等有形的国有资产通过出售、股份制改造、兼并重组等多种形式转让给私人经济体经营。民营化潮流的影响范围之广、程度之深,再加之其与全球化、经济一体化等潮流的交互作用,使之成为近几十年来备受人们关注的问题。

作为一种时代的"主旋律",德国的民营化发展过程始终受到德国法学界的密切关注。就公法层面而言,无论是"行政法现代化"还是公法教义学革新论等思潮,德国行政法学,特别是经济行政法领域近30年来的发展轨迹在很大程度上可以被看作一种与德国民营化发展的"互相唱和"。民营化所带来的重大变革向政治、社会、经济等各个方面渗透。立法与行政为了应对民营化而进行的调整也必然迫使司法对其作出回应。无论是从"瘦身国家"到"主动国家"转变的行政改革,还是在欧盟推动下的联邦立法活动,以及法教义学上持续多年的行政法教义学革新运动,这些都可以看作在民营化影响下的各种社会形塑活动交织而成的交响乐。而这也构成了德国行政法学近20年来发展变革的主旋律之一。

民营化问题作为德国法学发展过程中的"时代主旋律",其所开启之问题意识主要围绕着对"德国公私法二元结构"之冲击这一主题。而引发这种冲击的政策背景则贯穿于欧盟到德国、中经各联邦州再到地方乡镇的广泛空间领域;而对民营化问题在学理上的因应则体现在宪法上的基本权理论、法治国理论、社会国理论以及行政法总论下的组织法理论、公共任务理论、行政行为理论、行政合同理论,最后则延宕至不同的部门行政法中。从某种意义上说,民营化问题是德国行政法学近几十年来牵一发而动全身的关键性问题。

对法学而言(特别是在公法领域),民营化问题的研究呈现出了公法在这个时代中的发展特点与理论形态上的变迁。从这个意义上说,民营化本身成了一面镜子。通过这面镜子,人们可以发现德国公法学的一些传统特征在民营化语境下所发生的深刻而复杂的变化。对于这些变化,法律人试图透过法教义学、法政策学以及法体系学等不同的视角对其加以观察与归整。如果要对民营化这一复杂现象的问题谱系加以整理和划分,那么我们首先还必须是分门别类地进行处理,否则我们很难在单一标准或视角下将民营化的问题谱系描述清楚。

由于德国法学关于民营化问题的研究视角众多,本次所选之三篇译文仅仅是以管窥豹而已。但三篇译文所讨论的问题都是民营化在法学领域中的基础问题,堪称德国法学民营化问题研究的一时之选。希望这三篇译文能够拓宽我国学界对民营化问题研究之视域。

公共部门的企业活动:对一个行政法现象的重新考量

[德]彼得·胡贝尔(Peter M. Huber)* 著 李 剑** 译

【摘 要】公共部门以私人企业的组织形式来承担公共任务,这是民营化过程中的必然趋势。其所带来的组织法上的变革,对于德国传统上的公、私法二元模式产生了根本性的冲击。但司法上对这一现象是采用法教义学上的个案回应,然后再进行类型化的方式来消化这种冲击。事实上,从欧盟法到基本法(基本权)再到具体的部门法(竞争法),对新形势下的企业活动有了不同于以往的规制要求,而这些都需要从法学上的不同理论视角来加以审查,并最终达到一种新的平衡状态,以此来满足法律安定性的需要。

【关键词】公共部门 企业活动 民营化 管制

一、导论

公共部门的企业活动属于(公法上的)经济法上的一个"永恒"主题。Storr教授在其"教授资格论文"中对这一主题的讨论作出了贡献,[1]同时这一主题

---

* [德]彼得·胡贝尔(Peter M. Huber),慕尼黑大学法学院公法与国家法哲学教席教授,德国联邦宪法法院大法官,师从德国著名法学家彼得·巴杜拉教授。主要研究领域为欧盟经济公法、竞争法、采购法,特别是在民营化问题的研究方面为德国学界权威之一。主要社会兼职:德国高校联合会委员、德国国家法学会理事、欧盟政党法及政党制度研究会委员、德国公法权威期刊《公法档案》主编。

** 李剑,德国慕尼黑大学公法学博士生,具体研究领域为"德国民营化与地方生存照顾"。

〔1〕 *K. A. Schachtschneider*, Staatsunternehmen und Privatrecht, 1986; *St. Storr*, Der Staat als Unternehmer, 2001; der unternehmerischen Betätigung der öffentlichen Hand widmen erhebliche Teile auch die Habilitationsschriften von *D. Ehlers*, Verwaltung in Privatrechtsform, 1984, S. 88 ff. ; *J. Hellermann*, Örtliche Daseinsvorsorge und gemeindliche Selbstverwaltung, 2000, S. 153 ff. ; *P. M. Huber*, Konkurrenzschutz im Verwaltungsrecht, 1991, SS. 22 ff. , 37 f. , 74 f. , 82 f. , 126 ff. , 312 ff. , 509 f. , 535 f.

也是2002年第64届德国法学家大会的讨论对象,[2]国家法学研讨会[3]以及太多的论文对此主题有过讨论。[4] 十年前,这也是Peter Badura教授在经济行政法文集中所讨论的核心主题。[5]

作为竞争法的一部分,[6]它正处于法政策之"大趋势"的交叉点上:由于持续民营化带来的从履行责任转向担保责任的范式转换已经招致了对私法行为以及私法组织形式的"大抢购",接下来便丧失了在国家层面、区域层面以及地方层面上[7]经济政策方面的形塑可能性,并且随着财政形势的恶化,特别是在乡镇范围内以企业活动作为地方行政动力的情况变得泛滥。

从法教义学的角度来看这一问题有特别的魅力。基本权教义学的完善化与现代化[8]同样不能排除在规范保护理论下举出前后矛盾的例子。[9] 公共

---

[2] 参见 *D. Ehlers*, Gutachten, Empfiehlt es sich, das Recht der öffentlichen Unternehmen im Spannungsfeld von öffentlichem Auftrag und Wettbewerb national und gemeinschaftsrechtlich neu zu regeln?, Gutachten E zum 64. Deutschen Juristentag, Berlin 2002。

[3] *W. Löwer/TH. Puhl/M. Holoubek*, Der Staat als Wirtschaftssubjekt und Auftraggeber, VVDStRL 60 (2001), 416 ff., 456 ff., 513 ff.

[4] 最新论述参见 *W. Diefenbach*, § 1 UWG als Schranke wirtschaftlicher Betätigung der Kommunen, WiVerw 2003, 99 ff.; Ders., Zur Konkurrentenklage gegen unzulässige kommunale Wirtschaftstätigkeit, WiVerw 2003, 115 ff.; *M. Heintzen*, Rechtliche Grenzen und Vorgaben für eine wirtschaftliche Betätigung von Kommunen im Bereich der gewerblichen Gebäudereinigung, 1998; *U. Hösch*, Die kommunale Wirtschaftstätigkeit, 2000; *W. Meyer*, Kommunalwirtschaftsrecht und kommunale Handwerkstätigkeit, WiVerw 2003, 57 ff.; *F. J. Lindner*, Zur grundrechtsdogmatischen Struktur der Wettbewerbsfreiheit, DÖV 2003, 185 ff.; *W. Löwer*, Der Staat als Wirtschaftssubjekt und Auftrageber, VVDStRL 60 (2001), 416 ff。

[5] *P. Badura*, Die Erfüllung öffentlicher Aufgaben und die Unternehmenszwecke bei der wirtschaftlichen Betätigung der öffentlichen Hand, FS für Schlochauer, 1981, S. 3 ff.; Ders., Unternehmenswirtschaftlichkeit und Infrastrukturgewährleistung im Bereich des Postwesens-Ausgleichsfonds, Exklusivlizenz und offener Netzzugang bei Universaldienstleistungen, ArchivPT 1997, 277 ff.; Ders., Die wirtschaftliche Betätigung der öffentlichen Hand mit besonderer Berücksichtigung der öffentlich-rechtlichen Wettbewerbs-Versicherungsunternehmen, ZHR 146 (1982), 448 ff.; Ders., Die öffentlichen Unternehmen im europäischen Binnenmarkt, ZGR 1997, 291 ff.; Ders., Wirtschaftliche Betätigung der Gemeinde zur Erledigung von Angelegenheiten der örtlichen Gemeinschaft im Rahmen der Gesetze, DÖV 1998, 818 ff.; Ders., Die Wirtschaftstätigkeit der öffentlichen Hand und die neue Sicht des Gesetzesvorbehalts, FS für Steindorff, 1990, S. 835 ff.

[6] *U. Schliesky*, Offentliches Wettbewerbsrecht, 1997.

[7] 国家补贴作为经济治理工具的情况已基本消失(Art. 87 f. EG, VO/EG Nr. 659/1999),公共采购越来越远离各成员国(§§97 GWB)。当然公共部门参与的私人企业在非市场条件下(理性投资者测试)也能满足补贴的要件,EuGH, DVBI 2001, 47 ff. -Deutschland/Kommission。[§52 Abs. 8 EstG 1995), Rz. 26 f.]

[8] 参见 *P. Badura*, FS für Steindorff, 1990, S. 835, 838 ff。

[9] 一般论述参见 *P. Badura*, DÖV 1998, 818 ff。

部门的企业活动需要关注欧盟竞争法以及其对生存照顾问题的讨论(《欧共体条约》第86条并第16条,Art. 86 i. V. m. Art. 16 EG),[10]这一法域的吸引力已经逐步提高。

二、“企业活动”之概念

行政法在传统上将私法性质的国家活动区分为以下两种:一种是以私法组织形式直接履行公共任务,即所谓的行政私法;[11]另一种是公共部门以竞争形式参与的经济活动,即所谓的国库行为(这是一种间接的履行公共任务)。[12]这是企业活动通常的分类方式。

由于在直接与间接的任务履行之间缺乏足够的区别度,并且要在公法范围内找到有力的法律关系之教义学上的解决思路,[13]所以现有的归纳方式并不可靠。州的立法者当时已经看到了这一差距,特别是在地方法规中对地方企业或者公营企业(这两个方面)有了预见性的规定。[14] Peter Badura 教授不仅在目的上,而且也在活动与效果上描述了公共部门作为经济流通中作为货物与服务的提供者而进行的企业活动“……无需考虑这些活动是以公法组织形式还是以私法组织形式来进行的,也不用考虑公共部门在此是否具有独立的经济主体资格”。[15] 所以“企业活动”可以由行政主体自己来界定,它要么是公共部门所独自经营的企业(独自企业),要么是目前主流的混合制经济企业。

三、对公营企业活动的管制需求

1. “遁入私法”及其特别的管制结果

今天大部分的公共部门从事企业活动都是以资合公司的形式(股份公司或有限责任公司)。具有决定性意义的是,就像民营化所引起的部门法[16]修改一

---

〔10〕 Aus diesem Komplex *P. Badura*, ZGR 1997, 291 ff.

〔11〕 *H. J. Wolff/O. Bachof*, Verwaltungsrecht I, 9. Aufl., 1974, § 23 II b.

〔12〕 另外仅参见 *P. M. Huber*, Allgemeines Verwaltungsrecht, 2. Aufl., 1997, S. 251 ff。

〔13〕 另外仅参见 *H. Bauer*, Altes und Neues zur Schutznormtheorie, AöR 113 (1988), 582 ff.; Ders., Verwaltungsrechtslehre im Umbruch, DV 25 (1992), 301 ff.; *R. Gröschner*, Das Überwachungsrechtsverhältnis, 1992; Ders., Vom Nutzen des Verwaltungsrechtsverhältnisses DV 30 (1997), 301 ff.; *P. M. Huber*, in: ders. (Hrsg.) ThürStVerdischer Punkt oder Münchhausens Zopf ?, DV 30 (1997), 281 ff。

〔14〕 Art. 86 ff. BayGO; §§ 71 ff. ThürKO.

〔15〕 *P. Badura*, Wirtschaftsverwaltungsrecht, in: Schmidt-Aßmann (Hrsg.), Besonderes Verwaltungsrecht, 12 Aufl., 2003, Rdnr. 114.

〔16〕 Art. 87e Abs. 3, 143a; Art. 87f Abs. 2, 143b GG.

样,它也引起了宪法上的修改,[17]一时之间到处都充斥着“遁入私法”[18]的现象。而宪法上的界限几乎没有。[19]

自有企业以及为公共部门所控制的混合制经济企业长期以来占据着行政委托人的位置,然而它们几乎从没有试图摆脱这样的任务。

对于公共部门而言,“责任多样化”[20]的约束对于管控的条件与保障公民标准的“(意志)输出”而言并非没有效果。所以需要区别的是,一项行政任务是通过行政机关来履行,还是通过一个(潜在的)竞争性企业来履行。这对于“运营结果”的价值、公务员法上的控制手段、履行任务的法律形式和所适用的程序是不同的。

随着行政任务向私法法人(所谓的附庸)的移转,首先就取消了行政上的特别管控手段,比如以行政规章形式公布的行政部门指令以及劳动法上的领导权。[21] 换言之,行政高层的政治责任通常是强制性的(参见“输出模式”),公司法上更少的具有明确目标的管控手段被再次采用。在自有企业中公主体代表通常要服从公司章程,[22]比如对股东大会中的投票权之规定,以及对监事会成员召回之可能性(《股份公司法》第103条第2款)。[23] 出于对“股东价值政策”之考量而对股东的关心在这里是不需要的。在有限责任公司中公司合同所规定的指令权(《有限责任公司法》第52条)同样也给股份公司的控股协议(《股份公司法》第291~308条第1款)提供了机会。

当然,在这一关系中所引发的问题是公共部门所享有的“信息特权”,[24]即作为地方公法人之代表的公司监事会成员有向公共部门报告的义务(《预算原则法》第53条及以下条文,《股份公司法》第394条、第395条),并受到指令权[25]以及各种形式的企业共同投票权的约束(BetrVG 第74条、第76条第1款、第77条第1款,以及《企业共同投票权法》第7条第1款)。

---

[17] §7 Abs. 1 Satz 2 BHO; §7 Abs. 2 ThürLHO.

[18] *F. Fleiner*, Institutionen des Deutschen Verwaltungsrechts, 1928, S. 326.

[19] BVerfG, NJW 1995, 514 f. 将汉堡的防火基金转化为股份公司。

[20] 相关概念参见 *P. M. Huber*, Die entfesselte Verwaltung, StWiss 8 (1997), 423, 425, 430 ff。

[21] *P. M. Huber*, Die entfesselte Verwaltung, StWiss 8 (1997), 423, 433.

[22] 有关股份公司的问题可另见于 §23 Abs. 5 AktG。

[23] Einschränkend OVG Münster, NVwZ 1990, 791 ff.

[24] Dazu E. Gessler, AktienG, Kommentar, Band Ⅱ, EL 1992 §§394, 395 Rdnr. 1 ff.

[25] *Abl. R. Schmidt*, Der Übergang öffentlicher Aufabenerfüllung in private Rechtsformen, ZGR 1996, 345, 353 ff.

2. 保障充分的合法性水平

（1）对公共部门之企业活动的民主性上的特别要求

公共部门的企业活动要求具有民主合法性。这不仅是需要加以适用的问题，而是首先就要直接适用于履行公共任务的情况。联邦宪法法院认为，国家的活动（即使是额外的活动）“尤其是政府部门的所有活动都具有决断特征”，〔26〕所以必须向议会负责并且要有极强的可控性。出于这一原因，无论是组织还是个人、形式还是内容上的合法性〔27〕都必须有充分的合法性水平，〔28〕以便对国家任务的承担以及对国家权力的执行能够追溯到人民的意志并对其负责。〔29〕

能够采取的手段在宪法上并没有预先的规定。但还是可以从公务法上有关指令权的法律规定的细节上推知，从国家监督与担保权到“管控”“监视”“标准化”的一系列现代形式。〔30〕在这里被提及的法院的监管也要取决于行政执行、义务以及相关规范的有效执行〔31〕——当然通常这也要根据个体权利保护的范围来加以确定。

因为民主原则自身还涉及其他宪法原则的最佳化问题，〔32〕所以每项导致

〔26〕 BVerGE 47, 253, 272 f.; 77, 1, 40, 83, 60, 73; 93, 37, 68; BVerfG, Urt. v. 5. 12. 2002-2 BvL 5/98, 6/98, Rz. 155.

〔27〕 参见 BVerfGE 9, 268, 281 f.; 83, 30, 73, 66 f.; *E. W. Böckenförde*, Demokratie als Verfassungsprinzip, in: Isensee/Kirchhof, HStR I, 2. Aufl., 1995, § 22 Rndr. 16 ff., 21 ff。

〔28〕 BVerfGE 83, 60, 72; 89, 155, 182; 93, 37, 67.

〔29〕 BVerfGE 44, 125, 139; 47, 253, 271 f.; 最新论述参见 BVerfG, 2 BvL 5/98, 6/98, Urt. v. 5. 12. 2002, Rz. 155。

〔30〕 相关判决可参见 BVerfG, Urt. v. 5. 12. 2002-2 BvL 5/98, 6/98, Rz. 168, 172。污水处理合作以及其他合作社可考虑功能自治。

〔31〕 BVerfGE 60, 253, 289; *P. M. Huber*, in: v. Mangoldt/Klein/Starck, GG, Band I, 4. Aufl., 1999, Art. 19 Abs. 4 Rdnr. 3; *D. Lorenz*, Der Rechtsschutz des Bürgers und die Rechtsweggarantie, 1973, S. 130; zu den unionsrechtlichen Anstößen EuGH 1963, 1 ff. -van Gend & Loos-st. Rspr.; *P. M. Huber*, Recht der Europäischen Integration, 2. Aufl., 2002, § 8 Rdnr. 11; *J. Masing*, Die Mobilisierung des Bürgers für die Durchsetzung des Rechts, 1997.

〔32〕 BVerfGE 5, 85, 204 f. -KPD; BVerfG, Urt. v. 5. 12. 2002-2 BvL 5/98, 6/98, Rz. 167 f.; BayVerfGH E 2, 181, 218; *P. M. Huber*, Volksgesetzgebung und Ewigkeitsgarantie, 2003, S. 28 ff.; a. A. *Chr. Hillgruber*, Die Herrschaft der Mehrheit, AöR 127 (2002), 460, 469; *J. Isensee*, Verfassungsreferendum mit einfacher Mehrheit, 1999, S. 53; allgemein zum Prinzipiencharakter *R. Alexy*, Theorie der Grundrechte, 2. Aufl., 1994, S. 71 ff.; *H. Dreier*, in: ders. (Hrsg.), GG, Band Ⅰ, 1996, Vorb. Rdnr. 40; Band Ⅱ, 1998, Art. 20 Rdnr. 10.

正当性水准降低的措施都被视为一种“影响力扭曲”。[33]这实际上是一种合法性需求。[34]

(2)“影响力扭曲”的合法性

根据期待中的营利前景,被雇佣者观念的转变以及管理层更加优厚的报酬将会使组织民营化、私人资本及其在履行公共任务时所无法企及的职权成为可能。还有从经济的以及法治国家的角度开始对经济与行政的决定目标与决定权作出理智的区分。

铁路(《德国基本法》第87e条第3款第1句)与邮政领域(《德国基本法》第87f条第2款)的私有化,可以通过宪法自身的“制度”获得正当性,只要不介意任何的怀疑。除此之外,还要得到联邦和各州在预算法上的授权来作为公共部门参与资合企业活动(《联邦预算原则法》第53条以下;《联邦预算规则》第7条第1款第2句、第65条;《拜仁州预算规则》第7条第1款第2句;《图林根州预算规则》第7条第2款)的基础,[35]以便能够使参与企业活动摆脱预算法上密如蛛网的各种规定。但是像自治以及民主参与方面的组织法或程序法上的法规要考虑服从于乡镇[36]关于功能上对职权划分的规定。

(3)公共部门企业活动在公法上的空间

当然(一般的)对企业活动的授权并不能完全免除公法上的条件限制。

首先,在此要适用联邦国家法上的职权规则。国库行政将不被包括在《德国基本法》第30条以及第83条中,[37]因为考虑到《德国基本法》第30条首先并不是为了公共任务的履行而设定的,这主要是根据国家实践中的经验。[38]其他方面只要是联邦根据事务本身的性质来进行最低限度的分配即可。[39]

两种论证可能都不能相信。它们都忽略了过去在行政法中介于公法、行政私法以及企业活动之间的基本的范式转换,除了这一目标以及形式定位下的对国家活动的解决思路,强烈的法律关系上的效果(或后果)也很少被考虑到。此

---

〔33〕 对该概念可参见 *P. M. Huber*, StWiss 8 (1997), 423, 424; 该概念可追溯到行政学核心理论, *F. Wagener*, Typen der verselbständigten Erfüllung öffentlicher Aufgaben, in: ders. (Hrsg.), Verselbständigung von Verwaltungsträgern, 1976, S. 40。

〔34〕 对影响力进行权衡的正当理由另参见 Ansätze in BVerfGE 93, 37, 70 ff.; MitbestimmungsG S. H.; BVerfGE, Urt. v. 5. 12. 2002-2 BvL 5/98, 6/98, Rz. 168; P. M. Huber, Weniger Staat im Umweltschutz, DVBI 1999, 489, 495。

〔35〕 原则上这也适用于乡镇和县,由地方自治规则给予相应的授权。

〔36〕 Art. 93 Abs. 1 BayGO; § 74 ThürKO.

〔37〕 So *K. Stern*, Das Staatsrecht der Bundesrepublik Deutschland, Bd. II, 1980, S. 283, 831 f.

〔38〕 BVerfGE 12, 205, 244.

〔39〕 *P. Lerche*, in: Maunz/Dürig, GG, Art. 83 Rdnr. 42. Für die Länder ist dies angesichts von Art. 30 GG nicht begründungsbedürftig.

外,这不也是在以企业活动来履行公共任务的框架下吗?《联邦预算规则》第65条第1款第1项、《拜仁州预算规则》第65条第1款第1项以及《图灵根州预算规则》第65条第1款第1项不是在为公共企业以及以资合公司形式参与公共任务[40]在设置条件吗?

但是公共部门的每一项履行公共任务的活动(都会伴随有相应的共和制原则[41]上的义务),其在直接或间接地实现目标的强度方面并不是由(宪法或)法律上的坐标来起决定性的作用,所以也没有理由认为,国家的国库行为要由基本法上的职权规则来决定。

其次,《德国基本法》第33条第4款之功能保留条款本身就给公共部门参与企业活动确定了界限。它被P. Badura认为是宪法上的准备,以便"……保障对私人经济的行政合法原则",[42]并且人们也承认这是民主的特殊目标设定,所以对于公共部门以何种法律形式来履行行政任务,[43]《德国基本法》第33条第4款的宪法诫命并不重要。因为对企业活动的参与如果存在大量的干预性以及正当性需求,通常这也是政府机关所指定的,因为要考虑到对第三人之法律地位(竞争者、使用者)可能产生的影响。对此,在公共控股的企业中必须考虑到,基于《德国基本法》第33条第4款以及第20条之规定,企业监事会中的职位应该由邮政主管当局来指定(《公务员法制框架法》(BRRG)第123a条)。[44]

最后,此外,"遁入私法"也因此有可能变得能够区分。回顾一下地方法上的相关规定[45]可以发现,"……私法性质的法人运营一个属于乡镇的机构……

---

〔40〕 这些条款涉及联邦或州的"重要利益",以及预期目的不能以另一种方式更好地和更经济地实现这一实际情况时。这预示着一项(最终可以由行政管理机构来定义的)公共任务,只要它有营利的可能,那么公众仍会有兴趣参与任务的履行,probl. § 66 Abs. 3 ThürKO。

〔41〕 *R. Gröschner*, Respublica Thuringorum, ThürVBI 1997, 25 ff.; Ders., Das Republikprinzip der Weimarer Reichsverfassung und des Bonner Grundgesetzes, in: Eichenhofer (Hrsg.), 80 Jahre Weimarer Reichsverfassung-was ist geblieben?, 1999, S. 49 f.; W. Henken, in: Isensee/Kirchhof (Hrsg.), HStR Ⅰ, 2. Aufl., 1995, § 21 Rdnr. 27 u. a. mit Berufung auf die „Bürgertugend"; K. Hesse, Grundzüge des Verfassungsrechts der Bundesrepublik Deutschland, 20 Aufl., 1995, Rdnr. 121; P. M. Huber, in: Ders. (Hrsg.) ThürStVerwR, 2000, 1. Teil Rdnr. 133 f.

〔42〕 *P. Badura*, Reichweite des Funktionsvorbehalts nach Art. 33 Abs. 4 GG unter Berücksichtigung aktueller Privatisierungstendenzen sowie der Auswirkung der europäischen Integration und der Entwirklung in den neuen Ländern, Forschungsprojekt für das Bundesministerium des Innern, 1995, S. 5.

〔43〕 *D. Ehlers*, Verwaltung in Privatrechtsform, 1984, S. 123; P. M. Huber, Das Berufsbeamtentum im Umbruch, DV 29 (1996), 437, 447; *M. Jachmann*, in: v. Mangoldt/Klein/Starck, GG, Band Ⅱ, 4. Aufl., 2000, Art. 33 Abs. 4 Rdnr. 35.

〔44〕 *P. M. Huber*, DV 29 (1996), 437, 447 f.; ähnlich M. Jachmann, in: v. Mangoldt/Klein/Stack, GG, Band Ⅱ, Art. 33 Abs. 4 Rdnr. 35.

〔45〕 Art. 87 Abs. 1 Nr. 1 BayGO; § 71 Abs. 1 Nr. 1 ThürKO.

如果它实际上是在以追求公共目的为目标的乡镇的支配下活动,而该乡镇又受到来自公共目的的拘束……那么必要时由私法形式的企业来实施公共任务也是可以的”。[46] 对私法组织形式的选择并不会必然导致地方法上对行政委托方面的准入门槛的侵蚀。同样类型的问题还有,如果司法上对于一个由地方控股的混合制经济企业,在将其所收取的垃圾处理费视为“企业营利”而拒绝……时,这是考虑到其作为公共部门控股之企业要符合等价原则,但它也要受到成本覆盖原则的约束。[47]

(4)行政公司法

此前关于公共部门通过资合公司从事企业活动的控制手段也适用公司法。在这里也没有对诸如在公法与公司法发生价值冲突时原则上优先适用哪种法律这样的细节问题给出答案。特别是这类问题不可能由低位阶的地方法(《德国基本法》第31条)来进行调整。[48]但另一方面,公司法(像许多其他的部门法一样)首先要服从宪法[49]并与宪法保持一致的解释。因为股份公司法的立法者明显肯定了行政活动也能作为调控手段(《股份公司法》第394条、第395条),特别是能够出于民主原则之利益而对监事会成员进行指令权约束的强制性活动进行调整。[50]

此外,股份法与公法在控制规范方面的冲突所导致的结果是股份公司作为一种允许的活动形式被排除适用。[51] 通过混合制经济企业来履行行政任务在下列情况中是不允许的,即当行政部门在具体的合同安排中缺乏对企业的实质性的影响力并且企业还是以共同决定为决策形式时。[52]

---

[46] BVerwG, NJW 1990, 134 ff. -HamburgerCongreßCentrum.

[47] BerlVerfGH, NVwZ 2000, 794, 797 ff. -Teilprivatisierung der Berliner Wasserbetriebe; OVG MV, Urt. vom 7. 11. 1996-4 K 11/96-Umdr. S. 20, ZKF 1997, 157 (LS); VG Gelsenkirchen, zit. Nach *Kloweit*, Die Beteiligung Privater an der Abfallentsorgung; H. Wiesemann, Benutzungsgebühren und Privatisierung, NWVBI. 1998, 257, 260; a. A. *M. Quaas*, Aktuelle Rechtsfragen des Benutzungsgebührenrechts unter besonderer Berücksichtigung der Privatisierung kommunaler Infrastruktureinrichtungen, NVwZ 2002, 144, 145, 特别是可以无差别地对待私人和私人企业。

[48] *R. Schmidt*, ZGR 1996, 345, 350 ff. ; P. M. Huber, StWiss 8 (1997), 423, 433.

[49] So zu Recht *Th. v. Danwitz*, Vom Verwaltungsprivat-zum Verwaltungsgesellschaftsrecht-Zu Begründung und Reichweite öffentlich-rechtlicher Ingerenzen in der mittelbaren Kommunalverwaltung, AöR 120 (1995), 596, 616 f.

[50] *Th. v. Danwitz*, AöR 120 (1995), 596, 627 ff. ; *P. M. Huber*, StWiss 8 (1997), 423, 433; offen BGHZ 36, 296, 306; a. A. *R. Schmidt*, ZGR 1996, 345/354.

[51] 如果公司法上对公营企业的影响力标准难以达到地方法上的最低要求,那么也可适用以下法律之规定 Art. 91 Abs. 1 Satz 1 Nr. 3 BayGO, § 73 Abs. 1 Nr. 3 ThürKO;对公共营造物的影响力标准参见 BerlVerfGH, NVwZ 2000, 794, 795。

[52] 关于介入控股公司可参见 BerlVerfGH, NVwZ 2000, 794, 795。

四、欧体法观照下的公共部门之企业活动

从欧体法的方面来看,公共部门的企业活动首先涉及的是欧体法上纯粹的内部市场竞争问题。不仅是关于利益方面的原则上的允许性问题,还有具体的竞争性经济活动(《欧共体条约》第12条、第18条以下条文,第141条)以及对纯粹竞争的风险约束。[53]

(一)基本自由

所以公共部门的企业活动作为竞争(对其他欧盟成员国而言)已被证明是对货物流通自由、服务贸易自由以及开业自由的一种限制,[54]因此需要考虑到这可能作为"财务防御请求权"[55]的基础。

有时候《欧共体条约》第31条第1款也会适用,如果货物流通自由[56]被指为国家垄断活动下的特殊形式,并且所有的机构包括"一个成员国的直接或间接的活动在其他成员国中产生控制、引导以及影响",以及"国家在向其他法律主体进行委托时"形成的垄断。[57] 在违反《欧共体条约》第31条第1款的情况下,即以国家垄断行为以及采用新的禁止性规定(《欧共体条约》第31条第2款)[58]从事阻止进口的活动,相关的竞争者可以向成员国提起过失请求权。

(二)欧共体竞争法

1. 竞争法上的平等对待

《欧共体条约》第86条第1款近年来被提升为欧盟层面上公共竞争法方面的核心规范。所以《欧共体条约》第81条及以下条款所规定的竞争规范原则上也适用于"公营企业",根据所谓的透明化指令中[59]的第2条第1款第1项b段之规定,每个企业都会明白"公共部门基于财产权、财务上的掌控、章程或其他规定所形成的直接或间接的影响力对企业活动进行调控"。

---

〔53〕 由于成员国的财产制度在法律上不受《欧共体条约》第295条(Art. 295 EG)之影响,因此它也被称为"欧共体条约对公共部门的中立性";关于欧盟法上的私有化压力可参见K. Böhmann, Der Privatisierungsdruck des Europarechts, 2001。

〔54〕 参见EuGHE 1974, 631-Reyners; 1974, 1299-van Binsbergen。

〔55〕 关于该概念参见*P. M. Huber*, Konkurrenzschutz im Verwaltungsrecht, 1991, S. 82 f。

〔56〕 Auf Dienstleistungsmonopole bezieht sich Art. 31 EG jedoch nicht.

〔57〕 EuGHE 1988, 2479, 2511-Bodson / S. A. Pompes funèbres, Rz. 11. 自过渡期结束以来,《欧共体条约》第1条(Art. 1 EG)是直接适用的法律,EuGHE 1976, 181-Rewe/HZA Landau, Rz. 24。

〔58〕 仅参考EuGHE 1964, 1275 ff. -Costa/E. n. e. l. -Elektrizitätsmonopol in Italien。

〔59〕 RiL 2000/52/EG der Kommission vom 26. Juli 2000 zur Änderung der RiL 80/723/EWG über die Transparenz der finanziellen Beziehungen zwischen den Mitgliedstaaten und öffentlichen Unternehmen (ABl. EG 2000 Nr. L 193/75).

虽然《欧共体条约》第86条第1款并没有成为各成员国实质性义务的统一标准,但依然明确的是公共部门的企业活动原则上也要像私人一样接受该条款的调整。尽管在公共部门与公营企业之间存在的特殊关系会被排除,那就是"相对私人企业而言,给予公营企业在各项财务指令或者给付上优于前者"。

最后这同样也适用于公共部门从事企业活动的情况。[60] 尚不明确的只是,《欧共体条约》第86条作为过渡的这一结果是否需要加以论证。

首先,欧盟法院的意图在于,当企业的财政在没有特殊的法律形式或者财产规则进行约束时,这也包括了公法人及其联合会在内的主体从事企业活动时"没有签订《欧共体条约》第85条与第86条意义上的合同时,允许保留相互矛盾的措施";[61]不仅是《欧共体条约》第81条,第82条也规定了对来自公共部门的直接的(横向型)竞争予以保护。[62]

近来也在强调《欧共体条约》第86条第1款之意义。所以对此已经适用了国家权力分配条款,[63]虽然这不取决于到底是像德国一样[64]通过法律来保障一体行政,还是像意大利一样完全由国家自身来承担。如果这种均衡的安排不能掌握在各个成员国手中,那么《欧共体条约》第86条第2款、第82条在实践中的效果就会受到阻碍。[65]

2. 欧体法上分殊化与特权化之可能性

《欧共体条约》第86条作为过渡条款的优势在于,它开启了(其他情况则直接适用《欧共体条约》第81条及以下条款)《欧共体条约》第86条第2款的可能性,即具有公益性的任务履行及适当的负担。

根据《欧共体条约》第86条第2款,只要能够预见到《欧共体条约》第30条、第46条、第55条以及第58条的一般限制关系,[66]那么第86条第1款就能作为例外规定加以适用,即公营企业服务于一般的经济利益。它可以从《欧共体条约》第16条这一概括性条款(生存照顾/公共服务)中附带地获得正当性。只要公共目标的设定具有必要性,成员国及其对公共部门从事企业活动的安排不论是在垄断方面还是在补贴方面都会被承认,以至于无须适用《欧共体条约》

---

[60] EuGHE 1988, 2479 ff. -Bodson/ S. A. Pompes funèbres.

[61] EuGHE 1988, 2479, 2517-Bodson/ S. A. Pompes funèbres, Rz. 34.

[62] EuGHE 1979, 461, 541-Hoffmann-La Roche/Vitamine, Rz. 91.

[63] EuGHE 1979, Ⅰ-7119 ff. -Job Centre; früher schon 1991, I-1979 ff. -Höfner u. Elser.

[64] EuGHE 1991, Ⅰ-1979 ff. -Höfner u. Elser betreffend das Vermittlungsmonopol der Bundesanstalt für Arbeit.

[65] EuGHE 1997, Ⅰ-7119, 7147, Rz. 28.

[66] P. M. Huber, Recht der Europäischen Integration, 2. Aufl., 2002, § 17 Rdnr. 121.

第 81 条、第 87 条、第 88 条。[67] 当然,对于限制竞争的必要性及其适当性,成员国当然负有(实质上的)举证责任。[68]

虽然公共部门的企业活动有可能"特权化",但考虑到扭曲竞争以及基本自由的约束,这类活动当然需要具体的正当性理由。

所以只要公营企业是为了一般的经济利益进行委托服务(比如在生存照顾领域),那么为了公共任务的履行就必须享有针对欧盟竞争法(《欧共体条约》第 86 条第 2 款)的必要的特权。例外规定仅仅在于,对《欧共体条约》第 12 条所规定的竞争条款、补贴条款以及禁止歧视条款对于履行公共任务委托时在法律上或事实上不可能适用时。

五、宪法上以及行政法上对公共部门从事企业活动的要求

(一)基本权约束与基本权授予

1. 企业活动的基本权约束

根据《德国基本法》第 1 条第 3 款之规定,公共部门要受到基本权的直接拘束,即使是它在从事企业活动时也是如此(这在当时也是主流观点)。[69] 所以原则上要区分私人的活动与公共部门的私法行为。这就导致在同样的条件下基本权获得了针对公共部门的间接(第三人)效力,[70] 而这与《德国基本法》第 1 条第 3 款之规定并不一致。因为基本权一方面适用于个体与公共部门之间的法律关系;另一方面基本权又直接地适用于私人之间的法律关系。另外,基本权保护的激活既不取决于行政主体行为的目标,也不取决于其行为的方式,更不是取决于其是否以直接或间接的方式来履行公共任务。它只取决于公共部门的活动会在个人的权利范围内产生怎样的影响。[71]

---

〔67〕 EuGH, Urt. C-280/00 vom 24. Juli 2003-Altmark Trans, Rz. 87, 94; EuGHE 2001, Ⅰ-9067 ff. -Ferring, Rz. 27 = EuZW 2002, 48 ff. m. Anm. Ruge; 1985, 531-ADBHU, Rz. 3, 18; P. M. Huber, Recht der Europäischen Integration, 2. Aufl., 2002, § 17 Rdnr. 121.

〔68〕 EuGH, Urt. C-280/00 vom 24. Juli 2003-Altmark Trans, Rz. 89-93:实际支付、透明的计算补偿,但仅限于超出实际成本和合理利润的补偿,并参照"管理良好的公司"的平均成本来核算;EuGHE 1997, Ⅰ-5815 ff. -*Kommission/Frankreich* (EdF), Rz. 56, 59, 94, 101; anders *W. Löwer*, VVD-StRL 60 (2001), 416, 449, Fn. 153。

〔69〕 Zum Diskussionsstand *CHR. Starck*, in: v. Mangoldt/Klein/Starck, GG, Band I, 4. Aufl., 1999, Art. 1 Abs. 3 Rdnr. 196 f. m. w. N.; *M. Möstl*, Grundrechtsbindung öffentlicher Wirtschaftstätigkeit, 1999, S. 39 ff. m. w. N., 73 ff.

〔70〕 *V. Emmerich*, JuS 1970, 332, 337; 类似观点参见 *P. Badura*, Staatsrecht, 2. Aufl., 1996 G 23。

〔71〕 最新可参见 BVerfG, JZ 2003, 307 ff. -Glykol; JZ 2003, 310 ff. Osho; *P. M. Huber*, Die Informationstätigkeit der öffentlichen Hand-ein grundrechtliches Sonderegime aus Karlsruhe? JZ 2003, 290, 293。

如果首先要求的是消极的约束,这是在国家以其占有优势的法律与经济权力对个人的自由领域进行了妨碍时,人们会要求国家对其所控制的企业进行干预,当然这样也就必须视为一种激活基本权约束的决定性的起点,而不是取决于是否有资本的参与、法律的预先规定以及公司章程或协议上的规定。[72]

2. 公营企业之活动缺乏基本权上的授权

(1)对公共部门的企业活动之约束缺乏基本权上的授权。[73] 在公共部门以私法组织形式进行活动时,它也缺乏那种由《德国基本法》第 19 条第 3 款所规定的"基本权上典型的危险情况"。此外,对行政主体现的自有企业的"渗透率"也指明了它并没有太多"值得保护的剩余价值"。[74]

另一项判断则混淆了对职权的执行(在内容上权衡与界定国家的活动)与基本权上的自由需求。[75] 并不是最后才动用所谓的国库特权来证明公共部门与私人主体在法律地位上的原则性差异。[76]

(2)对此联邦宪法法院也没有接受,在公共部门控制下的[77]混合制经济企业在履行公共任务时获得了基本权能力。它要合理地计算出基本权的框架条件。因为这涉及以下问题,首先传统的介于公共部门与私人竞争者之间的两极行政法律关系在多大程度上以公私协力方式履行公共任务的情况下被多极行政法律关系所替代,以及竞争者的权利是否被修改。基本权的引导力随着干预、限制以及比例原则的标准,按照比例原则上[78]并不明确的适应性而以众所周知的不平衡的方式在实践中进行整合。

行政部门的组织形式选择自由已经包含了不能"逃出"公法约束的意涵。[79] 但也可以考虑为在公共部门所控制的混合制经济企业中的私人合伙人提供一定的股份份额,以便对参与公共任务履行的相应的利用率寄予希望,并且这也在《德国基本法》第 12 条第 1 款以及第 14 条第 1 款的适用范围内,因为

〔72〕 *M. Möstl*, Grundrechtsbindung öffentlicher Wirtschaftstätigkeit, S. 92 ff.

〔73〕 BVerfGE 21, 362, 368 ff. -Konfusionsargument; 45, 63, 78 ff. 一个例外规定可参见《德国基本法》第 101 条、第 103 条(Art. 101, 103 GG)的基本权诉讼。

〔74〕 参见 *P. M. Huber*, in: v. Mangoldt/Klein/Starck, Band I, Art. 19 Art. 3 Rndr. 238 ff。

〔75〕 BVerfGE 69, 193, 206.

〔76〕 BVerfGE 61, 82, 105 ff. -Sasbach; dazu P. Badura, JZ 1984, 14 以及 Ders., Grundrechte der Gemeinde?, BayVBI 1989, 1 ff., 当然是从国家组织法的角度来看。

〔77〕 BVerfG, NJW 1990, 1783-HEW; *P. Badura*, in: FS f. Lorenz, 1991, S. 3, 13 a. A. M. *Schmidt-Preuss*, Kollidierende Privatinteressen im Verwaltungsrecht, 1992, S. 68 f.; Ders., Der Atomausstieg aus der Sicht des Verfassungsrechts, in: Bayer/Huber (Hrsg.), Rechtsfragen zum Atomausstieg, 2000, S. 41, 43 f.

〔78〕 *M. Möstl*, Grundrechtsbindung öffentlicher Wirtschaftstätigkeit, S. 39 ff.

〔79〕 BerlVerfGH, NVwZ 2000, 794, 797.

对于第三人来说，公共部门无论以何种形式来面对其在公司混合制企业〔80〕中的基本权赋予方面所产生的矛盾，都是毫无影响的。

（二）对竞争在个人权利与客观法律方面的保护

1. 个人权利的开端

此外欧共体法上（《欧共体条约》第 14 条）规定，《德国基本法》原则上也要对来自外国主体的竞争活动提供机构上的保障。〔81〕虽然根据联邦宪法法院 Glykol 判决提及了竞争者的职权，这依赖于市场参与者在重要的市场要素方面的信息上的尽可能高的标准，以及“通过这类情况下附带的但也是必要的国家信息的平衡下市场（所支持）的运行模式”，〔82〕但另一方面这也并没有承认从宪法上推论出对竞争的机构担保。〔83〕

具有更重要意义的是对个人的竞争自由的保护。它首先涉及的是《德国基本法》第 12 条第 1 款所规定的防卫权，〔84〕以至于在总体上竞争（从基本权教义学来看）首先表现为对私人性质的市场参与者的基本权的具体行使，并作为竞争自由的行使。〔85〕虽然《德国基本法》第 12 条第 1 款并不能对竞争的结果提出请求权。此外，还有根据市场关系的变化而不断改变的竞争地位。尽管其原因在于，在（基于多极法律关系的）竞争中基本权所保护的利益遇到了竞争者、消费者等不同的主体，这些通过《德国基本法》第 12 条第 1 款所进行保护，遇到了竞争地位最优化与作为个体的企业管理者之利益之间的矛盾。通过其他基本权主体的竞争使个体的活动具有了强烈且典型的基本权活动之意味，以至于对个体的保障也获得了作为机构保障的间接的客观法上的竞争保护。

在这样的背景下还提出了以下问题，是否允许公共部门通过企业活动的方式来干预竞争，并保障自身利益。在市民与国家的二元关系中，《德国基本法》第 12 条第 1 款保障的是竞争自由，以及在国家干预妨碍下个体的自由地位，保

---

〔80〕 *P. M. Huber*, in：v. Mangoldt/Klein/Starck, GG, Band I, 4. Aufl., 1999, Art. 19 Abs. 3 Rdnr. 305 ff.

〔81〕 *St. Storr*, Der Staat als Unternehmer, 2001, S. 98 ff. m. w. N.

〔82〕 BVerfG, JZ 2003, 307, 308-Glykol.

〔83〕 批评意见参见 *P. M. Huber*, Die Informationstätigkeit der öffentlichen Hand-ein grundrechtliches Sonderregime aus Karlsruhe?, JZ 2003, 290, 292。

〔84〕 BVerfGE 32, 311, 317 ff. -Überprüfung des UWG am Maßstab des Art. 12 Abs. 1 GG; 46, 120, 137-Regelungen über das öffentliche Direktrufnetz am Maßstab von Art. 12 Abs. 1 GG; BVerwG, DVBI 1987, 364, 365.

〔85〕 *F. Hufen*, Berufsfreiheit-Erinnerung an ein Grundrecht, NJW 1994, 2913, 2915; *P. M. Huber*, JZ 2003, 290, 292; *St. Storr*, Der Staat als Unternehmer, S. 103.

障的是国家干预竞争时作为原则性权利的自由。[86] 国家的干预是在传统的合法性需求的范围内对基本权所保障的利益的一种妨碍。[87]

2. 保障义务作为客观法上的竞争保护之基础

竞争自由的绝对化来自《德国基本法》近来对绝对市场的支持以及对与竞争有关的基本权活动的限制。这样做是对国家监管活动的预防,以及对其他主体之基本权执行条件的保障。当私人的市场权力过大或者其在市场上的行为表现得让人难以忍受时,基本法的任务就是要压缩基本权上的保护义务。

根据传统的国家实践,《德国基本法》第12条第1款的题中之义就包括了对竞争者行为的客观的价值判断并对其进行监管,这也是(私法意义)竞争法的首要任务。也就是说,现有的《反限制竞争法》与《反不正当竞争法》,它们首先是作为私法性质的管控手段来对所有的竞争者采取平等的约束,[88] 在此对国家主体也没有赋予特殊的权限。[89] 对于基本权保护水平不仅规定了精确的保护标准,而且也保障在这类情形中的竞争。[90]

(三)公共部门之企业活动在基本权教义学上的归类

随着企业活动的开展,公共部门通过货物与服务的供给对竞争产生了影响,这仍然能对竞争中的竞争自由有所妨碍。

并非所有的企业活动都具有干预竞争自由之特征。虽然大家当时也承认,国家的垄断活动只有在特殊情况下才符合《德国基本法》第12条之规定,比如国家的垄断保护的是十分重要的公共利益,或者是为了应对可被证明的具有高度可能性的危险。[91] 此外,司法上对"国库防御请求权"[92]作出的是一种狭义的界定,因为在原则上只要私人的经济活动仍然可能进行并且不存在针对他们的限制(所谓的排除竞争)以及并不存在不正当的垄断地位,基本权就不能用于

---

〔86〕 BVerfGE 86, 28, 37, 如果"……国家措施阻碍竞争并妨碍职业活动",则存在对基本权利的干涉; *P. M. Huber*, Konkurrenzschutz im Verwaltungsrecht, S. 322 m. w. N. ; *H. D. Jarass*, in: Jarass/Pieroth, GG, 6. Aufl. , 2002, Art. 12 Rdnr. 15; *U. Schliesky*, Öffentliches Wettbewerbsrecht, S. 198 f。

〔87〕 BVerfGE 86, 28, 37.

〔88〕 参见 BGHZ 66, 229, 233; 67, 81; 82, 375, 382 BGH, Urt. Vom 25. April 2002-I ZR 250/00-Elektroarbeiten; GmS-OGB, NJW 1988, 2295 ff. ; *P. M. Huber*, Konkurrenzschutz im Verwaltungsrecht, S. 331 ff. ; 其他参见 *K. Schliesky*, Öffentliches Wettbewerbsrecht, S. 290 ff. , der in § UWG eine sowohl privatrechtliche als auch öffentlich-rechtliche Norm sieht; differenzierend *St. Storr*, Der Staat als Unternehmer, 2001, S. 522 f。

〔89〕 除此之外,毫无疑问的是一种公法上的卡特尔行政法。

〔90〕 另外可特别参见 § 1 UWG (Entwurf), BT. -Drucks. 15/1487。

〔91〕 BVerfGE 41, 205 ff. -Badische Gebäudeversicherung; 102, 197 ff. -Spielbank B. W. ; BVerwGE 96, 302 ff. -Spielbank Lindau.

〔92〕 对此概念参见 *P. M. Huber*, Konkurrenzschutz im Verwaltungsrecht, 1991, S. 82 ff。

保护国家。[93] 联邦最高行政法院在 Klett-Passage[94] 一案的判决中已经推断出基于基本权不能产生对违法性负担的请求权，而只是对自由竞争的参与权。联邦宪法法院同样也认为，必须保证企业“作为企业之发展的可能性”，并且如果参与市场活动的可能性是企业管理者的责任，而不是妨碍其具体的活动，那么这就是对竞争自由进行干预首先要考量的。对公共部门之企业活动的保护只存在于它遇到排除竞争的活动时。[95]

学理上司法对法律提出了批评，因为基本权的意义被降低了，只是禁止对私人竞争的全面排除。[96] 司法上混淆了对公法和私法上的竞争参与者。虽然这涉及《德国基本法》上并没有对竞争进行担保的规定，[97]尽管只有私人竞争者能被赋予基本权，但公共部门的企业活动却并不属于这种情况。[98]

在此背景下，今天人们可以预见到，与竞争活动有关的竞争自由也是一种“免受国家阻碍和扭曲的竞争自由”，这是一种“以同等的经济活动方式进行活动的机会”，或者说是一种高权主体与竞争者创造各自竞争优势的自由。换言之，《德国基本法》第 12 条第 1 款也包括了自由，这种自由并不会导致对公权力的竞争性之干预。[99]此外，联邦最高行政法院从所谓的“透明化决策名单”中也预见到从中可以推导出对竞争自由的请求权，[100]不是通过承担起竞争的缺点，也不是归于一种宪法性的秩序。

对于营利期待，《德国基本法》第 12 条第 1 款所保护的同样也只是少量的关于维持确定的营利规模。对竞争者的竞争自由所造成的影响，也不是取决于公共部门通过竞争性经济活动的参与而导致的顾客、营业额和收入的减少。因此只要公共行政介入了私人的竞争，即使没有发挥其结构上的优势，又或者是完全占据了垄断地位，这通常都会涉及营利机会及其期待利益的缩减，这些并不取决于竞争自由的保护领域。公共部门所参加的企业活动通常并不受到来

---

〔93〕 BVerwGE 17, 306, 308 ff. ; 39, 329, 336 f. ; BVerwG, DÖV 1996, 250.

〔94〕 BVerwGE 65, 167, 174.

〔95〕 VerfGH R. P. , NVwZ 2000, 801, 802.

〔96〕 *P. M. Huber*, Konkurrenzschutz im Verwaltungsrecht, S. 322; *W. Löwer*, VVDStRL 60 (2001), 416, 445; *Pielow*, NWVBl. 1999, 369, 376.

〔97〕 BVerwGE 39, 239, 336 f. ; 另参见 BVerwG, NJW 1978, 1539, 1540; VGH Mannheim, NJW 1984, 251, 253。

〔98〕 Anders freilich VerfGH R. P. , NVwZ 2000, 801, 802; BVerwG, NJW 1995, 2938, 2939.

〔99〕 已可见此前论述 *H. -W. Laubinger*, Der Verwaltungsakt mit Doppelwirkung, 1967, S. 88 f。

〔100〕 BVerwGE 71, 183, 190; 87, 37, 41, 44-Glykol.

自过度禁止原则的限制。〔101〕

1. 对公共部门竞争性经济活动进行干预的意义

虽然公共部门的竞争性经济活动在现实中会造成对个别企业活动的限制以及对营利性预期的降低,但这并不是古典的干预概念,因为在这里对竞争自由的妨碍既不是强制的,也不是最终通过法律行为来进行的。众所周知,根据现代的基本权教义学,古典的干预概念已经解体,这种干预概念对今天的国家活动只是偶尔产生实际(事实上的)影响。〔102〕

当公共部门对受到基本权保护的利益施加一种负面的重要影响时,这就是现代所理解的"干预"。〔103〕

所以在一定的条件下,人们可以把公共部门的企业活动归为一种对竞争自由的"干涉"。对此已经说过,公共部门通常会获得那些被"归为"竞争优势的帮助(W. Löwer)——控制市场的信任优势、信息优势,事实上的竞争实力、基于优质评级的融资能力——携着这些优势参与竞争并通过妨碍私人竞争者而保

---

〔101〕 广泛参见 *W. Löwer*, Der Staat als Unternehmer und Auftraggeber, in VVDStRL 60 (2001), 416, 445 f。

〔102〕 BVerwGE 46, 120, 137; 47, 1, 21; 105, 252, 273-Glykol; 105, 279, 300 f. -*Osho*; BVerwGE 71, 183 ff. -Transparentzliste; 75, 109 ff. -Subventionsbetreuer; 82, 76 ff. -Sekten; 87, 37 ff. - Glykol; 90, 112 ff. - *Osho*; 100, 262 ff. - Mietspiegel; *M. Albers*, Faktische Grundrechtsbeeinträchtigungen als Schutzbereichsproblem, DVBI 1996, 233 ff.; *P. Badura*, Urteilsanmerkung, JZ 1993, 37 ff.; *U. Di Fabio*, Grundrechte im präzeptoralen Staat, JZ 1993, 689 ff.; Ders., Information als hoheitliches Gestaltungsmittel, JuS 1997, 1 ff.; *H. Bethge*, Der Grundrechtseingriff, VVDStRL 57 (1998), 7 ff.; *H. U. Gallwas*, Die faktischen Beeinträchtigungen im Bereich der Grundrechte, 1970; *R. Gröscher*, Öffentlichkeitsaufklärung als Behördenaufgabe, DVBI 1990, 619 ff.; Ders., Urteilsanmerkung, JZ 1991, 628 ff.; *M. Heintzen*, Staatliche Warnungen als Grundrechtsproblem, VerwArch 81 (1990), 532 ff.; *K. Hesse*, JZ 1991, 744 ff.; *P. M. Huber*, Konkurrenzschutz im Verwaltungsrecht, S. 360 ff.; Ders., Rechtsprechungsübersicht, ZG 7 (1992), 347 ff.; Ders., Die Verwaltungsgerichte und der Mietspiegel, JZ 1996, 893 ff.; *R. Käss*, Die Warung als verwaltungsgerichtliche Handlungsform, WiVerw 2002, 197 ff.; *D. Murswiek*, DVBI 1997, 1021 ff.; *J. Oebbecke*, Beratung durch Behörden, DVBI 1994, 147 ff.; *F. Ossenbühl*, Umweltpflege durch behördliche Warnungen und Empfehlungen, 1986; *U. Ramsauer*, Die faktischen Beeinträchtigungen im Bereich des Eigentums, 1980; *U. Schliesky*, Öffentliches Wettbewerbsrecht, 1997, S. 202 ff. *F. Schoch*, Staatliche Informationspolitik und Berufsfreiheit, DVBI 1991, 667 ff.; *M. Schulte*, Schlichtes Verwaltungshandeln, 1995; Ders., Informales Verwaltungshandeln als Mittel staatlicher Umwelt-und Gesundheitspflege, in: Heckmann/Messerschmidt, 1988, S. 213 ff. *B. Weber-Dürler*, Der Grundrechtseingriff, VVDStRL 57 (1998), 57 ff. 然而在这方面尚不清楚(联邦宪法法院)第一法庭关于 Glykol-und Osho 的判决会产生哪些后果,因为这些后果已经事实上接受了对基本权利的干预。但是与信息活动一样,他们是否也会通过宪法授权来接受公共部门的业务?

〔103〕 *P. M. Huber*, Allgemeines Verwaltungsrecht, 2. Aufl., 1997 S. 71; Ders., Konkurrenzschutz im Verwaltungsrecht, S. 226 ff.

持竞争地位。[104] 这些背景特别地起因于竞争法上的重要的公营企业活动,如果它不是进行一种与市场相一致的活动,那么公共部门的结构优势并不在竞争中被承认。只要不是出现下列情况:这就像在取消对公营机构的担保负担,并将其改组为州立银行时一样,这种情况意味着[105]通常存在法律上的前提——公营企业的活动通常是潜在的重大干预,其特征被轻描淡写地表述为“有系统的使市场经济的竞争压力加大”。[106]

然而最终还是要从总体上考量实际情况,即负面影响产生的直接性、可接受性以及对此具有决定意义的批评意见。

(1)竞争者丧失其市场地位并不是公营企业活动的直接结果。企业在竞争中的命运取决于它的市场销售、经营中的成本构成以及营业额等情况。但是这首先针对的是市场的需要,也就是说或多或少要根据市场条件下自发的购买决策。现有的竞争性供给(公共部门)虽然能对购买决策产生影响——越是物美价廉,就越是强有力。尽管如此,但至少有两个独立的必要原因,使公共部门通过企业活动参与竞争的获得成功的可能性降低了。

(2)承担劣势竞争的责任取决于对它的可预见性。通常可以很容易地区隔出公共部门试图给私人竞争者造成竞争劣势的领域,可见这仅仅是为了参与竞争保证可靠的结果,对于公共部门自有企业的活动所具有的不可动摇的竞争地位,人们要么忍受,要么完全信任。

(3)竞争性经济活动的效果对于接受“干预”而言有着决定性的影响,也就是说对基本权的限缩密度有其“分量”。建立(实质的)垄断或者排除私人的市场竞争始终都是对“干预”进行评估的标准。[107]

(4)总之,要对下列情形加以预测:竞争所产生的负面后果是否具有不可预测性,所以只要公共经济并未导致持续的、严重的以及过分的扭曲市场竞争的行为以及带来对职业选择的实际限制,那么“干预”就具有了可接受性。在竞争者需要面对市场结构上的负面后果或者由于公共部门对倾向价格所作的反应时,如果没有进一步的可预见性,那么现有的妨碍就可能被归于《德国基本法》

---

〔104〕 BGHZ 82, 375 ff. –Brillenselbstabgabestellen; für überflüssig erachtet diesen Rückgriff *W. Löwer*, VVDStRL 60 (2001), 416, 445.

〔105〕 在此,委员会从通常的行政法原则中推导出机构在发放“补贴”;另参见 *P. M. Huber*, Die Landesbanken in der Rechtspolitik, in:Bitburger Gespräche Jahrbuch 2002/ Ⅰ, 2003, S. 199 ff。

〔106〕 BVerwGE 17, 306; 39, 329, 337 f.; 71, 183, 193; BVerwG, BayVBI 1995, 698, 699; NJW 1978, 1539 f.; 1995, 2938, 2939; VGH Kassel, DÖV 1996, 476, 477; zu Recht kritisch *W. Löwer*, VVDStRL 60 (2001), 416, 445.

〔107〕 持保留意见的是,BVerwG, NJW 1978, 1539 f.,在什么情况下可以依据《德国基本法》第14条第1款(Art. 14 Abs. 1 GG)界定公主体在经济活动中的垄断地位?

第12条所保护的范围中。只要是因为经营者在正常情况下改变其市场策略所导致的收入下降,就被视为有充分的理由。

2. 企业活动作为特权化的竞争参与

这一问题也涉及平等权上的构造问题。在公共部门的企业活动作为一种有组织的独立的企业活动而出现在与私人企业的竞争中时,对公共部门也要适用《德国基本法》第3条第1款之规定。在公权力的受托人自身也参与竞争的情况下,行政机关的形式选择自由也并不是没有任何效力。

所以公共部门相对于私人企业更偏爱其自有企业,这在宪法上被认为是一种严重的不平等对待。税收的减免与信息准入上的优待〔108〕也像开始时公共方式上所要求的市场低价以及反向补贴一样有合法性需求。〔109〕

公共部门作为经济竞争中具有同等权利的参与者(它并不能过度的使用其结构性的优势),原则上不会与《德国基本法》第3条第1款相冲突。当然条件在于国家要做好特殊的准备,以便在实际上保障平等的竞争条件。就像州立银行与储蓄银行的例子所指出的那样,这需要以立法者的活动为前提。〔110〕

3. 公共部门的企业活动与法律保留

对私人竞争者之竞争自由之干预以及公营企业之活动所固有的特权化倾向,尽管在其追求正当目的的情况下都具有合法性,并且相应的特权化对于目标的实现是适当的和必要的,对于目标的实现意义而言具有合适的比例。只要伴随《德国基本法》第12条第1款和《德国基本法》第3条第1款所生之合法性负担,该种负担越是巨大,则所生之好处也越多。

对公、私竞争者严格的平等对待之例外情况在下列情形中也是可能的,那就是要平衡因为承担生存照顾任务而产生的损失时。如果通过这种方式(非经济性的)进行基础设施给付或者给予社会特殊的弱势群体以特价(学生票),〔111〕那么对地方上的公交企业给予补助或者逆向补贴也有合宪性理由。

在这类国家给付中,公共部门的优待政策并没有导致竞争扭曲,并没有妨碍私人竞争者参与竞争的平等权,〔112〕而只是一种对实际损失的平衡。所以允

---

〔108〕 BVerfGE 64, 229, 238 ff. –Bevorzugung der Sparkassen bei der Grundbucheinsicht.

〔109〕 BGH, DVBI 1977, 177, 178 f.

〔110〕 关于州立银行参见 *P. M. Huber*, in:Bitburger Gespräche Jahrbuch 2002/ Ⅰ, S. 199 ff.;关于储蓄银行(Sparkassen),参见 *R. Streinz*, in:Bitburger Gespräche Jahrbuch 2002/ Ⅰ。

〔111〕 关于国家对公营企业的给付问题在欧盟法上的合法性可参见 EuGH, Urt. C–280/00 vom 24. Juli 2003–Altmark Trans, Rz. 87 ff.; früher bereits EuGHE 1985, 531 ff. –ADBHU, Rz. 3, 18; 2001, I–9067 ff. –Ferring, Rz. 27。

〔112〕 OVG Lüneburg, DÖV 1969, 396 ff.; OVG Berlin, OVGE 15, 103 ff. 在这种情况下,从平等的角度来看,没有什么可以反对单方面资助国家剧院。

许公共行政部门在例外情况下作为具有平等权利的竞争性经济活动的参与者(有时候也是基于社会国家原则的考虑),如果超出这一范围,就必须基于法律上的规定来进行。[113]

(1)对企业活动的特殊授权

对公共部门之企业活动的特殊授权是全面的。所以地方法上对一些公共机构的授权不仅仅是设立这些机构(《拜仁州地方自治法》第21条、第24条,《图林根州地方自治法》第20条第2款第2项),而且也涉及这些地方性企业的运营形式(《拜仁州地方自治法》第87条第1款第4项,《图林根州地方自治法》第71条),以及相应的公法形式的融资方式。具有可比性的是宪法上对于不同的公共关系的授权也包括了必要的经济竞争活动,[114]或者对《社会法典(五)》第33条第5款而言,给整形外科之辅助设备予以医疗保险上的报销规定。[115]

(2)国家的以及地方的预算法与经济法

预算法上的相关规范也可以作为授权基础来加以考虑。

首先,根据《联邦预算规则》第65条、《拜仁州预算规则》第65条之规定,联邦和各州只有在具有重大公共利益的情况下才能参与经营私人企业,并且是在所要争取的目标不能以其他更好、更经济的方式加以完成时。这必须以对特定款项的支付义务为限,来保证适当的影响力;同时针对规模较大的资合公司必须保障有相应的年度审计和财务报告。此外,对于私法组织形式的公司要由审计署进行审计(参见《联邦预算规则》第92条、《拜仁州审计规则》第92条,以及《图林根州审计规则》第92条)。

这些规定说明了对公共部门企业活动的限制。[116] 通常《联邦预算规则》第65条第1款的禁止性规定针对的是没有重大利益关系的私人竞争者,它就不仅要在一定的条件下接受潜在的受到基本权限缩的国家活动的约束,还要证明自身在竞争的角度下同样可能有着限制关系。无论如何,问题在于《联邦预算规则》第65条第1款是否是一条具有确定性的和实质性的原则,从而能否作为“通过竞争进行干预”的合适的授权性基础。[117]

---

〔113〕 Anders VerfGH R. P., NVwZ 2000, 801, 802.

〔114〕 VG Bremen, NJW 1988, 841 f. 不莱梅通过公民团体来运营“城市骑行计划”并未视为违反《基本法》第3条第1款之规定,因为它在履行一项城市公共任务。

〔115〕 BSG, NJW 1989, 2273, 2274.

〔116〕 关于国家与地方之间在经济法上的平行关系参见 BVerfGE 61, 82, 107。

〔117〕 持赞同意见的,*P. M. Huber*, Konkurrenzschutz im Verwaltungsrecht, s. 324 f.; *F. Ossenbühl*, Bestand und Erweiterung des Wirkungskreises der Deutschen Bundespost, 1980, S. 134 f.; 持不同意见的,*R. Schmidt*, Öffentliches Wirtschaftsrecht, AT, 1990, S. 523 ff.; *St. Storr*, Der Staat als Unternehmer, S. 117 ff., 它谈到要参照关于行政职权的规定。

其次,在符合公共目的且具有合法性的情况下,并且企业的种类与范围又与乡镇的给付能力相称时,乡镇也会允许设立企业或者是实质性地扩大企业规模。在乡镇自治法中可以找到所谓的备位条款,该条款仅在下列情形中适用,就是当私人不能更好、更经济地实现公共目的时(《拜仁州地方自治法》第 87 条第 1 款第 4 项;《图林根州地方自治法》第 71 条第 1 款第 4 项)。主张这一要求是因为乡镇存在广泛的评估特权。[118] 营利性作为企业活动的优先目标当然就被排除了。[119]

第一,十几年来一直存在争议的是,公共部门根据上述法律条款能否对私人的竞争活动加以指定。对此各州的立法者以及行政法院在历来的判决中都加以否定,相关法条赋予乡镇的只是对经济危机的防御权,并且也只是服务于公共利益。虽然乡镇无节制的经济活动对私人经济造成的负担会得到预防,但第三人也不会因此而获得主观权利。[120] 联邦最高行政法院对下列问题的态度至少是开放的,一些乡镇的自治法中是否可以接受"吸收条款"(Aufsaugungsklausel)[121] 或者基于重大的公共目的对主观公权利可以被停止。[122]

第二,传统的观点只是坚持认为,如果人们同意立法者具有权限,那么相关人员有权保留从客观的规范内容到现在的基于《德国基本法》第 12 条第 1 款第 2 句上的基本权限制性规范,基于这种指定的限制关系以及法律上并未触及的保护领域而对行政权的广泛干预进行辩护。在司法和国家实践中更多的是将其作为 19 世纪以来不断发展的规范保护理论[123] 的备份来加以接受——这对于行政的合法性以及中小型经济体而言是一个糟糕的结果。

第三,对此也许不能(更多)相信。公共行政对竞争性经济活动的授权规范,仍然要考虑到基本权上的限制关系,因为只要它证明了具体的基本权界限上的规范,那么无论怎样它都决定了保护规范的质量。这些规范被归为一种竞合

---

〔118〕 BVerwGE 39, 329, 334-Kommunaler Bestattungsordner; VerGH R. P. NVwZ 2000, 801, 803.

〔119〕 Art. 87 Abs. 1 Satz 2 BayGO; BVerfGE 61, 82, 107-Sasbach; *P. Badura*, DÖV 1998, 818, 821; 但可见于 § 66 Abs. 3 ThürKO, der insoweit einer verfassungskonformen Auslegung bedarf。

〔120〕 BVerwGE 39, 329, 336; BayVGH, BayVBI 1959, 90, 91 f.; BayVBI 1976, 628, 629; 最新参见 HessVGH, DÖV 1998, 39, 40。

〔121〕 Art. 95 Abs. 2 BayGO; § 71 Abs. 2 ThürKO.

〔122〕 BVerwGE 39, 329, 336-Kommunaler Bestattungsordner; dezidiert anders VerfGH R. P., NVwZ 2000, 801, 804 f.

〔123〕 VerfGH R. P., NVwZ 2000, 801, 804.

规范,因为根据其客观上的规范内容,私人竞争者的竞争自由(能够)被限制。[124]

六、作为整合型规范的竞争法

(一)《反限制竞争法》与公共部门的企业活动

1. 基础

根据欧体法以及基本法之规定,竞争法是对公共部门之企业活动进行管控的首要法规。根据《反限制竞争法》第 130 条之规定,该法也适用于全部或部分由公共部门持股的企业,以及由公共部门管理和运营的企业。这是以一种功能上的企业概念为基础并包括了独立的商业活动。《反限制竞争法》第 130 条第 1 款第 2 项还规定了不适用该法的例外领域,即不适用于德意志联邦银行和复兴信贷机构。

《反限制竞争法》在文本上、体系上以及目的上所谈论的包括了公法上的高权性质的给付关系,"企业"这一核心概念意味着该法的适用范围也包括了公共部门的企业活动。《反限制竞争法》保护的是作为法的秩序原则(机构)的竞争,这包括了对竞争的妨碍行为以及完全排除市场权力的行为,并且原则上只要它不同于私人企业和公营企业之间的竞争。当然公营企业的活动可以承担起特殊的目标设定,这包括了《反限制竞争法》上关于履行条件的规范以及可进行价值评估的条件,相关内容可参见该法第 21 条第 1 款之规定("不适当的妨碍""缺乏事实上的合法性理由")。

2. 国库请求权

针对公共部门的企业活动而对保护性规范的侵犯,人们可以根据《反限制竞争法》第 33 条提出损害赔偿以及过失请求权。比如,联邦最高普通法院就已经将医疗互助组织与某个医疗保险公司合作,排除其他私人性质医疗保险机构的活动视为违反了卡特尔法,[125]并且根据《反限制竞争法》第 1 条对竞争者给予保护,这种约定好的限制构成了对市场准入的妨碍。但也要考虑到公营广播机构对执行广告订单及广告价格或者播放广告节目的频道计划的协商行为。如果公共部门是作为制裁号召的发起人来从事这类企业活动,那么针对这些活动也可以获得《反限制竞争法》第 21 条上的过失请求权。这种只有最少的共同决策意愿的方式当然会有不适当的妨碍意图。

在实践中,联邦最高普通法院赋予了《反限制竞争法》第 20 条第 1 款以重

---

[124] 同样意义上参见 OLG Hamm, JZ 1998, 576-Gelsengrün;*D. Ehlers*, Gutachten E 64. DJT, E. 84 f.; *P. M. Huber*, Konkurrenzschutz im Verwaltungsrecht, S. 324 ff.; *F. L. Knemeyer/B. Kempen*, in:Achterberg/Püttner/Würtenberger (Hrsg.), 2. Aufl., 2000, § 17 Rdnr. 59。

[125] BGHZ 64, 232 ff.

要的角色。当一个乡镇在其所承担的地方医疗救护领域中排除了其他主体对地方性医疗急救运输活动的参与,这并不被认为是《反限制竞争法》第20条第2款所规定的不适当的妨碍,因为只要这样做首先是为了履行公共任务。[126] 联邦最高普通法院已经强调过,在医疗急救运输任务的委托方面现有的乡镇政府对此负有义务,必须尽可能中立地处理委托事宜且不能影响竞争,所以应该在最大范围内进行委托咨询。[127] 我们不带批评地指出,这类情形也会出现在对乡镇所属的私法组织形式的殡葬企业作出的统一殡葬形式的规定中。这种情形也不被视为对私人殡葬企业的不适当的干预。[128]

此外,鉴于病人对医疗急救运输有选择权的判断,尽管对私人的医疗企业有获得告知的希望,但乡镇所属的医院还是会将这类任务委托给公营企业。根据《反不正当竞争法》第1条之规定联邦最高行政法院明确强调,根据《反限制竞争法》第20条(以及第26条第2款)所提起的请求权对于判决的平等适用而言有着决定性意义。[129] 作为不适当的妨碍这也是判断公共医疗急救对私人医疗急救运输企业是否享有特权,从而安排医疗保险上的成本补偿程序的标准。通过令人厌烦的成本补偿程序,病人被委托任务所妨害,这是竞争引起的负面效果,[130] 以至于这已经成为事实上不得不承认的理由。医疗保险行业对医疗急救运输中的成本覆盖和成本抑制所进行的论证显得微不足道,因为这里本来就不是“急救服务”的任务委托者。

(二)《反不正当竞争法》

1. 竞争关系与给付关系的不同

与《反限制竞争法》不同的是,《反不正当竞争法》没有明确规定其规范适用于公共部门的企业活动。基于明确的司法上的意见,尽管自身在依据公法所安排的给付关系中,因为只要公共部门基于平等规则来与私人竞争者保持竞争关系。[131] 国家本身在竞争中也是基于同样的规则,并且这类规则也包括了私法上的规范。[132]

国家的竞争关系与私人在市场中的竞争关系不同,一个是对公民的供给,一个是针对顾客的(给付关系)。对于《反限制竞争法》而言,它只适用于平等主体之间的竞争关系。

---

[126] BGHZ 101, 72, 80 f.

[127] BGHZ 101, 72, 81.

[128] BGH, GRUR 1989, 603, 606; ähnlich BGH, NJW 1987, 60, 61; NJW 1987, 62.

[129] BGHZ 107, 40, 45.

[130] BGH NJW 1991, 2963, 2966.

[131] BGHZ 82, 375, 382 f. -Brillenselbstabgabestellen.

[132] BGHZ 66, 229, 233-st. Rspr.

司法上的基础是所谓的“AKI”判决,[133]公法性质的电视节目播放转变为私法性质。此后给付关系为竞争关系所取代,并且《反限制竞争法》第1条将被作为具有重要意义的问题加以考虑。[134]

2. “是否”与“如何”之区别

为了不使竞争法成为公法领域内的“超级规范”,[135]可以看到联邦最高普通法院也勉强地承认《反不正当竞争法》原则上只适用于对企业活动的种类与方式的审查,而市场准入问题只是被当作公法上的前问题来加以处理。[136] 明显的是依靠所谓的双阶理论对于“是否”参与竞争的问题将交由公法来进行判断,而参与竞争的具体种类与方式则交由私法来判断,具体的说就是私法上的竞争法。

直到最近一段时间司法上才没有严格考量这些理论上的不同。虽然联邦最高普通法院越来越多地强调,“根据司法判决,《反不正当竞争法》第1条不是调整公共部门参与竞争之准入门槛的法规,所以不是关于‘是否’参与经济活动的法规,而是关于‘如何’参与经济活动的法规,也就是说涉及的是参与竞争的行为方式以及种类和方法”。[137] 事实上,无论如何它就取决于(就像在“撤销眼镜订货”案中一样)活动的形式,以及竞争法上的不容许性。所以如果要禁止这类活动,那么事实上涉及的就是“是否”的问题。

在此,教义学上的关键点是基于《反不正当竞争法》第1条所发展起来的“通过违法所凸显出来的”类型。以此为基础直到最近也还是要审查在多大程度上需要公共部门来从事企业活动并且替代越来越多的疏忽大意之诉。[138]

在公法“失灵”的背景下行政法院完全理解并提出了这样的问题,州立法者对地方经济的评价在《反不正当竞争法》的参照下是否会变得过于主观。对此联邦最高普通法院在2002年的判决中最终给予了否定,该法院认为有关“是否”性质的竞争性经济活动之争议应交由行政法院来进行判断。对于乡镇政府的企业活动,国库防御请求权的行使无论如何要取决于地方性法规,并不取决于相关经济活动是否采用私法形式或公法形式。由此正式的法律路径被开启了(§13 GVG),至于争议标的的种类与形式也就是关于经济活动“如何”(进

[133] BGHZ 37, 1 ff.

[134] BGHZ 66, 229 ff. 为学生做广告替代医疗保险基金;82, 327 ff. –Brillenselbstabgabestellen。

[135] 关于民法上诉讼职权之边界问题已在 RGZ 150, 140 ff. 中有所提示。

[136] BGHZ 67, 81, 88.

[137] BGHZ 82, 375, 397; 另外参见 102, 280 ff. –Rollstühle。

[138] OLG Hamm, JZ 1998, 576 ff. –Gelsengrün; anders OLG Karlsruhe, NVwZ 2001, 712 ff.

行)的问题;对某些竞争的限制要根据民法来进行规范。[139] 公共部门典型的破坏竞争的行为被认为是滥用官方权威与不正当联合这两种形式。[140]

(三)基本权与竞争权

如果不仅是基本权,还有《反限制竞争法》与《反不正当竞争法》也都给公共部门的企业活动设定了界限,那么最后要提出的问题就是如何处理这两类复杂规范之间的关系。

在此首先涉及的是对部门法的"优先适用"。其相关条文首先是对《德国基本法》第 12 条第 1 款以及第 3 条第 1 款的宪法上的价值判断的具体化,同时也包含了相关的生活领域(经济竞争)中的特别规定。《反限制竞争法》与《反不正当竞争法》给出了市场参与者在宪法上所保障的竞争自由的界限,以及其他的基本权所保护的利益。就像欧盟法上的规定一样,[141] 国家法上存在的部门法行为规范也存在依靠着基本权的东西。[142]

它当然不是适用于公共部门的企业活动。《反限制竞争法》与《反不正当竞争法》用于区分私人之间的法律关系并且参与公共竞争的特殊事实并不能广泛适用。它的基本权基础是被赋予基本权的私人之间的在现实的竞争中所形成的利益冲突,而并不是对公民与国家之间的多极法律关系的安排。但是在这里竞争自由以及一般平等原则作为标准的消极性的防御性权利恰好说明了强大到不对称的管理力量。总的来看,可以从《反限制竞争法》第 20 条和《反不正当竞争法》第 1 条中提取出特别的具体规定。

因此下述观点也不能忽视,公共部门的所有经济活动都是《反限制竞争法》第 19 条意义上的市场主导活动。公共行政主体与它的"卫星"(委托主体)之间的差别是很大的,以便在"国家权力一体"的定理下让每个行政主体与公营企业被统一地归于公共部门集中的财权之下。现有的联邦国家的职权划分(《德国基本法》第 30 条)同样有悖于《德国基本法》第 28 条第 2 款所保障的地方财政高权以及欧盟在竞争法上的相关规定(透明化指令)。

七、结论

无论怎样,公共部门的企业活动需要法律上作出新的评估。虽然基于基本

---

[139] BGH, JZ 2003, 315 ff.; DÖV 2003, 249 ff.

[140] BGH, GRUR 1956, 216 ff. -Kurverwaltung Bad Ems; NJW 1974, 1333-Schilderverkauf durch Kfz-Zulassungsstelle; BGH, NJW 1987, 60, 62-Bestattungsordner.

[141] 基本自由及其派生权利之关系问题参见 *P. M. Huber*, Recht der Europäischen Integration, § 17 Rndr. 44。

[142] Grundlegend BVerwGE 89, 69, 78-Ringdrainage; *P. M. Huber*, Allgemeines Verwaltungsrecht, S. 115 ff.

法的国家实践已有 50 多年的历程，但这还远远不足以对这种“雌雄同体”式(W. Löwer)的国家行为建立起专业上的共识。面对着欧盟化的过程，它的意义正逐渐消失。

《欧共体条约》第 86 条对今天的公共部门的影响不仅在于参与竞争的机会平等方面，还在于它放弃了“可归类”的结构性优势，以及它的企业活动在服务于公共任务履行方面的定位。最后的要求当然不仅是要明确的规定公共任务，并且还要查明履行任务的负担，透明的审计，以便弄清横向补贴之规模，从而限制国家对符合规律的可查明的负担的给付。对于为了生存照顾而进行的企业活动欧体法上(《欧共体条约》第 16 条、第 86 条第 2 款)仍然保留了可能性。尽管在 Arkanum 方面它仍然呈现出官方内部决策结构的特征，并且对于国内以及国外的竞争它同样具有在公共性方面的可控性。

不可思议的是，公营企业活动所依据的(宪法上的)框架条件在经济行政法理论上长期以来都是从《德国基本法》第 12 条第 1 款(“对竞争的干预”)所规定的竞争自由以及《德国基本法》第 3 条第 1 款的一般平等原则(“特权化”)推导出来的。此外，这些诫命仅仅被视为针对以营利为目标的企业活动，而公共目的与公共任务的确定则要通过或基于法律来确定，公共部门企业活动在理智上以及事实上可界定的“特权化”必须要有公共任务履行的约束以及必要负担的限制，以及法院对公营企业活动的有效控制。

在公共任务委托领域，欧体法如何改变了公共部门的企业活动，[143]这些仍然需要在基本权以及法治国规范下获得解释。此外，需要留意通过欧盟委员会以及欧盟法院的法律监管以及漏洞填补之有效性，在这方面人们还需要面对法律监督的失灵以及行政审判权至今并没有在地方经济活动中被排除。欧洲再次证明了其在公共经济法之核心领域作为推进法治国家发展的引擎功能。

---

[143] 另可参见 *P. M. Huber*, Die Europäisierung des öffentlichen Auftragswesens in Deutschland, in: FS für Schiedermair, 2001, SS. 765, 771; Ders., Kampf um den öffentlichen Auftrag, 2002, S. 37。

国家任务民营化中法教义学之角色

[德]弗里德里希·肖霍(Friedrich Schoch)* 著 李 剑** 译

【摘 要】从法教义学的角度来审视民营化,其首先需要面对的是方法论的问题。对民营化问题最为直接的法教义学上的思考是采用类型化方法对民营化现象作法律范式上的规整。但法教义学本身的经验个案化倾向使民营化问题在法教义学的观察视角下变得分散、不够概括。所以要对民营化现象作更加深入的解读,则需要借助法体系学的视角对民营化法教义学经验进行定位与规整。这种思考方式,正是本文的特色所在,值得玩味。

【关键词】民营化 法教义学 类型化

一、相关论题之问题视野

"至少法学是具有体系性的或者恰恰相反。"这句为人所熟知的名言是 Hans Julius Wolff 于 1952 年在一本公法科学文集中所言,〔1〕并在几年前由 Fritz Rittner 在民法学中被再次强调,〔2〕对于该主题我们有许多的学术研讨会对其作了讨论("法教义学对法学发展的意义")。人们当然能清楚地看到(虽然这显得很冒失)"法教义学"概念与"民营化"现象之间的关联。对于来自该问题的挑战我们将会提及以下三个理由。

(一)民营化措施的天然性

在德国国家任务(包括地方层面)的持续民营化开始于 20 世纪 80 年代。

---

* [德]弗里德里希·肖霍(Friedrich Schoch),德国弗莱堡大学公法教席教授,弗莱堡大学校委会董事,2006~2007 年任德国国家法教师联合会主席。

** 李剑,德国慕尼黑大学公法学博士生。

〔1〕 Hans Julius Wolff, Typen im Recht und in der Rechtswissenschaft, STUDIUM GENERALE 1952, 195(205).

〔2〕 Fritz Rittner, Über die Notwendigkeit des rechtssystematischen Denkens, in:Festschrift für Nörr, 2003, S. 805 ff., 825.

而德国各地民营化的“全面提速”则开始于20世纪90年代。在德国,影响到所有人的一个重要例子就是曾经的德国邮政的民营化。[3] 在地方乡镇层面提到的第二个例子(这再次涉及全体乡镇居民)是对垃圾处理民营化的大力推动。[4] 通常我们可以说,过去所谓的生存照顾任务都涉及了民营化措施。

那些致力于从今天的观点对20世纪90年代的民营化过程加以研究的人不得不去证明民营化的一些天然性的发展。建构一个总括性的(民营化)概念的尝试失败了:这不仅是在国家层面,同时也是在地方层面。比如说为什么最初只是联邦邮政的民营化,而不是联邦铁路?为什么是在垃圾处理领域向私人开放,而对污水处理则几乎没有民营化?此外,对私人充满吸引力的供水行业则从未开放过?对这种发展上的不平衡性的一个合理解释是,目前还没有关于民营化计划、民营化决策以及民营化后续处理方面的一揽子“施工图纸”。[5]

(二)民营化作为政治的专有领域

在此只有少数的几个字眼能用于对实际情况的描述,而事实上在国家任务的民营化方面,法律作为一种管控手段、秩序化手段以及审查手段却在很大范围内“缺位”了。在政治领域有关“更少的国家(干预)”与“更多的社会(自治)”方面的决策理念占据着优势。[6] 这一基本立场通过欧盟获得了本质性的强化。虽然欧盟对于成员国的民营化措施之相关法规并无权限,但我们必须看到欧盟对于“去管制”类法规的推动以及贯彻市场自由化的政策已经在国家任务的民营化方面取得了明显的效果。[7] 但人们无法证明欧盟政策有什么系统化的征兆。

---

〔3〕 参见 Johannes Masing, Post und Telekommunikation, in:Isensee/Kirchhof (Hrsg.), Handbuch des Staatsrechts, Band Ⅳ, 3. Aufl. 2006, § 90 Rn. 16。

〔4〕 进一步的发展参见 Wolfgang Kahl, Die Privatisierung der Entsorgungsordnung nach dem Kreislaufwirtschafts-und Abfallgesetz, DVBI 1995, 1327 ff.; Heinz Joachim Kummer/Ludger Giesberts, Rechtsfragen der Privatisierung kommunaler Abfallentsorgung und Abwasserbeseitigung, NVwZ 1996, 1166 ff.; Clemens Weidemann, Übergangsprobleme bei der Privatisierung des Abfallwesens, NJW 1996, 2757 ff.; ders., Kreislaufwirtschaft contra dezentrale Verwaltungswirtschaft-von den Schwierigkeiten bei der Umsetzung eines Privatisierungsgesetzes, GewArch 1997, 311 ff.; Alexander Schink, Öffentliche und private Entsorgung, NVwZ 1997, 435 ff。

〔5〕 关于三个阶段的论述参见 Hartmut Bauer, Privatisierung von Verwaltungsaufgaben, VVDStRL 54 (1995), 243 (245);参见 Rainer Schröder, Verwaltungsrechtsdogmatik im Wandel, 2007, S. 152 ff。

〔6〕 对诸如地方民营化项目之类的例子直接的观点可参见 Friedrich Schoch, Privatisierung der Abfallentsorgung, 1992。

〔7〕 对于民营化、去管制化与自由化之关系可参见 Klaus Stohrer, Informationspflichten Privater gegenüber dem Staat in Zeiten von Privatisierung, Liberalisierung und Deregulierung, 2007, SS. 32, 79 ff., 96 ff。

法律上对这一问题的把握也是不清晰的,因为我们没有对同时变化着的情况作持续的观察。与之相反的是,我们甚至必须注意到出现了一些部分倒退的现象。以下试举三例加以说明:

(1)地方上的水务民营化并没有进展;不久前已经从一家法国水务企业传出了其对于在德国扩展业务已丧失信心的消息。〔8〕

(2)在乡镇层面,(与民营化)相反的进程普遍地被列入计划;这是因为私人运营商的糟糕表现以及同时与之相比的地方公营服务企业更为良好的表现。这使在许多领域出现了再市镇化的情况。〔9〕

(3)2000年时,首先是由于国家财政上的理由而被民营化的联邦印刷业,最近又对其提出了"回归国有化"的要求。有趣的是,与提出该政策的联邦财政部相比,联邦内政部仅支持部分的国有化,为的是(基于国家安全利益)阻止外国投资者参与联邦印刷业。〔10〕

这三个例子所澄清的事实是富有启发性的,因为它使人们明白了为什么政治上对于"民营化"优先考虑的基本立场发生了改变,甚至在实践中重新将其归入行政活动。

(三)法律作为秩序空间

长期以来,有关民营化进程是一种由政治而非法律来决定与负责的主要观念,在1993年的预算法中得到了强化。在联邦预算规则所新增的规定中(第7条第1款第2句)确定了经济俭省原则,该原则用于"审查服务于国家任务与公共目的经济活动在何种程度上能够以分殊化、去国家化以及民营化的方式来履行"。〔11〕 这一审查义务明确表达了"去国有化"以及民营化目标的含义,〔12〕但并没有引起民营化措施在法律上的因应。2006年,毫无成就的航空安全民营化〔13〕与

---

〔8〕 参见 FAZ Nr. 156 vom 7. 7. 2008 S. 15。

〔9〕 参见来自 Roland Schäfer 的调查报告, Privat vor Staat hat ausgedient, Sonderbeilage "Öffentliche Finanzen" zur FAZ vom 20. 6. 2008 S. 3; speziell zur Abfallentsorgung Dagmar Thimm, Rekommunalisierung und Wettbewerb in der Entsorgungswirtschaft, AbfallR 2008, 289 ff。

〔10〕 参见专家意见书 Manfred Schäfers, Druck aus Berlin, FAZ Nr. 213 vom 11. 9. 2008 S. 18。

〔11〕 该规范是通过1993年12月21日之立法来加以创设的(BGBI I S. 2353)。新近通过的《关于联邦及各州的预算法原则的法律》第6条第1款第2句(§6 Abs. 1 S. 2 HGrG)(BT-Drs. 12/6720)对各个联邦州施加相应义务的进一步尝试未获成功。

〔12〕 批评意见参见 Joachim Wieland, Privatisierung öffentlicher Aufgaben-Gestaltungsmöglichkeiten, Grenzen, Regelungsbedarf, NdsVBI 2009, 33 (37)。

〔13〕 Die Entscheidung des Bundespräsidenten zur Nichtausfertigung des Gesetzes zur Neuregelung der Flugsicherung ist dokumentiert in BT-Drs. 16/3262.

铁路民营化[14]的停滞不前成为政治推动下的(民营化)典型例外,并且法律上也几乎没有引起民营化的亢奋,然而本该增加的清醒认识消退了。

在此期间(同样也在联邦政治层面)灌输了这样一种认识,对于民营化而言法律至少规定了一个秩序架构。这些被简单概括与提及的预先规定更多的是一种精确的和细节上的。甚至于宪法上对民营化计划的规范有时也是一种明确的行为指令。从航空安全民营化的例子中即可见其端倪。[15] 而在德国铁路的民营化中则是另一种情形。在乡镇层面的民营化计划中则对相关的内容、方式以及影响范围作出了规定。这类仍有待说明的民营化计划只具有少量的拘束规则。

二、民营化措施的普遍性

在对法律及法教义学的意义作进一步的探讨之前,我们还要对民营化现象作更加仔细的说明。对此有三种意见值得注意。它们分别涉及民营化概念、相关任务领域以及相关活动的行政层级。

(一)民营化之概念

虽然现在民营化概念被当作一个法律概念,[16]但它描述的并不是一个统一的现象,它的具体规范内容要根据不同的规范关系在个案中加以查明。因此通过这一概念我们不能推断出,行政机关是否对其任务履行只是通过私法上的组织形式(如有限责任公司和股份有限公司)或者像行政辅助这种任务外包的方式来完成,又或者完全将任务移转于私人领域来进行("去国家化")。概念上的开放性是一个方面;另一方面则是由此导致的法律上的漏洞成为了法教义学上处理这些问题的突破点。这一切的基础是我们即将介绍的法律类型学上的发展。[17]

民营化这一术语首先是一种"集束式概念",它包含不同的现象,就像一根连接着不同事物的带子一样,将介于公、私领域之间不同的分配流程聚集到了

---

[14] 参见 Dirk Ehler 代表德国各州交通部长会议编写的法律意见书, Die verfassungmäßige Beurteilung des Entwurfs eines Gesetzes zur Neuorganisation der Eisenbahnen des Bundes, September 2007。

[15] Friedrich Schoch, Vereinbarkeit des Gesetzes zur Neuregelung der Flugsicherung mit Art. 87d GG, Die Verwaltung, Beiheft 6, 2006, S. 35 ff.

[16] 已经提到过的《联邦预算法》第 7 条第 1 款第 2 句(§7Abs. 1 S. 2 BHO)已经在州法律中找到了平行规则;大多数州的预算法作出了与《联邦预算法》第 7 条第 1 款第 2 句一致的类似规定。"私有化"一词另见《统一公务员法的框架法》第 123a 条(§123a BRRG)。

[17] 参见本文四、(一)1。

一起。[18] 从法律的角度来看,它的决定性意义在于法律制度的转变,即在任务履行方面从公法向私法的转变。这种转变对于金融交易活动而言更具有必要性。当然这仅限于对私法组织形式的(广泛的)选择,或者首先是在任务履行的相关程序方面,或者是在实体法上相关的官方监督上。此外一个重要的备注是要记住,私法法律制度的转变并没有说明哪些公法上的对任务履行的拘束仍然存在。[19] 国家任务的民营化并不意味着能够完全摆脱公法上的“枷锁”。

(二)民营化措施的任务领域

对于尚未解决民营化措施的任务领域几乎没有什么限制。在宪法上并没有确定国家任务的对象,而是保持开放的发展状态。[20] 基本法并不包含对国家任务的分类。在法学上也并没有发展出一种(实质上的)国家任务学说。在德国所适用的是一套形式上的国家任务概念,[21] 国家任务就是一种由国家(并由其所决定的)基于法律指令而承担的公共任务[22]。[23]

一些具体的例子来自有意思的报道。在此我挑选了与每个人都息息相关的“优质饮用水”为例。对水务经济任务的履行,联邦行政法院(在相关判决中)认为它属于不允许民营化的国家任务。[24] 因为水资源(不管是地表水还是地下水)的获取与保护作为一种重大的公共利益都关涉人们的生存必需,联邦宪法法院则反对该法律观点。生存照顾领域内的任务或者其他任务并不是必须强制性地由国家来直接履行,这并不是公共福利的本质意涵;这一点也像是在垃圾处理与能源供给中一样,水务经济也同样可以继续以私法组织形式来运行。[25] 概括并抽象地说,不仅给付行政(特别是生存照顾)而且还有秩序/干涉

---

〔18〕 Bauer (Fn. 5) VVDStRL 54 (1995), 243 (250); Schröder, Verwaltungsrechtsdogmatik (Fn. 5), S. 148.

〔19〕 参见 Friedrich Schoch, Gewährleistungsverwaltung: Stärkung der Privatrechtsgesellschaft? NVwZ 2008, 241 (243 ff.)。

〔20〕 Lerke Osterloh, Privaitisierung von Verwaltungsaufgaben, VVDStRL 54 (1995), 204 (207).

〔21〕 BVerfGE 12, 205 (243); 参见 z. B. Martin Burgi, Funktionale Privatisierung und Verwaltungshilfe, 1999, S. 41 ff. -Anders z. B. Wolfgang Weiß, Privatisierung und Staatsaufgaben, 2002; zur Kritik an diesem Ansatz Hans-Peter Bull, Buchbesprechung DÖV 2003, 869 f。

〔22〕 根据 BVerfGE 38, 281 (299),公共任务是指这样一种任务,即这些任务的完成包含着乡镇的利益。通过私经济主体来承担公共任务可以参考能源领域的事例,参见 BVerfGE 30, 292 (311 f.)。

〔23〕 Eberhard Schmidt-Aßmann, Das allgemeine Verwaltungsrecht als Ordnungsidee, 2. Aufl. 2004, Kap. 3 Rn. 79; Martin Burgi, Privatisierung, in: Isensee/Kirchhof (Hrsg.), Handbuch des Staatsrechts, Band Ⅳ, 3. Aufl. 2006, § 75 Rn. 2.

〔24〕 BVerwGE 106, 64 (77) = NVwZ 1999, 870 (874).

〔25〕 BVerfGE 107, 59 (93 f.).

行政方面的民营化都被批评了。只要回忆一下对公务员利益的功能保留(《德国基本法》第 33 条第 4 款)以及在必要的公共任务外包时通过私人来行使国家高权的情形,我们就不难发现该领域中存在的附带问题。

(三)国家及行政层级

公共任务民营化并不是一种“国家”基于组织一体性而享有的特权。联邦、各州及乡镇同样都是民营化的主角。联邦层面的民营化较为复杂,因为它涉及的几乎是全体民众每天的生活。在一些领域已经开始引入民营化措施。我清楚地记得这曾经是邮政行业、〔26〕电信行业、航空安全领域〔27〕以及铁路行业〔28〕中的关键词。在各州层面则很快出现了高校附属医院的民营化、〔29〕刑事强制措施的民营化〔30〕以及法律强制执行的民营化。〔31〕

在地方层面民营化计划的实施有着重要的法律特点。因为联邦及各州的民营化决策的依据只能是宪法上的规定,而对于乡镇、县市只存在有附带的法

〔26〕 参见注〔3〕. Bemerkenswert BVerfGE 108, 370 (393):Art. 87 f Abs. 2 S. 1 GG 确认邮政服务的提供并非不受竞争原则的限制;过渡性的方法是通过《德国基本法》Art. 143b Abs. 2 S. 1 来赋予德国邮政公司在信件投递领域的排除权。

〔27〕 参见注〔13〕与注〔15〕; zum möglichen Fortgang der Dinge Joachim Wieland, Zur zukünftigen Ausgestaltung der Flugsicherung in Deutschland-Die Aufgaben der Flugsicherung und der Rahmen ihrer Privatisierung nach einer Verfassungsänderung, Rechtsgutachten im Auftrag der DFS Deutsche Flugsicherung GmbH, Februar 2007; Elmar M. Giemulla, Flugsicherung und Verfassungsrecht, DVBI 2007, 719 ff。

〔28〕 参见注〔14〕; 另见 Eberhard Schmidt-Aßmann/Hans Christian Röhl, Grundpositionen des neuen Eisenbahnverfassungsrechts (Art. 87e GG), DÖV 1994, 577 ff.; Felix Berschien, Zur Trennung von Netz und Betrieb der Deutschen Bahn AG auf Grund des europäischen Eisenbahnpakets, DVBI 2002, 1079 ff。

〔29〕 参见 Klaus Ferdinand Gärdiz, Privatisierung der Hochschulmedizin:Bilanz des 1. Deutschen Hochschulrechtstags, DÖV 2006, 1042 ff.; 另见 Wolfgang Löwer (Hrsg.), Universitätsklinika in öffentlich-rechtlicher oder privatrechtlicher Organisationsform, Wissenschaftsrecht Beiheft 17, 2006。

〔30〕 参见 Christen Wagner, Privatisierung im Justizvollzug-Ein Konzept für die Zukunft, ZRP 2000, 169 ff.; Heinz Joachim Bonk, Rechtliche Rahmenbedingungen einer Privatisierung im Strafvollzug, JZ 2000, 435 ff.; Meik Lange, Privatisierungspotentiale im Strafvollzug, DÖV 2001, 898 ff.; Christoph Gusy, Möglichkeit und Grenzen der Privatisierung des Jugendstrafvollzugs, JZ 2006, 651 ff.; Thoms Mösinger, Privatisierung des Strafvollzugs, BayVBI 2007, 417 ff.; Holger Mühlenkamp, (Teil-) Privaitisierung von Justizvollzugsanstalten, DÖV 2008, 525 ff. - Zu verfassungsrechtlichen Grenzen NdsStGH, NdsVBI 2009, 77 (84 ff.)。

〔31〕 相反观点参见 Stefan Pliz, Verfassungsrechtliche Grenzen der Privatisierung des Gerichtsvoll zieherwesens, DÖV 2009, 102 ff。

律约束。这在实践中具有显著的意义。事实上这还涉及垃圾处理、[32]废水处理[33]、供水等领域,[34]以及最近不断增加的学生食堂、市场以及民俗节日的民营化现象。[35]相反的是,早先对公立储蓄银行民营化问题的激烈讨论已然退潮。[36] 更新的例子还有待补充。

三、法教义学的功能与意义

当我们转向法教义学,首先需要理解教义学上的工作是对德国法学上的各种法学材料进行标示、整理。这适用于所有的部门学科(民法、刑法、公法)。法律在理论上以及实践中的效力在很大程度上取决于教义学的渗透。

(一)对概念意涵的澄清

"法教义学"在其所被理解的意义上代表了一种"对法律秩序总体性理解以及对法律概念的结构、构成、原则与规则的把握,这些都依赖于对一般的肯定与

---

〔32〕 参见注〔4〕;另见 Wolfgang Kahl, Privatisierung der Abfallentsorgung: Rahmenbedingungen, Konfliktfelder und Perspektiven, in: Klopfer (Hrsg.), Abfallwirtschaft in Bund und Ländern-Perspektiven des föderalen Umweltschutzes am Beispiel der Abfallwirtschaft, 2003, S. 75 ff。

〔33〕 参见 Hartmut Bauer, Privatisierungsimpulse und Privatisierungspraxis in der Abwasserentsorgung, VerwArch 90 (1999), 561 ff.; Hermann Reffken, Abwasserbeseitigung durch Dritte, NdsVBI 2000, 229 ff.; Peter Queitsch, Organisationsformen in der kommunalen Abwasserbeseitigung, DÖV 2001, 454 ff.; Georg Franz, Private Abwasserbeseitigung als Übergangslösung, NWVBI 2002, 51 ff.; Jochen Bohne/Holger Heinbuch, Die Dienstleistungskonzession als Privatisierungsmodell in der kommunalen Abwasserbeseitigung, NVwZ 2006, 489 ff.; Stefan Frenzel/Tilo Biesecke, Konzessionsmodelle als materielle Privatisierungsform in der Abwasserbeseitigung?, LKV 2007, 296 ff。

〔34〕 参见 Martin Burgi, Privatisierung der Wasserversorgung und Abwasserbeseitigung, in: UTR Band 55, 2001, S. 101 ff.; Martin Fischer/Katrin Zwetkow, Systmatisierung der derzeitigen Privatisierungsmöglichkeiten auf dem deutschen Wassermarkt-Trennung von Netz und Betrieb als zusätzliche Option?, NVwZ 2003, 281 ff.; Angelika Emmerich-Fritsche, Privatisierung der Wasserversorgung in Bayern und kommunale Aufgabenverantwortung, BayVBI 2007, 1 ff.; Wolfgang Kahl, Die Privatisierung der Wasservorsorgung, GewArch 2007, 441 ff.; Gerald G. Sander, Privatisierung in der Wasserversorgung und europarechtliche Vorgaben, VBIBW 2009, 161 ff.; monographisch Frank Forster, Privatisierung und Regulierung der Wasserversorgung in Deutschland und den Vereinigten Staaten von Amerika, 2007, S. 39 ff。

〔35〕 Vgl. VG Freiburg, NVwZ-RR 2002, 139; VG Stuttgart, DÖV 2006, 835 = NVwZ 2007, 614; HessVGH, DÖV 2008, 607. – dazu Christoph Gröpl, Privatisierung von Messen, Märkten und Volksfesten, GewArch 1995, 367 ff.; Thomas Schalt, Der Zulassungsanspruch des Schaustellers zu Volksfestveranstaltungen-Neuere Entwicklungen der Rechtsprechung, GewArch 2002, 137 (138 ff.).

〔36〕 Vgl. Wernbard Möschel, Die Privatisierung der öffentlich-Rechtlichen Kreditinstitute im Streit der Meinungen, in: Festschrift für Fikentscher, 1998, S. 574 ff.; monographisch Alexander Scheike, Rechtliche Voraussetzungen für die materielle Privaitisierung kommunaler Sparkassen, 2004.

遵守在法律上作出确认,同时也是作为法制与立法在法律规则上的交会点”。[37] 一种重要的问题解决机制可以归于法教义学,因为它涉及规范或复杂规则转向严格的法律适用,并且从(如同前理解)法学理论的层面加以区分。[38] 中肯地说,法教义学中“教义学”(dogma)这一前缀总是关乎法律效力,实质上“教义学”之科学性会联系到体系性思维。[39]

重要学说所强调的方面是法教义学在法体系化意义上的法律内在的协调一致。这里所产生的意义是法律的一致性、秩序性和内在的逻辑性。这不是一种(有时是推测)依据秩序构成对形式上的概念结构进行公理推论,而是对现实中并非隐而不显的体系进行类推。[40] 随着法教义学的持续发展,对于其效果上的要求仅在于确保那些重要的陈述被赋予惯例以防止其弱化,总之要与法律及社会的变迁步伐保持一致。[41] 在这一理解下的法教义学(当然这还是它现实的一面)构成了法官们对现有的必然不完美的法律秩序作出必要决断时的必不可少的知识来源。由于法教义学保持了法律理论的连接能力,并促成了其在实践中的运用,它必须通过对其所发现的法律材料作逐步的概括,但不在各种关系中提供更多对复杂性之必要简化是法教义学的应有之义。[42]

---

〔37〕 参见 Winfried Brohm, Kurzlebigkeit und Langzeitwirkung der Rechtsdogmatik, in: Festschrift für Maurer, 2001, S. 1079(1082);基本观点:Die Dogmatik des Verwaltungsrechts vor den Gegenwartsaufgaben der Verwaltung, VVDStRL 30 (1972), 245 ff.; Franz Wieacker, Zur praktischen Leistung der Rechtsdogmatik, in: Hermeneutik und Dialektik II, 1970, S. 311 ff.; Josef Esser, Dogmatik zwischen Theorie und Praxis, in: Festschrift für L. Raiser, 1974, S. 917 ff。

〔38〕 Jürgen Kühling/Oliver Lieth, Dogmatik und Pragmatik als leitende Parameter der Rechtsgewinnung im Gemeinschaftsrecht, EuR 2003, 371 (380 f.). 也可参见 Fn. 53。

〔39〕 Karl-E. Hain, Ockham's Razor-ein Instrument zur Rationalisierugn der Grundrechtsdogmatik?, JZ 2002, 1036(1037).

〔40〕 Vgl. Friedrich Schoch, Vorläufiger Rechtschutz und Risikoverteilung im Verwaltungsrecht, 1988, S. 1059 f. -Die Leistungsfähigkeit der Rechtsdogmatik unterschätzend. Markus Pöcker, Fehlende Kommunikation und die Folgen-Das heutige Verhältnis dogmatischer Rechtswissenschaft zu rechtstheoretischer Innovationsforschung, Die Verwaltung 37 (2004), 509 ff.; ders., Stasis und Wandel der Rechtsdogmatik, 2007; konstruktiv-kritisch Christoph Möllers, Theorie, Praxis und Interdisziplinarität in der Verwaltungsrechtswissenschaft, VerwArch 93 (2002), 22 ff.; die Konzentration von Teilen der Rechtswissenschaft auf die Dogmatik lobend und tadelnd („Fluch und Segen der Dogmatik") Oliver Lepsius, Themen einer Rechtswissenschaftstheotie, in: Jestaedt/Lepsius (Hrsg.), Rechtswissenschaftstheotie, 2008, S. 1 (16 ff.).

〔41〕 Brohm (Fn. 37), FS Maurer, S. 1084 ff.

〔42〕 Hain (Fn. 39), JZ 2002, 1036 (1045). -Die „Reduktion von Komplexität" bezieht sich hier auf die Dogmenbildung, nicht auf Verfahrensprobleme; 另见 Niklas Luhmann, Legitimation durch Verfahren, 3. Aufl. 1978, S. 144 ff。

(二)法教义学之功能

法教义学并无其自身目的。它首先是满足了一种理性化、可控化及减负功能,这些功能对于并不复杂的日常法律而言当然不是不可或缺的。不言而喻,法教义学倾向于一种体系化。这是法教义学之重要组成部分。[43] 众所周知的是,这对于法教义学的三个方面产生了作用——分析的面向、经验的面向以及规范的面向。[44] 对此问题我们稍后还会论及。

在德国公法领域的实践中,对行政法与宪法进行区分,其他地方并没有认识到这样做的有利理由,[45]即通过较长时间的运用促成了法教义学遵循一致性的功能。考虑到行政法总论中相关教义的形成——当然在此所涉及的主题是"民营化"——这恰巧是所谈论过的,作为教义学上的一种功能,行政法总论是行政实践活动在宪法上的"变压器"。[46] 这一理解也意味着法教义学指明了行为导向上的方向。稍后我们将列举实例进行讨论。[47]

重要的是,我还要指出法教义学的另一个重要功能。它调整了由一般学说所引起的对其他利益的规律化。[48] 总之它描述了对于联邦团结的潜在危险。尽管伴随着风险,但是对具体案例的决定要素进行窄化还是获得了保证,即保证了事实上或者潜在的"重要性"得到控制,并使一般短视的利益消失了。某些领域的特殊利益仍然被归于这种保证所承担的范围之内。然而对此必须赋予足够的合法性上的承受能力。法教义学提供了比较案件状况与变化着的实情的可能性,评估不同案情之间的"距离偏差",从而为过滤出合法的特殊利益打好基础。

(三)法教义学之应用

法教义学在实践中的应用要考虑到法律运用的不同情况。(法教义学的)

---

[43] Ebehard Schmidt-Aßmann, Zur Funktion des Allgemeinen Verwaltungsrechts, Die Verwaltung 27 (1994), 137 (139 ff.); kritisch Lepsius, Rechtswissenschaftstheorie (Fn. 40), S. 36 ff.

[44] Robert Alexy, Theorie der Grundrechte, 1985, S. 23 ff.

[45] Friedrich Schoch, Gemeinsamkeiten und Unterschiede von Verwaltungsrechtslehre und Staatsrechtslehre, in: Schulze-Fielitz (Hrsg.), Staatsrechtslehre als Wissenschaft, Die Verwaltung, Beiheft 7, 2007, 177 (179 f.). 对于国外的法秩序,参见 Matthias Ruffert, Die Methodik der Verwaltungsrechtswissenschaft in anderen Ländern der Europäischen Union, in: Schmidt-Aßmann/Hoffmann-Riem (Hrsg.), Methoden der Verwaltungsrechtswissenschaft, 2004, S. 172 ff. (England), S. 178 ff. (Frankreich)。

[46] Schmidt-Aßmann (Fn. 43), Die Verwaltung 27 (1994), 137 (140).

[47] 参见本文四、(一)3,以及(所引用之司法判决)四、(二)。

[48] Schmidt-Aßmann (Fn. 43), Die Verwaltung 27 (1994), 137 (146 f.); Helmuth Schulze-Fielitz, Verwaltungsrechtsdogmatik als Prozess der Ungleichzeitigkeit, Die Verwaltung 27 (1994), 277 (292 ff.).

“运算规则”尽管并不充分。但是我们必须意识到，教义学是旨在对所给定的法律材料进行体系性重构的科学。[49] 好的法教义学有助于在基本的事实问题与价值问题之间形成法秩序，复杂的规范或单一规范不需要再在法律具体化与法律适用时重新被提及或讨论；就此而言已经给出的答案不如说是法教义学加工过的正确答案。形象地说，法教义学几乎就是容纳法律适用之法律合法性的“仓库”，当然这个“仓库”必须经常地反映对具有拘束力的意见之基本接纳。[50]

在这种“仓库效应”中，学理上与实践上特别要求法教义学具有所谓的“减负”功能。[51] 因为这一具有给付能力的“仓库”在抽象化的基础上能同时满足平等的法理念(正义)。相较判例法这种基本模式而言，系统化的法教义学对法律材料的加工能够保障法律的统一适用。[52] 此外，对于法教义学所特有的类型化与普遍化功能而言，无论是对可靠的惯例还是反常的特例，它都能一概承担。[53] 所以教义学所反映的并不是一个僵化的体系，而是在联结一种以必要的灵活性为基础的具有不可或缺之稳定性的法秩序。[54]

四、法教义学对民营化之渗透

基于前面的理解还有以下问题，法教义学是否以及如何能在法律对民营化过程的把握、控制与审查上更有益处。对这一问题的回答一方面有赖于对体系性知识的兴趣，另一方面是与权利平等同样重要的通过司法对法教义学认知的利用。这种方式表明，在日常法律中没有经过实践就不是好的法教义学。

(一)法教义学之维度

对于法教义学在“民营化”中的渗透现象，笔者首先是从以下三个公认的维

---

〔49〕 Hain (Fn. 39), JZ 2001, 1036 (1045).

〔50〕 生动的见解参见 Brohm (Fn. 37), FS Maurer, S. 1082, 接下来比较：在法学中教义学的功能就像在许多经验性的自然科学中的公理或是数学中的公式一样。从这些经验性的公理或数学中的公设中可以推出新的知识，作为对于已发现的规律的正当性或者基础公式的检验。

〔51〕 参见 Kühling/Lieth (Fn. 38), EuR 2003, 371 (383 ff.). – Von Lepsius, Rechtswissenschaftstheorie (Fn. 40), S. 18, 减负功能的必要性没有得到（充分的）承认与评估。

〔52〕 Brohm (Fn. 37), FS Maurer, S. 1081.

〔53〕 在“民营化”这一主题下，它一方面是基本的类型(本文四、(一)1)，另一方面是混合形式与分舒化的形式（本文四、(一)2)。考虑到实践中的法律适用，这种法学上发明(通常在附带性法律中)“柔性引导概念”的方式总是受到青睐。对该问题的讨论参见 Heltmuth Schulze-Fielitz, Rationalität als rechtsstaatliches Prinzip für den Organisationsgesetzgeber-Über Leistungsfähigkeit und Leistungsgrenzen „weicher“ Leitbegriffe in der Rechtsdogmatik, in：Festschrift für K. Vogel, 2000, S. 311 (316)。

〔54〕 Brohm (Fn. 37), FS Maurer, S. 1084 f.

度展开论述。它使事实范围内的基本的结构化成为可能,并为法律推论的基础给予了证明。

1. 分析的维度:民营化的基本类型

观察20世纪80年代至今二十多年来人们对于国家任务民营化决策形式的分析,在确定其合法性的前提下可以认同的是,民营化现象可以归为四种基本类型:〔55〕

(1)在组织民营化中相关的公共任务仍然保留在国家手中。公共任务的委托人(联邦、各州以及乡镇、县市等)利用私法组织形式的独资企业(特别是有限责任公司和股份公司)来完成公共任务,并在原则上(除了向私法主体外包时赋予其高权外)以私法手段来承担公共任务。这种类型的民营化即所谓的"形式民营化"。

(2)功能民营化同样也是将公共任务保留在了国家的权限之内。尽管任务的履行被委托给了私人。在任务的履行过程中(给付的提供),私人通常被看作行政辅助人("履行辅助人")。当私人处于外包者的地位时,他也可以行使高权权限,但这必须依据法律而为之。

(3)任务的民营化导致了由公共领域向私人领域的真正的任务转移。国家(全部或部分地)退出公共任务领域并将其移转于市场中的私经济主体。这使现有的国家任务实质性地减少了,因此任务的民营化也被标示为"实质的民营化"。

(4)财产的民营化涉及国家向私主体移转财产(如地产、公司股票),这涉及国有财产的变卖以及私人对国家财产的买入。这种类型的民营化也被称为"所有权的民营化"。

这四种基本的类型概括地反映了一再出现的各种民营化形式。在实践中这些形式不断地自我调整;司法上利用这些分类(包括其术语)对争议进行裁判。在学理上〔56〕它作为一种进一步分殊化的建议——更多的时候是对许多臆想中的民营化形式——相当于是"法教义学上的超级配置",这对于一种有充分依据的类型学而言是必要且有益的,并且事实上它几乎成了一种延伸。仔细地分析这些意见可以得知,附带的模型构建不是归入刚才所描述的所谓的基本类

---

〔55〕 Heltmuth Schulze-Fielitz, Grundmodi der Aufgabenwahrnehmung, in: Hoffmann-Riem/Schmidt-Aßmann/ Voßkuhle (Hrsg.), Grundlagen des Verwaltungsrechts, Band I, 2006, § 12 Rn. 108 ff.; Torsten Lämmerzahl, Die Beteiligung Privater an der Erledigung öffentlicher Aufgaben, 2007, S. 96 ff. 其他部分参见 Jörn Axel Kämmerer, Privatisierung-Typologie, Determinanten, Rechtspraxis, Folgen, 2001, S. 29 ff。

〔56〕 Gregor Kirchhof, Rechtsfolgen der Privatisierung, AöR 132 (2007), 215 (216, 236 ff.); Rolf Stober, in: Wolff/Bachof/Stober, Verwaltungsrecht, Band 3, 5. Aufl. 2004, Vor § 90 Rn. 10 ff.

型(如公私协力、程序民营化、委托民营化、公私混合制企业)就是转移到了完全不同的法律层面中(外包)。

2. 经验的维度:混合型与差异化

此前所介绍的作为一种理想类型的民营化基本模式是在实践中反复出现的。当然经验表明,通常混合型更受偏爱,并且伴随着分殊化。实践中的四个例子可以进一步明确其含义:

(1)在柏林曾以公共营造物的形式存在自来水供给及污水处理企业。大约十年前开始了部分组织民营化措施,原有的公营造物以"控股模式"成立了一个私法性质的康采恩企业;所成立的股份公司由原公营造物持有 49.9%的股份,而 50.1%的股份则由州政府持有。[57]

(2)在功能民营化方面,公共任务委托人(高权主体)与行政辅助人(私法主体)之合作关系对于法律秩序有广泛的形成空间。有关水务经济之贡献,相关法院曾在一次司法争议中认为:致力于供水任务功能民营化的城市,不管其以行政辅助的形式还是总体委托(运营引导模式或者运营模式)的形式,抑或是特许经营的形式来进行,都可以以法律责任来加以解释并以其"代表人"(任务的委托)加以界定。[58]

(3)在很大程度上任务民营化被认为是部分的民营化。只有很少的(首先是在乡镇层面)公共任务会完全从公共领域移转于私人领域。在实践中几乎没有关于垃圾处理方面的民营化的例子。联邦行政法院已经作出判决,[59]允许对于有特殊监管需求的垃圾处理监督进行民营化。另一个实践中的例子表明,有时甚至乡镇政府对年节市场的民营化措施也只是属于部分的民营化。[60]

(4)将民营化措施仅仅当作程序来看待的情况并不在少数。一个典型的例子是在航空安保领域,本来该领域内的任务是由国家自行承担的。1992 年联邦

---

〔57〕 参见 VerfGH Berlin, DVBI 2000, 51 = NVwZ 2000, 794; 另见 Caroline von Bechtolsheim/Kerstin Abend, Teilprivatisierung der Berliner Wasserbetriebe, LKV 2000, 337 ff.; Benedik Wolfers, Privatisierung unter Wahrung der öffentlich-rechtlichen Rechtsform: Der Modellfall Berliner Wasserbetriebe, NVwZ 2000, 765 ff.; Arndt Schmehl, Teilprivatisierung der Daseinsvorsorge, Demokratieprinzip und Gewinnerzielungsmaxime, JuS 2001, 233 ff.; Jan Hecker, Privatisierung unternehmenstragender Anstalten öffentlichen Rechts, VerwArch 92 (2001), 261 ff.; Daniela Ochmann, Rechtsformwahrende Privatisierung von öffentlich-rechtlichen Anstalten-Dargestellt am Holdingmodell zur Teilprivatisierung der Berliner Wasserbetriebe, 2005, S. 20 ff。

〔58〕 SächsOVG, SächsVBI 2005, 14 (16 f.).

〔59〕 BVerwG, DVBI 2006, 840 = DÖV 2006, 651 = NVwZ 2006, 829.

〔60〕 VG Stuttgart, DÖV 2006, 835 = NVwZ 2007, 614.

政府以投资设立“德国航空安保公司”的方式对该领域实施组织民营化。[61] 但在2006年,该公司准备按计划行使其职权时却由于联邦总统行使其“否决权”而使这次的资本民营化落空了。[62] 所幸的是,该行业还可以以部分财产民营化的形式建立一个公私混合制企业。[63]

这些例子说明合乎时代的教义学是有利于法体系的稳定的,并对确定的法律材料进行类型化与一般化,使之与克服实际困难的理由与必要的具有灵活性的教义学理论相联系。现代法教义学所体现的并不是一种僵化的理论体系,它将所发展出来的具有法律效力的且事实上也恰当的问题解决方案之切入点确定下来。对此下文将有详细论述。

3. 规范之维度:类型化形成的法律收益

民营化法律在概念体系上的渗入来自基本概念的创新,在这之中可以找到民营化基本类型(的反映),以及民营化模式与程序的结构化,这种结构化并没有描述解答案例的标准程序;对此在法律判决的作出与论证的意义上实在法具有了决定性的意义。规范维度上的法教义学承担了预测功能,在高度敏感的情况中提出的法律问题表明,强制性的区别与划分,法律并不是采纳通用的行政学上的建议并寻找可能的答案以及民营化边界。在这一关系中,乡镇也一样要承担公法上的拘束。

在组织民营化方面并不需要论证高权主体对于其所控制的独资企业的活动所担负的法律责任。仅仅是形式上的变革并不能免除对公法的遵守义务。这也适用于部分的组织民营化。柏林水务企业的部分民营化也要一体遵循,公共营造物在“持有模式”下接受私法人的领导,如果有法律上的保障的话也仅仅是与民主原则保持一致。对于授予指令权的决定仍保留在担保者的手中(在此具体是指柏林州);担保者作为民主合法性的代表,必须保有对最终决定的可能的影响力。[64]

功能民营化是从各种各样为数众多的机会权衡中产生的。并没有法律上的指示,但公法上的任务承担者要决定是否以及在多大程度上由私法上的第三

---

〔61〕 Gesetz zur Änderung des Grundgesetzes vom 14. 7. 1992 (BGBI I S. 1254) und Zehntes Gesetz zur Änderung des Luftverkehrsgesetzes vom 23,7,1992 (BGBI I S. 1370); Dazu Heinz-Joachim Pabst/Rolf Schwartmann, Privatisierte Staatsverwaltung und staatliche Aufsicht, DÖV 1998, 315 ff.; Karsten Baumann, Luftsicherheit und materielle Privatisierung, ZLW 2001, 304 ff.

〔62〕 Vgl. Nachw. oben Fn. 13. –Instruktiv kurz zuvor Karsten Baumann, Bundeseigenverwaltung und Wettbewerb? Die Neuordnung der Flugsicherung, DVBI 2006, 332 ff.

〔63〕 Schoch, Neuregelung der Flugsicherung (Fn. 15), S. 29 f.

〔64〕 VerfGH Berlin, DVBI 2000, 51 (52) = NVwZ 2000, 794 (795).

人来承担公共任务。[65] 功能民营化的分类当然也要通过一些法律上严格的功能界分来加以标识。因为行政委托人仍保留着对任务履行的法律责任,所以它必须保证介入义务之可能性以及通过指令对私法上第三人的控制。[66] 私主体在行政外包的情况下会附带地获得高权权限,并接受宪法上的指示;民主原则要求任务的履行及其随后的担保责任继续由国家来承担,以便政府在行政任务外包的情况下承担起对议会的法律及专业上的监管责任。[67]

实质民营化是高权主体将其过去的任务履行责任完全移转的情况。[68] 当然与其说在任何情况下国家责任都在任务领域中结束了,不如说实质民营化能够表明国家的担保责任,[69]仅仅在部分民营化的案例中特别的“个案分析”标示出了民营化的类型。从前任务执行(就像有时在地方生存照顾中一样)依赖于高权性的许可决定,这种决定权不会委托给私法上的第三人。[70]

(二)司法上的法教义学应用

迄今为止有关法教义学对民营化的渗透之概念并不是一种“苍白的书面理论”式的表达,并且绝不会是学术圈子讨论的一个话题而已。只要对有关的司法改革活动做一次深入的研究,马上就会明确在此如何促进法教义学对实践的影响。法院会明确地追溯到民营化类型及其修订形式,以便其作为实体法上的判决基础。

组织民营化之类型会对可能存在的民营化禁令提出质疑。对于国家高权主体(联邦及各州)而言这是一个宪法上的问题,对于地方政府而言(所谓的间接国家行政)则属于法律上附带的问题。组织民营化原则上所允许适用的规则是一种规范化的禁止规则。以此为基础,比如以供水及污水处理为例,法院所能确定的是,对于有着“形式民营化”外衣的独资企业,法院本该允许对抗性(阻却性)法规之缺失。[71] 在宪法范围内这一问题由联邦宪法法院来决定,对于国

---

〔65〕 BVerwG, NVwZ 1999, 653 (am Beispiel der Abfallentsorgung); allgemein Burgi, Funktionale Privatisierung (Fn. 21), S. 100 ff.

〔66〕 SächsOVG, SächsVBI 2005, 14 (16, 17); VG Stuttgart, DÖV 2006, 835 = NVwZ 2007, 614.

〔67〕 BremStGH, NVwZ 2003, 81 (84 f.). Allgemein Klaus Weisel, Das Verhältnis von Privatisierung und Beleihung, 2003, S. 121 ff.

〔68〕 HessVGH, DÖV 2008, 607.

〔69〕 另参见本文第五节的相关内容。

〔70〕 BayVGH, NVwZ 1999, 1122 (1123 f.) = BayVBI 1999, 657 (658); a. A. (wenig überzeugend) VG Freiburg, NVwZ-RR 2002, 139.

〔71〕 OLG Dresden, NVwZ 1998, 1331.

家手中持续存在的公法组织并没有基本权上的规定予以保护。[72] 我们还可以从国家组织法上获得结论上的支持,因为那儿(比如在联邦层面)已经规定了"联邦专属行政"的组织类型。[73]

在功能民营化的实践中它还将引起更为广泛的法律后果。司法上强调民营化的类型不会影响行政委托人的法律义务,所以以私法第三人参与垃圾处理为例,私人并不负有公法上对垃圾处理的责任。[74] 对于《赔偿责任法》第2条第1款的效力保障,不久前联邦最高法院对此给予了承认,虽然可以通过私人的"履行辅助"来承担污水处理义务,但出现损失时高权主体作为污水设施的所有者,其赔偿义务并不会改变。[75] 实践中更大的困难被证明是来自私人承担高权任务时。在有私人企业参加的交通监管活动中,法院并没有依照这一指示,这些私人参与的监管活动仅仅被当作行政辅助。让人略感安慰的是,核心范围内的国家任务作为一种典型的高权任务是不允许私人承担的。[76] 仅仅是对行政任务在功能上的民营化(而非实质的民营化),高权主体对其有着如何行使其权限的条件限制。因此法院认为,一个城市放弃对于供水任务的实质民营化转而选择功能民营化,这表明水务供给作为一个城市的供水设施之性质不可改变。以至于我们可以把城市的水务确定为一种(对公众的)贡献。[77]

实质民营化基于法律对私人领域的充分的任务移转,而对行政委托人迄今为止的专业法律上的义务产生免除效果。[78] 原则上法律上的禁止性规定同样也适用于任务民营化。[79] 通常可以预见法秩序(特别是在地方生存照顾领域)

---

[72] BVerfG-K, NJW 1995, 514 (515). BayVerfGH, NJWE-VHR 1997, 2 (4) 需要强调,由立法者来决定具体的民营化模式会涉及合目的性的问题。

[73] 参见《德国基本法》第87d条第1款第2句(Art. 87d Abs. 1 S. 2 GG)的相关事例, Schoch, Neuregelung der Flugsicherung (Fn. 15), S. 35 ff。

[74] Vgl. BVerwGE 129, 93 (95, 97) = NVwZ 2007, 1185 (1186) = UPR 2007, 448 f. 需要区别下列法条: § 16 Abs. 1 S. 2 KrW-/AbfG und § 16 Abs. 2 KrW-/AbfG; Dazu Ludger-Anselm Versteyl, Zur Verantwortlichkeit des Abfallerzeugers/-besitzers-Vorläufiges oder Endgültiges?, NVwZ 2007, 1150 ff.; Foroud Shirvani/Meinhard Schröder, Die Verantwortlichkeit des ehemaligen Abfallbesitzers, UPR 2008, 41 ff。

[75] BGH, NVwZ 2008, 1157 (1158).

[76] BayObLG, DÖV 1997, 601 = BayVBI 1997, 412 (413); KG, NJW 1997, 2894. 还可参见 Udo Steiner, Möglichkeiten und Grenzen kommunaler und privater Verkehrsüberwachung, DAR 1996, 272 ff.; Rupert Scholz, Verkehrsüberwachung durch Private?, NJW 1997, 14 ff。

[77] SächsOVG, SächsVBI 2005, 14(18 ff.); Dazu auch Bert Schaffarzik, Folgen der Privatisierung für die Erhebung öffentlicher Aufgaben, SächsVBI 2006, 225 ff.

[78] BVerwGE 129, 93 (97) = NVwZ 2007, 1185 (1186) = UPR 2007, 448 (449) zu § 16 Abs. 2 KrW-/AbfG.

[79] HessVGH, DÖV 2008, 607.

也是一种层级模式下的许可框架。因此,以污水处理义务的功能民营化为例,它是由法律所明确允许的(《水资源规划法》第 18a 条第 2 款第 2 句),因为公共任务的实质(部分)民营化被严格的条件所约束(《水资源规划法》第 18a 条第 2a 款)。此外必须注意的是,任务民营化并不是自动地就承继了高权权限,至少对于地方政府而言这是存在困难的。所以向私人进行外包只能基于法律的允许。因此,在部分民营化的范围内,鉴于市场形势而决定的国家与私人之间有关移转决定权的相关合同条款,因为违反了法律的禁止性规定而无效(《德国民法典》第 134 条)。[80]

(三)附论:行政学方式比照法教义学

在国家任务民营化中对法教义学之渗透的偏好是无可非议的。2008 年,在埃尔富根市举办的以"民营化"为主题的"第 67 届法律人年会"专题报告中明确提出了一个"新的方式":发展以问题为导向的以及以欧盟法为导向的类型。[81]这一方式包含了四种不同的民营化选择:(1)任务的民营化;(2)以合同为基础的公私协力以及其他功能民营化形式(如行政辅助、特许服务);(3)组织机构型公私协力(所谓的公司混合制企业);(4)外包。[82] 此外一种概括性的"公私协力法"得到了会议报告的支持。同时还涉及将以合同为基础的公私协力与以组织机构为基础的公私协力作为民营化法规的一个组成部分纳入相关立法中。[83]

必须坦然面对是关于新的方式是否有说服力的问题。但对此问题批评的答案居多。目前的一项实质性进展是在法学研究被法教义学所推动的阶段人们几乎没能看到新的概念:

(1)组织民营化并没有出现在"以问题为导向的类型"中,虽然它在现实中具有显著的意义,甚至是在宪法上得到了承认(《德国基本法》第 87d 条第 1 款第 2 句)。

---

〔80〕 VG Stuttgart, DÖV 2006, 835 (836) = NVwZ 2007, 614 f.

〔81〕 Martin Burgi, Privatisierung öffentlicher Aufgaben-Gestaltungsmöglichkeiten, Grenzen, Regelungsbedarf, Gutachten D zum 67. Deutschen Juristentag 2008, S. 31. -Die Unterschiedlichkeit der Themenbehandlung kommt in den sog. Begleitaufsätzen zum 67. DJT zum Ausdruck, die trotz der Behandlung derselben Thematik kaum Berührungspunkte aufweisen; Vgl. Hubertus Gersdorf, Privatisierung öffentlicher Aufgaben-Gestaltungsmöglichkeiten, Grenzen, Regelungsbedarf, JZ 2008, 831 ff.; Jörn Axel Kämmerer, Privatisierung und Staatsaufgaben: Versuch einer Zwischenbilanz, DVBI 2008, 1005 ff.; Rolf Stober, Privatisierung öffentlicher Aufgaben, NJW 2008, 2301 ff.

〔82〕 Burgi, Gutachten D zum 67. DJT (Fn. 81), S. 32 ff. -Zu dem im Text zu (4) genannten Aspekt auch Christian Sellmann, Privatisierung mit oder ohne gesetzliche Ermächtigung, NVwZ 2008, 817 ff.

〔83〕 Burgi, Gutachten D zum 67. DJT (Fn. 81), S. 109 ff.

(2)在涉及公私协力与功能民营化时,上位概念与下位概念发生了调换。功能民营化并没有涵盖公私协力,准确地说只是涵盖了一部分。事实上功能民营化指向的是广义上的公私协力。

(3)外包并不是民营化的一种类型,但对于私法主体可以行使高权权限的情况是值得思考的;结论是外包必须顾及任务民营化、功能民营化以及作为组织民营化之交叉的新概念。

以问题为定位的类型化显然涉及欧盟委员会对此的推动以及公私协力[84]这一表现形式的升值,[85]但对于问题切入的紧迫性以及目前问题的探讨人们并无异议。法学的革新(至少在德国)必须要寻求法教义学上的协调性以及欧盟法上的必要性。对于欧盟成员国的民营化进程,欧盟法严守着法律上的中立。[86] 特别是在欧共体法上并没有出现强制民营化的要求。根据欧盟委员会的绿皮书及报告(它并没有更多地涉及一种鼓励),我们必须明确地说(但这是被疏忽的),由于欧盟委员会仅仅承认了从德国有关国家任务民营化的经验中获得了启发,尤其是在已有的(特别是在术语上)司法调控上。但欧盟委员会随之便匆忙放弃了这些想法。对于以合同为基础或者以组织机构为基础的公私协力而言,其在处理跨地区法律体系时事实上最终并不存在问题,另外,迄今为止还没有做好相关准备。[87] 由于事实上缺乏实际经验,所以关于"部分民营化"总论化的一种不恰当的建议,仅能在公私协力方面获得论证。就此而言,必须给出一个明确的答复。

五、结论:法教义学的给付能力

一个简短的结论最终将确定一种合乎时代的、开放发展的法教义学,有时候这在漫无边际的国家任务民营化领域被证明是有效的。此外,法教义学能够

---

〔84〕 Dazu siehen Jan Ziekow/Alexander Windoffer, Public Private Partnership, 2008, S. 17 ff.

〔85〕 Burgi, Gutachten D zum 67. DJT (Fn. 81), S. 33 ff. (PPP auf Vertragsbasis) und S. 39 ff. (institutionalisierte PPP).

〔86〕 相关归纳整理参见 Burgi, Gutachten D zum 67. DJT (Fn. 81), S. 73。

〔87〕 Siehe Peter J. Tettinger, Public Private Partnership, Möglichkeiten und Grenzen-ein Sachstandsbereicht, NWVBI 2005, 1 ff.; Volker Stehlin/Georg Gebbardt, Public Private Partnership-ein Modell für Kommunen?, VBIBW 2005, 90 ff.; Winfried Bausback, Public Private Partnership im deutschen Öffentlichen Recht und im Europarecht, DÖV 2006, 901 ff.; Peter Baumeister, Public Private Partnership als neue Form der Erfüllung staatlicher Aufgaben?, in: Hyun Seok/Ziekow (Hrsg.), Die Einbeziehung Privater in die Erfüllung öffentlicher Aufgaben, 2008, S. 65 ff.; Lämmerzahl, Beteiligung Privater (Fn. 55), S. 127 ff.

对民营化后续法加以把握。德国的法教义学有待于在担保行政法中获得发展。[88] 理论与实践同时指出国家任务的民营化绝不是国家拘束力的完全放开。[89] 在此产生的是人们通常所知道的——经常在宪法上能够找到的——担保责任。[90] 这些关键词也是其他学术研究文章中的新主题。

---

〔88〕 最新观点参见 Claudio Franzius, Der Gewährleistungsstaat, VerwArch 99 (2008), 351 ff.; am Beispiel der Wasserversorgung Arne Glöckner, Kommunale Infrastrukturverantwortung und Konzessionsmodelle, 2009, S. 59 ff。

〔89〕 Wieland, Privatisierung (Fn. 12), NdsVBI 2009, 33 und 37.

〔90〕 Schoch, Gewährleistungsverwaltung (Fn. 19), NVwZ 2008, 241 (245 ff.).

民营化与国家保留

——公共任务作为教义学上的关键概念

[德]乌德·狄法比奥(Udo Di Fabio)* 著 李 剑** 译

【摘 要】公共任务理论是行政法总论上对民营化问题加以观察的重要视角。本文对国家任务理论与民营化的关系在法教义学上进行了梳理。在区分公共任务与国家任务的同时,也将不同类型的民营化对应到不同类型的公共任务上,以此为基础来探讨不同公共任务在民营化方式上的可能性与界线。这种精细的划分方式以及分析方式值得我们借鉴。

【关键词】民营化 国家保留 公共任务

一、引言

民营化是公共任务中的主要问题之一。由于民营化中多样的形式与观察角度,故而对行政法及其秩序状况形成了有力的挑战。对此显而易见的是,常常可以发现在该领域内由于术语上的争议而引起的基本概念上的不明确以及对此问题不同的"前理解"。民营化讨论中的核心问题之一便是"公共任务"及其与国家任务间尚不清晰的关系。每当遇到行政法基本体系之变革,从宪法角度上人们也会问及如下问题:国家允许怎样的民营化?国家应当在哪些方面有所保留?当允许私经济力量参与公共任务,或者以私主体自我管控的方式承担公共任务时,国家应当以何种法律形式拘束之?

---

* [德]乌德·狄·法比奥(Udo Di Fabio),德国波恩大学公法教席教授,1999~2011年担任德国联邦宪法法院大法官,担任《公法档案》杂志主编,2011年获德国政府授予二级德国联邦大十字勋章。

** 李剑,德国慕尼黑大学公法学博士生。

二、基于与公共任务之关系的民营化种类

(一)概念上的不明确

对公共任务民营化的讨论始终处在政治上的成功与现实中的反对这一循环往复的过程中,但对此问题法律上却不能有效地处理。[1] “民营化”的法律概念始终是闪烁其词,明确界定这一概念在法学上的标准始终存在争议。如果这一法律问题不能在形式上获得界定,为了不让概念上的不清晰造成论证上不可避免的模糊性,那么就有必要强行给出定义以示区别。

(二)作为去国家化的民营化:民营化的一般概念与财产民营化

一般意义上的民营化等同于去国家化:[2]也就是将公共特权转变为私人权利,国家的高权转化为社会自由权利。这一术语以国家与社会的区分为基础。[3] 就这一点而言,民营化首先考虑的是将国家的行政领域通过在有组织的社会中拓展私人权利而使之自由化。[4] 广泛存在的且没有法律问题的民营化形式就是所谓的财产民营化。对于这种民营化形式,从一开始它就缺乏公共任务的直接约束,国家在此仅仅是出售其在国有企业中的动产、不动产以及股份。财产民营化作为一种变卖公共部门财产的民营化形式其仍然具有实质上的意义。财产民营化的过程为公众所知悉并认可,但偶尔也能听到公众批评财产民营化的声音。以公开招商的形式出卖国有财产,实际上涉及的是利用财产民营化的收益挡住了纠缠不休的财政预算。由于财产民营化不是持续地改变公共任务之性质,所以它只是减轻了法律的约束。法规所关注的仅仅是出售资产的过程,但它仍应受到基本权特别是《德国基本法》第3条第1款的拘束。

(三)任务民营化:什么是公共任务

1. 挥别生存照顾

如果公共任务不仅要被承担,而且还能在社会中自由的移转,那么民营化的初衷也是可以商榷的。[5] 它关乎立法者原则上的决定权,比如决定幼儿园

---

〔1〕 对此在政治上有时也会提出批评意见,很大程度上公共任务的民营化被过高地评估了优势并且过低地评估了风险。参见 *Lübbe-Wolff/ Steenken* ZUR 1993, 263。

〔2〕 *Görgmaier* DÖV 1977, 356ff.

〔3〕 *Böckenförde*, in:Festgabe für Wolfgang Hefermehl, 1972, S. 11ff.; *Grimm*, in:Studien zur europäischen Rechtsgeschichte, Festschrift Helmut Coing, 1972, S. 223(239f.); *Isensse*, in:ders./ Kirchhof (Hrsg.), HdbStR, Bd. Ⅲ, 1988, §57 Rdnr. 12; *Di Fabio* VVDStRL 56 (1997), 235 (268ff.).

〔4〕 清晰的表述:“虽然许多界限模糊的民营化概念通常都认为在私人领域中民营化与目前为止仍由公共部门所承担的公共事务是重叠的。”*Bauer* VVDStRL 54 (1995), 243(250); 也可参见 *Ronellenfitsch* NVwZ 1998, 1021 (1023); 相似观点参见 *Knemeyer* WiVerw. 1978, 65ff。

〔5〕 *Ronellenfitsch* NVwZ 1988, 1021 (1023).

是不是属于公共任务。自 Forsthoff 开始,在囊括一切的所谓的“生存照顾”[6]这一概念之下,国家勇往直前地深入到经济生活的各个领域,直到今天也仅仅只有少部分的国家触角从这些领域中缩了回来。立法者们重新决定,电力的供给是属于生存照顾意义上的公共任务还是单纯的私人经济活动。这意味着公共利益的存在使这个行业中的企业要承受相对多的经济监管,垃圾处理企业又是否以及多大程度上要承担公共生存照顾上的责任。[7] 这种实质的或者说“真正”的民营化可以称为是对最为高权行政事务的公共任务的放弃,并原则上将这些事务委托给社会中的私人组织。只要在此期间明确这些被指明是归属于国家范围的公共任务是什么,[8]或者任务分配所依据的法律是通过解释可以查明的。这种解释变得越来越不容易了。因此,允许根据《循环经济垃圾处理法》第15条的规定对公法上垃圾处理主体的公共任务与行政任务加以整合,尽管已经明确这种“义务”(基于《循环经济垃圾处理法》第15条第2款、第4款)会平等地适用于私人主体。

2. 公共任务概念在教义学上的困境

因此回到公共任务概念在教义学思考中的原点。人们不能准确地说明何时开始任务民营化,那么它的意思就是不明确的吗?谈及国家任务的时候,其在国家与社会的结构图示中有明显的区别,人们知道公共任务的界定并不明确,是否公共任务只能由国家来履行,或者也可以通过劳务外包的方式将之委托给私人来履行。国家任务排除了私人主体在没有行政法意义上的国家监管时承担公共任务的情形。根据 Hans Peters 的建议公共任务作为一种形成性概念直接导致了国家与社会的分离。因为随之而来的是一幅僵化的图景——一边是国家,另一边是社会——绝不含糊。[9] 在福利国家思想盛行的时代,占据着优势的行政官僚体制很难被与之相反的自由主义思想所说服。这种思想主张并非所有具有公共性质的任务都必须由国家亲自来承担。在 Hans Peters 看来,公共任务既可以由国家来履行,也可以由社会主体来履行,任务履行的公共

---

[6] 关于学说概念,参见 *Löwer*, Energieversorgung zwischen Staat, Gemeinde und Wirtschaft, 1989, S. 109ff。

[7] *Breuer*, in: Staat, Selbstverwaltung und Private in der Wasser-und Entsorgungswirtschaft, Veröffentlichungen des Instituts für das Recht der Wasser-und Versorgungswirtschaft an der Universität Bonn, Heft 24, 1997, S. 3ff.

[8] 因此联邦宪法法院将“公共任务”与“高权任务”视为是同义的法律概念,BVerfGE 68, 193 (206f.);类似的同义概念还包括“公共任务”与“国家任务”,参见 BVerfGE 17, 371 (376f.)= JZ 1965, 132 (133) m. Anm. Wengler; 类似观点参见 BVerfGE 30, 292 (311),通常观点认为与公共任务这一概念相比国家任务具有“狭义性”。确定公法上的公共任务之重要性:*Wolff/Bachof/Stober*, Verwaltungsrecht Ⅰ, 1994, § 23 Rdnr. 29。

[9] *Hans Peters*, in: Festschrift für Nipperdey, Bd. Ⅱ, 1965, S. 877ff.

性本身才是具有决定性意义。[10] 很明显,法律上的解释是不正确的,哪些是具有公共性的主体以及其核心利益如何确定仍不清晰。当代宪政国家中的媒体在公开讨论时,对宪法上基于公共利益而任命的机关作僵化的解释。而这遮蔽了试图对早已过时的那种国家任务学说中的国家任务概念重新解释的尝试。国家任务应该具有优先性,至少成文法中是这样规定的,并且通过立法者要么将"国家任务"拖入国家领域,要么与社会力量合作来承担这些任务,甚至是完全转让这些任务。[11] 一个拥有基本权的人,他在其专业领域内从事来自国家的工作,这不宜被视为国家任务。因为(如果认为是国家任务)这种解释强化了一种义务的承担并且丧失了充分享受基本权所承认的自由。[12]

对于这些概念设计上的潜在危险境况仍然存在问题,为什么不引入一个法律概念,不仅是用于界定,而且也是对公权力与社会自由之关系作一种体系上的转型。早先对于大量不断涌现的过渡形式的敏锐观察给人留下了深刻的印象,[13] 以至于今天的观点始终不合时宜地认为这些形式仍然可以继续适用在别的地方,概念在教义学上的区别是基于复杂现实性的提示,并且弱化后的中间概念在法律上得到了承认。对此法律理性在很大程度上并没有获得成功。[14] 只要国家与社会之间的区别依旧,只要公权力的特别约束力是来自宪法上所规定的权力垄断,[15] 只要国家领域内的任务与自由社会的活动之间的明晰界限已然是必不可少的。法律概念不是直接服务于对各种新发现的描述,而是服务于规范性的决定,决定这些新的发现是否合法或是违法。对国家任务与公共任务这一不清晰的二元概念的必要协调恰恰是不能的,因为这一概念缺乏界定能力。在私人性与国家性之间至今没有精确的界定方法时,[16] 如果人们真的将"公共任务"作为国家任务的相对概念提出,这一概念会十分吸引眼

---

〔10〕 *Hans Peters*, in:Festschrift für Nipperdey, Bd. Ⅱ, 1965, S. 877(878).

〔11〕 国家所作所为仅仅是针对现有的相关任务,*Peters* (Fn. 9), S. 877(880)。

〔12〕 Di Fabio VVDStRL 56 (1997), 235 (258 f.).

〔13〕 *Badura* 认为这一概念的价值在于其标示出了公私参与者之间的重叠关系,*Badura*, in:Festschrift Schlochauer, 1981, S. 3(9)。

〔14〕 隐藏对比这一法律概念时的利益所产生的危险可参见 *Di Fabio* NVwZ 1998, 329 (337);法律史上对该危险的阐述参见 *Lepsius*, Die gegensatzaufhebende Begriffsbildung, 1994。

〔15〕 *Badura*, Staatsrecht, Systematische Erläuterung des Grundgesetzes für die Bundesrepublik Deutschland, 2. Aufl. 1996, S. 4.

〔16〕 也可参见 *Hans Peters* 所作的不完全的定义,为什么公共任务由一种被认为是特殊的涉及福利的非国家任务——似乎立法者也这样认为,转变为了国家任务,这一点并没有确信的解释。也可参见 Löwer (Fn. 6), S. 171f. 仍然不清楚的是,到底什么是涉及福利?应该由谁对其界定?由谁在基本法的宪法秩序上对私人主体承担公共任务的法律后果进行界定?对此只有民主的立法者有权来对公共任务拥有决定权,司法上则要查明公共利益以及社会福利相互交织下的合法性理由,但并不是从法律判决中寻找同样的本质权利。

球。概念的形成不是因为最终的不一致,因为国家任务与公共任务之间已没有令人信服的区分方法,此外有时候两个层面的问题也会混淆在一起。行政法决定了法律的适用过程,何时可以通过法律(包括宪法)进行实质上的公共任务委托,何时又不能这样做。这些认识取决于行政法上的特别约束究竟能否得到适用。宪法的意义则在于,立法者何时将一项任务作为国家的任务,他们何时又允许私法主体基于其意愿而承担这些任务。这些都取决于对客观法上的任务保留、基本权上的界限以及公法上的要求等概念的正确认识。与其说国家任务与公共任务这对二元概念之间的界限被遮蔽了,不如说两者具有了安定性。[17]

3. "国家任务"作为特别概念,而非为"公共任务"之相对概念

在这种情形下同义词的适用作为一种区别是恰当的。这里没有概念上的疏忽,而是尽量地准确适用概念,这存在于国家与公民关系中对这两个概念的同义适用上。[18] 国家任务(《德国基本法》第30条)是一种公共任务。因此概念上的区别能够毫无疑问地确定,国家范围内的公共任务属于权力垄断所要求的权限内,因此虽然也是遵循法律指令而不是必须回归到自由的法律信念。

其意义在于,"国家任务"作为所承担的特殊的公共任务,被看作直接的国家行政,因此自治事务不被视为国家任务,而是大致能被称为是公共任务。与公共任务相比,[19]人们在谈及国家任务时常常只是停留在概念层面,或者只是在一些特殊情况下承认国家任务是一种公共任务,借以表明某些确定的公共任务根据宪法而被确定为国家的义务性任务。[20] 正是在此意义上,这些由宪法

---

〔17〕 类似之处在今天可以概括为:国家任务是指国家根据不同的有效的宪法秩序所提出的请求中对自己的证明。而在公共任务概念下人们所理解的是,私人能够以相同的方式像国家一样来履行公共任务——通常这样的术语并不需要严格的遵守。在大多数时候"公共任务"的概念与"国家任务"的概念可以并用。参见 Ossenbühl, Staatshaftungsrecht, 5. Aufl. 1998, S. 24 Fn. 70。

〔18〕 这两个同义概念的使用并不存在语言上以及教义学上的疏忽,因为这样的适用具有必要性,无论何时国家与社会之间的清晰界限必须明确。因为只有在界限明确的前提下,宪法上关于国家与社会的根本界限才能有保障。参见 Siehe Ossenbühl VVDStRL 29(1971), 137(150ff.); Ehlers, in: Erichsen (Hrsg.), Allgemeines Verwaltungsrecht; 11. Aufl. 1998, S. 1(35); Di Fabio VVDStRL 56(1997), 235(252ff.); siehe auch Bull, Die Staatsaufgaben nach dem Grundgesetz, 1977, S. 43ff。

〔19〕 Siehe *Lange* JZ 1981, 698(699).

〔20〕 是否应该在国家义务性任务的概念上考察国家任务概念,这在宪法条文上很难给予负责任的回答,即关于在公共任务或国家任务中是否存在民营化的内核?对于公共任务而言,国家任务并不是一个有效的对位概念。参见 Siehe Burgi, Funktionale Privatisierung und Verwaltungshilfe, Typuskript, § 3 Ⅰ. 1, S. 50f。在该文中,国家任务的概念并不是作为一个义务性概念来理解的,所以不能与公共任务这一代表性概念的理解保持一致。

所规定的公共任务被看作国家任务。[21]

近来以术语为桥梁借以突破国家与社会之界限的尝试已然失败。[22] 试图通过区分混合高权形式与纯粹高权形式来对国家任务与公共任务加以区分的尝试并未被证明是可靠的方法,并且长久以来就像充满疑问的生存照顾概念所表现的那样,国家习惯于社会处于顺从的地位。相反的是,公共任务是由国家来承担对公共利益的维护,[23] 在今天已经被公民的以及行政上的义务(各自的职责)所标示出来。公共利益其实也可以由私主体来维护,即使是没有特别的公法上的约束。私人承担具有公共利益的任务,比如说石油库存交给私人经济企业来供给,[24] 或者以较高的补贴方式来支持新能源的发展,又或者业主通过履行其纳税义务来维持附近公用道路的畅通。这类高权性质的非义务性的选择是一种对有秩序的合法性需求的基本权干预,它不是在公共行政范围内而是在私法主体范围内进行整合,因此也不是一种国家层面上的整合。私法主体承担了公共利益上的法律义务。

个案中的立法者能够对承担公权力事务者课以义务,特别是在存在委托关系时,或者与国家之间存在特别的组织上的关联性时,又或者公私主体之间建立了外包关系时。当然这是一个需要根据不同的法律形式以及法律解释加以确定的问题,而不是一个基于概念或传统上的提示而被预先确定的问题。但是相反的是,立法者至今在以下方面原则上拥有(决定权)自由,即无论是对国家还是对私人来说,它们承担公共任务时在公法上的形式类别如何民营化,有些在未来被当作“为公共利益服务”的典型方式,也可以以私法主体的形式或者成立一些服务于特殊事务的机关。比如说,像对日常用品的化学物质调查局这种依法建立的从事专门监管活动的部门。

---

〔21〕 *Häberle* AöR 111(1986), 595(604); Wallerath Die Verwaltung 1992, 157 (159); 也可参见 *Isensee*, in: ders./Kirchhof (Hrsg.), HdbStR Ⅲ, § 57 Rdnr. 136, der aber mehr darauf abstellt, ob der Staat öffentliche Aufgaben erfüllt (Staatsaufgaben) oder Privatrechtssubjekte (öffentliche Aufgaben), aber hier letztlich eine klare Abgrenzung schuldig bleibt。

〔22〕 普遍可接受的过渡概念是公共福利,可参见 *Häberle* Rechtstheorie 14(1983), 257ff.; *Isensee*, in: ders./ Kirchhof(Hrsg.), HdbStR Ⅲ, § 57 Rdnr. 134; *Link* VVDStRL 48(1990), 7 (19ff.)。

〔23〕 类似观点参见 *von Heimburg*, Verwaltungsaufgaben und Private, 1982, S. 61ff. Zur energiewirtschaftlichen Auferlegung gemeinwirtschaftlicher Verpflichtungen im Allgemeininteresse: *Jens-Peter Schneider*, Liberalisierung der Stromwirtschaft durch regulative Marktorganisation, 1999, S. 418f。

〔24〕 在此联邦宪法法院对于“国家任务”概念有所误解,但是通过对石油储藏义务的标准化,其作为基本权上的合法性需求的措施也是具有意义的,它被法院强调为是一种特殊的公共利益,因为这涉及所谓的国家任务,BVerfGE 30, 292(311)。

完全的民营化或者说任务的民营化意味着将过去的公共任务移转到社会领域内,并以所谓的去国家化的方式加以解决。[25] 而这些公共任务一部分曾作为所谓的生存照顾任务,还有一部分曾作为国家安保任务而存在。政治方面主张了十几年的去管制化以及欧盟对各个主权国家在经济方面的影响只有通过这种真正的民营化才能办成,这种民营化保障了适当的指导性的经济监管作为公共利益以及竞争的框架条件而持续存在。[26]

对这种广泛而真正的民营化方式的最好的概念表达就是"任务民营化"。因为这一概念表述中"公共任务"被放在了关键的位置。[27]

(四)纯粹的形式民营化(组织民营化)

在这种明确的非此即彼的分类中有一种混合形式,这种归类形式是十分重要的。因此所谓的形式民营化就只是形式上的,因为它关系到的只是组织与程序上的形式。此外就是当实质性的决定是基于公法上的要求时。公法在形式上的问题关系到其形式上和程序上的职权。"形式"这个词将"如何"履行公法上的任务作为其主题。而从"实质性"的角度来看,国家仍然作为相关任务的责任主体。而对于形式上的或者说组织上的民营化而言,它所执行的行政委托任务并非公共任务,而是以创建资合公司这种私法上的组织形式以及法律形式为手段来履行任务,通常这类公司形式是股份公司或者有限责任公司。[28]

形式民营化或者说组织民营化的概念包含了行政私法的要件。它涉及的并非真正的民营化,因为任务仍然为国家所保留。[29] 如果公共任务由私法组织形式来履行,则会与"行政私法"所调整的范围相一致。具有决定性意义的是,实质上算作国家作为公共任务给予保留的领域也超出了公法上特别法的效

---

〔25〕 *Lerche*, in:Maunz/ Dürig, Grundgesetz Komm., Art. 87 f Rdnr. 33.

〔26〕 *Rudolf*, in: Erichsen (Hrsg.), Allgemeines Verwaltungsrecht, 11. Aufl. 1998, S. 771 (774).

〔27〕 这也是常见的,但是一般的说法通常会使用同意的"实质民营化"概念,Siehe *Schoch* DVBl. 1994, 962 (963); *Schuppert*, Privatisierung und Regulierung-Vor-überlegungen zu einer Theorie der Regulierung im kooperativen Verwaltungsstaat, Diskussionspapier Nr. 8 des Europäischen Zentrums für Staatswissenschaften und Staatspraxis, 1996, S. 4. 总的来看, *Scholz/Aulehner* 实质民营化与任务民营化虽然有区别,但是在民营化程度方面(如果不区分不同的层级)并不能在国家范围内对其进行规整。对此可参见 *Scholz/Aulehner* ArchPF 1993, 221(238)。

〔28〕 Siehe *Schuppert* Privatisierung und Regulierung-Vor-überlegungen zu einer Theorie der Regulierung im kooperativen Verwaltungsstaat, Diskussionspapier Nr. 8 des Europäischen Zentrums für Staatswissenschaften und Staatspraxis, 1996, S. 4.

〔29〕 *Isensee* Hat deshalb im Blick auf die Organisationsprivatisierung von einem Etikettenschwindel gesprochen, VVDStRL 54 (1995), 303;还可参见 *Ehlers*, Verwaltung in Privatrechtsform, 1984, S. 212ff.; *Brohm*, Strukturen der Wirtschaftsverwaltung, 1969, S. 181ff.; Ossenbühl VVDStRL 29 (1971), 137(145)。

用范围,而与私法形式相重叠。[30]

在这个意义上,Hans Julius Wolff 已经对行政私法这一概念作出了表述。[31] 这一概念指出,在宪法上国家与社会之间决定性的区别[32]交由国家决定。如果私法主体顾及履行公共任务或者承担公共服务,则它可以以公法上认可的形式来完成,比如外包、委托代理、专业顾问委员会、行政辅助。行政法上的机构指派给私法主体的公法组织形式上的角色就国家领域内而言并没有其完全吸收并入。这种表述首要的意义与明晰性在于,如果它涉及进一步的多样化的形式约束并关涉下列问题,谁有权利作出相关的组织形式选择,[33] 以及如果次要尽职责任问题被作为主题。国家(在担保法意义上的)对私人承担责任,以保证公共任务的履行。[34]

(五)功能民营化

为了对完全的任务民营化与仅仅是形式上的民营化之间的确定的形式加以说明,就必须谈及功能民营化。仔细研究这些现象是有意义的,对民营化概念如此抽丝剥茧的分析并不是一种概念上的过分挑剔,而是为了作出必要的细分。就像 Lerke Osterlob 所建议的那样,[35] 对于形式民营化,人们可以在事实上对这一情况有所保留,虽然国家以私法形式活动,但创设私法主体的唯一的承担者留了下来并且没有允许为法律上的组织形式设定竞争环境。这一领域的事务在这种情况下由行政法加以确定。

还有其他的方式,在这种方式中,国家不仅是表面上同时也有可能逐步地以私法形式提供服务,以避免反应迟钝的公共服务法,而且行政任务的履行将

---

〔30〕 BGHZ 65, 284 (287); 79, 111 (115); 91, 84 (96ff.) = JZ 1984, 951 (952); Ossenbühl JuS 1979, 681 (686).

〔31〕 *Wolff/ Bachof* (Fn. 8), § 23 Ⅱ.

〔32〕 *Böckenförde*, in: Festgabe für Wolfgang Hefermehl, 1972, S. 11ff.; *Grimm*, in: Studien zur europäischen Rechtsgeschichte, Festschrift Helmut Coing, 1972, S. 224 (239f.); *Isensee*, in: ders./ Kirchhof (Hrsg.), HdbStR Ⅲ, 1988, § 57 Rdnr. 12; *Di Fabio* VVDStRL 56 (1997), 235 (268ff.).

〔33〕 关于组织权概念:*Böckenförde*, Die Organisationsgewalt im Bereich der Regierung, 1964, S. 21 ff。

〔34〕 BGHY 49, 108 = JZ 1968, 298 m. Anm. Rupp; BGH DÖV 1993, 671; OLG Köln NJW 1989, 2065; 还可参见 *Ossenbühl*, Staatshaftungsrecht, 5. Aufl. 1988, S. 14f.; *Kreissl* NVwZ 1994, 349 ff. 关于区分的界限,刑法上的特殊要件有着重要意义(§§ 331ff. StGB),这联系到关于公务人员的概念(§ 11 Abs. 1 Nr. 2 StGB),可参见 BGH NJW 1998, 2373 考虑到对作为自由职业者的建筑师在委托授权上的(私法上)长期性。现在在此意义上 1992 年新增的《德国基本法》第 87d 条第 1 款的第 2 句(Satz 2 des Art. 87d Abs. 1 GG)也有所表述,如果他谈论的是联邦立法者在航空行政方面的决定,那么(可能的解释)在航空行政的总体范围内宪法上只许可了形式民营化。

〔35〕 *Osterloh* VVDStRL 54 (1995), 204 (201).

会在市场经济的竞争中完成。[36] 如果将涉及财产或产品的支配权委托出去,那么在这个意义上谈及的就是实质民营化,而这种真正服务于私人主体的情况不会在公共部门中大量地出现,但也不会是个别现象,而考虑到在特别公法领域的具体情况,公共部门作为公共财产的财产权人会保持控制力。[37] 从这个意义上来看,实质民营化概念再次遭到了误解,因为其他位于实质民营化之下的概念恰好被理解为了任务民营化。因此在这一情形中功能民营化概念被广泛地与任务民营化混淆了。[38] 这一概念是合适的,因为在市场的功能化逻辑是以竞争为导向的范围内,这被视为公共任务履行之空间的入口。

就像在邮政与电信领域所证明的那样,功能民营化也包括过渡阶段,首先公共任务仍然会保留在公共部门手中,但随后就会为通过真正的企业化为定向的任务民营化做好准备。[39] 但是功能民营化长期以来作为一种履行公共任务的可能方式,即使必须转变,其在组织法上的模糊性还是会持续。因为私人作为第三人而在实质上自主地参与公共任务的履行,这种竞争机制的引入会带来如下尖锐的问题:如果国家的控制性地位不确定了,那么如何把握公法上的特别权?这也就是为什么在民营化方面会要求高权部门的介入性与可控性的原因。[40] 如何在法律许可的范围内建立起更多的所需要的机构,这使建构一种介于形式民营化与实质民营化之间的新概念成了有意义的需求。这里的形式民营化指的是一种行政私法意义上的活动,而这里的任务民营化指的是将实质性的国家任务移转给社会主体去完成。

功能民营化的容许条件不像任务的民营化那样要取决于个别的单行法规,

---

〔36〕 由此可以指明,仅仅是形式上的民营化绝不可能保障以竞争为定位的活动,*Heuer* DÖV 1995, 85 (86)。

〔37〕 概念的形成过程既不是完全一致的,也不是毫无重合的。对于这些不同面向上的差别可参见 Wahl DVBI. 1993, 517 (518f.); *Olaf Schmidt*, Das DSL-Bank-Modell. Privatisierung eines öffentlichen Unternehmens bei fortbestehenden öffentlichen Interessen, 1992, S. 24 f.; *Wolff/Bachof/Stober*, Verwaltungsrecht Ⅱ, 5. Aufl. 1987, § 104a Rdnr. 6; *Jestaedt*, Demokratieprinzip und Kondominialverwaltung, 1993, S. 446; *Lange* JZ 1981, 698ff。

〔38〕 *Schoch* DVBI. 1994, 962 (963); *Bauer* VVDStRL 54 (1995), 243 (252); *Renate Röhl*, Privatisierung öffentlicher Aufgaben, 1982, S. 13; *Schuppert* Privatisierung und Regulierung-Vorüberlegungen zu einer Theorie der Regulierung im kooperativen Verwaltungsstaat, Diskussionspapier Nr. 8 des Europäischen Zentrums für Staatswissenschaften und Staatspraxis, 1996, S. 5. Neuerdings für den Bereich der Verwaltungshilfe umfassend untersucht von *Nurgi* (Fn. 20).

〔39〕 邮政与电信领域的例子可参见 *Scholz/ Aulehner* ArchivPF 1993, 221 (232); 也可参见 *Hoffmann-Riem*, in: ders. / Schneider (Hrsg.), Verfahrensprivatisierung im Umweltrecht, 1996, S. 9 (13), 原因在于,这种"实质上"认识到的程序民营化几乎接近于任务民营化。

〔40〕 *Von Danwitz* AöR 120(1995), 599ff.; *Hans Christian Röhl* VerwArch. 1995, 531 ff.; *Di Fabio* VVDStRL 56(1997), 235(270f.).

而是取决于宪法上的概括许可。这也是依据过去《德国基本法》第 87 条之规定,使德国联邦邮政的功能民营化引起了宪法上的不信任。这完全就像 1992 年对机场安保的形式民营化进行讨论时所提出的问题一样,"联邦自己的行政"这一概念如果不是一种形式上的概念,那么功能民营化也意味着对竞争结构是被禁止的。作为当时宪法上所认可的界限,任务民营化被视为在实质上符合《德国基本法》第 87f 条之规定。因为只要功能民营化成了任务民营化所构想的过渡性的"楼道",那么引进具有自主性的企业以及容许以竞争方式来承担公共任务作为一种过程也就能被理解了。以私法形式出现的联邦自己的行政就会被削弱。[41] 新的《德国基本法》第 87f 条针对以前所讨论的功能民营化的中间阶段转为对生存照顾这一公共任务给予保留,而在公共服务领域也曾安排过对德国邮政的任务民营化。[42]

(六)所谓的程序民营化

上文所讨论的三种民营化概念并没有涵盖民营化问题的所有方面。如果行政部门考虑到要以私人来履行公共任务时,特别是以私人作为行政辅助人或者是将部分领域内的任务完全交由私人来独立完成时,[43] 那么对于民营化我们还需要三思而后行。在此涉及的是对行政教义学上的现有"图示"的信任问题,也就是说外包和行政辅助作为民营化的具体形式,它们并不需要被贴上时下流行的新标签。虽然不应当忽视的是,在行政实践中无论是在数量上还是在范围上,加入公共任务的私主体具有不断增加的重要意义,以及公共产品在质量上的新改善。[44] 此外,过渡形式的出现既不是一种明确的外包关系,也不是一种典型的行政辅助关系[45]

这一组概念通常被包含在委托这一概念范围内。这表明所有任务领域都可以移转给私人主体独立履行。非自主的概念,即受到指令权约束的行政辅助不会在此发生。如果所委托的任务领域仍属于单一行政权下的高权领域,那么外包是有必要的。但是也没有必要对所有的任务委托情形加以约束,而是只要提出以下建议,即在行政法上添加对自主性行政辅助人这一类型,或者在这种情况下对外包的概念加以扩大,私人的自主性不是直接受到指令权的拘束,虽

---

〔41〕 关于旧的《德国基本法》第 87 条(Art. 87 GG)之条款效力问题可能的讨论可参见 *Barbara Meyer*, Die Bundespost: Wirtschaftsunternehmen oder Leistungsbehörde, 1990。

〔42〕 就此而言明确的是 CDU/CSU 在党团联盟协议中的理由,以及 SPD 与 F. D. P. 对基本法进行修订的联合建议草案中的表述:"未来对于公共产品的供给也包含了私人的活动,并不再介意是以公法或者私法组织形式来承担行政任务。"BT-Drs. 12/ 6717 S. 3.

〔43〕 *Hoffmann-Riem*, in: Hoffmann-Riem/Schneider (Hrsg.) (Fn. 39), S. 9ff.

〔44〕 *Di Fabio* VVDStRL 56 (1997), 235(271-273).

〔45〕 所以在停车监管领域:AG Tiergarten NStZ-RR 1996, 277。

然是在国家行政机关的监督之下,公共任务的承担或高权性的决定——特别是对行政活动的公布——直到决定的完善都有所准备。[46]

在此意义上的委托落入了(机构的)法律保留的范围,它不是位于行政组织权的范围内。[47] 如果相同的行政任务不断地通过法律而委托给私法主体,那么委托与早先所讨论过的民营化的各种形式之间的界限就是不断变化着的。只要还有少许的意义,程序民营化在教义学上的区别性意义就能被作为单独的民营化类型被提及,因为可能会产生混乱的重叠。

三、国家保留:任务民营化之界限

(一)宪法上的审查规范

过去的民营化浪潮不仅使公法在概念上受到了挑战,而且还产生了一些令人不安的问题。哪里是立法者民营化意愿的法律界限?哪里是行政上在民营化过程中迷失的法律界限?对现实中的任务民营化所提出的这些尖锐的问题,在传统上是属于国家领域的问题。私人企业也设置了雷达设备,[48] 理由是商业惯例上为了对停车场进行监督,这种由私人企业所做的违法行为凭借的是一个响亮的口号:"为了柏林更好的停车环境",[49] 还有司法监狱也交给私人来管理[50] 以及德国机场安检的任务民营化,[51] 这些都是具有吸引力的主题,对此所要解决的问题是国家应该在多大范围内收回这些权力。有一种答案不是以直接的手段去赢得国家理论上的法律基础,而是自己获得了重要的认识,即国家作为一个以和平安定[52] 为合法性基础义务的机构,不能将国家安全防御的承担义务说成是走捷径,对宪法原则的解释在这里是对基础义务的法律上的具

〔46〕 关于在营建计划中向第三方开放的案例可参见 *Reidt* BVwZ 1998, 592。

〔47〕 *Di Fabio* Der Betrieb, Beilage Nr. 16/ 1996, S. 1(8f.); 一般机构上的法律:BVerfGE 40, 237 (247ff.); 83, 130 (152ff.); OVG Münster DÖV 1980, 528 (529); *Böckenförde*, Die Organisationsgewalt im Bereich der Regierung, 1964, S. 96f.; *Ossenbühl*, Verwaltungsvorschriften und Grundgesetz, 1968, S. 263ff.; *Burmeister*, Herkunft, Inhalt und Stellung des institutionelle Gesetzesvorbehalts, 1991。

〔48〕 OLG Frankfurt a. M. NJW 1995, 2570; AG Alsfeld NJW 1995, 1503; BayObLG BayVBI. 1997, 412.

〔49〕 KG NJW 1997, 2894. 也可参见 *Steiner* DAR 1996, 272; Radtke NZV 1995, 428。

〔50〕 *Kulas*, Privatisierung hoheitlicher Verwaltung. Zur Zulässigkeit privater Strafvollzugsanstalten, 1996.

〔51〕 *Trampler*, Verfassungs-und unternehmensrechtliche Probleme der bundesdeutschen Flugsicherung, 1993. 迄今为止,形式民营化的转化还是以 Satz 2 des Art. 87d Abs. 1 GG 为基础原因。

〔52〕 各州的和平运动以及安全承诺曾作为现代国家进行权力垄断的本质条件,*Di Fabio*, Das Recht offener Staaten, 1998, S. 20。

体化。对此所涉及的是基本法上的担保义务或者组织法上的条款。[53]然而必须记住的是，像基本法这样的宪法文本近50年来从没有明确地规定过国家的任务保留，以便通过最低限制的自由保障与形式上的承诺来对国家权力的泛滥进行压制。所以相关的规范义务缺乏明确的表达，这些援引造成了观点上的分歧。

（二）《德国基本法》第33条第4款上的规范义务

经常被用作讨论任务民营化之界限的是《德国基本法》第33条第4款之规定。[54] 需要弄清楚的是，《德国基本法》第33条第4款究竟是不是以及在多大程度上是任务民营化所要顾忌的保障？对此有两种代表性的观点：

（1）《德国基本法》第33条第4款可以被理解为对于专职公务员的机构性担保。那么这一条款并不能说明对任务民营化的许可。[55]仅仅在确定效力范围的方面（重要的是）取决于对必要的高权领域如何界定，但那就必须限制以下事项，即如果仅仅关系到专职公务员在核心的国家活动领域中的保障，就需要考虑天然的国家任务领域，就像欧盟法院对《欧共体条约》第48条第4款（现在的《欧盟条约》第39条第4款）所作的限制性解释一样。[56] 这些国家的天然任务包括了保障国家的领土主权完整、维持国家的内部秩序以及通过征税的方式保证国家财政基础的安全。传统的权力垄断的合法性要合乎国家的履行公共任务垄断地位。[57]

因为所谓天然的国家任务也并不总是确定的，而是要取决于具体法律的规定。《德国基本法》第33条第4款的法律文本所根据的也仅仅是与立法者执行高权权限的预见性有关。对这些具有高权性质的安排或者对解除高权结构领域的评估会使《德国基本法》第33条第4款再次不被适用。因为是对政府机关的机构保障，所以并不能对其产生请求权，因此政府机关的高权活动领域得以长期维持。机构保障仅能把握住高权职权的执行，但不能在以下问题中约束立法者，那就是高权职权究竟能否被转让，以及基于公共福祉那种以行政方式履行的公共任务能否被委托。

（2）针对《德国基本法》第33条第4款的狭义理解将被该领域中更加深入的观点所替代。除了事先对专职公务员的传统原则的瓦解给予保护（机构保

---

〔53〕 宪法上的不同类型可参见 *Badura*, in:Isensee（Hrsg.）HdbStR Ⅶ, 1992, § 159。

〔54〕 也可参见 KG NJW 1997, 2894。

〔55〕 可参见 *Bansch*, Die Beleihung als verfassungsrechtliches Problem, 1973, S. 68；也可参见 *Scholz* NJW 1997, 14（15）。

〔56〕 EuGH Slg. 1980, 3881（Kommission/Begien）；EuGH Slg. 1982, 1845（Kommission/Begien）；EuGH Slg. 1982, 2121（Lawrie-Blum/Land Baden-Württemberg）.

〔57〕 LAG Hannover NVwZ 1995-RR, 584ff.；*Leitges*, Die Entwicklung des Hoheitsbegriffs in Art. 33 Abs. 4 des Grundgesetzes, 1998, S. 40.

障)这一条款也会支持这样的观点,即事务的特殊意义"仅来自资格的获得以及此外的对国家特殊的依附关系并独立的承担任务"。[58] 如果此后高权职权的概念扩展到所谓的生存照顾领域并与针对公民行使的干预权相分离,[59]那么《德国基本法》第33条第4款可能成为几乎每次任务民营化所必须考虑的障碍。

这类关系虽然范围广泛,但这仍然是对《德国基本法》第33条第4款这一规范义务的过分要求。对此尚属正确的是,使这一概念真正的含义符合高权职权,虽然事实上这不是唯一的,但首先可以考虑干预行政。这样我们才能有讨论诸如司法、警务、国防、海关、刑法执行以及征税等核心高权领域内问题的最小公分母。[60]

可是从《德国基本法》第33条第4款的角度来看,这与确定任务领域内的关系完全不一致,而从功能民营化的考虑方式来看,那些执行高权职权的必要的证明是根据法律的意志或者事物的性质所决定的。如果部分领域实际上并不具有行使高权行为的特征,比如警务方面由私人安保服务公司提供建筑物的安保服务,或者机场安保任务通过飞机场安保企业来履行,[61]这样恰好在所谓的国家核心领域内有可能实行任务的民营化。换言之,实际的参与领域,即使是被列入国家任务表中的"国家安全保障任务",又并不是完全属于干预行政之范围,因为该领域内的许多一般服务与特别服务并不是在执行行政高权,并且对此立法上都能对相应的任务划分有预先规定——哪些是高权行政,哪些则不包含权力垄断。[62]

---

〔58〕 *Maunz*, in:Maunz/Dürig (Hrsg.) (Fn. 25), Art. 33 Rdnr. 32;也可参见 *Stern*, Das Staatsrecht der Bundesrepublik Deutschland, Bd. Ⅰ, 2. Aufl. 1984, S. 349。

〔59〕 *Maunz*, in:Maunz/Dürig (Hrsg.) (Fn. 25), Art. 33 Rdnr. 33; *Peine* Die Verwaltung 17 (1984), 415 (419).

〔60〕 *Schuppert*, AK-GG, 1989, Art. 33 Rdnr. 36; ders. VerwArch. 71 (1980), 309ff.; *Schoch* NVwZ 1994, 962 (963); *Bauer* VVDStRL 54 (1995), 242 (255); *Krölls* GewArch. 1995, 129 (135); 也可参见 *Scholz* NJW 1997, 14 (16), 这涉及在相关司法判决中对绝对的国家保留的放弃。

〔61〕 可参见§§19b与20a LuftVG以及Luftsicherheitsverordnung vom 17.5.1985, BGBI. 1985 Ⅰ S. 788。另可参见 Ossenbühl, Eigensicherung und hoheitliche Gefahrenabwehr, 1981。也可参见 Regierungsbegründung zum 9. Änderungsgesetz zum Luftverkehrsgesetz, BT-Drs. 8/3431 S. 10; BVerwG ZLW 1986, 67; NVwZ 1989, 864。通说参见 *Bracher*, Gefahrenabwehr durch Private, 1987; *Mahlberg*, Gefahrenabwehr durch gewerbliche Sicherheitsunternehmen, 1988; *Schiller/ Drettmann* DVBL. 1977, 956ff.; *Hoffmann-Riem* ZRP 1977, 277ff.; *Peter Schneider*, Die Abwehr äußerer Gefahren im Luftverkehr, 1993。

〔62〕 对立法者所决定的一部分任务领域联邦宪法法院第一庭合议庭最近认为航空安全费在合宪性上并不存在问题,BVerfG, 11.8.1998-1 BvR 1270/94; 类似观点也可参见 *Bracher* (Fn. 61), S. 21。

(三)《德国基本法》第33条第4款作为对执行公权力之国家保留的具体化

今天《德国基本法》第33条第4款不仅被认为是有利于专业公职人员的保留领域,而且被作为针对国家广泛退出其承担任务之责任的自由保障的结构性条款。除非《德国基本法》第33条第4款的意义改变了,它首先涉及的是行政内部规定,这种内部行政由行政机关保留,而不是行政机关中的志愿者与雇员,但也会对私人主体有所规定。但专业公职人员不是为了保护其意志,而是作为国家的功能条件。而国家这样做也不是为了自身意志的存在,而是为了公民。[63]这种让人在形式上觉得崇高的"为了公民"的说法在现实中的实现程度是不同的。通常在重要的司法形式上国家会基于公民所认可的对公共利益的阐释来作出决定。其次,公民基本权也为民主决定划定了界限,即什么以及以何种形式适用于现实的公共利益。最后,国家对公民的形式上的调整意味着在限制自由的情形下最有利于自由。更为深远的宪法意义是公权力的执行受到国家民主形式的控制,以及法治国与基本权的拘束。同时,以何种方式进行民营化也提出了疑问,如果公权力与公民间的关系虽然得到了保持,但在法律形式上的国家行政——这是专业公职人员的本质上的体现——将会被移交。

它针对的是如何解答法律上那种毫无收获可言的冥想以及宪法上无法让人确信的国家任务学说。在现有的国家事务范围内,还不能确定有没有以具体文本形式加以确定的任务保留。在宪法上只有两个明确的功能上的规定:

(1)国家首要的基础目标是维护国家安全、保障自由与秩序,除此之外为其他目标的实现而进行的权力垄断是不具有合法性的。[64] 这也是一种理念以及对基本权的保障和对国家构成原则的承诺。自由保障的义务不仅仅是让渡于关注公民的双向自由,也是为达成民主意志形成这一形式上的共同目标而开启的一种原则上的可能性。[65]

(2)它的第二种权力垄断受到来自形式上以及程序上的约束,并且受到基本权的实质限制。

立法者只是界定出哪些是公共任务,哪些不是公共任务,这在宪法上关系不大,但如果立法者有计划地在一定的实际范围内引入国家权力垄断,特别是在针对公民履行职权时,那么就存在对国家性的法律形式原则上的约束。"探求'必要的国家任务',因此不能产生更多的认识,归根结蒂国家的权力垄断在

---

〔63〕 在Herrenchiemseer的宪法草案中的第一条已经有明确表示,虽然《德国基本法》上并无相关原文,但其基本精神已经被Art. 1 Abs. 1 GG所接受,参见*Stern*, Das Staatsrecht der Bundesrepublik Deutschland, Bd. Ⅲ/1, S. 17。

〔64〕 基本的论证参见*Isensee*, Das Grundrecht auf Sicherheit, 1983, 也可参见*Di Fabio*, Das Recht offener Staaten, 1998, S. 19ff.; *Gusy* DÖV 1996, 573 (575f.)。

〔65〕 关于不同程度的自由,参见*Di Fabio*, Das Recht offener Staaten, 1998, S. 84 ff。

行使过程中的相关决定被描述为一种任务,使这些任务明确地划归国家。"〔66〕

宪法不是要妨碍在社会与市场关系之中重新确定公共任务的构成要件,而只是要迫使每个系统性的公权力执行符合国家在形式上的规范性。基于宪法上的理由,《德国基本法》第33条第4款上的部分内容已经具体化了,另一部分关于该条款的直接规范目的则超越了源自基本权保障、民主法治国原则的范围。不允许国家对其权力垄断加以掩盖,或者在现实情况中向私法主体转移其管控方式。公权力的行使必须在宪法意义上的形式法和程序法的约束下进行。这是国家干预活动的规范性条件,甚至在大多数情况下是国家行政等级化的要求。〔67〕

在这一意义上公权力的执行总是处于以下情形,如果一方面公民的权利义务被确定,并且对它的必要关注是在权力垄断下的;另一方面也是在权力垄断下被执行,那么可以将干预行政粗略地归为一种秩序行政。〔68〕此外就是《德国基本法》第33条第4款意义上的高权权限。它的行使不仅是机关保留,还是一种原则上的国家保留,这就意味着对民营化原则上的禁止,至少对任务民营化是如此。〔69〕以《德国基本法》第33条第4款为前提条件,在这一条款中仅仅反映出对国家保留的具体化,并进一步在民主法治国原则以及基本权原则中加以确定。执行高权权限意味着国家权力垄断的介入,以及对它的规范性限制,或者对基本权上的自由加以扩大。对公法问题的思考而言,其所要求的民主性控制、法治国的形式拘束以及法院基于基本权的审查措施,一开始就处于中心地位。〔70〕因此对宪法上所提出的国家保留的认可,作为一条规则无法被证明,虽然它不折不扣地保证了宪法规范的本质前提。

然而在经典的干预行政中执行与基本权有关的职权时,行政法上也承认对国家保留的例外规定。外包、行政辅助以及委任(Indienstnahmen)这些私主体执行高权任务的活动形式要特别地受到法治国原则的约束以及完整的行政法体系对公权力的内部控制。〔71〕不允许将担保责任这一概念当作一种循环概念来理解,从更经济更专业的角度来考虑私主体,那么相比之下行政机关毫无疑

---

〔66〕 *Hermes*, Staatliche Infrastrukturverantwortung, 1998, S. 152.

〔67〕 *Horst Dreier*, hierarchische Verwaltung im demokratischen Staat, 1991, S. 303 f.

〔68〕 *Wolff/Bachof/Stober* §3 Rz. 5; 对于干涉行政与给付行政在术语上的区别之批评意见,参见 *Ehlers*, in:Erichsen (Hrsg.), Allgemeines Verwaltungsrecht, 11. Aufl. 1998, S. 25。

〔69〕 *Von Hagemeist*, Die Privatisierung öffentlicher Aufgaben, 1992, S. 114; 其他观点参见 *Kulas* (Fn. 50), S. 80ff., 当然,对于需要对私人进行持续的法律监管的领域并不适合任务民营化。

〔70〕 *Steiner*, Öffentliche Verwaltung durch Private, 1975, S. 261ff.; *Däubler*, Privatisierung als Rechtsproblem, 1980, S. 76ff.; *Di Fabio* VVDStRL 56 (1997), 235(263).

〔71〕 *Von Heimburg* Verwaltungsaufgaben und Private, 1982, S. 86, 113; 进一步的论述参见 *Büllesbach/ Rieß* NVwZ 1995, 444 (445)。

问地会被证明是一无所知的,[72] 或者说对行政机关意志的执行是不可控的。在干预类型的活动领域内,必须保证行政机关对事情发展过程的事实上的掌控。[73] 行政程序上广泛采用的任务民营化对于私人形式的参与而言要以国家保留为前提,所以其具有复杂的活动范围。对这些实质上有可能被放弃的高权活动而言,即使将相关责任转入该领域,原则上这些责任也不会因为对高权活动的放弃而被解除。相反地,基于重大的理由其还会在其他方面获得正当化。

四、结论

上文的论述已然表明,宪法上对国家与社会之间的任务关系所作的重新划分只是遭到了少量的反对。首先,任务民营化至今归属于生存照顾这一集合概念下,这是毫无疑问的。批评者们的评判针对的是,与全面的任务民营化相比,形式民营化或者功能民营化以及广义上的程序民营化大多裹足不前。其次,在那些直接或间接的持续确认国家权力垄断的领域,比如刑事执行、刑事强制以及国家安全任务的核心领域,大多适用国家保留。在其效力范围内对公权力的民主及法院的审查必须承担责任,而私法主体在这一领域内只能以在行政实践中所认可的表现形式出现,如外包、委托以及行政辅助。

---

〔72〕 这也适用于用测速仪进行技术监管的领域,对此法院必须在个案中确认,使用来自私人公司负责办案的协警“丝毫不会被觉得”是作为公务员出现,OLG Frankfurt a. M. NJW 1995, 2570 (2571)。

〔73〕 KG NJW 1997, 2894 (2896).

论　　文

侵权行为立法论之分析

游进发*

【摘　要】通过若干不同的语法表达，民法立法者也可以分配举证责任，在制定侵权行为法方面亦同。推定过失责任仍然是过失责任。不宜制定一般化的危险责任规范。德国法的实践经验是制定个别的危险责任规范。

台湾地区"民法"第184条第1项前段保护的权利，限于典型社会公开性的权利，这项限制其实源自作为过失要件的预见可能性，同时也是应该差别保护利益与权利正当性基础。违反善良风俗的要件似乎是多余的。使重大过失不法加损害于他人者负损害赔偿责任的做法，似是正当。

违法侵权责任是否有制定的必要，是否有过度保护之嫌，不无疑问。一般侵权行为法与特殊侵权行为法的法律适用关系，不应该总是只有普通法与特别法关系的选择，而是也可以有请求权竞合的选择。主观搭配客观消灭时效期间，是较好的消灭时效期间的规范设计。

【关键词】举证责任分配　推定过失责任　违法侵权责任

一、前言

虽然我国台湾地区"民法"自施行以来历经很多局部的修正，但从未经历过一整编及整部法典的制定。对台湾地区法律人来说，法典的编纂因此应是件新鲜事。这类广泛的制定活动，未来在台湾地区可能也不会发生。但大陆则面临了伟大的纪元，即民法典的编纂的纪元。从大陆改革开放直到今天，发展在各方面不只是口号，它还正如火如荼地进行中，极限似乎还很遥远。法律的发展，

---

* 游进发，台北大学法律学系专任教授，德国柏林自由大学法学博士。本文于2010年10月19日发表在"第八届海峡两岸民法典学术研讨会"，主办单位是台湾地区东吴大学法学院。笔者在此得感谢林诚二教授与郭明瑞教授在会中对本文的指正与鼓励，以及审稿委员的不吝斧正。笔者当然自负文责。

尤其是立法与学说的发展,当然也是如此。欧洲大陆的经验告诉人们,国家需要一部民法典。尽管大陆现在还没有一部民法典,但已经制定了若干原本应该属于编纂体制民法典的法律,如《物权法》《合同法》《侵权责任法》《婚姻法》及《继承法》。大陆一百年前的民法典,主要继受自德国法。尽管民法典的制订,是项浩大的工程。但以两岸法律人的共同智慧,没有理由不克服万难而完成,物权法的制定就是个很好的例子。在大陆面临民法典化的纪元中,台湾地区法律人至少有增加参考文献数量的机会。

侵权行为法应该以什么样的模式呈现出来?欧陆各国的规范,大抵不超出一般侵权行为法与特殊侵权行为法的互补模式,[1]因为欠缺其中任何一项模式,就无法完整且适当地规范一切待规范事项。选择该模式并不意味着,更进一步与更具体的规范形成就毫无问题。实情是:在这中间不只问题重重,还有颇多尚待研究的难题。由两岸民法学者在侵权行为法的文献数量与质量上都有重大贡献来看,就可以知道这点。

由于地缘关系及历史因素,《德国民法典》《法国民法典》《瑞士民法典》均大量继受经过系统化的罗马法。《日本民法典》也继受德国民法及法国民法。这些国家的民法典都经历继受的过程。这些继受自罗马法的民法典现今都具有典范的价值。人们因此并不能将继受理解成被殖民化或向继受国臣服,而是应该将其理解成使自己的民法典更加完善所作的努力。如果这几部民法典真的具有典范价值,则可以大胆得出下列的结论:国家的民法典没经历继受的过程,实在是殊难想象的事。大陆的侵权行为法与未来的民法典,应该以如何的内容呈现出来?这是方向问题的研究,因此就没办法忽略比较法的分析。不过得强调的是,比较法的意义并不在于抄袭,而在于更精进自己,从而超越自己。

两岸的法律比较除有容易沟通学说与实务经验的优点外,还有改善彼此法律制度,甚至兼容的优点。台湾地区侵权行为法本身、其实践经验与对其的反省,不仅能对台湾地区未来可能的侵权行为法的修法提供若干超越价值,对于大陆侵权行为法应该如何呈现在世人面前的问题,应该也能够提供若干参考与超越价值。本文的内容主要以台湾地区侵权行为法的规范模式为基础,进而呈现出对它反思的结果,因为只有这样的做法才能提供超越价值,否则只会是抄袭式的继受,对两岸的法律发展一点意义与帮助也没有。最后要说明的是,本文并不对侵权行为法的立法提供全面且具体的立法论,因为那不是本文所能够承载的,而只在侵权行为法的规范主轴上,尝试提供若干原则与方向性的立法论。

---

〔1〕 参见王泽鉴:《侵权行为法》,2009年自版,第44页以下。

二、规范设计前的两三事

从台湾地区的侵权行为法本身、学说与法院实践经验中可知:若干与侵权行为法有关联的认知,要不是还未被众所周知,要不就是还有争论。尽管这些认知表面上对侵权行为法的内容不会有太多影响,因为侵权行为法通常还是结论正确地被适用着。但结论正确并不意味着在这中间的认知就应该停留在黑暗中:结论正确可能是偶然所造成的,人们不能期待科学、进步、正确地适用法律,来自这种有如中乐透的结论正确,因为只要一次的不幸运,往往发生因法律适用错误造成的悲剧。

(一)不同的语法表达与举证责任分配

文献上一般会有被害人就加害人有过失,负有举证责任的说法。[2] 这则说法在结论上当然是正确的,不过这个结论到底是如何得出来的?民事诉讼法的举证责任分配基本规则是(台湾地区"民事诉讼法"第277条及德国通说):当事人就有利于自己的事实负有举证责任。由于加害人有过失,是被害人的损害赔偿请求权的发生要件,被害人主张加害人有过失的真伪的认定,将影响被害人在损害赔偿诉讼的胜败,这项事实的主张因此有利于被害人,被害人就这项主张负有举证责任。在类此单纯且重复的操作下,人们往往会认为,前揭举证责任分配的基本规则是诉讼法的产物,但它其实是民法的产物。详细来说,《德国民法典第一草案》第193条,早就揭示了这项基本规则,只不过立法者并未将这项基本规则纳入德国民法典。德国民法典立法者所持的理由是:其一,这项基本规则是理所当然的,没有必要将它明文化;其二,通过法条文字的表达,如本文与但书的关系,就可以明白表示在此间的举证责任分配,并没必要成文化这项基本规则;其三,学说与实务一般都承认这项基本规则,它已经成为成文法的一部分,没有必要将它成文化。[3]

从以上的说明可以了解到两点:其一,姑且不论举证责任规范性质的争论,但有共识的是,并不是只有诉讼法才能够且应当分配举证责任,实体法亦能够且应当分配举证责任;其二,实体法并无必要制定一条一般规定,用来分配举证责任,而是应该在个别规定中,通过文字的表达来分配举证责任,如通过本文与但书。在这里能说明的就只是如何通过若干不同的语法表达来分配举证责任?

---

〔2〕 台湾地区"最高法院"93年度台上字第1979号判决、台湾地区"最高法院"93年度台上字第851号判决、台湾地区"最高法院"95年度台上字第2365号判决、台湾地区"最高法院"82年度台上字第267号判决、台湾地区"最高法院"80年度台上字第1462号判决。

〔3〕 BGH, NJW 1995, 49; 1991, 1052; Eike Schmidt, Die Beweislast in Zivilsachen-Funktionen und Verteilungsregeln, JuS 2003, 1007, 1010(教学式的说明,附有图解)。MünchKommZPO/Prütting, § 286 ZPO, Rn. 110-112.

以下举几则在台湾地区“民法”中算得上是成功与失败的例子,用来说明这则问题。至于什么是有利于当事人的事实,判断的标准是什么,因为它们涉及举证责任分配的学说争论,并不在本文的研究范围内,故以下只以作为通说的规范理论来进行说明。

台湾地区“民法”第184条第1项前段规定:“因故意或过失,不法侵害他人之权利者,负损害赔偿责任。”这条项规定的构成要件是“因故意或过失,不法侵害他人之权利”,法律效果是“损害赔偿责任”。构成要件该当,法律效果发生。立法者将这些构成要件置入条件句“者”内,而条件句意味着,条件一旦被满足,条件所连结的结果也就发生。这样的文法理解与构成要件和法律效果的理解相同。这项规定的释义结构因此与一般生活语言接轨,有利于法的透明性。立法者在台湾地区“民法”第184条第1项前段使用条件句,是为表明被害人就侵权行为损害赔偿请求权的发生要件事实负有举证责任,因为它们是请求权的发生要件,有利于被害人(规范理论)。台湾地区“民法”第179条规定,“无法律上之原因而受利益,致他人受损害者,应返还其利益”,也是用同样的方式来分配受损人与得利人之间的举证责任,亦即受损人就都在条件句内的不当得利返还请求权发生要件事实,负有举证责任(规范理论)。台湾地区“民法”第144条第1项规定:“时效完成后,债务人得拒绝给付。”这也是用相同的方法,来分配债权人与债务人间关于消灭时效抗辩权的举证责任,亦即债务人对条件句内的时效抗辩权发生要件事实负有举证责任。

台湾地区“民法”第184条第2项,使用了本文与但书及条件句,用以分配(包括推定)加害人与被害人之间的举证责任。准确来说,由该条项本文“违反保护他人之法律,致生损害于他人者,负赔偿责任”可以了解到,就本文条件句内所规定的违法侵权损害赔偿请求权发生要件的事实,被害人负有举证责任,但由于过失并不在本文的条件句内,所以被害人就加害人有过失一事,并不负有举证责任。同条项但书“但能证明其行为无过失者,不在此限”明白表示,加害人应该证明自己无过失,亦即就自己无过失负有举证责任。同法第188条第1项也使用本文与但书及条件句来分配(包括推定)加害人与被害人之间的举证责任。准确而言,从该条项本文“受雇人因执行职务,不法侵害他人之权利者,由雇用人与行为人连带负损害赔偿责任”可以了解到,被害人就在本文条件句内的损害赔偿请求权发生要件事实负有举证责任,而由于过失也不在本文的条件句内,故被害人就加害人有过失不负有举证责任。

台湾地区“民法”第231条第1项规定:“债务人迟延者,债权人得请求其赔偿因迟延而生之损害。”这项规定的构成要件“是债务人迟延”“因迟延所生之损害”,其法律效果是迟延损害赔偿义务。立法者也将这些迟延损害赔偿义务的发生要件放到条件句内,其目的在于表明债权人就都在条件句内的迟延损害发生要件事实负有举证责任。但立法者并未将债务人过失的要件放置在第231条第1项内,而是放在同法第230条:"因不可归责于债务人之事由,致未为给付者,债务人不负迟延责任。"这条规定的构成要件是"债务人的不可归责",其法律效果是"不负迟延责任"。因为立法者将债务人无过失的要件放置在第231条第1项的条件句内,是以准确来说,这项做法是为了表明债务人就自己无过失的要件事实负有举证责任。由于立法者在这里还使用了双重否定句,用以表达为了调整第231条第1项,亦即使债权人的迟延赔偿请求权,仍然以债务人过失为要件,只不过债务人就自己无过失负有举证责任。其实若以法条经济来看,应该将第230条作为第231条的但书,例如,"债务人给付迟延者,负迟延赔偿责任。但迟延不可归责于债务人者,不在此限"。以上是立法者透过两条法条、条件句与双重否定句的搭配来分配举证责任的例子。

至于关于举证责任分配的失败例子,说明如下:台湾地区"民法"第226条第1项规定:"因可归责于债务人之事由,致给付不能者,债权人得请求赔偿损害。"这条规定以"因可归责于债务人之事由,致给付不能"为构成要件,且将这些构成要件(包括过失归责)都放置在条件句(者)内,以不履行损害赔偿请求权为法律效果。以立法者使用条件句来分配举证责任的一贯性来说,债权人似乎仅就都在条件句内的损害赔偿请求权的发生要件事实负举证责任,包括就债务人的过失归责负举证责任。台湾地区"民法"第227条第1项规定:"因可归责于债务人之事由,致为不完全给付者,债权人得依关于给付迟延或给付不能之规定行使其权利。"这条规定以"因可归责于债务人之事由,致为不完全给付"为构成要件,且将这些构成要件(包括过失归责)也都安置在条件句(者)内,而以"准用给付迟延或给付不能之规定行使其权利"为法律效果。一贯来说,债权人似乎只就条件句内的损害赔偿请求权的发生要件事实负有举证责任,包括就债务人的过失归责负有举证责任。

但文献上一般向来认为,债权人就债务人的过失归责,不负有举证责任,债务人就自己无过失归责才负有举证责任。[4] 这样的说法很明显与以上说明不合,但却是正确的举证责任分配。立法者在台湾地区"民法"第226条第1项及第227条第1项中其实忽略了一件事:不同的语法表达,能造成不同的举证责任分配结果。若立法者计划只在一条请求权规范内来分配举证责任,则可以使用条件句与本文及但书的语法,如"债务人给付不能者,债权人得请求赔偿因此

[4] 台湾地区"最高法院"29年上字第1139号判决、台湾地区"最高法院"77年度台上字第1989号判决、82年度台上字第267号判决、台湾地区"最高法院"85年度台上字第844号判决、台湾地区"最高法院"87年度台上字第1289号判决、台湾地区"最高法院"89年度台上字第2097号判决、台湾地区"最高法院"92年度台上字第816号判决、台湾地区"最高法院"97年度台上字第1000号判决。

所生的损害。但给付不能不可归责于债务人者,不在此限”,使债权人就本文条件句内的损害赔偿请求权发生要件事实负有举证责任;使债务人就但书条件句内的事实,亦即自己的不可归责负有举证责任。不过在立法者尚未修改第 226 条第 1 项与第 227 条第 1 项关于举证责任分配的文语法表达前,似乎只能通过台湾地区“民事诉讼法”第 277 条但书(依其情形显失公平者)来达到文献上的一致结论,〔5〕因为关于债务人是否可归责的证据方法,毋宁大抵都处在债务人的领域内,债务人明显较债权人更能提出这些证据方法。

(二)推定过失责任仍然是过失责任

民法上所指的推定,是指法律上的推定。法律上的推定有两种:法律上的权利推定与法律上的事实推定。〔6〕台湾地区“民法”设有若干推定过失侵权责任的规定,〔7〕例如,第 184 条第 2 项关于违法侵权责任的规定、〔8〕第 187 条第 2 项关于法定代理人侵权责任的规定、〔9〕第 188 条第 1 项关于雇用人侵权责任的规定、〔10〕第 190 条第 1 项关于动物占有人侵权责任的规定、第 191 条第 1 项关于工作物所有人侵权责任的规定、〔11〕第 191 条之 1 第 1 项关于商品制造人侵权责任的规定、第 191 条之 2 第 1 项关于动力车辆驾驶人侵权责任的规定、第 191 条之 3 第 1 项关于危险侵权责任的规定。因为这些规定都推定过失事实的存在,所以都是法律上的事实推定。由于这些规定的内容都是转换举证责任,故都是举证责任规范的性质。文献上常见到推定过失责任是中间责任的说明,其理由是因为受害人就加害人的过失不负举证责任,所以推定过失责任首先不会是过失责任,其次由于加害人就自己无过失负举证责任,所以推定过失责任也不会是无过失责任,而是在这两种责任中间的责任。这样的说法明显将责任成立与否取决于过失有无举证责任,甚是独特。

但举证责任规范既然以举证责任为内容,则它所规范的内容除不可能是实

---

〔5〕　姜世明教授虽然也赞同一般认为的举证责任分配结果,但却是通过类推适用台湾地区“民法”第 230 条来分配债权人与债务人的举证责任。参见姜世明:《新民事举证责任法论》,新学林出版股份有限公司 2004 年修订 2 版,第 344 页以下;姜世明:《举证责任与证明度》,新学林出版股份有限公司 2008 年版,第 114 页。

〔6〕　邱联恭讲述,许士宦整理:《口述民事诉讼法讲义(三)》,2009 年自版,第 188 页以下;骆永家:《民事举证责任论》,台北,商务印书馆 1995 年版,第 121 页、第 127 页、第 141 页。

〔7〕　同注〔1〕,第 15 页。

〔8〕　台湾地区“最高法院”66 年台上字第 1015 号判决、台湾地区“最高法院”96 年度台上字第 2787 号判决。

〔9〕　台湾地区“最高法院”84 年度台上字第 2690 号判决。

〔10〕　台湾地区“最高法院”87 年度台上字第 791 号判决。

〔11〕　台湾地区“最高法院”96 年度台上字第 489 号判决、台湾地区“最高法院”69 年度台上字第 1020 号判决。

体法律关系的变动外,也不可能是一定事实的存在与否,被推定的实体法律关系变动及被推定存在与否的事实,因此不一定为真。换句话说,该实体法律关系的变动及事实的存在与否,仍然是个未知数,于是更无法以这种不确定的法律状态作为其他实体法律关系变动或事实存在与否的要件,〔12〕如损害赔偿责任。实体法律关系的变动是实体法的规范客体。举证责任规范属于程序法性质,因此无法负担实体法任务。依权力分立原则,法官对某事实存在与否,事实认定是专属于法官的职权,行政权与立法权机关不得僭越行使这项职权。基于这点理由,法律就不能够具有决定某项事实存在与否的功能。再者,纵使立法者基于强而有力的理由,想要规范某事实存在或不存在,也应该通过拟制的立法技术来达到这个目的,而不是通过举证责任规范,例如,台湾地区"民法"第 7 条的将胎儿视为既已出生、同法第 80 条第 2 项的视为拒绝承认、同法第 101 条的视为条件已成就或不成就等拟制规定。事实的存在与不存在是实然面的问题,只有能意识的主体才能经验。因此,不能意识从而不能经验的举证责任规范,就无法承担以经验为前提的事实认定任务;由于法官能经验,故规范上就能且应以法官为事实认定职权的归属主体。简要来说,举证责任规范以举证责任为规范内容,不以且也不能以实体法律关系的变动或事实存在与否为内容。〔13〕

前文推定过失责任的规定,既然以推定过失为内容,则在推定这方面属举证责任规范性质,规范的客体因此既不可能是过失事实的存在与否,也不可能是所谓介于过失责任与无过失责任的中间责任。以推定过失责任为内容的损害赔偿请求权规范,在推定部分外的内容方面,仍然以过失为损害赔偿责任的发生要件。换句话说,以推定过失责任为内容的损害赔偿请求权规范,仍然是过失责任规范,只是加害人的过失因此被推定,转由加害人就自己无过失一事负举证责任而已。固然依举证责任分配规则与自由心证主义,负举证责任的一造当事人往往因无法证明而败诉,但能否将这个结论与推定过失挂勾,从而认为推定过失责任不是过失责任,而是中间责任则颇有疑问,难道任何实体法律关系都能以诉讼的胜败作为变动的要件?例如,过失责任将因举证困难,变成无过失责任。准此而论,台湾地区"民法"第 184 条第 2 项及其他类同的推定过失规范,有两种规范性质:一是举证责任规范性质(推定);二是实体法的过失责任性质。

(三)一般化的危险责任规范?

现代生活充满危险。虽然危险并不见得会转成损害,但一旦危险造成损害

---

〔12〕 Hans-Joachim Musielak, Die Grundlagen der Beweislast im Zivilprozeß, 1975, S. 20.

〔13〕 台湾地区"最高法院"86 年度台上字第 734 号判决、台湾地区"最高法院"89 年度台上字第 859 号判决、台湾地区"最高法院"86 年度台上字第 1862 号判决。

后,首先面临的问题是应该由谁来承担损害?从杜绝后患的角度来看,与其事后填补损害,还不如事前就排除掉危险来源。总体来说,这样的做法固然是比较经济,但如果社会共同生活需要危险的来源时,杜绝的做法就没有存在的空间。所以问题仍然是应该由谁来承担损害?损害移转的任务,向来由过失承担。固然可以以过失为要件来控制危险所造成的损害,但如果危险波及的范围已经由个人扩及到族群,且非常可能发生损害时,亦即它已变成一种特别的危险时,往往会发生一种现象:一个因无过失而不负损害赔偿责任的加害人与众多受害人,法律保护这种加害人所得到的社会价值,其实远远低于保护受害人所得到的社会价值,若真的有这样的规范设计,则它显然一点规范效率也没有;加害人创造了可能造成损害的危险,却不须承担因危险所造成的损害,而由众多的加害人甚至社会大众共同承担,这样的结论显然也不是分配正义可以忍受的。因此不禁要再进一步质问的是,难道没有使这类加害人负损害赔偿责任的正当化因素?从德国法与"台湾法"的实践经验可以知道,有四种因素可以正当化危险责任规范:〔14〕其一,加害人制造危险;其二,加害人能控制危险;其三,加害人从危险获取利益;其四,加害人能够通过市场机制分散因危险所造成的损害赔偿。

寻找到正当化危险责任的因素后,便能将它成文化。不过此时又面临一个问题:是要制定一条一般化的危险责任规定,还是制定几条个别的危险责任规定?〔15〕由于现代生活的危险来源非常多元,且因为通常在事故发生且新闻报导后,人们才知悉现今社会中存在此等危险,故众人往往难以预见从而规避这些危险,故一条一般化的危险责任规范能否适当评价各该危险、能否凸显进而预告社会大众各该危险的存在,实在不无疑问。德国法的实践经验是制定个别的危险责任规范,尤其是在单行法中。〔16〕制定个别的危险责任规范,不仅能够适当评价各该危险,包括选取适当的构成要件及赋予适当的法律效果,也能凸显从而预告各该危险的存在,进而更能够达到侵权责任法预防损害的目的。

台湾地区"民法"第191条之3规定:"经营一定事业或从事其他工作或活动之人,其工作或活动之性质或其使用之工具或方法有生损害于他人之危险者,对他人之损害应负赔偿责任。但损害非由于其工作或活动或其使用之工具

---

〔14〕同注〔1〕,第16页;杨佳元:《侵权行为与损害赔偿责任》,台北,元照出版有限公司2009年版,第103页。陈聪富教授则从经济的角度说明这个命题,深具说服力。参见陈聪富:《侵权归责原则与损害赔偿》,台北,元照出版有限公司2008年版,第158~163页。

〔15〕同注〔1〕,第643页;邱聪智:《危险责任一般条款增订之评介——以民法第191条之3为中心》,载黄宗乐教授祝寿论文集编辑委员会编:《黄宗乐教授六秩祝贺论文集·财产法学篇(一)》,新学林出版股份有限公司2002年版,第45页以下。

〔16〕同注〔14〕,第96页以下。

或方法所致,或于防止损害之发生已尽相当之注意者,不在此限。”这条规定所规范的责任的本质,明显是危险责任,但却选取推定过失作为构成要件(防止损害之发生已尽相当之注意者),不免矛盾,令人困惑。〔17〕 形成这条规定的原因或许在于,它以文献上关于中间责任的说明为基础,亦即危险责任是无过失责任,但对加害人不免过于严苛,故应采取虽较过失责任为重,但较无过失责任为轻的中间责任(推定过失责任)的规范设计。但如前面的说明,推定过失责任也是过失责任,仍旧以加害人的过失为责任发生要件,只是它也推定了加害人的过失,推定过失责任因此在本质上并没有较无过失责任为轻,过失责任为重可言,并不能将责任成立与否与举证责任成立与否混为一谈。

综合而论,台湾地区“民法”第 191 条之 3 应该是一般化的危险责任规定,不仅不能适当评价各该危险,尤其也无法凸显及预告社会上有各该危险的存在,更遑论预防损害的发生。再者,它也是条自我矛盾的规定,危险责任就应该以危险责任(无过失责任)的形态呈现出来,而不应该以推定过失责任的形态。这两种责任成立的背景完全不同,不应该混为一谈,否则会使规范适当评价客体的功能尽失。如果立法者认为,性质上属无过失的危险责任过于苛刻,而有碍经济发展,除或许可采用外国立法例常见的损害赔偿总额上限的做法外,或许也可采取民法向来以限制损害赔偿范围以减轻责任的做法,而不是将危险责任(推定)过失化。

最后要说明是,尽管前文关于不宜在民法典订立一般化危险责任规范的立法论,但如果仍然计划在民法典制定一条这样的规范,则接下来有待处理的问题是它的编纂位置:应该将危险责任规范嵌入一般侵权行为法内,还是在特殊侵权行为法内?相较于一般侵权行为法并未规范行为人的侵权样态,特殊侵权行为法则主要着重在这点。例如,台湾地区“民法”第 185 条第 1 项的共同侵权、第 187 条及第 188 条的未善尽监督的侵权、第 190 条的动物侵权、第 191 条的未善尽设置或保管义务的侵权。由于危险责任规范并不着重侵权样态,而是其正当性基础在于危险,因此其与特殊侵权行为并无关联可言。且由于危险责任规范的正当性基础在于危险,一般侵权行为规范的正当性因素之一是过失,两者毕竟不同,并无法处在同一条规定内,故应该将危险责任规范嵌置在一般侵权行为规范之后,如制定一条编纂位置紧接在台湾地区“民法”第 184 条之后的危险责任法条,即第 184 条之 1。由这点来看,台湾地区“民法”第 191 条之 3

---

〔17〕 同注〔1〕,第 645 页;陈自强:《民法侵权行为法体系之再构成下民法第 191 条之 3 之体系地位》,载《台湾本土法学》2000 年第 17 期,第 30 页。陈自强教授更进一步认为,台湾地区“民法”第 191 条之 3 所指危险的意义,应该与沿袭自德国法的危险责任概念不同,而应该将其理解成客观责任。

的编纂位置似乎不是很适当。

三、一般侵权行为法

欧陆法系的侵权行为法,大抵采取一般侵权行为法与特殊侵权行为法互补的基本规范模式,因为欠缺其中任何一个,就无法完整或适当地规范一切待规范事项。以下的说明建立在这样的模式上,进而说明应该如何建构出彼此互补的一般与特殊侵权行为法。由于侵权行为法的命题非常多,也不乏对它们深入且细腻的研究,且也因本文的承载能力有限,故以下的立法论说明仅限于若干原则性命题,而不包括较细腻的命题。

(一)社会典型公开性来自过失概念——差别保护权利的正当性基础

关于一般侵权行为法是否应区别保护客体是权利与利益,而造成其构成要件的差异,文献上最近有相当深入且细腻的研究。陈忠五教授就认为,一般侵权行为法的保护客体不应该区别权利与利益,有两点主要理由:其一,很难区别权利与利益,无法以它们的本质作为差别保护的正当性基础;其二,台湾地区"民法"第184条第1项以外的规定,实际上无法合理妥适地解决利益保护不足的问题。其实很早前邱聪智教授也有类似的反思,只是其主要还是着重在对彼时法律规定的分析,而不同于陈忠五教授主要着重在对立法论的建构。[18] 这类方向的见解,对于台湾地区民法向来借鉴德国民法的区别保护思维而言,颇具撼动及引发反思[19]的意义,比较法上也不是毫无根据,法国民法、日本民法及奥地利民法,基本上就不区别权利与利益。[20]

但不仅台湾地区"民法"第184条第1项前段保护的权利与不保护的权利的本质不尽相同,它保护的权利与不保护的利益的本质也不尽相同。不过这种差异是否能够使差别保护的规范形成正当化?另外,或许利益的保护确实不够周延,在差别保护的思维中,因此或许还应该再讨论一个问题:应该如何周延或更周延地保护利益?以下拟先研究第一个问题。而为了凸显第二个问题的研究,也是个立法论的问题,所以将它安置在下一章节"利益的保护中重大过失应等同故意"。

---

〔18〕 参见陈忠五:《契约责任与侵权责任的保护客体》,新学林出版股份有限公司2008年版,第2~3页、第139页以下、第154页以下;邱聪智:《新订民法债编通则》(上),自版,2003年新订1版,第154~161页;邱聪智:《民法侵权行为修正草案基本问题之探讨》(中),载《法学丛刊》1985年第118期,第94~95页;林诚二:《债编总论新解——体系化解说》(上),瑞兴图书2010年版,第348页。

〔19〕 例如,游进发:《一般侵权行为规范模式之反思——以最高法院95年度台上字第294号判决为契机》,载《法令月刊》第61卷第2期,第65页以下。

〔20〕 陈忠五:同注〔18〕,第101页。

一般侵权行为法的损害赔偿责任,原则上是过失责任。过失指的是,关于权利的侵害与避免损害的发生,加害人应注意且能注意,但却没注意到。能使加害人负损害赔偿责任的原因不只在于加害人造成损害,更在于他有过失。〔21〕更进一步来说,能使加害人负过失责任的原因,不只在于加害人应注意但却没注意到,更在于他其实能注意到(能预见到)。〔22〕法律不强人所难。预见可能性一定有它的内容。换句话说,在预见可能性这个命题下所探讨的是,加害人能够预见的是什么?如果一个客体客观上不能够被预见,〔23〕则加害人也“不可能”“能预见”到这样的个体。因此,如果立法者要使加害人填补因其不法行为所生的损害,就应该以其所侵害的客体能够被预见为前提。关于一般侵权行为法在构成要件的选取方面是否应该相同处置权利与利益的问题,就应该以规范上它们两个能不能够被预见到为判断标准。

一般认为,〔24〕台湾地区“民法”第184条第1项前段保护的权利,限于社会典型公开性的权利。台湾地区“最高法院”95年度台上字第294号判决就认为:“按民法第一百八十四条第一项前段所称之权利,系指私权而言,包括人格权、身份权、物权及知识产权等。而债权虽属私权,然为相对权,存在于当事人间,债权人对于给付目标物或债务人的给付行为并无支配力,且债权不具有所谓典型的社会公开性,第三人难以知悉,同一个债务人的债权人有时甚多,如谓加害人因过失侵害,即应负损害赔偿责任,加害人责任将无限扩大似属过苛,不合社会生活上损害合理分配原则,且有碍于经济自由之发展,此并涉及债务人的意思自由及社会经济生活的竞争,应作限制的解释,是以债权应非属民法第一百八十四条第一项前段所称之权利。”由这项判决可以归纳出三点:其一,台湾地区“民法”第184条第1项前段所指的权利,仅限于具社会典型公开性的权利;其二,债权不具社会典型公开性,不是这条规定所要保护的客体;其三,债权

---

〔21〕 Rudolf v. Jhering, Das Schuldmoment im römischen Privatrecht, Vermischte Schriften juristischen Inhalts, 1968, S. 199., Otto v. Gierke, Deutsches Privatrecht, Band 3, Schuldrecht, 1917, S. 906.

〔22〕 陈忠五:同注〔18〕,第213页。

〔23〕 于这里使用被动态的原因,是为了强调客体的性质,因为既然是任何人都能够预见到的客体,则能够预见的人是谁?在保护客体的规范设计方面就无关紧要了。

〔24〕 同注〔1〕,第79页、第320~321页;刘春堂:《判解民法债编通则》,三民书局2001年版,第78页;姚志明:《侵权行为法》,台北,元照出版有限公司2006年版,第61页;苏永钦:《走入新世纪的私法自治》,台北,元照出版有限公司2002年版,第337页以下;郑玉波、陈荣隆修订:《民法债编总论》,三民书局2002年版,第175~176页;黄立:《民法债编总论》,台北,元照出版有限公司2006年版,第288页;BGH, NJW 1958, 1041; NJW 1983, 2313; Heinz Kötz/Gerhard Wagner, Deliktsrecht, 2005, SS. 40-44。不同见解参见林诚二:同注〔18〕,第267页;邱聪智:同注〔18〕所引书,第154~161页;同注〔18〕所引文,第68页;陈忠五:同注〔18〕,第136页。

既然是台湾地区“民法”第184条第1项前段所指的权利,则债权的保护就只能通过同条项后半段及同条第2项。由这个判决可以更延伸出一项结论:台湾地区“最高法院”根本上也是以在构成要件上区别保护权利与利益为出发点,进而理解台湾地区现行一般侵权行为法所实行的规范模式。

某个权利既然典型公开于人们,则规范上它就能够被预见到。只不过有问题的是,哪种权利才具有社会典型公开性?换句话说,哪种权利才能够被预见到?权利有两大类:绝对权及相对权。绝对权是指对任何人都发生效力的权利,如物权、准物权与身份权。相对权是指只在特定人之间发生效力的权利,如债权。绝对权对任何人发生效力的原因,亦即它的对世效力具正当性的原因在于,因它的发生要非通过公示方法(或为登记或为占有)来构成自身。换句话说,以公示方法作为发生要件,就是立基在人格或一定身份上。绝对权既然通过公示方法构成自身,或立基在人格或一定身份上,则它因此具有社会典型公开性,〔25〕规范上它因此能够被预见到。以台湾地区“民法”184条第1项前段所保护的权利,限于具社会典型公开性权利的做法,其实源自作为过失要件的预见可能性,换句话说,以这个要件作为差别保护权利与利益的正当化基础。延伸来说,立法者其实想通过这项限制,直接向适用法律的人表明,行为人不法侵害不能够被预见的权利时,并没有过失,因此不应该使他负损害赔偿责任。因此,以上继受自德国法的一般见解其实具有正当性。至于相对权、债权因原则上不以公示方法构成自身,亦即不以公示方法为发生要件,且也绝对没法跟人格权、身份权等以人格或一定身份为基础的权利相比较,故原则上并无公开性可言,〔26〕不能够被预见到,加害人因此也不可能能预见到。〔27〕

陈聪富教授认为,因为绝对权具合理清楚的外延,第三人得清楚知悉权利人受保护的范围,且也具有显著的性质,第三人有可能知悉它的存在与范围,故行为人侵害绝对权者,某种程度上侵害行为就具有违法性,但如果权利不具合理外延及显著性时,该权利或利益的保护就应该受到限制,只有在行为人知悉被害人的法益存在的时候,他的加害行为才具有违法性。〔28〕这项见解中所谓合理清楚的外延与显著性,其实与社会典型公开性相通,因为权利既然具有社

---

〔25〕 陈忠五:同注〔18〕,第182页。

〔26〕 陈忠五:同注〔18〕,第93页、第183页。以债权为民法第184条第1项前半段所保护的客体者,林诚二:同注〔18〕,第262页;邱聪智:同上注〔18〕所引书,第160~161页;黄茂荣:《债法总论(二)》,植根法学丛书编辑室2004年增订版,第473~474页;姚志明:《侵权行为法研究(一)》,台北,元照出版有限公司2002年版,第27~28页。

〔27〕 早就提出类似的见解者,参见陈忠五:同注〔18〕,第214页。

〔28〕 参见陈聪富:《论侵权行为之违法性概念》,载《月旦法学杂志》2008年第155期,第163页;陈聪富:《侵权违法性与损害赔偿》,台北,元照出版有限公司2008年版,第16~17页。

会典型公开性,则行为人就能够知悉该权利的存在及其范围、就能够知悉该权利受到法律的保护,于是如果行为人侵害具有社会典型公开性的权利,则加害行为原则上具有违法性。比较法上这项理论也有立论基础,法国民法的过错概念,就包含违法性概念。[29] 再者,这项理论也相当具有启发性,因为规范上具社会典型公开性的权利,既然能够被预见,则要求行为人应该尊重这种权利,且一旦侵害时,则以他的行为就违法的做法,更是正当。

简要来讲,社会典型公开性并不是天外飞来一笔、毫无根据的要件,而是源自作为损害赔偿责任法律效果正当化基础的过失。台湾地区"民法"第184条第1项前段的保护客体,向来并不应该自限于绝对权,而应该是只要具有社会典型公开性的权利,都是台湾地区"民法"第184条第1项前段所保护的权利。立法者其实借此向适用法律的人表明,行为人不法侵害不具社会典型公开性,从而不能够被预见的权利时并没有过失,因此不应该使其负损害赔偿责任。

(二)重大过失与故意应等价以扩大保护利益——以差别保护权利与利益为前提

一般侵权行为法能否平等保护权利与利益?从以上关于社会典型公开性概念来自过失概念的说明可知,解决这个问题的关键应该也在于,规范上可否认为,利益也具有社会典型公开性,而能够被预见到?一般来讲,因利益(如在纯粹经济上损失或第三人"侵害"债权的情形)没有通过公示方法来构成自身,亦即其发生不以公示方法作为要件,而且也绝对没法跟人格权、身份权这类权利相比较,故规范上不具社会典型公开性,[30]不能够被预见到。美国著名法官Cardozo在类似的案例清楚表示"对不确定的人,于不确定时,负不确定的责任额"[31]就足以证明以上的说明。但是一般侵权行为法果真无法平等保护权利与利益吗?社会典型公开性从而能被预见性,既然源自作为过失要件的预见可能性,而由这项客观面向的观察,既然无法得出平等保护权利与利益的结论。换句话说,在过失责任的制度下,无法平等保护权利与利益,则退一步从主观面进行分析,或许可以知道若干信息,亦即若加害人有故意或重大过失时,是否就可以正当化上述权利与利益的平等保护?这是以下所要研究的客体。

1. 在平等正义指引下所形成的归责要件

Rudolf v. Jhering 表示:"使负损害赔偿义务的,并不是损害,而是过失。"[32]依 Otto v. Gierke 的见解,加害人侵权行为损害赔偿责任,是以过失为最

[29] 同注[28],第156~159页。

[30] 同注[1],第111页。

[31] Ultramares Corp. v. Touche (1931) 255 N. Y. 170, 174 N. E. 441.

[32] Rudolf v. Jhering, Das Schuldmoment im römischen Privatrecht, Vermischte Schriften juristischen Inhalts, 1968, S. 199.

后的原因。〔33〕因故意以加害人的知与意为要素,故是超越能够预见的程度。过失不法侵害他人权利者,既然应该负损害赔偿责任,则故意不法侵害他人权利者,更应该负损害赔偿责任,是平等正义的贯彻。由以上的说明可得出一个结论:故意是损害赔偿法律效果的正当化基础。因此,故意不法侵害他人利益者,立法者就可以且应该使其负损害赔偿责任。换句话说,一般侵权行为法在这方面可以且应该平等保护权利与利益。〔34〕

如前面的说明,利益本来就不具有社会典型公开性,不能够被预见到,加害人因此也不能预见到这些利益,是以过失不法侵害他人利益者,就不应该使其负损害赔偿责任。过失分为重大过失、具体轻过失、抽象轻过失,以抽象轻过失为原则。抽象或具体轻过失不法侵害他人利益者,不应该使其负损害赔偿责任,固然没有问题,但重大过失不法侵害他人利益者,是否应该使其负损害赔偿责任,就不是完全没疑问的。依一般见解,重大过失指的是行为人显然违反普通人注意义务,〔35〕依德国一般见解,则是行为人严重违反善良管理人注意义务。〔36〕尽管关于重大过失的定义有不同的见解,也尽管加害人是严重违反注意义务,但因考虑到行为人仍然不能够预见到一个规范上不能够被预见的客体,即利益,故在这里似乎仍无法使其负损害赔偿责任。单由台湾地区"民法"第184条第1项后段不以重大过失为构成要件的做法,就可以得到这个结论,也是向来的理解。但故意分为直接故意与间接故意。间接故意指的是,加害人虽然预见到自己的行为将侵害他人,但却也不反对这个侵害。间接故意与重大过失虽有意思违反与否的区别,且还是个本质上的区别,但由于加害人原本稍微注意就可以避免损害他人,故纵使其仍然不是间接故意,但也几近是间接故意。台湾地区"民法"若干责任规范及责任减轻构成要件,如第175条、第245条之1第1项第2款、第410条等规定,都以故意及重大过失为构成要件,因此故意与重大过失在这个意义下等价。基于以上两点说明,故意不法侵害他人利益者,固然应该使其负损害赔偿责任,重大过失不法侵害他人利益者,也应该使其负损害赔偿责任,将故意与重大过失等价的做法,才合乎平等正义的要求。

---

〔33〕 Otto v. Gierke, Deutsches Privatrecht, Band 3, Schuldrecht, 1917, S. 906.

〔34〕 参见同注〔24〕,第337页以下;陈忠五:同注〔18〕,第212页。

〔35〕 台湾地区"最高法院"42年度台上字第865号判决、台湾地区"最高法院"96年度台上字第1649号判决;林诚二:《债法编论新解——体系化解说》(下),瑞兴图书2010年版,第9页;邱聪智:《新订民法债编通则》(下),自版,2003年新订版,第415页;刘春堂:《民法债编通则(一)·契约法总论》,三民书局2006年版,第267页。类似这里所指的一般见解者,参见孙森焱:《民法债编总论》(上),自版,2005年修订版,第125页。

〔36〕 BGH, NJW 1953, 1139; 1981, 227, 228; Ernst Wolf, Lehrbuch des Schuldrechts, 1978, S. 454; Dieter Medicus, Schuldrecht, Allgemeiner Teil, 2005, Rn. 311. 但应该说明的是,Wolf氏并不承认关于这项重大过失内涵的一般见解。

简要而论,利益一般来讲并不具有公开性,规范上因此不能够被预见到,加害人因此也无法预见自己的行为将侵害某利益,不过如果加害人故意侵害该利益,则因为故意已不只是能够预见的程度,而是超越的程度,因此故意不法侵害他人利益者,应该使其负损害赔偿责任。至于重大过失不法侵害他人利益者,因加害人原本稍加注意就能够预见从而避免损害的发生,且因为民法若干规定并列故意与重大过失,亦即等价化两者,故重大过失不法侵害他人利益者,亦应该使其负损害赔偿责任。[37]

2. 来回于理论与案例间

在完成了理论的建构后,为了了解理论能否适当解决问题,也为了了解理论是否不完全,接下来就应该将它用来说明实际的案例。以下的案例取自台湾地区常发生的现象,因此具有实证意义。案例发生的详细的过程、当事人在各级法院的声明、各级法院的判决理由,都不在以下说明的范围内,因为它们超出了在此间研究目的的范围。

挖断电缆是教学上常常列举且新闻也常常报道的例子。[38] 故意不法挖断或损坏电缆或其他管线设施者,使加害人负纯粹经济上损失的损害赔偿责任,应该没有任何疑问,因为加害人在造意的时候,受害人是谁?损害的范围有多广?损害将延续多久?这些问题对他来说其实已经无关紧要。况且若加害人明知将对这些债权人负损害赔偿责任,则不挖断此类管线设施的假设,也并不当然成立。重大过失不法挖断或损坏电缆或其他管线设施者,使加害人负损害赔偿责任的做法,也具正当性,因为加害人(尤其是承包商或相关施工单位)原本稍加注意就能够预见,从而避免挖断或损害这类管线设施。况且诚如陈忠五教授的说明,[39] 加害人显然过失不法侵害他人利益时,若受害人仍然不能请求赔偿,恐怕有伤人民的法律情感。挖断电缆或其他管线设施,将使不特定多数人蒙受纯粹经济上的损失。在狭小、拥挤、媒体充斥的台湾地区,这类事情应该是耳熟能详的,在日常生活中应该是能被预见到的,加害人在行为时,因此应该且能够预见将对这些受害人负损害赔偿责任。

---

〔37〕 早就指出类似的方向,且也不限于重大过失,且更进一步认为,过失不法侵害他人利益者,也不是不可以使其负损害赔偿责任者,陈忠五:同注〔18〕,第 213 页、第 230 页。

〔38〕 例如,《捷运芦洲工地,挖断瓦斯管撤民众》,载 Nownews:http://www. nownews. com/2010/03/07/138-2577279. htm,最后访问日期:2010 年 8 月 22 日;《电缆、光纤被挖断,学田村断讯 1 天 1 夜》,载自由电子报:http://www. liberty times. com. tw/2010/new/may/8/to day-center5. htm,最后访问日期:2010 年 8 月 22 日;《挖断电缆线,宜兰 5 千户停电》,载联合新闻网:http://udn. com/NEWS/DOMESTIC/DOM7/5695122. shtml,最后访问日期:2010 年 8 月 22 日。

〔39〕 参见陈忠五:同注〔18〕,第 197~198 页;王泽鉴:《挖断电缆的民事责任——经济上损失的赔偿》,载《民法学说与判例研究(七)》,自版,2003 年版,第 105~108 页。

银行职员超额放款,通常是黑金政治的产物。台湾地区“最高法院”77年度第19次民事庭会议决议(二):“台湾判例究采法条竞合说或请求权竞合说,尚未尽一致。惟就提案意旨言,甲对A银行除负债务不履行责任外,因不法侵害A银行之金钱,致放款债权未获清偿而受损害,与台湾地区‘民法’第一百八十四条第一项前段所定侵权行为之要件相符。A银行自亦得本于侵权行为之法则请求损害赔偿,甲说核无不当。”另外,本决议所涉及之法律事实简化如下:“甲为受雇于A银行,职司征信,乙无资力,甲、乙勾结,以高估信用之方法,使A银行借款于乙。”甲实际上侵害的并不是A银行的金钱,而是其正常借款与收款的利益。A银行所受的损害,正是美国法上所谓的纯粹经济上的损失,亦即德国法上所谓的纯粹财产上的损害。[40]银行征信科员故意高估第三人信用,进一步超额借款给该第三人,是不法侵害银行正常放款及收款的利益,由于是故意的侵害,已是超越能预见即过失的程度,故使加害人负损害赔偿责任的做法应是正当的。至于银行征信科员因重大过失高估信用时,如前面的说明,民法若干规定将故意及重大过失并列,亦即使重大过失与故意等价,而且尤其征信科员依其专业,原本稍加注意就可避免超额放款,是以使其负损害赔偿责任也应是正当的。

雇主未替劳工办理劳工保险,是在台湾地区实务上常见到的例子。劳工保护在台湾地区常常成为“拼经济”的牺牲品。台湾地区“最高法院”86年度台上字第3746号判决:“劳工保险为强制保险,雇主如未为劳工办理劳工保险或将其退保,致劳工于退休时未能领取老年给付者,自属侵害劳工之权利,应负损害赔偿责任。又该老年给付之请求权,于劳工退休时始发生,其消灭时效应自斯时起算。”雇主负有为劳工办理劳工保险的义务,故意不办理是不法侵害劳工的保险利益,而由于是故意侵害,是超越能预见(过失)的程度,故雇主应负损害赔偿责任。雇主重大过失违反这项投保义务时,因今日很少有不知劳工保险一事的雇主,故雇主原本稍加注意就可预见,从而避免因违反投保义务所加于劳工的损害,故使其损害赔偿责任的做法,应是正当。

开车撞伤歌星是教学上常常列举的例子。在这个例子中应该区别加害人在行为时是否知悉受害人是歌星,因为这个主观意识活动的有无,会影响到加害人是否能够预见到歌星的债权人的判断:加害人明知受害人为歌星,而仍然决意开车撞伤该歌星,以致其无法履行关于演唱事业的契约债务时,对加害人来说,行为的后果会如何,已经无关紧要。加害人实际上至少间接故意不法侵害这些债权人,因该歌星履行契约义务所可得到的利益。况且若加害人知悉将

---

〔40〕 王泽鉴:《银行征信科员评估信用不实致银行因超额贷款受有损害的民事责任》,载《民法学说与判例研究(八)》,2006年自版,第282页以下;陈忠五:同注〔18〕,第113页。

对这些债权人负损害赔偿责任,则将不开车撞伤该歌星的假设,并不当然成立,因此使其对这些债权人负损害赔偿责任的做法,应属正当。〔41〕 加害人重大过失开车撞伤歌星者,使其对这些债权人负损害赔偿责任的做法也应该是正当的,其理由在于:加害人既然知道受害人是歌星,则可预见受害人至少有若干这类的债权人,是以原本稍加注意就可以避免撞伤该歌星,从而避免此等债权人因此受到损害。如果加害人不知道受害人是歌星,纵使故意或重大过失开车撞伤该歌星,则是否可以认为,其是故意或重大过失侵害这些债权人的契约利益,实在不无疑问,加害人最多是(抽象或具体)轻过失不法侵害这些债权人的契约利益。〔42〕 故意或(重大)过失撞伤歌星与故意或(重大)过失侵害上述债权人的契约利益,两者并不可以画上等号。由此可知,故意客体为何,过失客体为何,在这里是一大命题(其实意识活动的客体为何,在民法领域本来就应该是个大命题),但在文献上向来被忽略。〔43〕

占有是在德国法与"台湾法"上常被讨论的例子。占有是指对物的事实上的支配力。所有权与以占有为内容的物权或债权,则是指得享受目标物一定利益的法律上的力。从以上的定义说明可知,占有与这类权利的区别在于归属功能的有无。是以尽管占有本身是个公示方法,从而具有表征功能,表征其背后存在一定权利,因此具有社会典型公开性,能够被预见到,但由于欠缺归属功能,故在被侵夺且背后欠缺本权时,使受害人得请求损害赔偿(返还占有)的做法,反而是不当得利。由此可得出一个结论:姑且不论文义已经排除占有在台湾地区"民法"第 184 条第 1 项前段所保护的客体外,体系理解下占有也不是台湾地区"民法"第 184 条第 1 项前段保护的客体,是以占有背后欠缺本权时,一般侵权行为法对其所提供的保护位阶,至多也只能够与对债权提供的位阶相同。〔44〕 基于物权占有一物,在占有受到不法侵害时,因物权具有公示性从而具有表征功能,故具有社会典型公开性,能够被预见,加害人因此也能够预见从而避免损害的发生,使其负损害赔偿责任的做法就是正当的。有疑问的是,基于

〔41〕 不同见解,参见王泽鉴:《侵害他人债权之侵权责任》,载《民法学说与判例研究(五)》,2004 年版,第 219 页。

〔42〕 似乎也在类似方向的见解,参见陈忠五:同注〔18〕,第 214 页。但陈忠五教授并未区别肇事者是否明知受害人为歌星,而使其结论存在差异。

〔43〕 参见游进发:《民法上之过失概念——以"最高法院"96 年度台上字第 1649 号判决为反思出发点》,载《月旦法学杂志》第 170 期,第 248 页以下。

〔44〕 早有类似的说明者,参见陈忠五:同注〔18〕,第 95 页。似乎采取不同见解,参见孙森焱:《民法债编总论》(上),2006 年修订版,第 214 页。孙森焱大法官认为,因为有台湾地区"民法"第 943 条规定,故侵害占有其实是侵害受推定的权利。史尚宽先生则认为,因为占有是财产权,所以台湾地区"民法"第 184 条第 1 项前段有适用的余地。参见史尚宽:《债法总论》,1980 年版,第 130 页。

债权占有一物,在占有受到不法侵害时,一般侵权行为法应该如何解决这个问题,是否得提供与对占有的物权相同的保护?如前面的说明,占有与权利的区别在于归属功能的有无。得为占有的物权,在占有受到不法侵夺时,是不法侵害这类占有(利益)的归属,因此是侵害这类物权,应该使加害人负损害赔偿责任。与这类权利相同的是,对占有的债权也具有(占有利益)归属功能。因占有本身具有公示性从而具有表征功能,故具有社会典型公开性,能够被预见,加害人因此能预见其行为将侵害占有背后的债权,能预见其行为将侵害占有的归属。得为占有的物权与得为占有的债权,既然都具有归属功能与社会典型公开性,则一般侵权行为法在构成要件上就不能差别保护,而应该平等保护它们。〔45〕

(三)利益的保护与善良风俗无关

台湾地区"民法"第184条第1项后段保护的客体主要是利益。这条规定除了以故意、损害这些向来在被侵权行为法视为理所当然的概念为要件外,还以违反善良风俗为要件。尽管法律已经明白表示善良风俗是个要件,但在这里仍然要质疑这个要件的必要性:难道加害人的故意不法侵害行为,还不能正当化加害人的损害赔偿责任?加害人故意不法侵害他人利益,如故意挖断电缆、雇主未为劳工投保劳工保险、银行职员超额放款等情形,实际上根本与善良风俗无关,从而根本没有违反善良风俗可言。但如果认为,善良风俗也要求人们应尊重他人的利益,要求人们不侵害他人利益,则任何侵权行为都违反善良风俗,以上举的例子也都将是违反善良风俗的侵权行为。既然侵权行为既可以与善良风俗无关,也可同时违反善良风俗,则刚好证明善良风俗这个要件其实可有可无,是多余的。

故意或重大过失侵害他人利益者,单加害人的故意或重大过失、因果关系、损害等要件,尤其故意或重大过失要件,就可以正当化使其负损害赔偿责任的做法。规范有三个基本的正当化因子,〔46〕三个都具备时,就是正法:其一,制定因子,立法机关在宪法的授权下依法定程序所制定的规定,该规定就取得这个正当化因子。其二,社会因子,规范在社会中被实践。在该命题下比较难解决的问题是,规范被实践的程度的问题:规范在社会中有70%或以上的程度被实践时,人们会不吝认为这个规范已取得社会因子,但当规范在社会中只有30%或更低的程度被实践时,这个规范是否取得社会因子,则是个难题。经验告诉人们,如果规范不是争议性的规范,那它基本上在社会中会被较高程度地实践。比较庆幸的是,通常民法规定并不会遭遇这个问题。其三,伦理因子,亦即规范

〔45〕　早有类似的说明者,参见陈忠五:同注〔18〕,第95页。

〔46〕　Robert Alexy, Begriff und Geltung des Rechts, 2005, SS. 29 ff. , 139 ff.

应合乎正义。规范是否合乎正义？牵涉对正义的理解。文献上有很多关于正义的理论，不外乎是在处理什么是正义、规范是否合乎正义等问题。有损害者，始有赔偿可言。损害发生必有其因，因果关系不仅在自然科学上是个命题，在法律科学上也是个命题。Rudolf v. Jhering 说道："不是损害，而是过失，使负损害赔偿义务。"〔47〕依 Otto v. Gierke 的见解，加害人侵权行为损害赔偿责任是以过失为最后的原因。〔48〕由此可知。损害、因果关系、过失这三个要件至少在法学的领域内都受到最大限度的承认，实具强烈伦理性，因此在加害人应否负损害赔偿责任的问题方面，就没必要再去论断其行为是否违反善良风俗。而且既然加强保护利益是共识或至少是趋势，〔49〕一般侵权行为法再多一个侵害行为违反善良风俗的要件，对利益保护也毫无帮助。

"民法"以善良风俗为要件的规定，只有第 72 条及第 184 条第 1 项后段。如果立法者欲使法律行为的内容不仅止于合法程度，而欲提升到妥当程度，则以善良风俗调整法律行为内容的做法是适切，因为善良风俗原本就是种行为规范，本来就以行为的妥当性为内涵。至于是否应使加害人填补因其行为所造成的损害？这个问题的答案，根本上与加害人行为是否违反善良风俗无关，关键其实在于损害、因果关系、不法性与主观归责等要件，尤其是主观归责要件。台湾地区"民法"第 184 条第 1 项后段以加害行为违反善良风俗的原因，不外是为避免加害人动辄负损害赔偿责任，由加害人限于故意情形始负损害赔偿责任的文义，就可得知这个结论。但只以加害人的主观归责限于故意，甚至限于故意或重大过失，就可以达到这个目的，因此是否仍应再多一个行为违反善良风俗的要件，就不无疑问。侵害行为违反善良风俗的要件实在是多余，加剧差别保护权利与利益，使利益保护的程度与密度离权利保护的程度与密度越来越远。

（四）故意与重大过失等价时不必要有违法侵权责任

法律规定有的是为保护特定人或不特定多数人而设。至于某一法律规定是否为保护他人而设？这个问题的答案取决于各该规定的意旨。违反保护他人法律者，不因此就应该对具体的被保护的他人负损害赔偿责任，单单是违反保护他人的法律，并无法使违反者负损害赔偿责任的做法正当化，还须因此造成他人损害，且就损害的发生具归责原因。〔50〕过失的证明原本是通过事实上推定，亦即以间接证据辅以经验法则与论理法则，推论出加害人有无过失。违反保护他人的法律，加损害于他人时，经验上一般就损害发生有过失，如因闯红

〔47〕 同注〔32〕。

〔48〕 同注〔33〕。

〔49〕 陈忠五：同注〔18〕，第 297 页。

〔50〕 类似的说明，参见陈忠五：同注〔18〕，第 178 页；姚志明：同注〔26〕，第 48 页以下。

灯而导致车祸撞伤他人,经验上一般以肇事者就损害发生有过失。但如果使受害人仍然就加害人具有过失一事负举证责任,依法官知法与自由心证原则,法官亦得不认为存在上述经验法则。果真是这样的话,或许可以认为,将导致无法贯彻保护他人法律意旨的结果,故而为了贯彻保护的意旨,就有必要限制法官知法及自由心证原则,将这项经验法则提升到法律上的事实推定的层次,推定加害人就损害发生有过失,加害人因此就其损害的发生没有过失一事负举证责任,是转换举证责任。由于这项法律上的事实推定立基在上述经验法则,故具有经验上的普遍性,因此可认为如此的规范在社会上被遵守着,具有社会有效性,从而是正当的。至于损害到底是因侵害权利或因侵害利益而发生,则在所不问,是以认为可以通过这项规定拉近权利与利益保护的差距。[51] 以上是台湾地区"民法"第184条第2项制定原因的分析。

但由于保护他人的法律已通过自身保护到他人。换句话说,保护意旨实已落实在自身的制定与适用;由于他人也已经受到台湾地区"民法"第184条第1项前段与后段的保护;如果又修法使故意与重大过失等价,借此扩张保护利益,则该他人又再受到保护,因此是否有必要通过一般侵权行为法及推定过失再保护该他人,就不无疑问。假设这三点说明成立,尤其是将重大过失与故意等价以保护利益的修法论被实现时,则违法侵权责任就不当然是必要,甚至会引起过度保护的疑虑。诚如陈忠五教授所云:"至于违反保护他人法律而侵害利益本身,如果一律推定过失存在,有时对利益保护可能太过,解释适用上宜谨慎为之。"[52]

四、特殊侵权行为

虽然一般规定因构成要件比较一般,适用范围因此比较广,因此较能顺应社会经济观念的变化,但也因为它的构成要件较一般,适用范围较广,而不能适当评价到比较具体甚至特殊的侵权态样。是故,除了以一般侵权行为法保护权利与利益外,也应该制定特殊侵权行为法,否则可以预期规范计划的不完整。以下的立法论就以特殊侵权行为法为客体。

(一)特殊侵权作为法定类型的集合也应合乎类型论

立法者从众多的侵权行为中选取几个类型出来,并借此赋予它们特殊或具体的规范地位,是特殊侵权行为法。换句话说,特殊侵权行为法就是几个法定类型的集合体。特殊侵权行为法既然是法定类型的集合,则这些类型的选取首

---

〔51〕 参见同注〔24〕,第346页以下。

〔52〕 参见陈忠五:同注〔18〕,第232页;类似的见解,参见简资修:《违反保护他人法律之过失推定:经济功效与司法仙丹》,载《政大法学评论》2003年第75期,第112~113页。

先应合乎类型的定义,否则将无法跟一般侵权行为法作出区隔,如此内容的特殊侵权行为法就会是个失败的立法。类型基本上有两种面向:平均类型(又称频率类型)与整体(又称形成类型),前者以平均值或频率值为内涵,后者以特征的集合为内涵。不论是哪种面向的类型,都是经验的产物,亦即可以被实证。〔53〕平均类型在法律领域常见的例子,是指引法官自由心证的经验法则、习惯与习惯法,因为若没有一再重复达平均值以上的事物发展过程、行为,就不可能形成一定的经验法则、习惯与习惯法。

但在法定类型的制定过程中,要合乎的并不是平均类型,而是整体类型,亦即立法者应该标志出某种特殊侵权行为的全部特征,多余或不足的标志都不符合这个要求。这项要求说来简单,但实际操作并不容易,因为是否已将特征全部标志出来、是否标志不足,亦即是否有漏洞,就算集合众人的智能,也没有人敢保证不会有漏洞,否则向来不会有一体的法秩序只是个理想的说法。因为漏洞传达的是法律人失败的讯息,故法律人不应将漏洞的填补视为成就,而应该将它视为一种告诫。法律人的成就应该还是在立法论,否则不会有成文法是人类智慧结晶的说法。以下举几个台湾地区特殊侵权行为法的例子,用以说明立法者是如何标志出各该特殊侵权行为的特征的。

台湾地区"民法"第190条规定:"动物加损害于他人者,由其占有人负损害赔偿责任。"这个法定类型的特征是:其一,侵权责任的成立一定得通过动物侵权;其二,占有人的动物造成侵权。但有问题的是,占有人的动物这个特征的标志,因为民法上关于谁是占有人的命题,并不总是依循着事实上的支配力这个构成要件事实的存在(同法第940条),也有扩张与限缩的占有概念,亦即将某人视为与不视为占有人。详细来说,某人虽然对某物有事实上的支配力,但法律上却不是占有人,即占有辅助人:通过同法第942条,立法者首先将对物没事实上管领力的人拟制成不是占有人,其次以其为占有辅助人;某人虽然对某物没有事实上的支配力,但法律上却仍然是占有人,即间接占有人:通过同法第941条,立法者首先将对物没有事实上管领力的人拟制成占有人,其次以其为直接占有人。难道对动物有事实上管领力的占有辅助人不是第190条的占有人?难道对动物没有事实上管领力的间接占有人(如寄托人)是第190条的占有人?依通说,〔54〕因为动物侵权责任正当性基础在于,对动物有事实上的支配可能性,故直接占有人与占有辅助人(目的性限缩或限缩解释?)都是这条规定所指的占有人,至于间接占有人则不是这里所指的占有人(目的性限缩或限缩解释?)。由以上的说明可以知道,法定类型的制定要合于整体类型的理解是多么

〔53〕 Karl Larenz, Methodenlehre der Rechtswissenschaft, Springer, 1975, SS. 444-445.

〔54〕 同注〔1〕,第593~594页;林诚二:同注〔18〕,第414~412页。

困难,往往发生多余与不足的类型特征的标志,而这两种情形刚好都发生在第190条。

台湾地区“民法”第188条第1项规定:“受雇人因执行职务,不法侵害他人之权利者,由雇用人与行为人连带负损害赔偿责任。”这个法定类型的特征是:其一,受雇人的侵权;其二,执行职务时的侵权。台湾地区“最高法院”57年台上字第1663号判例:“民法第一百八十八条第一项所谓受雇人,并非仅限于雇佣契约所称之受雇人,凡客观上被他人使用为之服务劳务而受其监督者均系受雇人。”台湾地区“最高法院”45年度台上字第1599号:“民法第一百八十八条所称之受雇人,系以事实上之雇佣关系为标准,雇用人与受雇人间已否成立书面契约,在所不问。”受雇人的定义在同法第482条,指的是雇佣关系中的受雇人。在这样的理解下,台湾地区“民法”第188条第1项的受雇人应该是指雇佣关系中的受雇人,但台湾地区“最高法院”以上两则判例与通说则都认为,纵使雇佣契约无效、不成立或被撤销,只要是受他人指示而从事劳务的人,都是第188条所指的受雇人,因为雇用人连带损害赔偿责任的正当性基础,就在指挥监督关系。由以上的说明也可以知道,法定类型的制定应合乎整体类型的理解,是件多么困难的事,往往发生多余与不足的类型特征的标志,而在台湾地区“民法”第190条也发生标志不足的现象。

(二)一定是且应该是特别法?

特殊侵权行为法一定是一般侵权行为的特别法?立法者一定得将特殊侵权行为法特别法化?如果没有现行法的分析,则无法提供第一个的答案,因为第一个问题是以两个法条彼此间的适用关系为内容的;若没有第一个问题的答案,则没法推论出第二个问题的答案,因为第二个问题是以对第一个问题的答案的反思为内容。因此,应该以现行一般与特殊侵权行为法为例,来说明以上两个问题。因为台湾地区“民法”第186条的公务员侵权责任是补充性责任,故其与第184条的三个请求权体系的法律适用关系较复杂,以其为例说明以上两个命题,应较能突显这两个问题答案的重要性,较能说服他人这两个问题与答案具有重要性。

1. 特别法的适用前提

台湾地区“最高法院”98年度台上字第751号判决:〔55〕“民法第一百八十六条就公务员执行职务之侵权责任,已有特别规定要无适用同法第一百八十四条关于一般侵权行为规定之余地。”台湾地区“最高法院”92年度台上字第1186号判决:“末按关于公务员之侵权责任,民法第一百八十六条有特别规定,要无适用同法第一百八十四条规定余地。原审见未及此,遂认陈福荣、陈冠中对于

---

〔55〕　相同见解者,参见同注〔44〕,第170页;邱聪智:同注〔18〕所引书,第199页。

中央信托局应依民法第一百八十四条规定负过失侵权行为损害赔偿责任,并有未合。”台湾地区“最高法院”在这两则判决中明白表示,台湾地区“民法”第 186 条关于公务员侵权责任的规定,是同法第 184 条的特别规定,应优先适用前者。《德国民法典》第 839 条第 1 项规定:“公务员故意或过失违反对于第三人应负的职务义务者,应赔偿第三人因此所生的损害。公务员仅有过失者,以受害人不能依其他方法请求赔偿者为限,始得请求公务员赔偿。”同条第 3 项规定:“受害人故意或过失不使用法律救济排除损害者,赔偿义务不发生。”由此可知,台湾地区“民法”第 186 条继受自德国民法第 839 条第 1 项及第 3 项。依德国联邦法院见解,第 839 条是第 823 条关于一般侵权行为规定的特别规定,〔56〕学界通说也持同样的看法。〔57〕

但王泽鉴教授有不同见解,其谓:“同一行为具备特殊侵权行为与一般侵权行为的,亦属有之。例如,甲向乙购买丙制造的电视机,该电视机因设计不良发生爆炸,致甲身体健康受损。在此等情形,被害人得依民法第一八四条第一项前段规定、民法第一九一条之一、消保法第七条规定,请求损害赔偿。特殊侵权行为的规定多在减轻其要件以保护被害人,衡诸法律规范目的,与一般侵权行为的规定,原则上不具特别法排除普通法的效力,得成立请求权竞合关系。”〔58〕依王泽鉴教授见解,不仅民法关于特殊侵权行为的规定不是民法关于一般侵权行为规定的特别法,甚至消保法关于特殊侵权行为的规定,也不是民法关于一般侵权行为规定的特别法,显然完全不同于德国通说及台湾地区“最高法院”在前揭判决所表示的意见。

前揭问题答案的关键在于,规范矛盾存在与否。这项原则似乎很容易为法律人解决令人困扰的法律适用问题,是以发生动辄引用这项规范矛盾排除方法的现象,一点也不令人意外。但是这项原则有适用前提,不是毫无条件,上述两个意见相左的原因,似乎就在这点认知。因此,以下说明目的在于,检视特殊侵权责任法是否是一般侵权责任法的特别法。特别法原则的适用并不是毫无前提的,它的前提是规范矛盾。规范矛盾指的是,两个规范的构成要件虽然相同(如都是 T),但各自连结的法律效果却不相同(如一个是 R^1,另一个是 R^2)。〔59〕虽然两个规范的法律效果并不相同(如一个是 R,另一个是 Non-R),但它们的构成要件处在抽象与具体关系时(如一个是 T^1,另一个是 T^2),则这两个规范仍然彼此矛盾,因为这两个规范的构成要件只有抽象与具体的区别,并没有任何

〔56〕 BGH, NJW 1971, 43.

〔57〕 Erman/J. Hecker, § 839 BGB, Rn. 5; Prütting/Wegen/Weinreich, § 839 BGB, Rn. 1.

〔58〕 同注〔1〕,第 435 页。

〔59〕 Claus-Wilhelm Canaris, Systemdenken und Systembegriff in der Jurisprudenz, 1983, S. 116-118; Karl Engisch, Einführung in das juristische Denken, 1997, S. 209.

不同。〔60〕 例如,“民法”第246条以契约给付自始客观不能为构成要件,以该契约无效为法律效果;同法第350条以权利买卖为构成要件,以权利出卖人应担保出卖的权利存在为法律效果。因为该出卖的权利不存在时,也就是权利买卖契约权利移转自始客观不能时,出卖人依同法第353条负债务不履行责任,而债务不履行责任以契约有效为前提,故同法第350条的法律效果是以权利买卖契约有效为当然内涵。“民法”第246条的法律效果不同于第350条的法律效果,前者以契约为构成要件,后者以权利买卖为构成要件,两者表面上似乎相同,但实质上只有抽象与具体的区别,而没有什么不同,都是契约,是以这两个规范存在矛盾。

如果两个规范矛盾,则因不排除或无法排除矛盾时,这两个规范将因彼此矛盾而彼此宣告无效,〔61〕且因裁判拒绝禁止原则的适用,则法官在规范矛盾时也不能拒绝下判决,〔62〕故有疑问的是,应该适用这两条规范中的哪一个规范?平等原则要求应平等对待相同的两者;应不平等对待不相同的两者。但这项要求不意味着不允许例外,只是在允许例外时,应该有合理性的说明,否则就违反恣意禁止原则。〔63〕 在规范矛盾中可以观察到,立法者不平等对待相同两者的现象。因此,依平等原则与恣意禁止原则,应该排除规范矛盾。依一般理解,有三种排除规范矛盾的方法:“高位阶法废止低位阶法”“后法废止前法”“特别法废止普通法”。〔64〕 规范矛盾排除方法本身可以正当化被差别对待的相同两者,只是正当化的程度还不足够,尚需规范目的的补充。〔65〕

2. 以公务员职务侵权责任为例〔66〕

台湾地区“民法”第186条第1项前段所指“故意”“违背对于第三人应执行之职务”“致”“第三人”“损害”,等同于第186条第1项前段的“故意”“不法”“他人”及“因果关系”等要件。第186条所指的公务员,也是同法第184条

〔60〕 Karl Engisch, Einführung in das juristische Denken, 1997, S. 209.

〔61〕 Claus-Wilhelm Canaris, Systemdenken und Systembegriff in der Jurisprudenz, 1983, S. 121-122; Karl Engisch, Einführung in das juristische Denken, 1997, S. 209 ff.

〔62〕 Bernd Rüthers, Rechtstheorie, 1999, Rn. 775-776.

〔63〕 BVerfGE 9, 124; v. Mangoldt/Klein/Starck/Starck, I, Art. 3 Abs. 1 GG, Rn. 12; Jarass/Pieroth, Art. 3 GG, Rn. 14;许宗力:《从大法官解释看平等原则与违宪审查》,载李建良、简资修主编:《宪法解释之理论与实务》,中央研究院中山人文社科研究所2000年版,第86页,注〔4〕。

〔64〕 Claus-Wilhelm Canaris, Systemdenken und Systembegriff in der Jurisprudenz, 1983, S. 116-118; Karl Engisch, Einführung in das juristische Denken, 1997, S. 209 f.

〔65〕 Karl Engisch, Einführung in das juristische Denken, 1997, S. 210; Robert Alexy, Theorie der juristischen Argumentaiton, 1983, S. 243.

〔66〕 参见游进发:《民法上公务员职务侵权责任规范是一般侵权责任规范的特别法?——最高院九八台上七五一》,载《台湾法学杂志》2010年第157期。

第1项前段所指“者”即侵权行为主体,两者只有抽象与具体的区别,而没有其他不同。至于第186条虽然保护客体不限于权利,尚及于利益,同法第184条第1项前段仅限于权利,但两者至少在权利方面构成要件相同。尽管如此,第186条第1项前段与第184条第1项前段,均以损害赔偿责任为法律效果,是以在这两个规范的这方面并不可能发生规范矛盾。也因此下面的现象才有可能发生:同一事实均该当这两个规范的要件者,这两个规范的法律效果均发生,亦即发生两个请求权,这两个请求权竞合。

但是,台湾地区“民法”第184条第1项前段既然只以权利为保护客体,则故意不法侵害他人利益者(构成要件),不负损害赔偿责任(法律效果)。第186条第1项则是公务员故意违背对于第三人应执行之职务,致损害第三人利益者(构成要件),负损害赔偿责任(法律效果),这两个规范在这方面矛盾,后者是前者的特别法,优先适用后者。第186条第1项前段与第184条第1项后段,这两个规范都以损害赔偿责任为法律效果。姑且不论侵害权利与利益是否与善良风俗无关,但难道善良风俗不要求不侵害他人?善良的风俗既然要求不侵害他人,则故意或过失不法侵害他人者,也违反善良风俗。公务员故意违反对于第三人应执行的职务,致生损害于第三人者,既侵害他人,也违反善良风俗。因此在前揭构成要件的正面理解下,台湾地区“民法”第186条第1项前段不可能与第184条第1项后段矛盾,于是才有可能发生这两个规范的请求权竞合的现象。

台湾地区“民法”第184条第2项有两个规范意义:其一,侵权责任规范;其二,举证责任规范。第184条第2项在推定过失方面是举证规范意义,仅推定行为人有过失而已,不具影响实体法律关系变动的功能。〔67〕 因此,该规定仍旧以行为人的过失(包括故意)为构成要件。换句话说,违反保护他人法律,致损害他人权利或利益者,负损害赔偿责任。台湾地区“民法”第186条第1项前段与第184条第2项法律效果既然都相同,则两者无矛盾可言。公务员对第三人应执行的职务,或法律为保护他人而赋予,或与保护他人无关,是以第186条第1项前段与第184条第2项,两者不仅法律效果相同,构成要件也部分相同,从而两者也不可能矛盾,也因此才可能发生这两个规范的请求权竞合的现象。

依台湾地区“民法”第186条第1项后段,公务员的执行职务侵权责任是补充性的责任,换句话说,其他对于受害人的赔偿责任,优先于公务员职务侵权责任。〔68〕 同法第184条第1项前段侵权责任的发生,则无条件,是以在都以过失为构成要件方面,以及这项补充责任的反面意义理解下(能依他项方法受赔偿

---

〔67〕 Hans-Joachim Musielak, Die Grundlagen der Beweislast im Zivilprozeß, 1975, S. 20.

〔68〕 Erman/J. Hecker, § 839 BGB, Rn. 66.

时,不得主张赔偿),这两个规范矛盾,前者是后者的特别规定;在都以过失为构成要件方面,以及补充责任要件正面意义理解下(不能依他项方法受赔偿时,得主张赔偿),这两个规范都以过失为要件,都以损害赔偿责任为法律效果,是以这两个规范在这方面并不矛盾,也因此在此间才可能发生这两个规范的请求权竞合的现象。

依台湾地区“民法”第184条第1项后段,过失侵害他人利益者,不负损害赔偿责任。依同法第186条第1项后段,公务员违反对第三人的职务,损害第三人利益,且有过失者,负损害赔偿责任,这两个规范的这些要件相同,法律效果却不同,两者矛盾,后者为前者的特别规定。台湾地区“民法”第184条第2项以过失、权利或利益受侵害为构成要件,也以损害赔偿为法律效果,是以在这方面其与同法第186条第1项后段并不矛盾,也因此可能发生这两个规范的请求权竞合的现象。

3. 请求权竞合比较好

台湾地区“最高法院”见解及德国通说,都一概认为公务员职务侵权责任规范是一般侵权责任规范的特别规定,而未详加区别这两个规范矛盾与否。王泽鉴教授的见解虽然与本文以上分析的结果不同,但本文也赞同其见解,理由如下:其一,纵使存在规范矛盾,但若采取请求权互相影响说,使这两个规范的请求权竞合,该特别意旨便不会落空;其二,符合人民法律感情;其三,使受害人多一个请求权,还不至于使损害赔偿义务人处在更不利的法律地位,因为损害的填补是以损害为唯一的判断标准,而不是以请求权的数量为标准,否则受害人反而是不当得利。

由这个法律适用关系较复杂的例子的说明,可延伸推论出,特殊侵权行为法不一定是一般侵权行为法的特别法;纵使让特殊侵权行为法与一般侵权行为法的请求权竞合,也不会影响到前者的特殊性,因为当立法者将它看作法定类型时,它的特殊性其实已因此被突显出来,而且如果采取请求权相互影响说,则它的特殊性更不会因为竞合而被抹杀掉,而是更易被保存下来;若以特殊侵权行为法作为一般侵权行为的特别法,则往往发生两种现象,亦即要么一概以前者是后者的特别法,造成恣意的法律适用,要么就难以判断前者到底是不是后者的特别法,徒然增加法律适用者的思考负担;使一般侵权行为法与特殊侵权行为法的请求权竞合,毋宁较符合人民的法律感情;使受害人多一个请求权,也还不至于使赔偿义务人处于更不利的地位,因为损害的填补以损害为唯一的判断标准,而不是以请求权的数量为标准,否则受害人反而是不当得利。

既然使一般与特殊侵权行为法的请求权竞合,不会抹杀采特别法做法的优点(特别意旨的保存),且既然请求权竞合有以上若干优点,则这个结论似乎说明了,较好的规范模式是使一般与特殊侵权行为法请求权竞合。无论在现行法还是在立法层面,一般侵权行为法与特殊侵权行为法的法律适用关系,不应该总是只有普通法与特别法关系的选择,而是也可以有请求权竞合的选择。

五、消灭时效

立法者完成一般与特殊侵权行为法后,紧接着应该进行的是关于损害赔偿请求权的消灭时效的规范形成,因为即便人的权利能力,也是始于出生终于死亡,有一定的时间限制,所有权也总有绝对消灭的一天。故请求权及其行使更加不能脱离时间而存在,必然应受到消灭时效期间的限制;否则是法律状态将无法确定下来,有碍法秩序的安定。

(一)几个主轴命题

如前面的说明,请求权必然受到消灭时效期间的限制。在这样的理解下就必然会发生两个一般性的问题。第一个问题是消灭时效期间应该多长?第二个问题是一切请求权的消灭时效期间是否都应该是一样的长度?较诸第一个问题的解决,解决第二个问题似乎并不是很困难。人们大抵倾向于否定的答案,因为请求权消灭时效期间一致化的结果,势必无法适当评价若干请求权的特性。台湾地区“民法”与德国民法的立法者,都采取一般消灭时效期间与特殊消灭时效期间的规范模式,就足以证明这点说明。例如,依台湾地区“民法”第127条第1款、第3款及第8款,若干商人请求权的消灭时效期间就只有两年。简要来说,并不是一切请求权的消灭时效期间的长度都应该相同,是第二个问题的答案。但难题是,到底哪些请求权才应该受到特别消灭时效期间的规范设计?同法第127条第1款、第3款及第8款的商人请求权,是特别消灭时效期间的一个例子,亦即商人请求权应该受到特别消灭时效期间的待遇,因为在这些使反复发生请求权并获利的行为中,商人并不容易疏于行使请求权,是以并没有必要提供给他较长的消灭时效期间。〔69〕又如,利息、红利与租金请求权,也应该受到特别消灭时效期间的待遇,主要是因为这类请求权也一直不断发生着,请求权人因此并不容易疏于行使各期的请求权,否则债务人将因较长的消灭时效期间,而受到数个各期请求权的拘束。由这两个例子可以初步归纳出,一个决定应该采取短期消灭时效期间的因素,亦即请求权行使的提醒作用:在权利的变动过程中,若当然会发生行使请求权的提醒作用时,该请求权的消灭时效期间,就没有必要太长。

---

〔69〕 台湾地区“民法”第127条立法理由:“查民律草案第三百零七条理由谓本条胪举请求权,宜速履行,亦有速行履行之性质故消灭时效期间,定为二年。”台湾地区“最高法院”39年度台上字第1155号判决及台湾地区“最高法院”86年度台上字第1586号判决,也有类似这则立法理由的说明。

尽管第一个问题的答案一定由数字组成,但并不意味能够从量化的数据中导出这个问题的答案,如并没有办法将契约上的请求权、受害人损害赔偿或其他类型的请求权量化,进而由这些量化结果导出各该请求权的期间长度;更无法决定请求权一般与特别消灭时效期间,具体应该是多短及多长?例如,具体短至2个月、2年、5年、10年,或具体长达15年、20年,甚或更长。尽管如此,通过法律人的集体智慧,至少能决定出关于一般消灭时效期间长度的具体数据。以一般消灭时效期间长度的这个数据为基准,才能解决关于特别消灭时效期间长度的问题,因为特别消灭时效期间,若不是较一般消灭时效期间为短,便是较长。从第二个问题的答案,可以推论出第一个问题答案的方向,即请求权消灭时效期间的长度,取决于请求权特性。但这样的说法并不意味着请求权的特性是唯一的决定因素,在《德国民法典》内就存在其他决定因素,拟在下一章节加以说明。即便请求权有了消灭时效期间,但若没有期间的起算点,则消灭时效永远没有完成的一天,消灭时效期间也因此失去了存在的意义,是以解决了侵权行为损害赔偿请求权消灭时效期间长度问题后,有待解决的是消灭时效期间起算点的问题,也是以下章节分析的内容。

以上是在形成消灭时效规范时,一定得处理的几个主轴命题。立法者如果认为,侵权行为法应该有自己的消灭时效法,而不是适用总则一般消灭时效的规定时,则在制定侵权行为法时,势必也得处理在前面提到的几个命题:其一,侵权行为损害赔偿请求权消灭时效期间,应该有多长或多短?其二,一切的侵权行为损害赔偿请求权的消灭时效期间,都应该是相同的长度吗?其三,如果认为不应该是相同的长度时,则区别的因素是什么?其四,侵权行为损害赔偿请求权消灭时效期间,应该如何起算?再者,在制定侵权行为消灭时效规范时,以上有几点说明也有适用余地:其一,并没有办法决定其消灭时效期间,应该具体有多长或多短,但能够过集体智慧决定出一个具体数据出来;其二,应先决定出侵权行为法自己的一般消灭时效期间,而后才可能决定出较长或较短的消灭时效期间。

(二)以人格权作为期间长度的区别因素

台湾地区"民法"第197条第1项规定:"因侵权行为所生之损害赔偿请求权,自请求权人知有损害及赔偿义务人时起,二年间不行使而消灭。自有侵权行为时起,逾十年者亦同。"这是台湾地区民法侵权行为损害赔偿请求权消灭时效期间(与起算点)的唯一规定。由这条规定可知,立法者在制定民法时明显认为,并无必要规定侵权行为损害赔偿请求权不同的消灭时效期间,而只需为其提供较一般消灭时效期间为短的消灭时效期间。但《德国民法典》第199条第2项规定:"因侵害身体、健康或自由的损害赔偿请求权,无论其发生与明知或重大过失而不知,自行为、违反义务或发生其他使生损害的事故时起,三十年间不行使而罹于消灭时效。”同条第2项第1句规定:“其他损害赔偿请求权,无论明知或重大过失而不知,自发生时起,十年间不行使而罹于消灭时效(第1款);无论其发生或明知或重大过失而不知,自行为、违反义务或发生其他使生损害的事故时起,三十年间不行使而罹于消灭时效(第2款)。”同条项第2句规定:“以较早完成的期间为准。”

从德国民法上述规定可以知道,被侵害权利所属的种类可作为决定侵权行为损害赔偿消灭时效期间长度的因素,但权利种类很多,并不是任何种类都可以作为决定侵权损害赔偿请求权消灭时效期间长度的因素,只有人格权才适格,较诸于不法侵害财产权的情形,因不法侵害人格权所发生的损害赔偿请求权,其消灭时效期间的应较长。〔70〕 这项做法明白表示一项在侵权行为法内的价值判断:人格权的保护,应该优于财产权的保护。如此内容的价值判断,在民法典内也并不陌生,慰抚金请求权的发生,就以加损害于人格权为前提(台湾地区“民法”第18条第2项、第195条第1项、第227条之1)。并不是只在德国才存在如此内容的价值判断,在台湾地区及大陆,也应该存在人格权保护应优于财产权保护的价值判断。因此,无论是大陆未来侵权行为法制定,或台湾地区未来可能的侵权行为法修正,或许可以考虑德国民法以被侵害的权利是否为人格权,而决定侵权行为损害赔偿请求权消灭时效期间的长度:被侵害的权利是人格权时,消灭时效期间应较长,否则即应从侵权行为法的一般消灭时效期间。

(三)主观与客观时效期间的搭配

台湾地区“民法”第197条第1项前段规定主观与客观消灭时效期间。其所指主观消灭时效期间,是指两年期间自请求权人知有损害及赔偿义务人时起算。其所谓的客观消灭时效期间,是指十年期间自有侵权行为时起诉,与请求权人是否知有损害及赔偿义务人无关。在侵权行为法的生活中常常会有一种现象发生:受害人往往不知谁是赔偿义务人、损害是否发生,且甚至常常发生难以探知的损害,受害人因此无从行使早已发生的损害赔偿请求权,而在只有客观的消灭时效期间的规范设计中,消灭时效期间却已因请求权发生而起算且进行着,只有客观的消灭时效期间的规范设计,明显无法顾及这种恣意的法律状态。但只有主观消灭时效期间的规范设计,往往又可能使请求权经令人无法接受的期间后,仍然不罹于消灭时效,也是恣意的法律状态。为了避免以上两种恣意状态,就产生了主观与客观消灭时效期间搭配的规范模式。《德国债法现代化法》甚至将这种规范模式一般化,亦即《德国民法典》第199条第1项规定

〔70〕 BT-Drucks. 14/6040 S. 109.

一般消灭时效的主观期间,同条第2项及第3项规定客观消灭时效期间。[71]主观搭配客观消灭时效期间的规范设计,对于大陆侵权行为法的制定而言,应该颇有参考价值。

其实不仅在侵权行为法的生活中,往往发生损害难以被探知的现象,在债务不履行法的生活中也是如此,尤其是买卖目标物或工作的瑕疵所造成的损害。[72] 因此,在只有侵权赔偿请求权主观或客观消灭时效期间的规范模式中,所会面临的恣意法律状态,在债务不履行法也会发生。原本只有侵权行为法中才有的主观搭配客观消灭时效期间的规范设计,德国民法将它一般化,对大陆未来民法典的制定,应该是很有参考价值。

六、结论

通过若干不同的语法表达,如本文与但书、条件句、双重否定句,民法立法者也可以分配举证责任,在制定侵权行为法时亦同。推定过失责任仍然是过失责任,只不过受害人就加害人有过失不负举证责任,而转由加害人就自己无过失负举证责任而已,过失责任的成立只取决于过失,并不又取决于举证责任。由于现代生活的危险来源非常多元,且因为通常在事故发生且新闻报道后,人们才知悉现今社会中存在着此等危险,故众人往往难以预见,从而规避这些危险,故一条一般化的危险责任规范能否适当评价这些危险、能否凸显进而预告社会大众这些危险的存在,实在不无疑问。德国法的实践经验是制定个别的危险责任规范,尤其是单行法。

台湾地区"民法"第184条第1项前段保护的权利,限于社会典型公开性的权利,这项限制其实源自作为过失要件的预见可能性,同时也是应该差别保护利益与权利正当性基础。如果可以认为,善良风俗要求不侵害他人权益,则一切不法侵害他人利益都是违反善良风俗。但很多利益的违反也可以与善良风俗无关。在这两种理解下,违反善良风俗的要件似乎是多余的。因为扩大利益的保护是趋势与共识,民法若干规定原本有故意与重大过失等价的思维,且加害人原本稍加注意就可避免加损害于利益,故使重大过失不法加损害于他人者负损害赔偿责任的做法,似是正当。在如此利益扩大保护的前提下,且保护他人的意旨既然已经落实在各该保护他人的法律中,则违法侵权责任是否有制定的必要,是否有过度保护之嫌不无疑问。

特殊侵权行为法既然是法定类型的集合,则这些类型的选取首先应合乎类

---

〔71〕 BT-Drucks. 14/6040 S. 108.

〔72〕 BT-Drucks. 14/6040 S. 91.

型(整体类型)的定义,否则还是无法跟一般侵权行为法作出区隔,这样的特殊侵权行为法就是个失败的立法。这个要求说来简单,但实际操作并不容易,因为是否已将特征全部标志出来、是否标志不足,亦即是否有漏洞,就算集合众人的智能,也没有人敢保证不会有漏洞。台湾地区“民法”第190条占有人概念的难题,就是个明显的例子,否则向来不会有一体的法秩序只是个理想的说法。因为漏洞传达的是法律人失败的信息,故法律人不应将漏洞的填补视为成就,而应该将它视为一种告诫。法律人的成就应该还是在立法论,否则不会有成文法是人类智慧结晶的说法。既然使一般与特殊侵权行为法的请求权竞合(相互影响说),不会抹杀采特别法做法的优点(特别意旨的保存),且既然请求权竞合也有若干优点,则这个结论似乎说明了,较好的规范模式是使一般与特殊侵权行为法请求权竞合。不论在现行法还是在立法层面,一般侵权行为法与特殊侵权行为法的法律适用关系,不应该总是只有普通法与特别法关系的选择,而是也可以有请求权竞合的选择。

制定侵权行为法时,一定还得处理几个关于消灭时效的命题:其一,侵权行为损害赔偿请求权消灭时效期间,应该有多长或多短?其二,一切的侵权行为损害赔偿请求权的消灭时效期间,都应该是相同的长度吗?其三,如果认为不应该是相同的长度时,则区别的因素是什么?其四,侵权行为损害赔偿请求权消灭时效期间,应该如何起算?再者,在制定侵权行为消灭时效规范时,以上有几点说明也有适用余地:其一,并没有办法决定其消灭时效期间应该具体有多长或多短,但能够通过集体智慧决定出一个具体依据出来;其二,应先决定出侵权行为法自己的一般消灭时效期间,而后才可能决定出较长或较短的消灭时效期间。不论在德国或在台湾地区,都存在人格权保护应优于财产权保护的价值判断。因此,制定或修正侵权行为法时,可以考虑以被侵害的权利是否是人格权,而决定侵权行为损害赔偿请求权消灭时效期间的长度:被侵害的权利是人格权时,消灭时效期间应较长,否则即应从侵权行为法的一般消灭时效期间。损害是否发生,且甚至常常发生难以探知的损害,受害人因此无从行使早已发生的损害赔偿请求权,而在只有客观的消灭时效期间的规范设计中,消灭时效期间却已因请求权发生而起算且进行着。只有客观的消灭时效期间的规范设计,明显无法顾及这种恣意的法律状态。但只有主观消灭时效期间的规范设计,往往又可能使请求权经令人无法接受的期间后仍不罹于消灭时效,也是恣意的法律状态。为避免以上两种恣意状态,似可考虑主观搭配客观消灭时效期间的规范设计。

也论合同目的

——兼论北京庄胜公司与信达投资公司纠纷一案二审判决

季立刚*

【摘　要】合同目的是当事人订立合同时以合意确定的目标和利益，合同目的的无法实现是合同法定解除的必要条件。虽然“合同目的”表述明见于《合同法》的诸多条文中，但我国现行《合同法》并未对“合同目的”进行明确界定。那么，到底何为合同目的，如何正确地探知特定合同的目的，对于法官正确地适用法律裁判案件，无疑具有重要意义。本文结合近期广受关注的庄胜公司案件，对此予以深入剖析，以期对理论和实务有所裨益。

【关键词】合同目的　法律解释　司法裁判

最近，北京庄胜公司与信达投资公司纠纷一案（以下简称“庄胜与信达案”）引起法学界、法律界的关注，也再次引起人们对《合同法》第94条“当事人一方迟延履行债务或者有其他违约行为致使不能实现合同目的”，“当事人可以解除合同”条款应如何进行学理解释、法律解释、如何适用问题的讨论。

这一判决涉及的主要案情是：2009年10月9日，北京庄胜房地产开发有限公司（以下简称庄胜公司）、信达投资有限公司（以下简称信达投资）、中国信达资产管理股份有限公司北京分公司（以下简称信达北分）间签订《庄胜二期A-G地块项目转让合作框架协议》（以下简称《项目转让合作框架协议》）、《债务重组合同》；2010年7月28日，庄胜公司、信达投资、信达北分、北京信达置业有限公司（信达投资新设项目公司，以下简称信达置业）签订《补充协议（三）》。这些文件约定：信达投资、信达北分代庄胜公司清偿债务或对庄胜公司债务予以豁免，金额约40亿元；信达投资取得庄胜二期A-G地块项目，信达置业作为项目公司概括承受信达投资《项目转让合作框架协议》《债务重组合同》项下的

* 季立刚，复旦大学法学院教授。

权利义务,实施项目开发;文件还约定庄胜公司或其指定的民事主体占有信达置业20%的股权;在庄胜公司成为信达置业股东前,信达置业应为信达投资的全资子公司。2010年,庄胜公司与信达投资签订《信达置业增资扩股协议》,作为《项目转让合作框架协议》的补充协议,并签署了《北京信达置业有限公司章程》。2010年7月19日,信达置业依约将应支付给庄胜公司项目转让款中的人民币1亿元划到其入资专用账户,作为庄胜公司增资款,会计师事务所对此亦出具了验资报告。2012年8月至9月,信达投资拟对外转让股权,遭庄胜公司反对。2012年10月,因庄胜公司为外商独资企业,迟迟未获得审批、不能办理增资入股工商登记,信达投资要求庄胜公司依《项目转让合作框架协议》约定指定其他人入股,庄胜公司未同意。在信达投资转让信达置业股权时,受让方中信国安集团有限公司(以下简称中信国安)承诺同意庄胜公司依约入股;2013年5月,信达置业取得目标地块立项核准批复,符合外资入股条件后,信达置业、中信国安催促庄胜公司办理外商投资审批、入股手续,未获庄胜公司响应。随后,庄胜公司以信达投资向中信国安转让股权,使庄胜公司持股20%、信达投资持股80%合作开发房地产项目的合同目的无法实现为由,要求解除《项目转让合作框架协议》及《补充协议(三)》。一审法院以(2013)高民初字第04405号《民事判决书》驳回庄胜公司的诉讼请求;二审法院以(2015)民二终字第61号《民事判决书》[1]推翻一审判决,支持庄胜公司解除合同、返还地块项目权益、信达投资支付10亿元违约金的诉讼请求。

一、何为合同目的及"庄胜与信达案"中合同目的的确定

"目的"是人想要达到的结果。我国现行《合同法》并未对"合同目的"进行界定,但"合同目的"表述明见于《合同法》第60条第2款、第62条第5项、第94条第4项、第125条、第148条、第166条第1款、第231条等。此外,《合同法》其他具体条款中虽未明见"合同目的"表述,但隐含着"合同目的"内容,如第8条:当事人因合同履行而实现合同目的;第52条:以合法形式掩盖非法目的的合同属无效合同;第112条、第113条:因违约致使合同目的不能实现应负赔偿责任,并以订立合同时"可预见"程度为限;第134条、第135条:买卖合同的目的;第196条:借款合同的目的;第212条:租赁合同的目的;等等。

那么,何为"合同目的"呢?学理上,合同是当事人意思表示一致的结果。法律意义上,它是平等民事主体间设立、变更、终止权利义务关系的协议。从"利益说"的角度来看,合同是当事人利益变动的协议。在合同订立中,目的意思是意思表示的重要要素,没有明确的目的意思表示就不可能有完整的民事法

---

〔1〕 二审判决详见中国裁判文书网。

律行为,如无明确的买卖电视机的目的意思,就不可能有完整的买卖电视机的合同。可以认为:合同目的就是当事人订立合同时以合意确定的目标和利益。

合同目的的种类可作如下区分:第一,单一目的与混合目的。当事人订立与履行合同,其目的有时不止一个。例如,消费者在购买汽车合同中,买方与卖方的通常目的是:买方要求汽车销售商按时提供合同约定的、符合质量要求的汽车,以作为代步交通工具;卖方要求消费者及时支付价款,实现销售经营的目的。但如果消费者与销售商在合同中明确约定"购买该汽车系作为买方赠送好友的结婚礼物",则买方购车作为礼物、实现精神权利亦成为合同的另一个目的,销售商就产生在消费者好友结婚日前交付车辆的义务,如不能按期交付,就可能违反合同目的,从而引起合同解除,而并非仅承担支付逾期违约金的责任。在此例中,购车合同既具有车辆买卖合同的"一般目的",又有着赠送好友结婚礼物、满足精神利益的"特殊目的"。第二,主要目的与次要目的。在具有混合目的的合同中,合同目的的强弱、轻重也不都是等量齐观的,依据合同内容可能存在主要目的与次要目的,如果次要目的不能实现,并不意味着合同"落空",合同还应得到履行。第三,单方目的与共同目的。合同既然是当事人间协商一致的结果,那么双方的意思表示就具有趋同性,合同目的就应是双方的目的,而非单方的目的;双方动机不一致时,则应从双方外部意思表示内容确定合同目的,以一方动机或目的确定整个合同目的是不公允的,也违反契约的本质,单方目的本质上不是合同目的。第四,初始目的与嗣后目的。从合同的订立到合同的履行完毕,通常需要一定的期日;在此期间内,双方的需要、市场环境都可能发生变化,对合同内容也会产生新认识,如当房地产市场火爆、房地产价格飙升时,卖方对原合同价格就有上调需求。但是,合同目的应是合同订立之初的双方目的,而不应是嗣后目的,否则合同目的就无法确定、不能稳定,合同也无法履行。订约后的嗣后目的本质上已不是订约时的合同目的,而是变更合同的动机或目的,合同目的只能是初始目的。

除以上分类外,还可依对当事人合同目的是否进行法律上的评价,分为具体目的、抽象目的。具体目的是当事人订立合同追求的具体结果与效用,因当事人的不同而各不相同;抽象目的,则是当事人订立合同时希望其效力上得到法律认可。

既然合同目的呈现出样式纷繁的状态,那又如何确定特定合同的目的呢?通常会综合以下几种方式进行确定。

1. 通过当事人订约时交易动机、交易环境进行探知

应当注意到:动机与合同目的不同。"动机"是特定需要引起的、欲满足各种需要的心理状态和意愿。合同动机是当事人签订合同、达到合同目的的内部需求,但它内隐于心,无法外化于形,往往又是一方的,不具有合意性,对相对人

亦无约束力;合同目的则是当事人通过协商达成的合意,是合同当事人的共同意愿,结合意思表示理论,意思表示是指向外部意欲发生一定私法上法律效果之意思的行为,它由两部分构成,即内心效果意思和表示行为效果,意思作为意思表示的起点,效果意思通过表示行为表达于外,法律行为方能有效成立。当然,也不能截然分割动机与合同目的,两者间存在内在联系,动机经过表意者表达、经过当事人确认,就可以成为合同目的;有了动机的存在,才会有签订合同的需求和欲望;动机是合同目的的内在基础,合同目的是动机的具体外化,当事人签约的协商过程也是一个将动机逐渐浓缩、固定成合同目的的过程。

在作为示范法的《美国统一商法典》中,协议(agreement)与合同(contract)的意义不同,协议不一定产生法律后果,合同则指当事人通过合意而承担受法律约束的法律义务。不过,在讨论作为合意结果的缔约目的时,可暂不考虑其区别及其合法性、法律后果。《美国统一商法典》第1-201条规定:"协议指当事双方事实上达成合意。此种合意可以用当事人使用的语言得到证实,也可以根据其他客观情况,包括本法所规定的交易过程、行业惯例或履约过程得到推定。"《联合国国际货物销售公约》第8条(3)规定:"在确定一方当事人的意旨或一个通情达理的人应有的理解时,应适当地考虑到与事实有关的一切情况,包括谈判情形、当事人之间确立的任何习惯做法、惯例和当事人其后的任何行为。"可见,域外法律顾及到合同动机与合同目的的关联,允许自合同动机、交易动机的表达中探知合同目的。考察当事人订立合同过程中的意思表达,如往来函电、谈判记录、会议纪要,都可能探知到当事人缔约时所处的交易环境、缔约需求,探知到当事人所表示的共同意思,从而确定合同目的。

在"庄胜与信达案"中,庄胜公司与信达投资、信达北分签订《项目转让合作框架协议》《债务重组合同》《补充协议(三)》之时,庄胜公司负有巨额债务,其中拖欠信达北分16.18亿元人民币、广东粤财公司约16亿元人民币、湖南中行约3.24亿元人民币等,庄胜公司名下包括庄胜二期A-G地块项目在内的有效资产均被法院查封,面临司法处置。从庄胜公司与信达投资、信达北分签订《项目转让合作框架协议》《债务重组合同》《补充协议(三)》的交易过程可以探知,庄胜公司签订该等合同的主要动机是摆脱债务危机,消除自身债务,庄胜公司的订约目的是由信达投资、信达北分代为清偿其债务或对其债务予以豁免;信达投资、信达北分的订约目的则是通过代庄胜公司清偿债务或对其债务予以豁免而取得庄胜二期A-G地块项目,并以信达投资指定或新设的房地产项目公司(信达置业)概括承受信达投资《项目转让合作框架协议》《债务重组合同》项下的权利义务,开发经销。《项目转让合作框架协议》第9条"目标项目开发模式"仅是在债务重组前提下庄胜公司参股项目公司20%的一项安排,该参股项目公司20%的合同安排与清偿、免除债务的合同目的相比,并非缔约的主要目的，当事人间的主要目的是通过清偿、豁免债务而实现目标项目转化及利益转换，而不是所谓“房地产项目合作开发”，“房地产项目合作开发”不符合当时庄胜公司背负巨额债务急需清偿的交易背景，也不符合庄胜公司转让目标项目的动机。试想在《项目转让合作框架协议》签订前，庄胜公司独享项目开发权，如果不是为了清偿、免除债务，其有何必要转让目标项目，为何由独享开发权、收益权转变为仅占项目公司20%的股权？“一个通情达理的人处于相同情况中应有的理解”是：庄胜公司参股项目公司并非其主要目的，更不是信达投资、信达北分订立《项目转让合作框架协议》的主要目的。

2. 通过当事人所订合同条款内容进行探知

当事人在订立合同时，可以订立独立的合同目的条款，如“鉴于条款”，用以明示合同目的。在多数情况下，即使没有独立的合同目的条款，也可以自合同内容反映的当事人意欲实现的预期利益及所作的权利、义务安排，探知当事人订约时的目的。

以“庄胜与信达案”为例，在《项目转让合作框架协议》中订有“鉴于条款”，该条款陈述：目标地块尚未缴齐土地出让金、尚未完成拆迁、尚未取得《国有土地使用证》，信达北分作为庄胜公司的债权人同意对庄胜公司所欠债务进行重组，三方经友好协商达成一致，就庄胜公司向信达投资转让目标项目的交易框架及信达北分对庄胜公司所欠债务的重组事宜签署本协议。同时，《项目转让合作框架协议》主要内容是目标项目转让、转让款支付、债务重组、债务豁免事项，仅在第9.2条“目标项目开发模式”中涉及庄胜公司或其指定的民事主体有权对项目公司参股20%。从《项目转让合作框架协议》文本内容也可以看出，庄胜公司、信达投资、信达北分订立该合同的主要目的是目标项目转让、债务清偿以及实现当事人间的利益变动，而不是项目合作开发。

3. 通过对合同利益考量进行探知

合同，尤其是商事合同是利益变动的工具，这种变动是合同主体通过相互间的意思表示及履行来实现的，合同法是约束该等利益变动的规则。从利益论的视角出发，当事人之所以加入到合同中来，必然有其各自的利益目的；合同活动以利益变动为目的，以设定权利、义务、责任作为保障利益变动的手段。探究当事人对于利益变动的取舍、态度，便可探知合同目的。

以“庄胜与信达案”为例，庄胜公司、信达投资、信达北分签订《项目转让合作框架协议》实施利益变动，庄胜公司享有清除自身债务的利益，信达投资享有通过项目公司取得目标地块并开发而获得收益的利益，同时庄胜公司还将通过参股项目公司20%的方式获得相应的收益。但在此案中，其利益主要体现在经济利益方面，而不是人格利益上。2010年10月9日，庄胜公司、信达投资签署的《信达置业有限公司增资扩股协议》第10条约定“除产品销售价格以及项目公司章程、法律法规另有强制性规定的事项外，其他事项以信达投资为主决策，参考庄胜公司意见”，庄胜公司取得信达置业20%股权后原则上仅享有分红权，不享有决策权，不实际参与信达置业的日常经营管理。从合同利益的约定上看，有关项目转让、债务清偿条款中当事人就利益分配的约定详尽、全面、均衡，而庄胜公司虽参股项目公司，但不起主导作用。从这种利益安排亦可探知庄胜公司参股项目公司在合同安排上属次要、从属的地位。

二、“庄胜与信达案”中二审判决以合同目的无法实现为由解除合同是否具有正当性？

我国《合同法》关于合同法定解除的原因主要规定在第94条，主要是不可抗力、拒绝履行、当事人一方经催告后仍迟延履行主要债务、违约行为致使不能实现合同目的、法律规定的其他情形。《合同法》第203条、第219条、第232条、第233条、第248条、第253条、第259条、第410条，及《保险法》对保险合同解除的相关规定等，均属法律规定的其他情形。《合同法》第95条、第96条则规定了解除权行使期限、行使方式、异议权等。“庄胜与信达案”中，二审判决主要依据《合同法》第94条第4项，以信达投资违约致使不能实现合同目为由，解除庄胜公司、信达投资、信达北分间《项目转让合作框架协议》《补充协议(三)》。本文就此作一探讨：

首先，何为合同目的不能实现？合同法没有对此作出规定。学理上多数观点认为，合同目的不能实现是指整个交易已经落空。“一方当事人违反合同的结果，如使另一方当事人蒙受损害，以至于实质上剥夺了他根据合同规定有权期待得到的东西，即为根本违反合同，除非违反合同一方并不预知而且一个同等资格、通情达理的人处于相同情况下也没有理由预知会发生这种结果。”〔2〕这种合同落空是由于根本违约造成的，基于违约行为所产生后果的严重性及对受损害方利益影响的程度，使合同的存在对守约方来说已不具有实质意义；允许守约方解除合同，可使守约方从已被严重违反的“法锁”中解脱出来。

其次，何种违约行为方能“致使不能实现合同目的”？合同法对此也没有明确规定，而是交给司法实践去解决。在域外法上，违约行为要达到“如此地重大和重要”的程度，构成根本违反合同才能解除。《联合国国际货物销售合同公约》是根据违约后果和违约方主观过错来判断是否构成根本违约的，所谓“实质上”剥夺他方合同利益可考虑两方面因素：一是受损害方损失的严重性；二是取决于合同条款的约定，考虑合同订立的具体情况，正如阿蒂亚所说的那样，“一方因违约而丧失合同权利，实际上是根据违约的严重性后果决定的”。值得注

〔2〕《联合国国际货物销售合同公约》第25条。

意的是:《美国合同法重述(第2次)》第241条在考虑是否构成根本违约的因素上具有实践意义:(1)受损害方在多大程度上失去了其所合理预期的合同利益;(2)受损害方的损失在多大程度上可适当补救;(3)若受损害一方终止履行,有过失一方在多大程度上会遭受侵害;(4)有过失一方弥补过失的可信程度;(5)有过失一方的行为在多大程度上符合"善意"与"公平交易"准则。

以上述学理及规则条文作为参考,可以认为"致使不能实现合同目的"的违约行为是非善意地严重剥夺了受损害方的合同利益,以至于受损害方自合同中"一无所获",且无法获得补救。那么,"庄胜与信达案"中信达投资、信达北分有无"致使不能实现合同目的"的根本违约行为呢?答案恐怕是否定的。

首先,信达投资、信达北分已履行《项目转让合作框架协议》代庄胜公司偿还债务、豁免其债务的约定,还为庄胜公司支付了入股信达置业(项目公司)、持股20%的1亿元注册资金,并经由会计师事务所验资,2009年10月9日,庄胜公司与信达投资签订项目公司《章程》。对庄胜公司来说,不仅其签订《项目转让合作框架协议》清偿其债务的主要目的已经实现,而且根据《公司法》第32条第3款,庄胜公司成为信达置业股东的合同安排也已经实现。庄胜公司在2012年6月致信达置业《关于履约有关事宜的函》中也承认,"我方对贵司的入资早已完成,请贵司完善董事会和日常经营管理决策机制,确保我方委派的董事参与贵公司的经营管理,以维护和体现我方的权益",这表明庄胜公司也自认在信达置业的股东地位。

其次,信达投资、信达北分并未恶意阻止庄胜公司成为信达置业股东,不存在"恶意违约"。《项目转让合作框架协议》第9.2条约定,"庄胜公司参股项目公司之前,项目公司应为信达投资的全资附属子公司;庄胜公司或者庄胜公司指定的民事主体有权参股项目公司,如庄胜公司或庄胜公司指定的民事主体不履行相应的增资入股所需的工商变更登记手续,导致其未能取得项目公司正式股东地位的,不构成信达投资的恶意违约行为,信达投资对此不承担违约责任";第13.4.4条约定,"信达投资不按本协议及相关附件约定同意庄胜公司或庄胜公司指定的民事主体向项目公司增资属恶意违约,但因庄胜公司不履行相应的增资入股工商变更登记手续的,信达投资不承担责任"(二审判决书第11页、第12页)。从"庄胜与信达案"案情中可以看到:庄胜公司无法办理工商变更登记,成为隐名股东,是由于其外商身份所致,《项目转让合作框架协议》中有关"庄胜公司指定的民事主体有权参股项目公司"的设计正是针对这种情况预设的应对性安排。在2012年8月27日信达投资向庄胜公司发出的《关于转让信达置业部分股权的征询意见函》中,明确在其进行股权转让中受让方配合办理庄胜公司入股项目公司20%的手续(二审判决书第20页、第21页)。2012年10月29日,信达投资致函庄胜公司,称"请贵司按照贵我双方签订的框架协议相关条款约定，指定所属的内资企业或委托贵司认可的个人（需具有大陆居民身份）代持贵司股份，并以此身份进行工商注册登记”；中信国安作为信达置业股权受让方亦同意接受庄胜公司持股20%，信达置业亦催促庄胜公司办理入股手续（二审判决书第27页、第28页）。这些行为都是“善意”的，符合“公平交易”准则的，信达投资、信达北分、信达置业从未“不同意”庄胜公司入股信达置业。相反，庄胜公司却拒绝按《项目转让合作框架协议》指定适格民事主体成为信达置业股东，违反《项目转让合作框架协议》的约定。

“庄胜与信达案”中，无信达投资、信达北分根本违约的事实，且《项目转让合作框架协议》中的合同目的或主要合同目的已经实现，二审判决颠倒合同目的解除合同，不符合根本违约的学理、不符合《合同法》第94条的立法原意，恐有失妥当。该二审判决认定庄胜公司不能参股项目公司的责任归属也有所偏颇。此外，中信国安成为信达置业股东后，信达置业取得《关于西城区庄胜二期A-G地块危改项目核准的批复》，使庄胜公司具备以自己名义入股的条件，中信国安、信达置业发函要求庄胜公司办理入股手续，一审审理程序中中信国安又作了相同陈述（二审判决书第28页、第29页），足见其为庄胜公司办理入股工商变更登记手续的意愿。即使如庄胜公司所言其只愿意与信达投资合作，当其拒绝入股信达置业时，也可以通过主张获取项目公司20%收益的方式加以补救，因此，庄胜公司并无解除《项目转让合作框架协议》的权利。

三、对“庄胜与信达案”二审判决的进一步探讨

1. 以《合同法》实际履行原则为视角

我国《民法总则》第7条规定，“民事主体从事民事活动，应当遵循诚信原则，秉持诚实，恪守承诺”，强调民事活动的诚实信用原则。同时，《合同法》第8条规定，“依法成立的合同，对当事人具有法律约束力。当事人应当按照约定履行自己的义务，不得擅自变更或者解除合同。依法成立的合同，受法律保护”；第60条规定，“当事人应当按照约定全面履行自己的义务”。该等规定可以被视为“合同严守原则”，依法成立的合同在当事人之间具有法律约束力，当事人必须严格遵守，不得擅自解除合同，不得任意违约。合同本质上是交换允诺，当事人应为自己的允诺负责，这也是人的自由意志的体现。有关合同实际履行原则的取舍问题，在改革开放之初曾引起过争论，有学者认为实际履行原则是计划经济的产物，是与资源稀缺相联系的。然而，抛开合同的合法性评价，如果合同不以实际履行为追求目标，当事人不受合同的约束，就丧失了订立合同的意义。在我国法律的框架内，实际履行一方面是指当事人必须按照有效合同的约定，履行自己的合同义务，另一方面继续履行或强制实际履行亦是承担违约责任的一种方式。因此，合同的解除不是一般现象而是特殊现象，合同法有关合

同解除的规定从本质上说是对合同解除的限制,当事人要求解除合同必须满足法律设定的条件,这不仅体现在《合同法》第 95 条、第 96 条的解除期间、解除权行使方式上,还体现在《合同法》第 110 条中。与我国法的规定相似,《德国债权现代化法》第 281 条规定:“如债务人未按约定履行债务,则在债务人违反义务情节轻微的情况下,债权人不得要求以损害赔偿来代替全部给付。”而且,从学理上与实践中看,在一定条件下赋予要求违约方实际履行债务的请求权也是恰当的。

就“庄胜与信达案”而言,鉴于庄胜公司、信达投资、信达北分已实际履行了《项目转让合作框架协议》的内容,实现了全部或者主要合同目的,即使当事方存在争议,从合同履行的安定性出发,判决继续履行合同、否定解除合同具有充分的理由。即使该合同存在违约情形,该等违约也并非根本违约,完全可以通过其他方式予以救济,而不必解除合同,这无论从公平还是效率出发都是恰当的。

2. 以禁止权利滥用为视角

禁止权利滥用是指民事主体在进行民事活动时必须正确行使民事权利,不得损害他人利益和公共利益。我国《民法总则》第 132 条规定,“ 民事主体不得滥用民事权利损害国家利益、社会公共利益或者他人合法权益”;《德国民法典》第 226 条规定,“权利的行使仅能具有给他人造成损害之目的的,不准行使权利”;《日本民法典》第 1 条规定,“私权必须符合公共福祉。权利行使及义务履行必须遵守信义,以诚实为之。权利不得滥用”。权利滥用主要可以分成两种形态,一是诉讼程序中的权利滥用,二是非诉讼程序中的权利滥用,前者如滥用诉权,后者如在民事活动中对相邻权的侵害。禁止权利滥用在外在表象上展现出对权利行使加以一定的限制,但内在的逻辑是为了实现他人权利、平衡民事主体间的权利义务或维护公共利益。在法律社会中,禁止权利滥用具有保障合法权利和限制对权利实施伤害的双向作用,有利于权利冲突的解决。

就“庄胜与信达案”而言, 庄胜公司无法成为信达置业的登记股东,是由于其外商身份所限,并非信达投资、信达北分的阻碍,信达投资、信达北分对庄胜公司无法成为信达置业登记股东无过错。庄胜公司不仅放弃按《项目转让合作框架协议》约定由其指定他人作为信达置业股东的权利,而且否定《信达置业有限公司章程》所规定的“信达投资和庄胜公司任何一方将其持有的部分或全部股权转让给公司股东以外的第三人,均应确保其对公司承诺的事项继续得到遵守和履行”条款,阻碍信达投资向第三人转让股权,并通过提起解除合同诉讼谋取不当利益,均属滥用权利。二审判决回避信达投资在转让信达置业股权时已按公司章程通知庄胜公司,忽视公司章程的合同属性及合同拘束力,无异于鼓励庄胜公司滥用权利及“反言”行为。

3. 以判决指导性效力为视角

“庄胜与信达案”的二审法院承担着司法解释、案例指导、上诉终审等功能,它的职责不仅反映在纠纷解决上，也体现在社会控制、法律伦理发现上，更重要的是还承担着统一国家法律适用的任务。因此，“庄胜与信达案”判决影响深远而巨大。如果该判决出现认定事实和适用法律方面的错误，无异于鼓励不诚信行为，将造成法律解释、法律适用上的混乱，对下级法院适用法律会形成不良的示范作用，危害司法公正，损害司法权威。同时，暂且不论该判决在认定事实、适用法律方面的错误，在已完全支持庄胜公司返还项目权益的诉讼请求的情况下，判决高达10亿元人民币的违约金，明显违反比例原则，也明显违反了合同法有关司法解释中违约金计算以实际损失为依据、重在补偿的司法态度。

4. 以《合同法》立法中“合同目的”条款完善为视角

在我国现行合同法中并无合同目的的定义，《合同法》第12条的示范条款中也无合同目的条款。尽管有学者指出法典中大量定义与列举的存在违反法典中的精简原则与节制精神，混淆立法与学理、立法与司法的界限，挂一漏万，阻碍法官法律解释的能动性和权限，反映出立法技术的落后。然而，在我国当前情况下，司法适用技术的提高还需要一个较长的过程，民众的法律意识还有待加强，理想主义的法典化或许并不适合当前的中国。从养成“法律共知体”的目标出发，也许在《民法典·合同法编》的编纂中为合同目的条款和规则留有一定的空间是现实的需要。

民事再审审查的标准

——兼谈民事再审事由的修改建议

郎立惠*

【摘　要】民事再审审查程序现已成为类似三审的救济程序，面对不断激增的案件，再审审查的标准亟需进一步细化，以减少错误纠错或有错不纠的现象。再审审查标准的确立应符合再审程序的功能定位，首先保障依法纠错，在此基础上再行维护生效裁判的既判力。同时应符合再审法院的职级定位，区分不同类别事由采用不同的审查标准：侧重审查法律适用事由，确保法律的正确统一适用；适当限制事实类再审事由，避免随意以再审心证推翻原审心证；形式审查程序类再审事由，维护司法审判的程序正义。

【关键词】再审审查　标准　职级定位　事由　修改

自2012年修正的《民事诉讼法》确立“3+1”的民事再审模式以来，向上一级法院申请再审已经成为不服二审生效裁判的当事人的必选之路，高级人民法院、最高人民法院的民事申请再审案件一直呈高位运行，一些省份的高级人民法院收案量达到五六千件以上，最高人民法院的收案量也在逐年持续增长。由于《民事诉讼法》第200条规定的法定再审事由不够细化，在具体适用中存在较大的裁量空间，不同法院之间甚至同一法院内部在再审标准上认识不一。实践证明，再审审查标准过低容易造成程序空转，进入再审程序后改判率不高，标准过高则会导致有错未纠，影响司法裁判权威。如何把握再审审查标准，成为当下审判监督工作亟需研究的重要课题。有学者认为，应秉持重大明显和实体权益为重的原则，再审纠错以损害当事人实体权益为条件；有学者建议坚持绝对性和相对性再审事由的划分，绝对性再审事由必然启动再审，相对性再审事由影响生效裁判结果的才予再审等。本文拟从依法纠错、正确纠错、恪守审级定

* 郎立惠，河北省高级人民法院法官，北京航空航天大学法学院民事诉讼法学专业博士生。

位等再审审查标准的确立原则出发，结合再审审查实务分析，分别就事实类、法律类、程序类事由的再审审查标准作一初步探讨。

一、再审审查标准的确立原则

（一）依法纠错——确保案件公正

“正义是社会制度的首要价值，正像真理是思想体系的首要价值一样。”[1]公正价值是司法审判最核心、最重要的价值。如果说司法审判是实现公平正义的最后一道防线，民事审判监督程序则是维护这一防线的最后一道关口。民事审判监督程序作为法院审判工作一道特殊的补救程序，主要职能包括依法纠错、维护裁判既判力、保护申请再审权利等，其中依法纠错与维护裁判既判力两项职能由于天生的矛盾冲突，一直处于变动的张力关系之中。从司法公正的终极目标而言，裁判的正确性是司法权威得以维系的基础，如果裁判是错误的，不仅不能保障当事人的诉讼权益，对于司法制度整体也会造成极大的损害。司法终局性必须建立在合法公正的基础之上，脱离合法公正性的司法终局性，是沙滩上建立的高塔，必然不能长久存在。[2]因此，依法纠错应永远成为审判监督工作的主线，民事再审审查作为审判监督制度的前置程序，根本任务是全面客观地依法纠错，确保司法公平正义。维护既判力应建立在生效裁判正确的基础之上，不能一味地单纯追求维持既判力，更不应“带病”维持既判力，如果生效裁判存在错误，则既判力和权威也就失去了根基，应该依法启动再审程序，及时纠错及时改判。

（二）正确纠错——谨慎启动再审

任何情况下，正义都不是一个简单的概念。查士丁尼《民法大全》将正义解释为“给予每个人其应得之物的永恒不变的意志”，亚里士多德认为正义就是同等情况同等对待、不同情况区别对待。[3] 但如何在纷繁芜杂、众说纷纭的案件中判断“应得之物”，如何在个案中区分“同等情况”与“不同情况”，无论是社会公众还是专业的裁判者都很难达成一致意见。再审程序是以纠正错误、恢复正义为目标的补充性司法程序，不仅要维护好最核心、最重要的公正价值，还要对程序、效率、法的安定性等多重价值作出取舍与衡量，既要维护实质上正确的裁判效力，也要避免耗费再审资源纠正实质性错误之外的瑕疵，需要理性界定“错”的定义，以做到正确纠错。

---

〔1〕 [美]约翰·罗尔斯：《正义论》，何怀宏、何包钢、廖申白译，中国社会科学出版社 1988 年版，第 1 页。

〔2〕 参见江必新：《新诉讼法讲义：再审的理念、制度与机制》，法律出版社 2013 年版，第 20 页。

〔3〕 参见[英]雷蒙德·瓦克斯：《法哲学：价值与事实》，谭宇生译，译林出版社 2013 年版，第 59 页。

(1)可以通过其他方式纠正或补救的错误不宜通过再审程序救济。只有当事人已穷尽其他法律救济途径仍无法有效救济其合法权益的,才应启动再审程序。如可以通过上诉、提出异议和请求复议等常规救济手段予以救济但未采取的,应视为当事人对其诉讼权利的放弃,不应给予再审程序的救济。如生效裁判存在文字错误或计算错误,可以出具补正裁定或在执行程序中予以修正。

(2)确定影响裁判结果的实体性错误应予再审。实体性错误以事实认定和法律适用问题为主,是再审审查工作的主要纠错对象,对于实体性错误明显、确定地侵害了当事人合法权益的裁判必须予以纠正。对于无法确定错误与否的实体性问题不宜轻易改动,尤其是生效裁判结果体现了原审法官的自由裁量权时,应尊重原审法官的判断,只要生效裁判结果不存在明显不当,再审程序则不应随意启动。

(3)符合法定再审事由的程序性错误应予再审。程序正义承担着确保司法公正的重任,程序类错误的再审审查应采用较为绝对的审查标准,只要原审程序存在符合法定再审事由的情形,即应该启动再审,而不问程序违法情形是否影响了案件结果。即便不影响原审结果,也要允许因程序事由再审导致的“走过场”,以恢复因程序不正义导致的司法公正感受的缺失,并以启动再审倒逼一审、二审法院重视程序规则,减少因程序违法引起当事人申请再审。

(三)恪守审级定位——重点审查法律适用

据统计,95%以上的当事人以事实认定错误为由申请再审,60%以上以法律适用错误为由申请再审。事实认定、法律适用的工作在一审、二审、再审法院中均有不同程度的涉及,因此有必要厘清不同法院的审级定位,以确定再审法院在认定事实和适用法律中的审查标准。按照最高人民法院关于四级法院的职级定位,基层人民法院的主要职能是查清案件事实,正确适用法律;中级人民法院负责解决事实争议、法律争议;高级人民法院专注于审判监督,依法纠错;最高人民法院保证法律的统一正确实施。

事实认定方面,原审法院尤其是一审法院有着更为优越的审级优势,知晓当地社会现状,了解当地风俗民情,可以采取更便利、更有效的方式查清事实。一审、二审法官亲身经历案件审理的全过程,直接听取诉讼双方的言辞陈述,司法亲历性可以得到更充分的保障。再审法院在时间轴度和空间域度上距离案件争议发生之时已经相距甚远,事实真相犹如雾里看花,很难准确地捕捉事实并予以还原,不可避免地在查明事实中陷入劣势。而且,由于案多人少的原因,再审法院多数采用书面审查方式,以阅卷审查为主,询问审查为辅,再审审查中形成的心证缺乏司法的亲历性。因此,再审法院在审查事实认定问题时应遵守审级职责定位,谨慎定“错”,尊重原审法院对于事实认定的判断,不以再审心证随意推翻一审心证。

法律适用方面,确保法律适用的统一系再审法院的主要职能,再审法院在再审审查中应把更多的目光专注于法律适用问题。司法的终极目的不是解决源源不断的纠纷,而应是通过司法的裁判、法律的适用确立正确统一的规则意识。在中国过去60年的法制史里,无论是对于国家还是民众而言,解决纠纷都比确立规则得到了更多的重视和关注,〔4〕案结事了、定纷止争成为审判的追求目标,法官无奈之下推出“和稀泥”式判决,却由于法律规则边界的模糊和随意,受到当事人和社会大众的更多质疑。社会的长远发展需要树立规则意识,当前的法律适用亦需要适当增加一些刚性,再审法院在再审审查工作中应充分发挥统一法律适用的审级职能,严格限定法律的适用边界,纠正法律适用错误或不当裁量,确保法律适用的正确与统一。

二、再审审查标准的实务分析

实践是验证法律制度科学与否的唯一标准。再审审查的标准在审判实务中具体反映的是再审事由适用的尺度,是判断生效裁判是否存在错误、是否需要再审的尺度。通过实务分析再审审查适用的尺度,可以更好地确定再审审查的标准,确定启动再审的条件。

2007年《民事诉讼法》第一次修正以后,再审事由从由原来的5种情形增加为14种情形,但再审事由规定仍不够具象,有较大弹性裁量空间,一度导致再审尺度过宽,一些再审法院的裁定再审率甚至达到30%以上。随着2012年《民事诉讼法》第二次修正,以及2015年《最高人民法院关于适用〈中华人民共和国民事诉讼法〉的解释》的实施,再审事由得到进一步细化,再审尺度渐趋严格,裁定再审率有所下降。以河北高院为例,2017年裁定再审率7.33%,较2009年下降近20个百分点,其中以《民事诉讼法》第200条第2项事由裁定再审的占53.24%,以第6项事由裁定再审的占35.29%,以第1项事由裁定再审的占6.62%,以第3、4、5、7、10、11项等事由裁定再审的占4.85%。下面把再审事由分为事实类、法律适用类、程序类三种类别,结合实际案例进一步对再审审查尺度加以探析。

(一)事实类再审事由

事实类再审事由中,“原判决、裁定认定的基本事实缺乏证据证明”较多适用,“新证据”事由次之,“主要证据未经质证或系伪造”等较少被适用,在此主要对“原判决、裁定认定的基本事实缺乏证据证明”再审事由予以研究分析。

---

〔4〕 参见刘思达:《中国法律的形状》,载《中外法学》2014年第4期。

因原审认定事实证据不足裁定再审的案件主要可以分为三类:一是举证责任分配错误。德国法学家普维庭指出,举证责任是"对现实的不可解释性的风险所进行的分配"。[5] 此处的举证责任应指结果意义上的举证责任,即举证不能的当事人要承担诉讼上的不利后果。举证责任分配原则的通说是要件事实说,此外还有举证责任倒置的特殊规则说、举证责任转移的公平原则说等。举证责任的分配与当事人是否能就诉争事实提出证据、是否须承担证明责任息息相关,一旦举证责任分配错误,往往意味着事实认定和裁判结果的错误。举证责任错误的突出表现是僵化适用"谁主张,谁举证"原则,对于未发生的事实仍然让提出主张一方举证,如在商品房买卖合同案件中要求购房者就开发商逾期交房承担举证责任;还表现为分配举证责任时不考虑双方持有证据的多少、举证能力的强弱,未按照公平原则根据双方诉讼能力科学分配举证责任,如在劳动争议案件中要求劳动者就较难取得的证据承担举证责任等。

二是证据认定明显不符合证据"三性"。当事人提出的证据应当具有客观性、关联性和合法性,否则即不能作为认定待证事实的根据。实务中证据的关联性和客观性较易引发争议,如与第三方签订的商业合同能否作为认定本案合同不能履行导致损失的依据,没有原件的复印件、不完整的书证是否真实客观、能否全面反映双方的意思表示等。在王某与曲某民间借贷纠纷一案中,王某主张应曲某请求替曲某垫付了房屋装修款,要求曲某偿还。王某提供装修公司出具的收到装修款的收条证明垫付事实,原审法院认为王某主张曲某借其款项,未能提供借据予以证实,收条与本案不具有关联性,王某主张不能成立,判令驳回其诉讼请求。经再审审查,本案中虽然没有借据作为直接证据,但装修公司出具收条的证明内容与本案待证事实紧密相连,符合证据"三性"要求,可以证明借款事实已经发生,且曲某并未提出装修系他人完成或已给付他人装修款的抗辩,王某因垫付装修款的行为与曲某形成借贷关系,曲某应就垫付装修款承担返还责任。

三是原审对待证事实的认定未达到证明标准。证明标准是待证事实存在或者不存在需要达到的证明程度。[6] 我国实行"高度盖然性"证明标准,法官就待证事实是否存在形成的心证须达到较高的程度,以概率表示须达到85%以上。法官的心证结论应符合逻辑推理规则和生活经验法则,并在裁判文书中公开心证过程,否则即会面临心证结论是否达到法定证明标准的质疑。如邓某与荣康公司股东权纠纷一案,邓某主张其系荣康公司股东,要求参与公司分红,荣康公司抗辩称邓某并非股东,双方系集资借款关系。邓某提供了"集资入股"收

---

[5] [德]普维庭:《现代证明责任问题》,吴越译,法律出版社2000年版,第27页。

[6] 参见汤维建主编:《民事诉讼法学》,北京大学出版社2008年版,第267页。

据、“股东证”、公司账目(登记集资款为股金)等证据;荣康公司提供了“审计报告”(载明注册资本来源于绿城公司)、其他集资人的证言(证实系集资而非投资且款项已经收回)、上级主管机关的文件(认定公司资产为国有资产)等证据。双方就诉争事实均持有一定的证据,证据数量和证明力看似势均力敌,但都未达到完美的地步。原审法院认为“集资入股”收据、“股东证”等证据具有对外公示性,可以证明原告系公司股东。再审法院经审查认为,虽然邓某持有形式上更为有利的证据,但荣康公司近十年经营期间没有邓某作为股东参与经营、获得分红的记录,该事实不符合股东资格的一般基本特征,邓某是股东的待证事实未达到“高度盖然性”证明标准,据此裁定再审。

以上第一种情形中,举证责任分配错误较易判断,认定中主观因素较少,较易得到认同,指令再审后改判的几率较大。第二种、第三种情形因涉及证据与事实的认定,带有不可避免的主观性,再审法院与原审法院经常存在不同的认识,指令再审后改判率在50%左右。客观地讲,虽然大多数案件是以原审判决认定事实证据不足的理由进入再审,但其中可以明确指出事实认定“硬伤”问题的案件并不多,多数案件的裁定再审或多或少都带有一定的主观性和模糊性。也就是说,多数情况下原审法院对于案件事实的认定并不存在十分明显的必须予以纠正的错误,因此再审法院在指令再审附函中多就原审事实认定提出疑问,建议进一步予以查清,较少就事实认定作出结论性的判断意见。

(二)法律类再审事由

相对于事实类再审事由,法律类再审事由的适用较为容易,存在的模糊空间较少。实务中常见的法律适用错误情形总结如下:

一是案件定性错误,所适用的法律与案件性质不符。认定民事案件的法律关系性质是正确适用法律的前提,确定案件性质是确定适用法律的标准或准则。案件性质确定错误,则不再有正确的法律适用,更难保证裁判结果的正确。如将雇员关系认定为承揽关系,适用有关承揽的法律规定作出判决,或者将民事法律关系认定为行政法律关系,裁定不予受理等。

二是对法律的立法原意、条文的具体含义理解错误。立法本意是法律创制时的意旨,裁判者在适用法律时应按照与立法本意一致的方式去理解条文含义,违背立法意图的法律适用将会导致裁判结果错误。如甲乙公司供用气合同纠纷一案,甲(供气方)乙(用气方)双方在2009年至2012年期间签订的合同中均约定“合同有效期内遇天然气价格调整时,执行调整后的价格并按文件规定的时间执行”。2013年、2014年双方未签订合同,遇天然气价格上调,双方因天然气价格调整的执行时间产生争议,甲公司主张按照政府发文中规定的调价时间执行,乙公司主张已经按照原价格履行付款义务,不应再补交差价部分。原二审判决根据《合同法》第 63 条的规定,[7]认定乙公司已经交付天然气款,应以交付的价格为准,不需再补交差价。结合法律条文的上下文来看,该条文的意思应该是以交付时的政府定价为准,而非以实际交付价格为准。二审法院的认定明显错误理解了上述法律条文的含义,也违背了法律条文的立法本意,直接导致裁判结果错误。

三是违反法律的效力性规定或适用规则,包括适用已经失效或尚未施行的法律,违反了有关法律溯及力的规定,违反了法律顺位、特别法优于普通法、新法优于旧法等规则。如《侵权责任法》与《最高人民法院关于审理人身损害赔偿案件适用法律若干问题的解释》关于雇员受伤情形下雇主承担责任的规定不同,涉案事实发生于《侵权责任法》实施之后,本应适用新法《侵权责任法》,原一审、二审判决仍适用旧法,违反了新旧法的法律适用规则。

四是与类型案件的裁判规则不符。当同一类型的案件结果不同甚至完全相反时,必然有一个裁判是错误的。[8] 当同一类型的案件已形成较为稳定的裁判规则,该裁判规则即可视为审判机关的统一法律适用意见,应得到遵循与维护,"同案不同判"的裁判可被视为适用法律错误。随着裁判文书的不断公开,当事人能够通过关键词查询到同一法院或上级法院的同一类裁判文书,当其他同类裁判文书对其主张有利时,便会以"同案不同判"的理由提出申请再审。鉴于我国并非判例法国家,先行案例不具备必然的在先拘束力,再审法院对"同案不同判"的审查一般比较谨慎,"同案不同判"事由少有得到支持,只有原审明显与指导性案例确立的裁判规则相悖,或者与当地"会议纪要""审理指南"中的裁判规则不符时,才有可能启动再审。

尚未形成裁判规则的类型案件的法律适用问题,在再审审查中经常存在争议。如认定保险合同中免责条款的效力时,涉及对于《最高人民法院关于适用〈中华人民共和国保险法〉若干问题的解释(二)》第 11 条的具体理解与解释:免责条款与其他条款字体相同,仅加黑是否可以认定为"足以引起投保人注意"、已履行提示义务?投保人在《投保人声明》一栏中签字能否认定保险公司已经就免责条款向投保人作出说明,已履行明确说明义务?对此,实践当中不同法院有着不同的理解与认定,认定免责条款有效或无效兼则有之。此类案件给再审审查工作造成了一定的困扰,在尚未划定统一法律适用标准的情况下,目前只能根据个案情形作出相对公平的处理。

---

[7] 《合同法》第 63 条:"执行政府定价或政府指导价的,在合同约定的交付期限内政府价格调整时,按照交付时的价格计价。逾期交付标的物的,遇价格上涨时,按照原价格执行;价格下降时,按照新价格执行。逾期提取标的物或者逾期付款的,遇价格上涨时,按照新价格执行;价格下降时,按照原价格执行。"

[8] 参见江必新:《论正确处理民事审判十大关系》,载《人民司法·应用》2008 年第 21 期。

以上法律适用的常见错误类型中,前三种情况较少出现也较易识别,第四种情况“同案不同判”较为常见却难以判断,由于裁判规则的不统一和不明确,“同案不同判”的认定标准尚未得到确立,对再审审查工作形成了一定困扰,也影响了审判监督工作效能的发挥。

(三)程序类再审事由

程序正义是实现实体正义的基础,程序性问题看似微不足道,实则危害极大,诉讼程序中的一点缺位、一丝走偏都会影响当事人对司法裁判的信任感,造成司法的恣意性印象,对司法权威造成严重打击。

常见的程序类违法情形:一是遗漏或超出诉讼请求。如建设工程施工合同纠纷中,甲公司主张乙公司欠付工程款,要求给付工程款并按照合同约定承担违约金,原审判决仅就工程款作出处理,遗漏了违约金部分。二是审判组织组成不合法。如第一次一审和发回重审后的一审程序中的合议庭成员出现重复。三是未有效送达开庭传票,径行缺席判决。主要表现为没有按照法律规定穷尽直接送达、邮寄送达、留置送达、委托送达等方式,直接公告送达开庭传票。四是当事人提交的证据尤其是录音录像证据未经当庭质证。因播放设备原因或考虑耗时原因,录音录像证据在质证环节经常被忽略,但在判决中又被采纳为主要证据,裁判结果因此极易受到质疑。常见的程序性瑕疵包括:当事人申请法院调取证据,是否同意未予明确回复;未依照法定程序选择鉴定评估机构,现场勘验或提取鉴定评估物未通知双方到场;在一个诉中可以一揽子解决的本诉反诉问题,不予释明或不受理当事人反诉,让当事人另诉解决等。

再审审查实践中,虽然因程序性事由进入再审的占比较小,但判断标准较为统一,几乎不存在再审审查标准的判断困难。需要指出的是,法定程序性再审事由以外的程序性瑕疵应当引起重视,从规范司法审判、保障合法诉权的角度而言,对当事人合法诉权影响较大的程序性瑕疵可以适当引入法定程序性再审事由。

三、再审事由的修改建议

(一)事实类再审事由——严格适用、适当限缩

合理界定事实类再审事由的适用标准,必须充分认识到事实认定的复杂性和再审程序的补充性。首先,无论是从裁判事实与客观事实竞合的角度,还是裁判事实与规范事实竞合的角度,以及对裁判事实的证明程度等方面来说,判断的标准都可能是多元的。[9] 事实认定的过程会受到司法资源的有限性、调查手段的局限性、裁判者的主观性等多重因素制约,无法获得普遍的认同。上下级法院对事实认定的观点会有不同,同一法院内的不同部门、同一部门的法

---

〔9〕 参见赵承寿:《司法裁判中的事实问题》,中国政法大学出版社 2015 年版,第 187 页。

官的观点也会大相径庭。其次,一审法院在事实审方面具备天然优势,法官的司法亲历性可以得到有效保障,法官的事实认定建立在更为真实充分的证据材料的基础之上。随着诉讼进程的推进,二审、再审法官已难以获得一审法官的心证基础,心证结论的趋真性自然也难以相比。二审法院、再审法院虽然可以推翻一审法院作出的事实认定,但不一定比一审法院更接近事实真相。最后,通过再审程序救济权益的同时要注意再审程序的补充性。再审作为例外允许冲破既判力的制度,只有在裁判具有重大且明显瑕疵时,方可启动。〔10〕 在判断原审认定事实是否存在错误、是否符合再审事由时应当慎重进行权衡,如果没有达到重大明显的程度,只是事实认定不清、可能存在错误的情况,原则上不应当启动再审程序,以维护生效裁判的稳定性和权威性。

从实务角度来看,长期以来再审法院把更多的审判资源用于审查下级法院的事实认定工作,大约70%的案件因事实认定问题进入再审,但再审改判率不到50%,再审审查成为消极的诉讼程序中转站,没有充分发挥发现错误、纠正错误的功能。如此的程序空转无助于息诉止争,不仅增加了当事人的诉讼成本,浪费了司法资源,也诱发了当事人对法院的进一步不信赖、对裁判的进一步不信服。

基于以上的理论与实务分析,建议在保留已有事实类再审事由的基础上,进一步细化和限缩"原判决、裁定认定的基本事实缺乏证据证明"事由的适用:

一是举证责任分配错误导致裁判结果错误的情形,应予再审。目前举证责任分配原则的通说是法律要件说,此外还有在特殊情形下适用的待证事实说、举证责任倒置和举证责任转移等分配原则。我国关于举证责任分配的规定散见于实体法和诉讼法当中,诉讼法中规定得较为笼统,实体法中关于要件事实的规定有的并不明确甚至还有缺如。因此,举证责任分配带有一定的不确定性,容易在适用中产生偏差进而影响案件结果,建议把举证责任分配错误导致裁判结果错误的情形规定为事实类再审事由的一种,防止举证责任的滥用。

二是认定案件事实的证据明显不具备真实性、合法性、关联性或证明程度明显未达到证明标准的情形,应予再审。伪造形成、来源不合法或与待证事实不存在证真或证伪逻辑关系的证据不具备证明能力,不能作为认定待证事实的根据,应移出诉讼的场域和法官的视野,否则将影响到生效裁判的效力,引发再审。在证据具备"三性"的基础上,法官通过评估判定证据证明力的大小与强弱,综合逻辑推理和经验法则综合作出判断,对案件事实形成心证。对普通公众来说,不公正实际上就是违背常理常情,违背他们认为的具有正常心智的人

〔10〕 参见江必新:《民事再审事由:问题与探索——对〈民事诉讼法〉有关再审事由规定的再思考》,载《法治研究》2012年第1期。

合乎情理的判断。[11] 当法官对证据证明力和待证事实的认定明显违背逻辑规则和经验法则时，案件结论的可靠性失去了基本理性保障，应视为未达到证明标准，属于案件事实的错误确认。需要注意的是，一些案件虽然表面上证据不足，但通过原审法官公开的自由心证论证过程可以认定心证结论符合逻辑规则和经验法则的，应予尊重，不能轻易推翻。

三是自由裁量权具有相对性，当待证事实可依据法律规定的要件或当事人的约定予以认定，法官运用自由裁量权有向"一般条款逃逸"之重大嫌疑，或运用自由裁量权的结果明显违背公平正义时，可认定为自由裁量权的不当运用，应予纠正。自由裁量权多适用于现有证据不充足的情况下对过错比例、责任分担或损失数额等事实的认定，除非对比例或数额的认定严重不符合经验法则或普遍认知，或自由裁量权存在明显滥用，否则不应随意推翻。

（二）法律类再审事由——注重法律的统一适用

对于法律适用来说，当灵活性与确定性旗鼓相当，确定性显示出更为深远的价值和裨益。[12] 相对统一、一致的裁判能够给诉讼主体以理性的指引，增强对诉讼程序和诉讼结果的合理预期，同时可以约束法官的主观专断，维护法律的统一和尊严。"法律适用错误"的案件主要源自对法律条文的不同理解，其中"同案不同判"的现象尤为突出，"同案不同判"不仅会导致个案不公，还会妨碍法的可预测性功能的发挥，损害司法权威。随着司法责任制改革措施的不断落地，法官的自主裁判权和自由裁量权会进一步增强，裁判标准不统一、"同案不同判"的现象还有继续增加的可能。按照党的十八届四中全会决定关于"加强和规范司法解释和案例指导，统一法律适用标准"的要求，高级人民法院、最高人民法院应从职级定位和监督指导职能出发，在再审审查中更加注重裁判尺度的统一，解决辖区内法律适用不统一或不规范的问题，防止"同案不同判"的现象出现。

建议法律类再审事由在原有基础上增加"同案不同判"事由：案情基本相同但裁判结果与最高人民法院、高级人民法院的裁判规则明显不符的案件，经审查认为不具备突破裁判规则的特殊情形的，可予再审。"案情基本相同"是判断是否"同案"的前提，法律事实基本相同的案件应作为同类案件适用相同的裁判规则。裁判规则可以是立法解释、司法解释、会议纪要和指导性案例，以及由专业法官会议、审判委员会研讨确立的法律适用意见。指导性案例作为"具体到具体"的参照，可以克服成文规范解释机制固有的抽象性和局限性，有效规范和

---

〔11〕 参见胡云腾：《向群众和传统学习司法智慧》，载《中国审判》2016 年第 18 期。

〔12〕 [美]本杰明·N. 卡多佐：《法律的成长》，李红勃、李璐怡译，北京大学出版社 2014 年版，第 121 页。

限制自由裁量权,确保同类型案件法律适用的基本统一,正在发挥着越来越重要的法律解释作用。以上裁判规则确立于长期审判实践,体现了审判内在的规律性,具有普遍的指导意义,在实务操作中可作为先例予以遵守。再审审查中如果未发现裁判规则适用于原审案件存在明显不合理的情形,即应保持裁判规则的确定性和统一性,不宜另行作出自由化的不同解释。需要明确的是,对于尚未形成裁判规则的新类型案件,可充分发挥法官专门会议或审判委员会的职能作用,研究新类型案件的法律适用问题,形成统一的审判指导意见。

(三)程序类再审事由——不以影响原审结果为条件

一个社会要想真正走向理性,程序的正当性与目标的正当性同样重要。当下中国处于各种矛盾凸显的社会转型变革期,程序正义的重要性日益得到彰显,正当程序的价值愈加得到认可。“真实性并不只是经由程序产生,但却非常可能在程序中产生。”〔13〕要确保人民群众在每一个司法案件中都能感受到公平正义,加强裁判结果的可接受性,同样要在程序正义上下工夫,通过看得见的程序正义彰显司法公正,树立司法权威。程序中的违法情形虽然可能不会影响最终的裁判结果,但因程序所处理的一切事务均不合法,不能产生相应的诉讼效力。

在再审审查工作中,应贯彻程序正义与实体正义并重的理念,任何脱离程序保障的诉讼效率促进对策都将面临程序正义的质疑。具体到程序类再审事由的适用,建议统一采形式审查的宽松尺度,只要当事人提出的程序类再审事由符合《民事诉讼法》第200条规定的法定再审情形,不论是否影响原审裁判结果,均应裁定进入再审,切实保护当事人的基本诉讼权利,确保审判权的中立无偏私,维护审判程序的正当性,恢复司法应有的程序正义。有学者指出,从纠错成本角度考虑,法院应更加重视再审事由的行为导向功能,规范案件审理程序,以减少裁判被再审的可能性。〔14〕 笔者在一定程度上同意该意见,对程序类事由予以形式审查、不考虑是否影响案件结果等都是为了倒逼强化一审、二审法院的程序意识。再审审查的标准与生效裁判质量有着紧密对应的关系,相信随着审判机关的程序意识加强、程序违法情形减少,程序类事由在将来也会逐步减少适用。

综上,民事再审审查是补充性诉讼程序,其主要职能是依法纠错,对“错”的判断标准应慎之又慎,应在定位再审法院审级职能的基础上,对具体再审事由的适用即再审审查标准予以规范,限缩并谨慎适用事实类事由,着重发挥法律

---

〔13〕 [德]考夫曼:《法律哲学》(第2版),刘幸义等译,法律出版社2011年版,第6页。

〔14〕 参见郑金玉:《民事程序性再审事由及其规范化功能解析》,载《河北法学》2010年第8期。

类事由统一法律适用的功能,形式化审查程序类事由,避免裁定再审的随意性,确保再审程序正确发挥依法纠错功能。司法的权威性不是来自强制和命令,而是来自案件质量本身的说服力。民事再审审查的功能不仅在于纠错,更在于预防错误的再次发生。民事再审审查标准的规范化,有利于充分发挥审判监督指导效能,提高一审、二审裁判质量,从源头上预防、减少错案的产生。

论证明妨碍之法律效果

肖建华　黄华珍*

【摘　要】新《民事诉讼法》增设诚实信用原则向不诚信诉讼亮剑，却未确立证明妨碍制度规制当事人妨碍举证的不诚信诉讼行为。司法实践中偶见证明妨碍之适用案例，但诉讼法学界对证明妨碍的认识仍存在诸多分歧，立法之沉默、学说之争议现状亟需突破。本文在澄清证明妨碍定义和构成要件的基础上，定量分析了证明妨碍法律效果之诸学说，提出以公平原则作为证明妨碍法律效果之择定基准，视妨碍行为对被妨碍者所造成的不公平程度，兼顾制裁和预防，从低至高选择证明标准降低、自由心证、证明责任倒置三种学说。

【关键词】民事诉讼　证明妨碍　法律效果　证据　自由心证

一、问题之提出

新《民事诉讼法》增设了诚实信用原则，向司法实践中层出不穷的恶意诉讼、虚假诉讼以及滥用诉讼权利等不诚信诉讼行为“亮剑”，但对于实务中屡见不鲜的妨碍当事人举证的不诚信诉讼行为却未予以回应。[1] 与此形成对照的是，司法实践中不少法官遵循诉讼规律，突破立法之狭窄表述、学说之匮乏模糊，形成了一些有创新意义的规制证明妨碍案例。这也印证了施蒂尔纳对谨小慎微的《德国民事诉讼法》的批评，“让真实以及由此而来的实体正当性因为单纯的消极性权利作出牺牲，这从来就与追求当事人权利的正当平衡的法官的感觉相冲突”。虽然不少国家通过立法、判例以及学说确立了证明妨碍的法律规

---

* 肖建华，北京航空航天大学法学院教授，博士生导师；黄华珍，北京航空航天大学法学院民事诉讼法学专业博士研究生，现为北京德恒律师事务所合伙人。

〔1〕 仅《最高人民法院关于民事诉讼证据的若干规定》(2002) 第 75 条明确了一小部分证明妨碍行为的法律规制措施，此外，《侵权责任法》第 58 条明确了医院篡改病历的妨碍举证行为的处理。

制规则,然而有关证明妨碍构成要件及其法律效果之理论研究和实务见解仍然存在分歧,尤其是法律效果这一"证明妨碍制度最为核心的问题"〔2〕的确定化和类型化亟待进一步澄清。本文以证明妨碍法律效果为研究对象,兼论证明妨碍之构成要件,以期对证明妨碍制度之司法适用提供具体化之指南,为有效应对并遏制妨碍证明之不诚信诉讼行为提供学说参考,丰富新《民事诉讼法》诚实信用原则之具体制度。

二、证明妨碍之构成要件

国内学者对证明妨碍的内涵和构成要件存在分歧,有的持"二要件说",〔3〕有的持"四要件说",〔4〕有的持"五要件说"。〔5〕有学者认为证明妨碍是指不负证明责任的一方当事人通过作为或不作为阻碍负证明责任的一方当事人对事实主张的证明。〔6〕有学者认为,证明妨碍由妨碍行为、过错、诉讼中行为、诉争事实真伪不明以及妨碍行为与真伪不明具有因果关系五要件构成。笔者认为,明确证明妨碍的含义和构成要件对于证明妨碍法律效果的探讨至关重要,本文对证明妨碍法律效果之探讨系基于以下之证明妨碍定义。

(一)证明妨碍的主体包括双方当事人以及案外第三人

国内部分学者认为妨害人仅限于不负举证责任的当事人,〔7〕负举证责任当事人的妨碍行为可在证明责任分配原则下直接判其败诉,或通过真实义务、诚信原则及诉讼欺诈加以规范。〔8〕一般情况下,证明妨碍是由不负举证责任的当事人对承担证明责任当事人本证行为的妨碍,但是负举证责任的当事人也可能阻碍对方的反证行为,尤其当其就本证的证明已使法院达到确信之心证时,以证明责任规则败令其败诉在逻辑上无法自圆其说。而所谓真实义务、诉讼欺诈等规则在我国尚未确立,且其规则适用之效果较为迂回、间接,不如证明

---

〔2〕 姜世明:《新民事证据法论》,学林文化事业有限公司2004年版,第296页。

〔3〕 该说认为证明妨碍由可归责性的主观要件和妨碍行为的客观要件构成,参见奚玮、余茂玉:《论民事诉讼中的证明妨碍》,载《河北法学》2007年第3期。

〔4〕 该说认为证明妨碍由主体要件、客体要件、主观要件和客观要件构成,其中客观要件又包括时间、行为、结果以及因果关系要件,参见包冰锋:《民事诉讼证明妨碍制度研究》,厦门大学出版社2011年版,第162页。

〔5〕 该说认为,证明妨碍由客观要件、主观要件、时间要素、结果要素和因果关系构成,参见汤维建等:《建立举证妨碍制度,完善证据立法》,载《证据学论坛》(第8卷),中国检察出版社2004年版,第107页。

〔6〕 参见张卫平:《证明妨害及对策探讨》,载《证据学论坛》(第7卷),中国检察出版社2004年版,第157页。

〔7〕 参见同注〔5〕,第103页;同注〔6〕,第157页。

〔8〕 参见同注〔2〕,第98页。

妨碍规则救济及时。笔者认为,基于公平之考虑,应给予不负举证责任者同等之保护,此亦为国外判例和学说所认可。〔9〕当妨碍人为当事人之外的第三人时,若当事人应为第三人行为负责,如该第三人为当事人的雇佣人、代理人、被继承人等,则此第三人的妨碍行为亦构成证明妨碍。我国已出现当事人因案外第三人行为被法院认定构成证明妨碍的判例。〔10〕

(二)当事人或第三人从事了妨碍行为

所谓"妨碍行为"是指可能使证据灭失、毁损、隐匿或难以使用的行为。妨碍对象可能涉及全部证据种类,包括拒不提供证人信息,阻止证人或鉴定人作证或提供资讯,拒不配合鉴定,隐匿毁损鉴定物、勘验物,隐匿、毁损、篡改书证(如遗嘱、病历、档案)等。该"妨碍行为"既可以是积极的作为,也可以是消极的不作为。

(三)妨碍行为违反证据保存或提出义务

按照两大法系传统诉讼理论,当事人本无提出不利于自己而有利于对方之主张或证据,更不必因此遭受不利之制裁,进入20世纪以后,为谋求诉讼之实质公平,英美法系规定了当事人的证据保存和开示义务,大陆法系对当事人课以真实义务和协力义务,当事人违反保存义务或协力义务时,将招致证明妨碍之不利后果。〔11〕但若该证据涉及个人隐私或商业秘密时,亦可基于利益衡平之考量,优先保护比系争利益更重要的利益,而不适用证明妨碍规则。

在诉讼进行过程中或在诉前证据保全程序中,当事人违反证据保存或提出义务,自可成立证明妨碍。我国有学者认为证明妨碍仅限于"诉讼中实施的行为"。〔12〕考虑到当事人处分之自由,保存义务不宜过分扩张,诉讼开始之前当

---

〔9〕我国台湾地区将证明妨碍主体明确限定为"不负举证责任的一方当事人",但学界普遍认为应对此作扩张性解释,且台湾地区司法实践已突破此限制。美国、德国理论和判例对此亦持肯定态度。参见黄国昌:《民事诉讼理论之新展开》,台北,元照出版有限公司2005年版,第276页。

〔10〕参见"袁某与范某道路交通事故人身损害赔偿纠纷再审案"[(2008)沪二中民一(民)再终字第7号],后文详述。

〔11〕当事人之阐明义务的首创者德国学者们对此义务的范围存在争议,阿伦斯等主张"限定的事案解明义务",即不负举证责任的当事人原则上无义务开示对他造有利之事证,仅在实体法有规定时才负此义务;施蒂尔纳等主张"一般的事案解明义务",认为当事人的阐明义务应为一项原则,而非例外;另有施瓦布倡导折中观点,即逐项类推阐明义务之情形。为防止对客观证明责任分配理论的侵蚀和颠覆,德、日通说均采限定事案解明义务说,即除非当事人之间的实体法律关系赋予其证据提供请求权,否则不负举证责任的当事人原则上无义务开示有利于对方的证据,仅特定类型之现代型诉讼中,当"证据偏在"、对方无法其他手段获取的情况下,"例外地"科予其事案解明义务。而英美之证据开示义务范围普遍大于大陆之事案解明协力义务范围。根据1992年美国民事诉讼法,当事人不仅需开示对方请求开示之证据,还需主观开示对方未请求之证据。参见[德]米夏埃尔等编:《德国民事诉讼法学文萃》,赵秀举译,中国政法大学出版社2005年版,第199页。

〔12〕同注〔4〕,第189页。

事人原则上不负保存义务，但当诉讼具有可期待性时，即一方已通知另一方将采取诉讼行动，或合理推断当事人可能因此发生争议的情形，保存义务当然扩张至此阶段，此亦为程序法上义务。[13]

当诉讼尚不可测时，当事人的保存义务范围有多大？美国法的保存义务基础包括实体法或职业伦理规范的要求、契约上的义务、当事人积极行为自愿承担的义务（例如，公司未遵守自订的档案保存规则）以及程序法上的规定。德国法区分实体法关于保存义务规定之立法目的，若某项行为规则之设置系为保存证据，则该规范之违反可构成证明妨碍；反之则不成立。例如，关于医生制作、保存病历的义务，德国多数判例否认病历制作具有证据保全的目的，因之否认证明妨碍规则之适用，但通过"检查义务"和"检查结果确保义务"将因果关系之举证责任转换由医师负担。笔者认为，离开诉讼和诉前特定时期这个场合，若实体法规定或契约约定当事人负证据保存义务，则可适用证明妨碍规则，但违反上述规定，难谓有妨碍诉讼之"故意"，一般只能构成过失证明妨碍。我国司法实践中已经出现基于诉讼系属前之实体法规定的证据作成义务而认定证明妨碍成立的案例。某煤业公司职工王某因患尘肺病诉请单位给付退休后、被劳动鉴定委员会正式鉴定为职业病之前 7 年的职业病经济补偿，一审法院认为王某未举证证明在此期间患职业病，二审法院认为用人单位未依照《职业病防治法》等法规定期组织在岗和离岗职工职业健康检查，导致王某的正式患病时间不能确定，因此，应推定王某的主张成立。[14]

（四）妨碍行为具有可归责性

通说认为妨碍人需具有主观上的故意或过失。[15] 所谓故意应具有双重性，即妨碍人既具有明知该证据方法的证明功能而妨害对方在诉讼中使用该证据方法的意图，又具有故意灭失、毁损、隐匿该证据致其无法使用或使用困难的行为。任何一个要件缺失均仅可构成过失妨碍行为，过失妨碍包括三种情况：一是虽故意使该证据方法不能使用，但对该证据之于将来诉讼的意义因疏忽大意未预料或虽有预料但轻信能够避免；二是虽对该证据的意义有认识，但系出

---

〔13〕 对此，国外积累了丰富判例，如医师取出第一次手术遗忘之纱布后将其丢弃，法院认为纱布之大小、形状对医师过失之认定具有决定意义，遂判医师构成证明妨碍（德国 VersR 1995, 344）。参见沈冠伶：《证明妨碍法理在医疗民事责任诉讼之适用》，载《台大法学论丛》2009 年第 38 卷第 1 期。

〔14〕 参见冉崇高等：《举证妨碍在职业病工伤保险纠纷案中的适用》，载《人民法院报》2011 年 5 月 5 日，第 6 版。

〔15〕 此亦为德、日、美理论和实务界认可。唯我国台湾地区，因立法将一般证明妨碍行为限定于"故意"行为，理论界对此有争议，但多数学者认为证明妨碍应类推至过失行为（唯王甲乙等持反对意见）。

于过失而从事妨碍行为;三是对证据之意义及妨碍行为均有欠缺注意之过失。

(五)妨碍行为与证明不能或困难的后果具有因果关系

证明妨碍行为需造成证明不能或证明困难的后果,所谓证明不能是指无其他任何证据证明案件事实,证明困难是指被妨碍人需花费额外成本获取证据。通说认为就证明不能与证明困难,在法律评价上并不作区别,因实际上难以确定其界限。妨碍行为须与此证明不能或困难具有因果关系,若证明不能或困难是由其他原因造成,或妨碍行为不足以引起证明不能或困难的后果,则不成立证明妨碍。〔16〕 有学者主张证明妨碍以"诉争事实真伪不明、真伪不明与证明妨碍行为具有因果关系"为构成要件,〔17〕笔者认为"真伪不明"是穷尽一切证明手段后的状态,而证明妨碍规则恰恰是克服"真伪不明"的一项程序机制,证明妨碍法律后果规则之适用无须待到案件真伪不明之时。

综上,笔者认为证明妨碍系任何一方当事人或案外第三人因违反法定或约定的保存义务,故意或过失从事可能使证据灭失、毁损、隐匿或难以使用的行为,导致对方陷入证明困难或不能的境地,而在事实认定上,作出不利于妨碍人调整的法律制度。

三、证明妨碍法律效果学说概述

证明妨碍因妨碍对方之公平举证、干扰司法对案件事实的认定,干扰法庭秩序,将在程序法上产生一定效果,包括影响举证规则,引发拘留、罚款等妨害民事诉讼的强制措施。此外,还可能构成刑事犯罪行为和民事侵权行为,须承担刑事制裁或民事赔偿后果。〔18〕 本文对证明妨碍法律效果的讨论仅限于证据法上的效果,有关证明妨碍的证据法效果存在多种学说。

(一)证明责任倒置说、举证责任转换说

该说认为,应将被妨碍者对待证事实的证明责任转交妨碍者承担,使其陷于受败诉判决之危险,以便防止证明妨碍情事之发生。该说的理论依据有损害

〔16〕 德国BGH, NJW1984, 1403判例表明,虽手术记录未明确记载将原告置于手术台的状况,但此并未造成举证不利影响,无减轻原告举证责任的必要。参见沈冠伶:同上注[13],第234页。

〔17〕 同注〔5〕,第109页。

〔18〕 在我国,妨害民事诉讼证明活动的行为未入罪,因此刑事制裁尚无法实现。但依据《关于民事诉讼证据的若干规定》第80条第2款,法院可以针对诉讼中证明妨碍行为采取罚款、拘留的强制措施。司法实践中也出现了此类案例,河南省某村民李某向康某借钱1600元,并出具欠条,后李某拒不还钱,且屡次试图抢夺欠条。康某诉诸法庭后,李某当庭抢夺欠条并吞食,法官遂判康某胜诉,并对李某处以拘留15天、罚款1000元的决定。参见毕玉谦:《民事诉讼证明妨碍研究》,北京大学出版社2010年版,第10页。

赔偿义务说、期待可能性说、危险领域说、公平说。〔19〕对于此证明责任之含义，有学者主张应为客观证明责任，即采证明责任倒置说；〔20〕有学者主张应为主观证明责任，即采举证责任转换说；〔21〕也有学者采二元说，认为主、客观证明责任转换的效果都可能发生。德国法院判例曾以“证明责任倒置”作为通常见解，但19世纪60年代以后，实务见解出现分歧，有的仍采举证责任转换说，有的采证据评价说。〔22〕学者对该说的批评多集中于其缺乏弹性，无法妥当处理各类妨碍行为，尤其是将故意与过失行为在效果上等量齐观，未区分妨碍辅助事实、间接事实或主要事实之证明，可能使被妨碍人获得超过限度的利益，从而导致不公正。〔23〕

（二）自由心证说

该说认为，存在证明妨碍之情事时，法院可认举证人之事实主张为真实，但如妨碍者申请证据调查，法院仍应依一般原则为证据调查，且依调查证据之结果及全辩论意旨，依自由心证确信举证人之事实主张为不真实时，应认定其为不真实。通说认为我国台湾地区有关证明妨碍的立法采取了自由心证（自由证据评价）说。对于所应认定真实的对象究竟是证据主张抑或事实主张，我国台湾地区通说认为，若对方未参与证据之作成或保存，不知证据内容为何时，可以进一步认定对方关于待证事实之主张为真实。此说缓和了举证责任转换之严苛和欠缺弹性的缺点，法官可根据不同情形采取不同判断。但批评者亦认为该说容易发生法律上不安定之危险，因为对当事人而言，究竟是举证责任转换还是证明减轻，难以预见。〔24〕大多数学者主张寻找若干标准以确定法官自由裁量之分界，以保全可预测性之原则。

（三）证明标准降低说

该说认为，应降低被妨碍一方对待证事实的证明标准。在具体实现路径上，学者见解不同：日本学者伊藤真认为应将证明标准降低作为证明妨碍的法律效果，如此一来，即使证明主题是间接事实与辅助事实，也能产生降低证明标准的效果，原则上应将证明标准降低至相当于“证据优越（五分五）”的程度。〔25〕德国学者 Massen 等主张将自由证据评价理解为依自由裁量之证明度确定，并以优越盖然性作为其认定事实的证明度基准。德国学者 Baumgaertel

---

〔19〕参见骆永家：《证明妨碍》，载《月旦法学杂志》2001年第2期。

〔20〕同注〔6〕，第163页。

〔21〕参见汤维建等：同注〔5〕，第112页。

〔22〕同注〔2〕，第155页。

〔23〕参见许士宦：《证明妨碍》，载《月旦法学杂志》2001年第9期。

〔24〕同注〔2〕，第187页。

〔25〕同注〔9〕，第190页。

主张在故意之证明妨碍情形下认定被妨碍人之主张为真实,对重大过失者适用优越盖然性,对轻过失者适用低度盖然性。[26] 但我国大陆学者基于自由心证原则未获正统法理认可以及司实实践的现实状况,基本不主张采取此学说。[27]

(四)推定主张成立说

基于《最高人民法院关于民事诉讼证据的若干规定》第75条"有证据证明一方当事人持有证据无正当理由拒不提供,如果对方当事人主张该证据的内容不利于证据持有人,可以推定该主张成立",国内大部分学者认为此规则确立了"推定主张成立说",其合理性根据在于"证据内容不利于己的人具有拒不提出或毁灭证据的动机"的经验法则。有学者认为,当事人双方相互制约与刑事惩罚机制有助于预防被妨碍人提出过于不符合真实的主张。但也有学者主张该规定实质效果等同于"证明责任倒置"。[28]

(五)拟制自认说

该说由德国学者施蒂纳尔提出,指若不负证明责任的当事人有证明妨碍行为时,负举证责任当事人的主张视为被自认,仅当法院对相对事实获得确信,或在较轻微证明妨碍者能获得优越性之确信时,主张事实之真正拟制才可被推翻。《德国民事诉讼法草案》最初在违反协助义务(事案解明义务)的情况下要使用"拟制不真实"作为惩罚,因为人们希望赋予法官自由证据评价以优先地位,所以放弃了这一学说。[29] 美国法院"直接为终局判决"的措施在效果上类似于拟制自认,即法官不经陪审团之认定,直接为原告或被告的败诉判决,但此种制裁因最为严厉而鲜为法院采用。[30]

四、证明妨碍法律效果学说评析与选择

证明妨碍制度之本质是为了扩充当事人之证据搜集权利、缓和负证明责任一方的举证负担,以纠正纯粹辩论主义或对抗制下当事人无法实现平等武装的实质公平问题。证明妨碍总是涉及对证明责任分配规则的调整。在考虑"何种法律效果方属适当"的问题时,通常考虑救济、惩罚以及赔偿三种功能。[31] 从逻辑上来看,证明妨碍情形发生后,可能适用的效果有以下四种(见以下模型):

---

〔26〕 同注〔13〕,第189页。
〔27〕 参见张卫平:同注〔6〕,第169页。
〔28〕 同注〔5〕,第114页;同注〔6〕,第160页。
〔29〕 同注〔11〕,第121页。
〔30〕 同注〔9〕,第232页。
〔31〕 同注〔30〕,第254页。

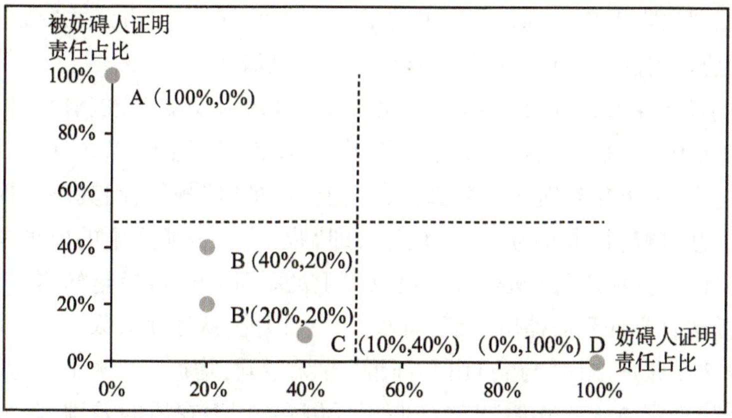

方式一：保持原证明责任分配规则（A 点），即证明责任仍全部由被妨碍者承担。此对妨碍人最为有利，其因妨碍行为获得不当之优势，但不利于预防妨碍行为的发生，于被妨碍者则显失公平。

方式二：部分减轻被妨碍者之证明责任，同时部分加重妨碍者之证明负担（第二、四象限）。此具有灵活性，在大部分情况下应该能够回复当事人之间的公平。笔者认为举证责任转移说、推定主张成立说、自由心证说、证明标准降低说均属于“方式二”，下文将详解。

方式三：将客观证明责任倒置于妨碍者（D 点），即待证事实之证明责任全部交由妨碍人承担。此举对被妨碍人最为有利，且最能发挥惩罚和预防作用，但在某些情形下可能使被妨碍者取得比未有妨碍行为时更为有利之地位，例如，当妨碍人非基于故意致证据毁损、被妨碍人主张非真实之权利主张时，若一概倒置证明责任可能有失公平。笔者认为，我国《侵权责任法》第 58 条确立了证明妨碍的证明责任倒置规则，该条规定“患者有损害，若医疗机构隐匿或者拒绝提供与纠纷有关的病历资料，伪造、篡改或者销毁病历资料，推定医疗机构有过错”，也就是说，原则上过错要件由患者承担证明责任，当医疗机构出现上述妨碍举证行为时，推定其有过错，医疗机构对“无过错”承担本证义务。

方式四：拟制妨碍人自认被妨碍人的事实主张，将待证事实视为无须证明，直接认可妨碍人的事实主张。此举明显改变了证明责任规则的意义（无法在上述模型中反映），“当履行了（阐明）义务时，就不会出现真伪不明的情况；当未履行义务时，之后出现了拟制”。〔32〕 此系对妨碍行为人最严厉的惩罚，制裁、预防效应大于救济效应，且与案件真实相违的可能性较大，鲜为各国立法、学说或司法实践采用。

笔者认为“方式一”明显不符合公平原则，“方式四”之激进主义做法较难

〔32〕 同注〔13〕，第 256 页。

适应我国司法之现状,“方式二”和“方式三”较为可取,但“方式二”包含多种学说,各学说之内涵界定和相互关系有待进一步澄清。

(一)推定主张成立说、举证责任转移说与自由心证说效果相同

我国《民事证据规定》第75条使用了“可以推定该主张成立”的用语,从文义解释上看,本条并未确立一个真正意义上的“推定”规则,因其仍然保留了法官的自由裁量权,其本质为“事实推定”,即“推论”,〔33〕所产生的效果是法官对被妨碍者的主张形成初步心证,主观意义上的举证责任转换至妨碍者,即妨碍者为动摇法官心证只需提出反证,而非本证。因此,从法律效果上看,我国学者所谓“推定主张成立说”与“自由心证说”并无不同,均产生“举证责任转移”的效果。但“推定主张成立说”与“证明责任倒置说”存在质的差别,若采后一学说,则妨碍者须就待证事实承担本证义务;若采前一学说,则妨碍者只需承担反证义务。

(二)证明标准降低说与自由心证说效果有差别

“证明标准降低说”也减轻了被妨碍者的证明负担,使举证责任提前转移至妨碍者,有学者主张“与其降低证明标准,不如由法官直接自由裁量证明妨碍的法律效果”,也有学者主张以证明标准说取代自由心证说。〔34〕笔者认为,二学说在实际效果上存在差别,无法相互取代。在证明标准降低说下,无论证明标准降低至何种程度,〔35〕被妨碍人仍然须根据客观证明责任之影射承担一定程度的提出证据责任,若其未完成被降低了的举证负担,举证责任不至转移至妨碍者,应承担败诉结果。以图示之,证明标准降低说的效果可以B点示例,被妨碍者对待证事实的证明标准因对方的妨碍行为从高度盖然性降至优势盖然性(50%~60%,B),或从优势盖然性降至低盖然性(20%~30%,B)。但在自由心证说下,法官直接根据“证明妨碍事实”推论被妨碍人的证据主张或事实主张为

---

〔33〕就法律推定与事实推定的区别,罗森贝克指出:“根据一个经验规则(事实推定),法官以自由的证明评价方法,从确定的案件事实中推出有争议的主张的真相……其结果是,给另一方当事人保留进行反证的权利……(法律推定)法官即将推定的事实作为判决根据,不是法官从推定的先决条件中得出推定的事实,而是法律对此作了规定。因此,通过相反的证明来对法律中的推定予以反驳不是反证,而是本证……简言之,经验规则与法律上的事实推定之间毫不相干”。参见[德]莱奥·罗森贝克:《证明责任论——以德国民法典和民事诉讼法典为基础撰写》,庄敬华译,中国法制出版社2002年版,第156页。

〔34〕同注〔5〕,第113页;同注〔6〕,第169页。

〔35〕关于证明标准之层级,学界有不同见解,通常认为概念及心理学上存在四种可能之证明标准,即初步表面之证据(低盖然性,大致介于20%~30%)、优越之证据(优越之盖然性,大致介于50%~60%)、明白有力之证据(高度盖然性,大致在80%以上)以及超越合理之怀疑(排除合理怀疑标准)。通常认为仅刑事诉讼中存在排除合理怀疑标准,对民事诉讼基准之证明标准,大陆法系通说为高度盖然性标准,而英美法系通常为优势证明标准。

真，被妨碍者几乎无须就待证事实承担证据提出义务（前提是其完成对证明妨碍事实的证明活动），举证责任较“证明标准降低说”而言更早转换至妨碍者，妨碍者承担更重的举证责任，可以 C 点示之。

综上，证明妨碍法律效果诸学说中，“推定主张成立说”“举证责任转移说”与“自由心证说”效果相同，而拟制自认说不足取。因此，笔者主张以证明标准降低、自由心证、证明责任倒置三种学说为核心构建我国证明妨碍法律效果规则。

五、我国证明妨碍法律效果之司法适用

（一）证明妨碍法律效果之择定基准

国内学者大多主张根据个案情况，综合考虑妨碍行为人的可归责程度，该证据之重要性、证据之可替代性等因素，选择适用推定举证人主张为真实、直接认定妨碍者拟制自认，或针对该等事实降低证明标准，甚至在必要时转换证明责任等效果，即采“多元说”。[36] 基于上文之分析，笔者认为证明妨碍仅有三种法律效果，依对被妨碍者救济程度，由低至高可排序为“证明标准降低—自由心证—证明责任倒置”。对于证明妨碍法律效果之择定基准，我国台湾地区学者黄国昌提出“单一说”，即应以“对被妨碍者所造成不公平之程度”作为标准，考虑之焦点应置于“如该证据存在对被妨碍者之证明活动所将产生的影响”，而非“妨碍者之主观归责程度”，即使妨碍者基于过失致证据毁灭或难以使用，若严重影响被妨碍者的证明活动，则其法律效果不应与故意者有不同。

笔者认为“单一说”对司法实践具有更清晰的指引作用。反观多数学者主张之多元化选择基准：“证据之可替代性”标准不应涉及证据法效果问题，因若可借由其他证据替代，则应直接考虑费用补偿或惩罚问题；“证据之重要性”标准在证据拒不提出或毁灭的情况下，往往无法衡量。实际上，“多元说”只能委于“妨碍者之主观可归责性”这一标准。“多元说”与“单一说”之关键性区别在于，当妨碍者过失妨碍时是否能够适用与故意妨碍相同之效果？笔者认为，由于故意与过失在很多情况下较难界分，传统“多元说”具有指引不明之缺点；即使在妨碍者之主观状态能够分辨的情况下，“多元说”亦有过于僵化之嫌，对故意妨碍者课以较重之后果固然贯彻了“制裁”之政策，然对过失者一概轻处在特定情况下却可能有失“公平”。当然，这不意味着妨碍者的主观可归责性对法律效果的选择失去意义，其仍可作为“对被妨碍者所造成不公平程度”之“征表”。[37]

---

〔36〕 参见占善刚：《证明妨害论——以德国法为中心的考察》，载《中国法学》2010 年第 3 期。
〔37〕 同注〔9〕，第 133 页。

(二)证明妨碍法律效果择定之类型化分析

以“公平”作为证明妨碍法律效果择定之基准,并不排斥“制裁”之政策目标,在对故意妨碍行为适用法律效果时,仍应考虑是否有利于“预防”未来妨碍行为的发生,即其所受之不利后果应超过基于妨碍行为可能获得之利益。基于此,笔者提出以下证明妨碍法律效果适用之建议。即以公平原则为主要考虑标准,在妨碍者为故意妨碍情形下兼顾制裁和预防原则,根据妨碍行为对被妨碍者所造成的不公平程度,从低至高选择适用证明标准降低、自由心证和证明责任倒置三种学说。具体而言:

(1)在故意妨碍情形下,至少应推论被妨碍者证据主张为真,当被妨碍者无从知悉证据内容时,推认事实主张为真,从而由妨碍者就待证事实提出反证,即采自由心证说。故意情形严重时,可将待证事实的本证义务赋予妨碍者,即采证明责任倒置说。

(2)在过失情形下,可先降低被妨碍者对待证事实之证明标准,若降低证明标准不足以弥补被妨碍者之举证手段,则直接推论被妨碍者的证据或事实主张为真。妨碍者违反实体法规定或合同约定诉前证据保存义务的,可按照过失证明妨碍处理。

(3)若妨碍者妨碍对象为间接或辅助事实之证明,可先采用降低证明标准说,例如,被妨碍者原拟以间接证据A和间接证据B共同证明待证事实,若证据A之举证被妨碍,则证据B之提出视同完成举证义务,此时直接降低证明标准的方法足以救济被妨碍者。但若被妨碍证据为可证明待证事实之唯一证据,证明妨碍之法律后果可升级至自由心证或举证责任倒置。

(4)负证明责任一方当事人妨碍对方反证时,可直接推论对方的证据或事实主张为真,因反证本无须达到基准之证明标准高度,降低证明标准的方法将失去救济意义。

(三)证明妨碍法律效果适用之实证思考

在司法认知过程中,证明妨碍法律效果规则之判定可分三步:首先判断妨碍者是否具有保存、提出证据义务,若无证据提出义务,则不应适用证明妨碍规则;其次判断是否存在其他证据方法替代证明,若然,则仅须就判令妨碍者承担额外支出的费用,无须适用证据法效果;最后当证据无可替代时,应视案情按照上述规则择定法律效果。笔者将以案例加以说明:

案例一:孙某持有王某出具的19万元欠据诉至法院,称王某已偿还4万元,现尚欠15万元,请求法院判令王某偿还15万元欠款。王某辩称,19万元欠据已偿还完毕,后又向孙某出具了10万元的欠据,但19万元欠据没有收回,因孙某称欠条已丢失,孙某为王某另出具了一份写有“王某此欠条有效,其他无效,无其他经济纠纷"的字据。孙某辩称此字据系指 19 万元欠款,而非 10 万元欠款。一审法院认为王某未提出足够证据证明 19 万元欠款已还的事实,遂判决王某败诉。二审法院认为孙某主张理由存在种种违背常理之处,因 19 万元欠条是在 2002 年 9 月出具,且就是有效的欠条,并不需要再次说明,另从孙某给王某出具的字据,应推定除此欠条外还有其他欠条存在。根据《最高人民法院关于民事诉讼证据的若干规定》第 75 条规定,孙某不提供不利于自己的证据,可以推定王某主张 10 万元欠据事实成立,因双方对已偿还 4 万元事实均无异议,故二审法院依法改判,王某给付孙某借款 6 万元。[38]

上述案例涉及证据提出义务的判断问题,证据之未提出既可能因为客观上根本不存在此证据,也可能因妨碍证明者之可归责行为导致原本存在的证据毁灭或本应作成的证据未作成,证明妨碍规则以客观上存在或应当存在此证据为前提。然而诉讼中证据提出义务的明辨实非易事,需法官在自由心证下运用经验法则加以判断。案例一中,二审法院正确地推断出 10 万元欠条存在的概率较高的事实,赋予原告孙某证据提出义务,并基于证明妨碍规则令原告败诉。假设被告王某未提供上述字据,仅仅口头辩称 19 万元欠款已还,则可以认为此事实存在的概率较低,孙某不存在证据提出义务,可直接基于证明责任分配规则令王某败诉。

案例二:袁某骑驶自行车与范某无证驾驶的无号牌摩托车发生交通事故,袁某倒地受伤,范某送袁某至医院。次日,双方前往交警大队处理,交警大队以双方未在事故现场报警,致现场变动、证据灭失为由拒绝作出责任认定,双方诉至法院。一审判决范某承担 30%的赔偿责任,二审维持原判。后检察院以范某在事故后令其妻将摩托车和自行车撤离事故现场为由,认为范某构成证明妨碍,提出抗诉。法院再审过程中查明,事故发生时民警施某路过现场,告知范某和袁某应报交通队勘验现场,范某送袁某去医院后,施某又用粉笔描画自行车倒地位置,并对赶至现场的范某妻子顾某说明在交通勘验前人和车均不能离开现场。据此再审法院认定范某"客观上造成袁某对事故事实的举证困难",判令范某承担 60%的赔偿责任。[39]

笔者认为,案例二中范某指示其妻破坏事故现场的行为导致双方在事故中的责任无法被正确认定,其行为系故意违反《道路交通安全法》规定之保护现场

---

〔38〕 案例来源参见孙玉明:《妨碍举证推定规则的理解与适用》,载辽宁省沈阳市中级人民法院网:http://syzy.chinacourt.org/public/detail.php? id=927,2017 年 3 月 2 日最后访问。

〔39〕 案例来源参见"袁某与范某道路交通事故人身损害赔偿纠纷再审案",(2008)沪二中民一(民)再终字第 7 号,载北大法宝:http://www.pkulaw.cn/case/pfnl_1970324837273159.html,2017 年 3 月 2 日最后访问。

和报告义务,构成证明妨碍。若非范某在事故中责任较大不至从事掩饰行为,即使袁某对事故亦负有一定责任,为制裁范某的证明妨碍行为,为社会一般人明示正确之行为规范,直接根据证明责任倒置说判令范某对事故承担全部责任亦无不可。但若本案中范某系因不明法律规定,出于不妨碍公共交通等考虑而将事故车辆转移,导致事故责任无法被认定,则一概认定袁某之主张,有失公平,此时令范某承担60%之事故责任则较为妥当,即可采证明标准降低说。

林农权益保护视角下的集体林权流转制度问题研究

袁淼英*

【摘　要】林权流转是集体林权制度改革的关键环节，林权流转是否能够顺利进行直接关乎林农的经济利益能否实现，林农的利益能否在林权流转过程中得到有效保护，是检验以“生态受保护，农民得实惠”为目标的集体林权制度改革成功与否的重要标准。当前，我国集体林权流转制度中存在林权相关概念界定不明确、林权流转主体不当限制、流转市场配套服务不完善等问题，严重影响了林农的正当权益。基于此，应当通过完善集体林权流转法律体系，明确界定相关概念，规范集体林权流转的内容及程序；调整对林权流转主体的不合理限制，确保林农流转林权的基本权利；完善集体林权流转市场配套服务制度，来有效保障林农在林权流转过程中权益不受损害。

【关键词】林权　物权　林农权益　集体林权流转

我国从1995年开始进行集体林权流转，最初主要允许四荒用地使用权通过委托经营、招标等方式流转；到1998年，修订后的《森林法》规定了部分林权流转的方式；[1]2003年和2008年，国务院分别就林权流转具体办法的制定提出了要求；[2]2013年，国家林业局对加强集体林权流转管理工作提出了四项要

---

* 袁淼英，北京航空航天大学法学院博士研究生。

〔1〕 1995年国家体改委和林业部联合下发的《林业经济体制改革总体纲要》，明确指出要以多种方式流转“四荒地使用权，开辟人工活立木市场，允许通过招标、拍卖、租赁、抵押、委托经营等形式，使森林资产变现”。1998年《土地管理法》第9条规定，“国有和农民集体所有的土地，可以依法确定给单位或者个人使用”。1998年《森林法》第15条规定了森林、林木、林地使用权可流转的范围和方式，并授权国务院制定林权流转的具体办法。

〔2〕 2003年6月25日国务院发布的《中共中央国务院关于加快林业发展的决定》第14条再次明确要求“国务院林业主管部门要会同有关部门抓紧制定森林、林木和林地使用权流转的具体办法，报国务院批准后实施”。2008年6月8日，中共中央、国务院发布《关于全面推进集体林权制度改革的意见》明确要求：“规范林地、林木流转。在依法、自愿、有偿的前提下，林地承包经营权人可采取多种方式流转林地经营权和林木所有权。”

求,同时,全国部分省、市、自治区先后颁布了林权流转的管理条例或管理办法,来完善集体林权流转的程序,加强政府对流转的监管,建立有序的集体林权流转的秩序,鼓励和支持集体林权的流转。[3] 2015年,中共中央、国务院发布的《生态文明体制改革总体方案》提出要建立权责明确的自然资源产权体系,适度扩大自然资源使用权的权能。[4] 2016年7月,国家林业局为使集体林权流转顺畅,就如何切实避免流转过程中存在的各种"乱象",发布了相关改善意见。同年11月,国务院办公厅发布了关于完善集体林权制度的意见,提出要贯彻农村土地"三权分置"思想,落实集体所有权、稳定农户承包权、放活林地经营权;要引进社会资本发展林业,发挥市场在资源配置中的决定性作用;要巩固集体林地家庭承包基础性地位,加强农民财产权益保护。[5]

我国集体林权的流转在一系列的改革中不断发展,但是到目前为止,没有一部法律专门对林权以及林权的流转进行规范。集体林权流转及其相关内容的规定,分散在法律、法规以及规章中。[6] 法律规定之间的冲突以及政策与法律的不衔接往往造成人们对集体林权流转的误读,规定的不合理也阻碍了集体林权流转的顺利进行。同时,集体林权流转市场配套服务的不完善也使林权流转受阻,严重影响了林农的合法权益。

一、集体林权流转制度中存在的主要问题

(一)林权概念界定不清

"林权"这一概念虽然在我国林权改革实践中被广泛应用,但严格来讲,这

〔3〕 2013年3月21日,国家林业局发布《国家林业局关于进一步加强集体林权流转管理工作的通知》对各省、自治区、直辖市林业厅(局),新疆生产建设兵团林业局,国家林业局各司局、各直属单位明确提出四项要求:"一、坚持依法、自愿、有偿流转原则,切实保障农民林地承包经营权;二、规范林权流转秩序,防范林权流转风险;三、完善制度,全面加强林地承包经营权流转监管工作;四、加强领导,确保林权流转健康有序发展。"

〔4〕 2015年9月21日,中共中央、国务院发布《生态文明体制改革总体方案》第2条第6项。

〔5〕 2016年7月29日,国家林业局发布《国家林业局关于规范集体林权流转市场运行的意见》(林改发〔2016〕100号),为使集体林权流转既顺畅,又切实避免"乱象",就流转林权的范围、流转原则、流转秩序、林权流入方资格、流转服务、流转用途监督、流转市场监管等方面提出了改善意见。2016年10月30日,中共中央办公厅、国务院办公厅印发了《关于完善农村土地所有权承包权经营权分置办法的意见》(简称《"三权分置"意见》),坚持农村土地集体所有制不变,将土地承包经营权分为承包权和经营权,实行所有权、承包权、经营权分置并行。2016年11月16日,国务院办公厅发布《国务院办公厅关于完善集体林权制度的意见》(国办发〔2016〕83号)。

〔6〕 《宪法》规定了森林等自然资源所有权的归属。《森林法》规定了森林、林木、林地的所有者和使用者的合法权益受法律保护。《物权法》从物权的角度规定了土地承包经营权的物权性质以及土地承包经营权流转的方式和期限。《农村土地承包法》规定了土地承包经营权流转的方式、条件等。《森林法实施条例》规定了国家依法保护林业经营者的合法权益。国家林业局发布的《林木和林地权属登记管理办法》规定了林权登记相关内容。

还是一个颇具争议的概念。从我国《森林法》《森林法实施条例》《物权法》以及《农村土地承包法》等法律的相关规定看，“林权”这个概念并未在法律上使用，而是以“林权证”这一词汇出现。有部分涉及“林权”的部门规章将林权定义为森林、林木、林地的所有权或使用权。〔7〕在广西、浙江和四川省颁布的林权流转管理办法等地方法规规章中对林权的概念进行了界定，不过各地对林权的定义存在一定的差异。〔8〕

对于林权的概念，当前在我国学术界也没有统一的认识，林旭霞等认为，在民法中的林权应当是一种建立在国家、集体森林资源所有权基础上的限定物权。〔9〕李延荣认为，林权是林木的所有权。〔10〕张璐认为林权是一种“非所有利用”的用益物权，权利形态类似于水权、矿业权。〔11〕林旭霞等也认为，林权是一种自然资源用益物权，即从森林资源这种自然资源所有权中派生出来的权利。〔12〕宫丽彦认为，林权是指林权权利人对森林、林木、林地享有的所有权、用益物权和担保物权，国家和集体是林权的主体。〔13〕刘先辉以林权内容的类型化、包含价值多重性为基础，对林权进行定义，认为林权是权利人依照法律对涉林客体所包含的多种价值，实现其权能的集合性权利。〔14〕从学者们对林权的界定可以看出，争议点主要在两个方面，一是林权的主体是否应当包括国家和集体；二是林权的客体是否应当包括森林资源国家和集体所有基础上的林地所有权。

（二）集体林权流转形式中对相关主体的不合理规定

集体林权流转形式是指集体林权权利人将其林权的全部或部分转移给他人的具体方式，以及这些方式的约束条件和程序等。根据我国《农村土地承包

---

〔7〕林业部 1996 年发布的《林木林地权属争议处理办法》第 2 条规定，“本办法所称林木、林地权属争议，是指因森林、林木、林地所有权或者使用权的归属而产生的争议”。

〔8〕《广西壮族自治区集体林权流转管理暂行办法》（2012）第 2 条第 1 款规定：“本办法所称集体林权是指集体所有制的森林或林木所有权、使用权和林地使用权（以下统称林权）。”《浙江省林权流转和抵押管理办法》（2011）第 3 条第 1 款规定：“本办法所称的林权是指除国有林地、林木以外的林地承包经营权以及林木的所有权和使用权。”《四川省林权流转管理办法（试行）》（2009）第 3 条第 1 款规定：“本办法所称林权是指森林、林木的所有权和使用权以及林地的使用权；林权流转是指将林权全部或者部分，依法由一方转移给另一方的行为。”

〔9〕参见林旭霞、张冬梅：《林权的法律构造》，载《政法论坛》2008 年第 3 期。

〔10〕参见李延荣：《浅谈林权制度改革中的“林权”》，载《法学杂志》2009 年第 1 期。

〔11〕参见张璐：《“林权”概念的误读与理性认识》，载《中国地质大学学报》（社会科学版）2010 年第 1 期。

〔12〕参见林旭霞、张东梅：《林权概念的体系化研究》，载《东南学术》2011 年第 6 期。

〔13〕参见宫丽彦、徐平：《林权概念内涵和外延的法律界定》，载《环境保护》2011 年第 16 期。

〔14〕参见刘先辉：《“林权”概念的法学分析》，载《国家林业局管理干部学院学报》2015 年第 3 期。

法》《农村土地承包经营权流转管理办法》等相关法律文件和社会实践，集体林权流转方式一般有转让、转包、入股、互换、出租、抵押等方式。在我国现行的集体林权流转制度中，林权流转主体双方的资格不仅会受到各种限制，还时常会遭到当事人以外的第三方进行各种不合理的干预。

第一，对出让方的资格限制。集体林权取得的方式有“家庭承包”和“其他方式承包”两种。“其他方式承包”指的是通过招标、拍卖、公开协商等方式取得四荒地承包经营权，对于以这种市场化行为取得集体林权的主体，我国法律未对其资格作出限制，只要权利人依法取得林权，并登记取得林权证，一般允许其通过各种方式流转。但法律对通过“家庭承包”方式取得林地承包经营权的承包人以“转让”方式流转土地的资格进行了出让方必须“有稳定的非农职业或者有稳定的收入来源”的严格限制。〔15〕 根据相关规定，如果出让方的资格不符合上述规定，其转让的林地承包经营权，受让方会因该林权被排除在登记发证的范围之外而无法得到物权法上的保护。〔16〕

第二，对受让方的限制。我国《农村土地承包经营权流转管理办法》依据集体林权流转方式的不同，对受让方的主体资格进行了相应的限制，主要体现在“主体身份”问题上，包括必须是同一集体经济组织成员和农户。〔17〕 2016年《国家林业局关于规范集体林权流转市场运行的意见》再次强调“对家庭承包林地，以转让方式流转的，流入方必须是从事农业生产经营的农户”“林权流入方应当具有林业经营能力”。

第三，发包方的干预。在集体林权流转过程中，发包方干预的问题主要体现在“经发包方同意”这一规定上，这是对以家庭承包取得的林地承包经营权“转让”的限制性条款。林农如果转让通过家庭承包取得的林地承包经营权，必

〔15〕 《农村土地承包法》第41条规定，承包方有稳定的非农职业或者有稳定的收入来源的，经发包方同意，可以将全部或者部分土地承包经营权转让给其他从事农业生产经营的农户，由该农户同发包方确立新的承包关系，原承包方与发包方在该土地上的承包关系即行终止。

〔16〕 《国家林业局关于进一步加强和规范林权登记发证管理工作的通知》第4条第2项规定：“各级林业主管部门要把权属证明文件是否合法有效以及申请人是否具有申请资格作为林权登记审查的重点。按照《农村土地承包法》的有关规定，因农村集体林地承包经营权发生流转，当事人申请林地承包经营权变更登记时，对于以下几种情形应当不予登记：……3. 没有稳定的非农职业或者没有稳定的收入来源的农户，将通过家庭承包取得的林地承包经营权转让给其他从事农业生产的农户，受让方申请登记的……”《物权法》第9条规定，不动产物权的转让，未经登记不发生效力。

〔17〕 根据《农村土地承包经营权流转管理办法》(2005)第35条的规定，以转包、互换方式流转林地使用权的，要求受让方和出让方必须是“同一集体经济组织”的农户；以转让方式流转，要求流入方必须是“其他从事农业生产经营的农户”；以入股方式流转，如果是家庭承包方式取得的林地使用权进行入股，法律强调是“实行家庭承包方式的承包方之间”，可以推知双方应皆为农户。

须经发包方同意后,受让方才能取得该林权。[18]

（三）集体林权流转市场配套服务不完善

林业相对于其他农业产业而言,有其特殊性。首先,林木具有自然生长周期长的特性。生长速度最快的速生丰产林要 3~4 年成材,更多的树种需要 10 年以上才能生长成为木材使用。其次,所需的劳动生产时间短。林木从种植到采伐,中间需要经历很长时间的自然生长。因此,正规化的林业应当是大面积林地规模化经营的产业。林权流转是林业作为产业化经营的关键环节,完善的林权流转制度是促进林业产业化发展的基本保障。一项完善的集体林权流转制度,除了要规范集体林权流转的法律规范体系,还应当积极建立森林资源资产评估制度、林权流转的法律咨询制度、林业保险制度等配套制度。

第一,森林资源资产评估体系不健全。特定的人所有或占有并能通过提供可交易的产品或服务获得经济收益的森林资源被称为森林资源资产,包括森林、林木、林地等。[19] 集体森林资源资产评估是指有资质的评估人根据资产评估标准和相关法规的规定,在特定的条件下对集体所有的森林资源资产的价值进行分析、估计,并出具专业评估意见的行为和过程。[20] 集体森林资源资产的评估具有很强的技术性和专业性,因此,对评估机构评估能力和相关资质具有很高的要求,而资产评估机构设立的要件之一是评估人员必须具有相应的国家注册资产评估师资格,即通过省级以上价格主管部门的价格评估机构资质认定和价格评估人员执业资格认定。依据 2006 年《森林资源资产评估管理暂行规定》,参与评估的机构有两类,一类是由国资系统批准设立的综合性资产评估机构,另一类是林业部门管理的森林资源调查规划设计单位和林业科研教学单位,这两类评估机构中的森林资源资产评估专家和评估人员的资格仅由国家林业局与中国资产评估协会共同评审认定、培训取得。[21] 评估人员依此取得的执业资格显然不符合法律规定,据此成立的评估机构也明显缺少合法基础。另外,这些具有“公”背景的评估专家和评估人员的执业权威性与公正性也会受到公众的质疑,评估结果的可接受性被大打折扣。

---

[18] 依《农村土地承包法》第 37 条、第 41 条,《农村土地承包经营权流转管理办法》第 11 条、第 18 条、第 35 条第 1 款等规定,农地家庭承包经营权的转让须“事先向发包方提出转让申请”,只有“经发包方同意后”,当事人才“可以要求及时办理农村土地承包经营权证变更、注销或重发手续”。2005 年《最高人民法院关于审理涉及农村土地承包纠纷案件适用法律问题的解释》第 13 条更加明确规定,“承包方未经发包方同意,采取转让方式流转其土地承包经营权的,转让合同无效”。

[19] 参见佟超:《森林资源资产评估有关问题的研究》,载《中国农业信息》2013 年第 17 期。

[20] 参见陈平留等:《森林资源资产评估》,高等教育出版社 2010 年版,第 7 页。

[21] 参见《森林资源资产评估管理暂行规定》(2006)第 12 条、第 13 条。

第二,林权流转相关法律宣传不到位。林农的文化程度普遍不高,法律意识也比较淡薄。实践中,国家对《森林法》《物权法》《农村土地承包法》等与集体林权流转相关的法规政策宣传力度不够,林农对此了解的不多,甚至还有很多林农完全没有意识到林权是一种财产权、物权;对林权流转在内容、形式和程序上的相关法律规定更知之甚少。很多地方,在林权流转的具体操作过程中,林权流转的相关事项都是由村干部说了算,林农的意愿不能得到充分体现。有些乡村集体经济组织将林地流转简单地视为集体创收的主要途径,无视法律规定,违背林农的意愿强行进行林权流转,甚至将林农已经取得承包经营权的林地,再一次以发包人的身份转让或转包给他人。[22]

第三,林业保险机制不完善。早在1982年我国便在桂林进行了森林保险的试点工作,至1994年全国开办森林保险业务的省、市、自治区达20多个。为积极推进集体林权制度改革,2009年我国的中央财政森林保险保费补贴试点工作在福建、江西、湖南等省份实施并取得了一定成效。财政部、林业局、保监会也在2009年12月15日共同发布了关于做好森林保险试点工作有关事项的通知,强调进一步做好森林保险工作,逐步建立和完善森林保险制度。但是,我国森林保险制度仍然存在很多问题,具体表现在:(1)森林保险性质界定不明,法律法规不完善。我国至今对森林保险的性质没有作出明确的规定,也没有专门的法律法规对森林保险进行规范。(2)森林保险机构不健全,投保与理赔规定不合理。我国没有专业的森林保险机构,一般的保险公司往往缺乏既懂林业专业知识又懂保险的专业人员。实践中,森林保险的投保与理赔都是按商业保险来操作的,但是由于森林的特殊性,在投保与定损时对森林资产价值的评估技术要求非常高,加之森林所面临的风险复杂,如果按照一般的商业保险标准来规定,显然是不合理的。(3)森林保险种类单一。虽然三部委联合发布的关于做好森林保险试点工作有关事项的通知中规定了保险责任范围包括森林火灾、暴风雨雪灾害、洪涝灾害等人力无法抗拒的自然灾害。[23] 但实践中,由于森林遭受自然灾害侵袭的风险大,保险赔付率过高,保险公司一般只对森林火灾进行承保,保险责任范围过于狭小,远远不能满足广大林业生产经营者的实际需要。

---

〔22〕 参见贾治邦:《林业重大问题调查研究报告》,中国林业出版社2010年版,第106~116页。

〔23〕《财政部、林业局、保监会关于做好森林保险试点工作有关事项的通知》(2009)第4条:"……(二)保险责任范围以人力无法抗拒的自然灾害为主。保险责任范围包括火灾、暴雨、暴风、洪水、泥石流、冰雹、霜冻、台风、暴雪、雨凇、虫灾等。试点地区应根据当地灾害特点和参保对象意愿确定保险责任范围,提高森林保险的针对性,吸引林农积极参保。……"

二、集体林权流转制度问题对林农权益的影响

农民的林权可以流转是我国集体林权制度改革的一个飞跃,"生态受保护,农民得实惠"是集体林权制度改革一贯坚持的目标。[24] 在我国农村集体林权制度改革的主体改革已基本完成的基础上,进一步深化林权改革的主要内容之一就是在林权流转的过程中保障农民的合法权益。有学者指出,我国集体林权制度改革是一个多元权利主体博弈的过程,在这个过程中林农权益保障不足的主要原因之一在于法律的滞后。[25] 因为林权相关立法的滞后导致林权流转中出现一系列的障碍,加之林权流转市场的配套服务不完善等原因,严重阻碍了林权流转的顺利实施,影响了林农合法权益的保障。

(一)概念界定不明影响林农对林权流转客体的准确认识

概念的不确定不仅严重影响集体林权流转相关政策与立法的有效衔接,多方信息的混乱也严重阻碍了集体林权流转的顺利开展,同时也是影响林农合法权益的根本问题。虽然在我国有些地方政府颁布的有关林权流转管理的规章中对"林权"的概念进行了界定,但对林权的客体是否包括森林,以及在林地权利内容是林地所有权、林地承包经营权还是林地使用权等问题上存在较大分歧。对于林权流转这一概念,在地方性法规和规章层面,对林权流转的主体、客体的规定也存在诸多分歧。[26]

目前我国没有一部法律对"林权"这一概念进行定义,导致各方在解释的时候出现不同的理解,甚至在不同的法律、法规和规章中,部分条文对林权流转的规定也含混不清,有些条文之间甚至相互矛盾,导致执行人员在集体林权流转的具体操作过程中无所适从。林权相关概念界定不明,也直接导致人们不能准确认识林权的客体,不能确定林权权利的边界。在实践中,由于对林权相关概念的误读,有些林农认为林权流转就是买卖林地或买卖林木,从而导致林权价格被错误评估、林权流转的客体不准确等一系列问题,随着林权流转量越来越

---

〔24〕 参见《中共中央、国务院关于全面推进集体林权制度改革的意见》(2008):(七)总体目标。用5年左右时间,基本完成明晰产权、承包到户的改革任务。在此基础上,通过深化改革,完善政策,健全服务,规范管理,逐步形成集体林业的良性发展机制,实现资源增长、农民增收、生态良好、林区和谐的目标。

〔25〕 参见周伯煌、王致民、许洋洋:《试论林农权益的法律保障》,载《林业经济》2012年第12期。

〔26〕 2011年浙江省政府发布的《浙江省林权流转和抵押管理办法》第3条第2款规定,林权流转的出让人是林权权利人、受让人是他人,林权流转的客体是林地的承包经营权以及林木的所有权或者使用权;2012年广西壮族自治区林业厅发布的《广西壮族自治区集体林权流转管理暂行办法》第2条第2款规定,林权流转的出让人为林权权利人,受让人为其他公民、法人及其他组织;林权流转的客体为森林、林木的所有权或使用权以及林地的使用权。

大,林权流转的纠纷也越来越多。

(二)对流转主体的不合理规定影响林权流转的顺利进行

在我国现行的集体林权流转制度中,林权流转主体双方的资格不仅会受到各种限制,还时常会遭到当事人以外的第三方各种不合理的干预。这些不当限制和不合理干预在一定程度上阻碍了林权流转的顺利进行,妨碍了林权流转市场的发展,影响了林农的合法收益。

首先,对出让方的主体资格限制,法律规定的目的是保护出让方的利益,在我国目前农民社会保障制度不够完善的情况下,林地是林农的最基本生活保障,万一丧失林地而又没有其他收入来源,林农的生活将陷入困顿。但是,这种看似保护"弱势"林农的规定并不合理。第一,从法理上来说,法具有平等性,各民事主体对于其所有的同种财产权应当拥有同等的处分权能。不能仅以权利人是否有稳定的非农职业或稳定的收入来源等经济条件的强弱来扩大或限制其处分权能的实现,这违背了法的平等原则。第二,在我国农村经济相对落后、城市化迅速发展的社会背景下,大量的农民选择到城市工作挣取更多的收入来改善现在的家庭生活以及为将来的生活积累经济保障。这些人员中当然也包括大量的"弱势"林农,他们迫切地需要通过林权转让来获得一笔进城的资金,但却被法律禁止了。如果这些"弱势"林农也不能通过其他的方法流转其林权,就会被迫让林地荒芜、流失,既损害了林农自身的权益,也不利于生态的保护。第三,对于"稳定的非农职业或者稳定的收入来源"如何判断以及依据什么标准判断,法律没有明确的规定,这就导致在实践中很容易造成操作的混乱,甚至有人借此进行权力寻租,严重损害了林农的合法权益。

其次,虽然有必要根据集体林权的特点对其流转进行限制,但是对受让方身份的过多限制弊大于利。农户作为林业生产经营中的重要力量,长期以来保持着传统的小农经营模式,加之我国林权流转制度不完善,阻碍了林农通过林权流转来整合森林资源和社会资金技术等生产要素来发展林业,目前我国林业的生产力水平还很落后。虽然在林权制度改革中,国家积极鼓励社会力量发展林业,但从集体林权流转的主体资格看,大多数流转只能在农户之间进行,其他社会力量很难进入,这显然与国家鼓励社会力量发展林业的政策不符。这种受让方主体身份的限制,会将很多投资、技术、人才或管理等资源拒之于集体林权流转门外,从而限制集体林权流转的市场空间。林农欲在有限的市场空间中,以较高的价格进行林权流转是难以实现的;有限的市场空间甚至会压低林业资产的价值,不仅无法实现自身利益的最大化,还使林农的可得利益遭受减损。

最后,关于在集体林权流转中出现"经发包方同意"这样的规定,原因是考虑到林地是林农的主要经济来源,甚至是唯一的经济来源,是林农的基本生活保障。林农一旦失去林地,可能导致生活陷入困境,引发社会问题。但是,在我国城市化飞速发展的社会环境下,农民有了更多的获取经济收入的渠道,“失地”可能不会导致生活困顿,被迫死守林地才是阻碍林农发展因素。

(三)不完善的市场配套服务不利于林业产业的发展

林业相对于其他农业产业而言,有其特殊性。首先,林木具有自然生长周期长的特性。生长速度最快的速生丰产林要 3~4 年成材,更多的树种需要 10 年以上才能生长成木材。其次,所需的劳动生产时间短。林木从种植到采伐,中间需要经历很长时间的自然生长。因此,正规化的林业应当是大面积林地规模化经营的产业。林权流转是林业作为产业化经营的关键环节,完善的林权流转制度是促进林业产业化发展的基本保障。一项完善的集体林权流转制度,除了要规范集体林权流转的法律规范体系,还应当积极建立森林资源资产评估制度、林权流转的法律服务制度、林业保险制度等配套制度。目前,我国集体林权流转市场的配套服务依然存在很多问题,大大影响了林业的产业化发展。

为了保证林权的顺利流转,必须通过森林资源资产评估来合理确定林权流转价格。森林资源资产的价值评估应当包括对森林生态价值、森林资源环境价值和森林资源社会价值这三大森林效益的评估。[27] 林木生长周期较长,其价值一般难以精确测评,只能对其预期价值进行大致评估;而森林资源的环境生态价值更是难以计量。因此,要准确评估森林资源的价值难度非常大,对评估机构评估能力和相关资质具有很高的要求。然而,因为我国森林资产的特别性,长期以来森林资源资产评估都没有纳入资产评估的大体系中,森林资源资产评估这个项目至今没有被安排在国家级资产评估师考试中。因此,评估人员无从取得相关资产评估师执业资格,也无法成立相应的中介评估机构。在集体林权流转实践中,由于缺乏专业的评估人员和独立的中介评估机构,也缺乏统一的评估标准和技术规范,导致森林资源资产不能得到科学合理的定价,致使林权流转价格难以达成一致意见,制约了林权流转的顺利进行。

林农受自身文化水平的限制,如果没有获取法律知识的渠道,就不能很好地使用法律的手段保护自己的合法权益。在林权流转过程中,一是容易对村集体干部产生过度的依赖,不会充分表达自己的意愿。当农民集体与林农个人、流出方与流入方之间产生利益冲突的时候,往往会以牺牲林农个人的利益来促成交易。二是不规范的流转行为不利于林农权益的保护。农户之间私下进行林权流转行为的情况很普遍,这类私下的林权流转一般是在同村农户或宗族之间自主进行,不会签订规范的集体林权流转合同,也不会到相关部门进行林权登记,甚至不签订合同,双方口头约定即完成流转。有学者曾对农户之间的林地转包合同签订情况在甘肃、河南、湖南、浙江四省做了相应的调查,结果显示,

---

[27] 参见徐本鑫:《中国集体林权流转立法研究》,中国政法大学出版社 2014 年版,第 78 页。

除湖南省以外,农户之间私下流转林权情况比较严重,甘肃未签订合同的比率高达75%,河南和浙江也有将近一半的比率。[28] 这种私下的林权流转行为,因为没有签订林权流转合同,也没有通过法定的流转程序进行报批、备案或申请变更登记,不仅造成政府监管的难度,也容易在日后引发林权纠纷以及增加依法维权的难度。

林业是一个高风险的产业。森林由于其生产周期长,林木在生长过程中很容易受到森林火灾以及虫病、霜冻、干旱、洪水等自然灾害的侵袭,另外,森林资产市场价格的波动也是一大风险。林农在生产经营过程中要承受来自自然和商业的双重风险,而林农抵御风险的能力又普遍较弱,因此,亟需一个完善的保险机制来对林业进行保障。[29] 我国林业保险机制的不完善,不仅使林农自身在林业生产中要独自承受大部分自然灾害的风险;也会在林权流转过程中,使受让人出于对自然风险的考虑而压低价格甚至退缩,严重影响集体林权流转的顺利发展。

三、集体林权流转制度的完善建议

(一)明确界定相关概念,完善集体林权流转法律体系

美国知名的法学家博登海默曾说:"概念是事物本质的语言表达,是解决法律问题所必须和必不可少的工具。只有对专门概念进行严格地限定,我们才能清楚而理性地去思考法律问题。"[30] 目前我国没有一部法律对"林权"这一概念进行定义,导致各方在解释的时候出现不同的理解。不同的法律、法规和规章中,部分条文对林权流转的规定含混不清,有些条文之间甚至相互矛盾,导致执行人员在集体林权流转的具体操作过程中无所适从。林权概念的准确界定,明确权利的边界,是我国林权相关制度设计的基础,也是保障林农合法权益的前提。因此,必须首先对林权的概念加以厘清并作出准确界定。

笔者认为,林权是一种客体特殊、由多种权利组合而成的复合性物权,包括森林使用权、林地使用权、林木所有权、林木使用权和林木抵押权。首先,将林权界定为一种物权,已经达成一定的共识,争议较大的是林权的主体和客体具体包括哪些内容。我国《物权法》和《物权法名词解释》都将物权的概念定义为:权利人依法对一定的物享有直接支配并排除干涉的权利,包括所有权、用益物权和担保物权。简言之,物权即特定主体对于特定物的特定支配权。其中特

---

[28] 参见樊喜斌:《中国集体林地市场流转研究》,中国林业科学研究院2010年博士学位论文,第80页。

[29] 参见朱旭、徐朋卫:《我国森林保险的发展研究》,载《北极光》2015年第10期。

[30] [美]E.博登海默:《法理学——法律哲学与法律方法》,邓正来译,中国政法大学出版社2004年版,第196页、第252页、第486页。

定主体,即权利人,这个"人"必须是一个明确的人、一个具体的人,而不是抽象的人。[31] 按照我国《物权法》规定,"国家所有"即"全民所有"。但是,这里的"全民"只是一个抽象的概念,它并不是我国社会每一个公民的聚合体,"国家所有的财产"这个财产权和我国社会每一个公民也没有法律上的联系。[32] 同样地,"集体所有"即"集体成员集体所有","集体"也是一个抽象的概念。国家所有权、集体所有权应当是行政意义上的概念,并不是民法意义上的所有权,国家、集体不能成为物权法上的主体,也不能作为林权的主体。因此,林权的权利主体应当是除国家和集体之外的林业生产经营者,包括自然人、法人和其他组织。根据第十二届全国人民代表大会第五次会议通过的《民法总则》第 96 条的规定,国家和集体可以通过特别法人,如机关法人、农村集体经济组织法人等,作为林权主体对其所有的森林、林地的使用权和林木所有权进行相关民事活动。[33] 其次,我国法律规定,森林资源属于国家和集体所有。林权是从森林和林地所有权基础上派生出来的权利,国家和集体所有权为其母权,除国家和集体之外的林业生产经营主体对森林资源有占有、使用、收益和部分所有的权利,具体包括森林使用权、林地使用权、林木所有权、林木使用权和林木抵押权,各项权利之间既相互关联又性质有别。因此,民法意义上的林权应当是林业生产经营者依法享有的一种建立在国家、集体森林资源所有权基础上的复合性物权,具体而言,包括森林使用权、林地使用权、林木所有权、林木使用权和林木抵押权。

集体林权相关概念的不明确,主要是我国林权相关立法的滞后造成。完善集体林权流转制度,首先应当完善其法律体系。具体可从以下三个方面进行:第一,提高林权流转的法律效力,从法律层面制定和颁布一部专门规范林权流转的法律,对集体林权相关的概念用法律条文的形式加以规范。第二,统一上下级法律规范中对林权流转的规定,消除现行法律规范条文之间的矛盾。第三,清晰阐述政策性条文,对集体林权流转的客体、主体和权利义务等内容加以明确规定,提高集体林权流转的明确性和规范性。

（二）调整不合理的限制条件,保障集体林权流转主体的基本权利

集体林权流转从本质上来说是一种财产交易形式,市场经济法则应作为其遵循的基本规则之一,在林权流转过程中应更多地由市场自主选择交易的主体,而不是人为地设置诸多的障碍来限定林权流转的主体。同时,物权是绝对

---

〔31〕 参见孙宪忠:《中国物权法总论》(第 3 版),法律出版社 2014 年版,第 38 页。

〔32〕 参见孙宪忠等:《国家所有权的行使与保护研究》,中国社会科学出版社 2015 年版,第 10 页。

〔33〕 《民法总则》第 96 条规定:"本节规定的机关法人、农村集体经济组织法人、城镇农村的合作经济组织法人、基层群众性自治组织法人,为特别法人。"

权,具有支配性和排他性,林权作为一种物权,权利人应当依法对其享有自由处分的权利。发包方或政府更多地应当发挥其监管与服务的职能,而不应当由其来决定林权流转的效力。

笔者建议,第一,取消转让方式中家庭承包经营权人的出让方资格限制,即要求出让人"有稳定的非农职业或者有稳定的收入来源"。不要认为"弱势"林农失去了林地就失去了生活保障,事实上"失地"本身并不是问题,有问题的是农村社保的缺失。而农村社保的完善,不仅要通过国家调整社保政策和完善社保体制及其相关制度,更需要通过农村经济的大发展来提升农村社保的范围和力度。[34] 第二,取消受让人"身份"的相关限制,明确"农业经营能力"的标准。受让方的身份是否为同一集体经济组织或是否具有农业户口,并不会直接导致林地用途的改变,只要保证林地用途不变即可。目前,对受让主体的"农业经营能力"还没有一个具体统一的判断标准,应当由法律对其进行规范,避免实践中简单将"能力"等同于"财力",而导致林地流入并不具有农业经营能力的社会主体中进行地皮炒卖。第三,取消转让方式的林权流转中关于发包方同意的条款,保障集体林权权利人处分财产的权利。如前所述,要确保"弱势"林农的生活有保障,关键是发展农村经济完善农村社保制度,而不是限制其林权的流转。作为发包方的集体经济组织,更多地应当发挥其监管和服务职能,在确保林地用途不改变的情况下,保证集体林权流转的有序进行,促进林业经济的大力发展。

(三)完善集体林权流转市场配套服务制度

第一,创建与完善森林资源资产评估体系。森林资源资产评估体系包括评估主体制度、评估责任制度、行业准入制度和监督管理等制度。首先,要完善评估主体制度,建立森林资源资产评估师认证制度,实现评估人员持证上岗,保证评估的专业性。成立一批独立的评估机构,来提升森林资源资产评估的专业性和公正性。其次,构建评估责任制度,规范评估程序、评估机构及其人员的评估行为,保障评估活动有序进行。再次,建立评估行业准入制度,以保证评估的质量。最后,设立包含行政监督、行业监督和社会监督三位一体的监督机制,保障森林资源资产评估合法有效。

第二,加强集体林权流转相关法制宣传。一个完善的制度如果不为人知,那也只是纸上谈兵,无法施行。林农往往身处偏远农村,接收信息的渠道有限,加之文化水平普遍偏低,对法律条文的理解不到位。国家应当多开展基层普法工作,宣传法律法规及政策宜采取通俗易懂的形式。例如,拍摄案例短片通过

---

〔34〕 参见巩固:《林改背景下林权流转的法律障碍及其拆除》,载《华东政法大学学报》2011年第5期。

电视播放,或者编辑图文并茂的文章通过移动通信或计算机网络媒体进行宣传。另外,各地农村集体经济组织可以安排人员专门进行普法宣传活动,以保证林权流转相关法律法规和政策能够及时宣传到位。

第三,完善森林保险体系。首先,通过立法明确森林保险的性质,规范森林保险的内容和程序,确保森林保险有其相应的法律规范和保障基础。其次,改革现行森林保险体制。根据我国经济体制和林业发展现状,将森林保险放入商业保险公司中经办的单一体制远远不能满足森林保险的需求,应当由国家支持,成立政策性的"中国农业保险公司",建立商业保险与国家扶持的复合型森林保险体制。[35] 最后,国家财政加大对森林保险投入。建议将森林保险纳入政策性保险保费补贴范围,通过提高保险费标准来促使保险公司扩大承保范围。这样既不会增加林业生产经营者在保险投入上的经济压力,又能提高保险机构的资金赔付能力,从而促进我国森林保险相关制度的改革。

四、结语

集体林权制度改革是一个多元主体利益相互博弈的过程,过去数次以政策为主导的集体林权产权制度改革,几乎都是建立在牺牲林农权益的基础上,以强化政府权力,弱化所有权主体权利来推动制度变迁。新一轮的集体林权制度改革,在强调建设和谐社会以人为本的理念上,国家更加重视林农的权益保护。党的十八大以来,在习近平总书记关于生态文明建设和林业改革发展的重大战略思想指导下,集体林权制度改革取得了新成果。我们要进一步推进集体林地三权分置,落实集体所有权、稳定农户承包权、放活林地经营权。在不断完善的集体林权流转制度下,规范林权流转程序、发展集体林权交易市场、保障林农合法权益。

林权流转既是集体林权制度改革的重要组成部分,也是直接影响林农收益的重要环节。我国由于林权相关立法的滞后以及林权市场建设不足等问题,集体林权流转制度还有很多不完善的地方。本文以林农权益保护为视角,综合分析了集体林权流转制度中影响林农权益的问题,并从三个方面提出了相应的完善建议,具体包括:通过完善集体林权流转法律体系,确定集体林权流转的内容,规范流转程序;解除集体林权流转制度中对流转主体的不合理限制,保障林权主体的基本权利;通过建立健全森林资源资产评估体系,加强林权流转相关法制宣传、提高林农法律意识,完善森林保险机制等林权流转市场配套服务制度来确保林农在林权流转过程中权益不受损害。

---

〔35〕 参见朱旭、徐朋卫:《我国森林保险的发展研究》,载《北极光》2015 年第 10 期。

论"知识产权"与民法典的关系

——从"知识产权"概念的角度分析

姜　荣　孙新强*

【摘　要】我国民法典的制订已经进入实际操作阶段,"知识产权"与民法典的关系已不再是一个纯粹的理论问题,而更加具有实践意义。现有的"知识产权"概念对应了英文中 intellectual property 与 intellectual property right 两个概念,权利与客体混淆。本文通过对汉语"知识产权"概念的来源、本义探索和分析,试图从这一新角度来认识知识产权法与民法典的关系,为我国民法典的制订提供理论依据。

【关键词】知识产权　财产(权)　民法典

关于知识产权制度与民法典的关系一直是一个颇有争议的问题,知识产权制度是否应作为单独一编纳入法典是焦点之一。虽然知识产权制度是否纳入民法典表面上看只涉及法律结构形式上的安排,但其背后隐含了一个知识产权与民法典关系的问题。本文试图从知识产权的概念这一新角度来认识知识产权与民法典的关系。现有的汉语"知识产权"概念对应了英文中 intellectual property 与 intellectual property right 两个概念,混淆了权利与客体,给知识产权界带来了不少的争论。

一、知识产权概念的由来

对于知识产权法学来说,知识产权的概念是一个无法替代的核心问题,它在知识产权法学中的地位举足轻重。知识产权概念缘何而来?这一问题我国学界多有探讨,虽说法不一,但有学者总结出了目前学界流行的几种说法,如德

---

* 姜荣,北京航空航天大学法学院 2014 级博士研究生;孙新强,北京航空航天大学法学院教授。

国说、法国说和瑞士说。[1] 这些学说中出现的法语、德语和英语等外文的事实,[2]证明了汉语知识产权的概念源自中国人自己的翻译。通过这些不同说法可见,汉语知识产权的概念与外文中的相应概念被误当成了等值概念。从目前我国知识产权界围绕着“知识产权”所发生的种种争论来看,这一概念并没有表达出 intellectual property 的本义。

这一英文的概念是如何被译成了“知识产权”? 2008 年,原贸促会工作人员王正发先生发表了《中国专利制度的叩门人》一文,由此文得知,王先生是最初根据“World Intellectual Property Organization”(以下简称 WIPO)这一国际组织的名称将 intellectual property 翻译为“知识产权”的人。在该文中,王先生回忆了 20 世纪 70 年代的翻译过程,并披露了当时将 intellectual property 翻译为“知识产权”的种种考虑和理由。[3] 当时王先生经过深思熟虑将 intellectual property 中的 property 译成“产权”,主要考虑到:首先 WIPO 方面已经把 intellectual property 理解为继动产和不动产之后的第三种财产,所以没有将其译为“所有权”,其次,在《建立世界知识产权组织公约》中把 intellectual property 释义为包括文学艺术作品、发明、商标等在内的与之相关的权利,亦即 property 包括权利,所以未译成“财产”。然而,这些考虑在现在看来并不周全,也表明了译者未受过严格的法学训练。不管是动产、不动产还是第三种财产均涵盖在财产的概念里。通过对 property 这一术语进行语义考察,[4]英文中严格意义上使用的 property 指的正是财产权。然而,“财产”包含或指称权利乃民法常识。在英文中的 property 系一严格的法律概念,而中文中“知识产权”中的“产权”则是一个典型的、含义模糊的经济学术语。以模糊的经济学术语翻译严格的法律概念,其不恰当性显而易见。1983 年,“知识产权”的概念在学理上发生了变化,郑成思教授将知识产权、商标权等并列为一种权利。后来由于历史的原因,这一极不严谨的汉译概念被写进了法律。1986 年“民法通则”将“知识产权”规定为一

---

[1] 参见刘春田:《知识产权》,中国人民大学出版社 2014 年版,第 6 页。

[2] 参见余俊:《“知识产权”称谓“考”》,载《中国知识产权评论》(第 3 卷),商务印书馆 2005 年版,第 1~29 页;吴汉东:《知识产权法》,法律出版社 2011 版,第 3~4 页;裘安曼:《从 IP 的中文翻译说开去》,载《知识产权》2010 年第 5 期。

[3] 王正发先生写道:我未将“property”译为“所有权”而译成“产权”,主要考虑 WIPO 方面把“intellectual property”理解为“动产”(movable property)和“不动产”(immovable property)之后的第三种财产。我把“property”译成“产权”而非“财产”,主要是因为在《建立世界知识产权组织公约》中把“interclletual property”释义为包括文学艺术作品、发明、商标等在内的与之相关的权利。至于为何将“intellectual”译成“知识”而非智力,主要是考虑到我国已将作为名词使用的“intellectual”普遍译成“知识分子”。参见王正发:《中国专利制度的叩门人》,载《知识产权与改革开放 30 年》编委会编:《知识产权与改革开放 30 年》,知识产权出版社 2008 年版,第 350~351 页。

[4] 参见孙新强:《知识产权——民法学之殇》,载《人大法律评论》2016 年第 2 辑。

种民事权利,从法律上将财产变成财产权,从此形成了英文中 intellectual property 与 intellectual property right 在汉语中只有一个对应概念的情况。含义模糊的“产权”成了人们熟悉的概念,渐渐取代了民法上的财产概念和财产权概念。〔5〕

二、知识产权概念的影响

(一)知识产权概念的演变

概念是人们思维的基本单位,决定了人们的思维出发点。intellectual property 被译为“知识产权”后人们便只能从“知识”出发,开始思考、推理和演绎。从字面上来看,“知识产权”是指对知识的产权。〔6〕 知识产权的对象就是“知识”本身。〔7〕 知识产权的客体即知识。〔8〕 知识产权的客体即知识产品。〔9〕

在“知识”的指引下,人们不自觉地将其作为尺度,成了判断标准。英美学者所说的“智力产品”(intellectual product)〔10〕被无意地改造成了“知识产品”。以此标准,“商标”等工商业标记算不算“知识”便成了问题。〔11〕 知识是以智力成果的形式表现出来的,商标等工商业标记算不算知识,最终归结为其能否为智力成果所涵盖的问题。对此问题的不同回答将影响着人们将如何界定“知识产权”。我国作为一个大陆法系国家,知识产权教科书的编写者并不满足于英美学者对“知识产权”所采取的列举方法,认为列举式定义方式无法概括出知识产权客体的共性。〔12〕 目前,国内的知识产权法教科书给知识产权下的定义主要包括以下四种:

(1)知识产权是人们对自己的智力活动创造的成果和经营管理活动中的标记、信息依法享有的权利;〔13〕

---

〔5〕 TRIPs 协议为避免 property 在两种意义上使用所可能带来的误解,在国际公约中首开先河,使用了 intellectual property right(智力财产权)和 intellectual property(智力财产)两个概念,以示权利和权利客体的区别。“财产权”和“财产”的概念同时出现在一个条约中,就足以看出 TRIPs 协议的良苦用心。

〔6〕 参见王迁:《知识产权法教程》,中国人民大学出版社2014年版,第1页。

〔7〕 参见刘春田:《知识产权法》,法律出版社2009年版,第6页。

〔8〕 参见李春华、董文晶:《知识产权法》,法律出版社2014年版,第6页。

〔9〕 参见吴汉东:《知识产权法总论》,中国人民大学出版社2013年版,第25页。

〔10〕 See Wendy J. Gordon, A Property Right in Self-Expression: Equality and Individualsm in the Natural Law of Intellectual Property, 102 Yale L. J. 1533(1993); Hughes, Philosophy of Intellectual Property, 77 *Georgetown Law Journal* 287 (1988).

〔11〕 有学者提出了“知识产品”的概念。所谓知识产品,是指人们在科学、技术、文化等精神领域所创造的产品,具有发明、文学艺术创作等各种表现形式。可见,“知识产品”并不包括“商标”等工商业标记。参见吴汉东:《知识产权法总论》,中国人民大学出版社2013年版,第46页。

〔12〕 参见王迁:《知识产权法教程》,中国人民大学出版社2014年版,第4页。

〔13〕 参见吴汉东:《知识产权法》,法律出版社2011年版,第3页。

(2)知识产权是法律赋予权利主体对创造性智力成果和工商业标记等知识享有的专有权利;[14]

(3)知识产权是人们依法对自己的特定智力成果享有的权利、对商誉享有的权利和对其他特定相关客体等享有的权利;

(4)一般认为,知识产权是对智力成果享有的民事权利与对工商业标记享有的民事权利。

分析以上四种定义,可以发现此类定义均非概括式定义。它们都列举了"知识产权"的客体。客体是权利的客体,权利是对客体享有的权利,所以说列举几种知识产权的客体也就列举了几种知识产权。有学者指出:"这实际上也是都以列举式为核心的定义,因为上述定义将知识产权的客体列为'智力创造成果'和'工商业标记'或经营管理标记两类,实际上也就是承认这两种客体之间不具有除了非物质性之外的共同特性。"[15]郑成思教授的"知识产权"定义与众不同。他指出,"知识产权是人们就其智力创造成果依法享有的专有权利"。[16] 从这个定义中,我们可以看出,知识产权属于专有权利,是人们就其智力创造成果依法享有的专有权利。本文赞同郑成思教授关于商标等工商业标记属于智力成果的观点。事实上,欧美学界之所以将商标等工商业标记与发明、作品、商业秘密等"智力财产"相提并论,只是因为它们的产生方式相同,都是脑力、智力的创造物。[17] 与发明和作品一样,商标等工商业标记自产生之时即智力成果,而不是商标使用人的商业活动或者经营活动才使之成为智力成果。无论所有人日后所从事的促销活动多么有创意,都无法改变它们是体力/物质财产的事实,无法将它们嬗变为"智力财产"。

(二)权利与客体混淆

一般认为,财产权指可与权利人的人格、身份相分离并具有经济价值的民事权利。[18] 财产权客体指财产法律关系主体的权利和义务所指向的对象或标的。毋庸置疑,财产权和财产权客体是两种不同的事物。传统上,民法学者是在财产概念和财产权概念下从事研究的。财产权概念和财产权概念的内涵、外延、能指和所指均是明确或者是较为明确的,鲜有民法学者会将财产权和财产权客体混为一谈。

然而,在"产权"概念下从事研究则完全是另外一种情况。"产权"是一个

---

〔14〕 参见李春华、董文晶:《知识产权法》,法律出版社2014年版,第3页。

〔15〕 王迁:《知识产权法教程》,中国人民大学出版社2014年版,第4页。

〔16〕 郑成思:《知识产权法教程》,法律出版社1993年版,第1页。

〔17〕 参见世界知识产权组织编:《知识产权法教程》,高卢麟等译,专利文献出版社1990年版,第2页。

〔18〕 参见《法律大辞典》,法律出版社2003年版,第117页。

经济学概念,关于这一概念的内涵和外延、能指与所指人们的认识不尽相同。例如,既有学者认为“产权就是社会或者国家机器强化用来决定如何使用经济资源的一种权力”,[19]也有学者认为“产权是一种社会强制而实现的对某种经济物品的多种用途进行选择的权利”。[20] 在经济学界对“产权”概念的理解尚有分歧的情况下,知识产权界对此问题的看法竟迥然有异。例如:

(1)将智力创造成果称为“财产”或“产权”就意味着,这些受到法律保护的智力创造成果具有财产性质,只有得到权利人的同意,其他人才能使用这些成果。[21]

(2)知识产权项下的识别性标记之所以构成“产权”,之所以……[22]

(3)多年来,知识产权法理论界以及司法界,关于商业秘密究竟能不能作为一种财产权来对待,一直争论不休。[23]

(4)每一项知识产权只能授予一次专有权。[24]

(5)1989年集成电路的知识产权条约中规定的集成电路布图设计,它是知识产权,它的保护不同于版权,也不同于专利,但世界知识产权组织把它归入工业产权中。[25]

(6)《TRIPs协议》规定了八种类型的知识产权,即著作权及邻接权、商标、地理标志、外观设计、专利、动植物新品种、集成电路布图设计、未公开的信息。[26]

(7)《TRIPs协议》保护的范围包括版权及相关权、商标、地域标志、工业品外观设计、专利、集成电路布图设计、未公开的信息如商业秘密等七种知识产权。[27]

(8)应当注意,在这里,地理标志是单独作为一项知识产权来保护的,并不是作为商业注册使用的。[28]

(9)与贸易有关的知识产权又包括版权和有关权利(邻接权)、商标(包括服务商标)、地理标志(产地标志和原产地名称)、工业品外观设计、专利(指发明

---

[19] 肖耿:《产权和中国的经济改革》,中国社会科学出版社1997年版,第5页。

[20] [美]艾智仁:《新帕尔格雷夫经济学大词典》,第1013页,转引自肖耿:《产权与中国的经济改革》,中国社会科学出版社1997年版,第27页。

[21] 参见汤宗舜:《知识产权的国际保护》,人民法院出版社1999年版,第1~2页。

[22] 参见郑成思:《知识产权论》,法律出版社2007年版,第43页。

[23] 同上书,第41页。

[24] 参见冯晓青:《知识产权法》,中国政法大学出版社2008年版,第15页。

[25] 参见汤宗舜:《知识产权的国际保护》,人民法院出版社1999年版,第3页。

[26] 参见尹新天:《专利权的保护》,知识产权出版社2005年版,第3页。

[27] 参见郑国辉:《著作权法学》,中国法制出版社2012年版,第278页。

[28] 参见汤宗舜:《知识产权的国际保护》,人民法院出版社1999年版,第190页。

专利)、集成电路布图设计和未公开的信息(通常为商业秘密)的保护……[29]

(10)哈佛大学著名教授阿瑟·R.米勒认为:“知识产权传统上包括专利、商标和版权三个法律领域。”[30]

受“产权”概念的影响,上述引文或认为“产权”与“财产”系同义语[如引文(1)],或将“客体”当成“权利”[如引文(2)、(3)、(8)],或将“权利”与“客体”混为一谈[如引文(5)、(6)、(7)、(9)、(10)]。如引文(10),哈佛大学知名教授米勒的分类,从另外一个角度可以看出,property被译成经济学术语“产权”不仅在国内学界引发争议,同时也妨碍了正常的国际学术交流。[31]

在民法上,权利和客体是两种不同的事物,这是众所周知的法律常识。当民法学者看到TRIPs协议“混用”权利和客体时,便在各项“知识产权”后面加上一个“权”字。根据1994年《与贸易有关的知识产权协议》第1条第2款的规定,知识产权包括:(1)著作权和邻接权;(2)商标权;(3)地理标志权;(4)工业品外观设计权;(5)专利权;(6)集成电路布图设计权;(7)未披露的信息保护权。[32] 1993年12月15日,关贸总协定通过的《与贸易有关的知识产权协议》中所称知识产权保护的范围包括:(1)著作权与相关权利(指邻接权);(2)商标权;(3)地理标记权;(4)工业品外观设计权;(5)专利权;(6)集成电路布图设计权;(7)对未公开信息的保护权。[33] 在协议的第一部分第1条中划出了协议所包含的知识产权的范围,具体包括:(1)版权与商标权;(2)商标权;(3)地理标志权;(4)工业品外观设计权;(5)专利权;(6)集成电路布图设计权;(7)未披露过的信息专有权。[34]《与贸易有关的知识产权协议》第一部分第1条规定,本协定所保护的知识产权是指该协定第二部分第1节至第7节所列举的著作权与邻接权、商标权、地理标志权、外观设计权、专利权、集成电路布图设计权、商业秘密权。[35]

上述引文中加上“权”字,各项“知识产权”的表现形式在概念和逻辑上便与“知识产权”统一起来,通过这样的方式解决了权利与客体不分的问题。然而,这与TRIPs协议英文文本并不相符。在TRIPs协议英文文本中,第二部分

---

[29] 参见汤宗舜:《知识产权的国际保护》,人民法院出版社1999年版,第172页。

[30] 李春华、董文晶:《知识产权法》,法律出版社2014年版,第3页。

[31] 米勒教授和知名学者沈达明教授常被学界当成“知识产权”的列举式定义的代表。米勒教授的列举是:专利、商标和版权;沈达明教授的列举则是:专利权、商标和著作权。在后者的列举概念清晰,逻辑一致,而前者的列举中权利、客体混为一谈,毫无逻辑可言。两相对比,“孰优孰劣”立见分晓。

[32] 参见熊英:《知识产权法原理、案例、疑难》,知识产权出版社2013年版,第9页。

[33] 参见刘春田:《知识产权法》,中国人民大学出版社2014年版,第5页。

[34] 参见郑成思:《知识产权论》,法律出版社2007年版,第41页。

[35] 参见吴汉东:《知识产权法》,法律出版社2011年版,第4页。

第1节至第7节,除了第1节中的Copyright and Related Rights(第5节中的PATENTS似乎可译成“专利”或者“专利权”)以外,其他各项“知识产权”之后均未使用“right”一词,[36]而且我国对于TRIPs协议的官方译文中也未在各该项“知识产权”之后加上“权”字。[37] 还有在各国际公约中,TRIPS协议首次使用了intellectual property right(智力财产权)和intellectual property(智力财产)两个概念,以示区分权利和客体。[38] 所以,由此可以推断问题出在“知识产权”的概念上。

(三)冲击传统民法理论

过去,英美学界对智力财产的研究不乏优秀成果,但是真正具有世界性影响力的作品还是在20世纪80年代后期和90年代出现的。其中,美国休斯教授于1988年发表的论文——《智力财产的哲学》、[39]戈登教授于1993年发表的论文——《自我表达的财产权:智力财产自然法中的平等和个人主义》[40]和澳大利亚学者德霍斯教授1996年出版的专著——《智力财产的哲学》[41]在智力财产的研究上影响深远。英美学者关于“智力财产”具有无形性的观点(intellectual property is intangible)得到了国际智力财产界的认可。在这一观点引进我国时,由于intellectual property被译为“知识产权”的事实在先,所以顺其自然地认为“知识产权”是无形的,具有无形性。我国出版的知识产权法教科书在论述“知识产权”的特点时,几乎毫无例外地将“无形性”作为其最大的特点,虽然后来有学者公开质疑和批评“知识产权”的“无形性”,[42]但是将其原因归结于盲目崇信西方的结果,并没有思索“知识产权”概念的汉译问题。继“知识产权”无形性之后,有学者先将“产权”解释为“财产权”,那么“产权”的无形性也

---

[36] TRIPs协议第二部分:Section1:Copyright and Related Rights; Section 2:Trademarke; Section 3:Geographical Indications; Section 4; Industrial Designs; Section 5:Parents; Section 6:Layout-Designs (Topographies) of Integra Ted Circuits; Section 7:Undisclosed Information。

[37] 参见中国人民大学知识产权教学与研究中心/中国人民大学知识产权学院编:《知识产权国际条约集成》,清华大学出版社2011年版,第373~382页。

[38] 在英文中,copyright和patent等常被视为无体物,可作为所有权的客体,所以它们可以与商标、商业秘密等所有权客体相提并论。Property in the sense of right of ownership may exist in respect of both corporeal things (e. g. buildings, animals) and incorporeal things (e. g. copyright , claims of damages). David M. Walker, *The Oxford Companion to Law*, Oxford University Press, 1980, p. 1007.

[39] Hughes, "Philosophy of Intellectual Property", 77 *Georgetown Law Journal* Vol. 77, 1988, pp. 287-366.

[40] Wendy J. , Gordon, "A Property Right in Self-Expression: Equality and Individualism in the Natural Law of Intellectual Property", Yale Law Journal, Vol. 102, 1993, pp. 1533-1610.

[41] Peter Drahos, *A Philosophy of Intellectual Property*, Dartmouth Pub Co. , 1996.

[42] 参见刘春田:《知识产权法》,法律出版社2009年版,第9页。

演化成“财产权”的无形性,最终出现了“无形财产权”的概念。从逻辑的角度出发,存在无形财产权就一定存在有形财产权。这样,继民法上的有体财产和无体财产的划分之后,知识产权界又出现了有形财产权和无形财产权的划分。对于这种新的划分,有学者持否定的态度,并撰文提出批评。[43]

三、知识产权的本义探源

“知识产权”定义难的困境是因误译 intellectual property 造成的。因此,解决当前困境的方式就是正确理解和把握 intellectual property 的本义,对其进行本义探源。Intellectual 系 intellect 的形容词。Intellect 源自拉丁词 intelligere,指人的头脑或者大脑(mind)所具有的官能或能力(capacity or ability),即智力或思维能力。《兰登-韦氏高校词典》将其解释为认知力或理解力、不同于知觉能力和意志力;智力;思维能力和认知能力。[44] 在英文中,一般意义上使用的 property 指财产权(所有权)的客体;严格意义上使用的 property 指财产权本身。一般意义上使用的 intellectual property 指权利的客体;严格意义上 intellectual property 指权利本身。[45]

智力财产是一种作为智力创造成果的财产,是大脑的产物,可以被视为固定在有形表达载体中的原创作品。文学和艺术作品、发明、录音、录像、计算机程序和商业秘密等都是智力财产。多数的智力财产只是在投入相当的资金后才能生产出来,是一种无体动产,是在广泛的商业背景下思想和信息的集合体,法律承认其价值并提供保护。智力财产的概念最初旨在用来涵盖对文学和艺术作品、发明和商标所享有的所有权。智力财产的这三种客体的共性是它们的无体性,构成智力财产的权利的客体不是包含文学作品、发明或者商标的有形载体,而是作品、发明的形式、标记与企业之间的关系。对 intellectual property 的语义分析显示,其本义为“智力财产”,在英文中就像人们用 real property(不动产)对应 personal property(动产)一样,人们用 intellectual property 来对应洛

---

〔43〕 参见袁挺秀:《正本清源——评〈无体财产权制度研究〉之基本理论编》,载《私法》2002年第2辑第1卷。

〔44〕 (1) the power or faculty of the mind by which one knows or understands, as distinguished from that by which one feels and that by which one wills; the faculty of thinking and acquiring knowledge; (2) The capacity for thinking and acquiring knowledge. Jess Stein editor in chief, *The Random House College Dictionary*, Random House, Inc., 1980, p. 692.

〔45〕 参见孙新强:《知识产权——民法学之殇》,载《人大法律评论》2016年第2辑。

克在《政府论》中所指的传统的 physical property(体力财产/物质财产)。〔46〕在 intellectual property 中,无论是 intellectual (智力)还是 property(财产)的含义均是明确的、清楚的。正如世界知识产权组织所指出的那样,"智力财产并不包含在这些复制品中,而是包含在这些复制品所反映的信息中,但是这些复制品并非财产,体现在这些复制品中的信息才是财产"。

四、知识产权法与民法典

知识产权是近代科学技术和商品经济发展到一定阶段的产物。法国于1857年制定了第一部商标法(《关于使用原则和不审查原则为内容的制造标记和商标的法律》)。这是具有近代意义的知识产权制度的开端。近代知识产权的出现,是罗马法以来财产权领域的重大制度创新和法律变革。在传统上,财产权包括物权和债权两大类,知识产权是后世出现的新型财产权,其标的为无形体的精神产品,其中,以财产利益的物质性和非物质性为标准,支配性财产权可以分为对动产、不动产之所有权和对精神财产之知识产权。对于后者的权利客体,法国学者雅克和古勒将其概称为"创见、思想和抽象创造"。〔47〕拉伦茨认为,第一顺位的权利客体是不依法律规定而事实存在的标的物,包括有体物和无体的精神产品,前者如动产和不动产,后者如发明和作品。〔48〕

自20世纪以来,知识产权法有了长足的发展,其基本规范得到不断的完善,其保护范围逐渐扩大,现代化、一体化的趋势日益明显。大陆法系的一些国家开始尝试将知识产权编入民法典。我国民法典的制订已经进入实际操作阶段,"知识产权"与民法典的关系已不再是一个纯粹的理论问题,其实践意义更加明显。当前关于知识产权编入民法典的争论不止,有些主张将"知识产权"全部或者部分纳入民法典,有些则反对将知识产权纳入民法典。无论是从知识产权的范围,还是从知识产权的本质角度去分析知识产权与民法典的关系都离不开"知识产权"概念的清晰。在知识产权概念上抛弃"知识"迎接"智力",扔掉"产权"迎回"财产",使用民法的原有概念,那么在智力财产的概念下,知识产权与民法典的关系则清晰许多。不管知识产权的类型和保护的对象如何扩张,

---

〔46〕 Hughes, "Philosophy of Intellectual Property", *Georgetown Law Journal*, Vol. 77, 1988, pp. 287-296; Peter Drahos, *A Philosophy of Intellectual Property*, Dartmouth Pub Co., 1996, p. 155; William Cornish, David Llewelyn, Tanya Aplin, *Intellectual Property: Patents, Copyright Trademarks and Allied Rights*, London, Sweet & Maxwell, 2013, p. 38.

〔47〕 [法]雅克·盖斯、古勒·古博:《法国民法总论》,陈鹏等译,法律出版社2004年版,第177页。

〔48〕 参见[德]卡尔·拉伦茨:《德国民法通论》(上册),王晓晔等译,法律出版社2003年版,第377~378页。

客体范围如何得多样化,只要明确其上位概念为智力财产,智力财产是与体力财产/物质财产相对应的财产,民法所规范的即是财产关系。由此,没有理由不规定智力财产,不将其纳入民法典。

我国法学界对民法典与知识产权法之间关系的关注由来已久,针对民法典接纳知识产权法的争辩,因《民法总则》第123条的出台而暂时停止。但学界对这一问题并未形成完全一致的见解。知识产权法与民法典之间的互动模式为何,尚未确定。仅仅在《民法总则》中以知识产权条款的方式规定,尚有不足。《民法总则》的知识产权条款基本上被定义为"宣示条款"。江平教授认为(当时的)草案显示了我国民法理论以及整个法学理论的准备不足以及学术界在面对中国改革开放以来巨大变化的实际情况时,缺乏应有的创新和勇气。[49]"宣示性条款"可以起到公示、告知,防止私权被侵犯的作用,但是保障和行使私权更加不可忽视。以民事权利为内核而构建的民法体系,主要围绕权利取得、权利行使以及权利保护等制度展开。[50]适用是制定法律的目的,否则法律规范将形同虚设。

我国知识产权法的法典化道路宜分步走。首先,改变一个条款的原则性规定的现状,在民法典中设"知识产权编"。知识产权是一种私权,这一点已在《知识产权协议》中得以明确宣示。民法典的灵魂在于体系性,包括形式的一致性、内容的完备性和逻辑的自足性。知识产权入典,满足了私权体系所应有的全面性和一致性的要求。其次,制定专门的知识产权法典,是对知识产权进行一体化、体系化的理性安排。目前我国知识产权领域虽然已有不少法律法规,但是仍然存在法律体系无序、立法层次不统一、行政管理体制分散和社会观念薄弱等诸多问题,制约知识产权法制功效的发挥,使其失去了功能优势。

五、结语

通过对"知识产权"概念的正本清源,可以发现,英文中 intellectual property 与 intellectual property right 在汉语中只有一个对应概念。含义模糊的"产权"成了人们熟悉的概念,渐渐取代了民法上的财产概念和财产权概念,不仅影响了知识产权理论体系的构建,同时也在保护智力财产的社会意识的形成和立法安排上产生了消极影响。保护智力财产的正当性无须另辟蹊径。既然法律保护体力劳动创造的体力/物质财产,那么保护脑力劳动创造的智力财产,便理所当然,只需让人们认识到脑力劳动成果也是财产即可。只要人们理解并接受脑力

〔49〕 参见江平:《制定一部开放的民法典》,载《政法论坛》2003年第2期。
〔50〕 参见江平主编:《民法教程》,中国政法大学出版社1988年版,第171页。

劳动也是一种财产的观点,人们对财产的既有尊重和保护意识,便会逐渐转移到这种新型财产上来。对于知识产权的价值的认识,在知识经济时代的影响是深远的。有了“智力财产”为基础,构建符合现实生活、合理且合乎逻辑的宏大理论体系才不再遥不可及。智力财产的概念有助于改善我国科技创新所依赖的社会环境和法律环境。

从萧龄之受赃案看唐代八议制度的施行

陈谌婧*

【摘　要】本文结合唐律条文、出土文献和传世文献，通过对萧龄之案的剖析，得出以下结论：八议制度设计上的法条竞合暗示了应议之人的"简在帝心"，而君主本身是整个程序的开启者和最终决断者，因此看似只是程序性质的议刑，顺利开启后最终处断结果极有可能是处刑减轻、死罪得免，再次印证了律学家薛允升对唐律这部分规定的判断："优礼臣下，可谓无微不至矣。"

【关键词】八议　受财枉法　萧龄之　法条竞合　恤刑

八议制度源自《周礼》所载的"以八辟丽邦法"，其逐渐进入正式律典的过程一直被视为"法律儒家化"的重要标志，"为吸收礼经最重要之一事"。[1] 学界或关注其入律的真正时间起点，[2] 或关注其沿革、不同历史时期所呈现的不同类型以及在帝制末期的存废，[3] 但对于其在具体朝代具体案件中的应用着墨并不多，即使有所涉及，也多为罗列统计式的标举，[4] 少见细致的分析。究其原因，可能是除明清有大量判例判牍资料存世外，之前朝代所存案例资料寥寥，而正史中对具体案例中制度运行的记载更是简略，因而"无米下锅"，只能作"有没有"的论断，而不能进一步描述"怎么样"。

---

* 陈谌婧，北京航空航天大学法学院 2014 级博士生。

〔1〕 瞿同祖：《中国法律与中国社会》，中华书局 1981 年版，第 336 页。

〔2〕 参见龙大轩：《八议成制于汉论考》，载《法学研究》2012 年第 2 期。

〔3〕 参见苏亦工：《明清律典与条例》，中国政法大学出版社 1999 年版，第 249 页以下，"第十一章 从八议制度沿革看明清律典的变化"；苏亦工：《八议考》，载杨一凡主编：《中国法制史考证》甲编 7 卷，中国社会科学出版社 2003 年版，第 512 页以下；孙韬：《略论魏晋南北朝"八议"制度》，西南政法大学行政法学院 2011 年硕士学位论文，第 29~35 页。

〔4〕 参见戴炎辉：《唐律上议请减赎制之溯源》，载杨一凡主编：《中国法制史考证》乙编 1 卷，中国社会科学出版社 2003 年版，第 373 页以下。

无论基于何种立场,是将八议称为恤刑主义中"特别身份之恤刑"的表现,[5]还是"封建统治阶级为庇护上层统治集团的利益,对八种人的犯罪须经特别审议并享受减免开罚的特权的规定",[6]其作为帝制时期"优恤应议之人"的量刑原则,基本是学界共识。"五刑八议,金科玉条,沿革合其规模,损益得其轻重。"[7]本文试图结合传世文献和出土墓志,展示八议在唐代具体案件处理中的应用,并对学界对于八议制度的类型化,以及关于其所展现的皇权与贵族权益之间张力的论述作出回应。

一、萧龄之受赃案与议刑启动要件

唐代史料中明确记载适用八议程序的案件屈指可数,其中萧龄之受赃案尤以细节颇丰,常为学界所论及。

萧龄之,唐初大臣,南朝齐高帝萧道成五世孙,《旧唐书》《新唐书》均无传,有墓志传世。[8] 其永徽年间坐赃罪被判流刑,《旧唐书》《新唐书》《唐会要》《册府元龟》均有载,[9]文字略有出入。以下为《旧唐书》记载:

永徽元年,(临)为御史大夫。明年,华州刺史萧龄之以前任广州都督赃事发,制付群官集议。及议奏,帝怒,令于朝堂处置。临奏曰:"臣闻国家大典,在于赏刑,古先圣王,惟刑是恤。《虞书》曰:'罪疑惟轻,功疑惟重,与其杀弗辜,宁失弗经。'《周礼》:'刑平国用中典,刑乱国用重典。'天下太平,应用尧、舜之典。比来有司多行重法,叙勋必须刻削,论罪务从重科,非是憎恶前人,止欲自为身计。今议萧龄之事,有轻有重,重者流死,轻者请除名。以龄之受委大藩,赃罪狼籍,原情取事,死有余辜。然既遣详议,终须近法。窃惟议事群官,未尽识议刑本意。律有八议,并依《周礼》旧文,矜其异于众臣,所以特制议法。礼:王族刑于隐者,所以议亲;刑不上大夫,所以议贵。知重其亲贵,议欲缓刑,非为嫉其贤能,谋致深法。今既许议,而加重刑,是与尧、舜相反,不可为万代法。"高宗从

---

〔5〕 戴炎辉:《唐律通论》,台北,正中书局1970年版,第24页。

〔6〕 刘海年、杨一凡:《中国封建法律中的"八议"和"十恶"》,载《人民司法》1983年第6期。

〔7〕 (唐)辛崇敏:《对恤刑策》,载(清)董诰等编:《全唐文》卷二百,中华书局1983年版,第2023页。

〔8〕 参见毛阳光:《唐萧龄之墓志考释》,载杜文玉主编:《唐史论丛》(第11辑),三秦出版社2009年版,第383页以下。《新唐书》称龄之为高帝五世孙,墓志写龄之为高帝六世孙,盖墓志将高帝本人算作一世,前引文已有辨析。

〔9〕 参见《旧唐书》卷八十五《唐临传》,载(后晋)刘昫等撰:《旧唐书》,中华书局1975年版,第2812页;《新唐书》卷一百一十三《唐临传》,载(宋)欧阳修、宋祁等撰:《新唐书》,中华书局1975年版,第4184页;《唐会要》卷三十九《议刑轻重》,载(宋)王溥:《唐会要》,中华书局1955年版,第709页;《册府元龟》卷六一六《刑法部·议谳第三》,(宋)王钦若等编:《宋本册府元龟》,中华书局1989年版,第1934页。

其奏，龄之竟得流于岭外。

也即，萧龄之犯赃罪，唐高宗将其按制付诸群臣议论，唐临认为按礼应从轻，高宗同意他的意见，将萧龄之流放岭南。

此处的"制付群官集议"十分重要。这意味着萧龄之案应当且确实经历了八议的程序。后文中唐临所奏屡屡提及"议"字，"议事群官""议刑本意""今既许议"，也都是表明案件处理经历了这一程序。

《唐律疏议·名例·议章》规定："诸八议者，犯死罪，皆条所坐及应议之状，先奏请议，议定奏裁；流罪以下，减一等。其犯十恶者，不用此律。"〔10〕这条律文规定了"'八议'权利内容及进行程序"。〔11〕据此，要想进入"皆条所坐及应议之状，先奏请议，议定奏裁"的程序，案件必须满足以下要件：犯罪主体为符合八议的特殊身份人群，即"诸八议者"；按律，犯罪客观方面可能招致的刑罚是死刑，即"犯死罪"，流罪以下直接例减一等，并不会奏议；犯罪客体非"十恶"所保护的重大伦理价值，即"其犯十恶者，不用此律"。

萧龄之受赃案进入"议"这一程序，其满足了什么样的主体资格、客体条件和客观方面的要求？最后的处理结果是否体现了这一程序的价值？以下将逐一试析之。

二、"赃罪狼藉""死有余辜"：受财是否枉法？

首先看萧龄之的犯罪事实。据《旧唐书》载："华州刺史萧龄之以前任广州都督赃事发……龄之受委大籓，赃罪狼籍，原情取事，死有余辜。"〔12〕据《新唐书》载："萧龄之尝任广州都督，受赇当死。"〔13〕另据《唐会要》载："华州刺史萧龄之，前任广州都督，受左智远及冯盎妻等金银奴婢……"〔14〕特别是《册府元龟》《全唐文》录高宗《流萧龄之岭南诏》如下：

华州刺史萧龄之，粤以常才，累叨非据。入参九列，出总六条，番禺重镇，控摄遐远。心如溪壑，聚敛无厌，不惮典章，惟利是视，豪门富室，必与交通。受纳金银二千余两，乞取奴婢一十九人。赦后之赃，数犹极广，群僚议罪，请处极刑。〔15〕

---

〔10〕 刘俊文：《唐律疏议笺解》，中华书局1996年版，第113页。需要说明的是，萧龄之案进入八议程序是在"永徽二年七月二十五日"（《唐会要》），而现存《唐律疏议》版本是永徽四年编定，在萧龄之案发生之后。但本文论述并不涉及疏文，所涉律条在永徽年间也无变化，依学术习惯仍然称引《唐律疏议》。

〔11〕 钱大群：《唐律疏义新注》，南京师范大学出版社2007年版，第48页。

〔12〕 《旧唐书》卷八十五。

〔13〕 《新唐书》卷一百一十三。

〔14〕 《唐会要》卷三十九。

〔15〕 《全唐文》卷十一。

综合以上各书的记载可知,萧龄之所犯是赃罪相关罪行中的受贿,受贿事实清楚,数额巨大,依律应当判处死刑——否则依律直接流刑以下例减一等,不会交付群议。仔细考察,其所触犯的具体律条,应当是《唐律疏议·职制》中的“监主受财枉法”条以及“受所监临财物”条,前者吸收后者,“以重法并满轻法”。〔16〕 该类受贿犯罪中,只有“监主受财枉法”条最高刑罚至死,〔17〕“诸监临主司受财而枉法者,一尺杖一百,一疋加一等,十五疋绞”。〔18〕

尽管无法确切地知道当时绢价和金银价之比,但很明显金银二千余两肯定远超“十五疋绞”的起刑点,“赦后之赃,数犹极广”。从犯罪结果计赃论刑,萧龄之受死无可非议。

但上述判断有由后果推知前因之嫌,萧龄之所犯与受罚是否罪刑相符,仍值得深究。有学者论及“监主受财枉法”条之适用,必须满足三个条件:其一,行为主体必须是监临主司,如非监临主司而受有事人财,则当以坐赃论;其二,监临主司必须利用职务便利受财,如与执行职务无关,则当以受所监临财物论;其三,受财必须在事前,如事后受财,则当依事后受财条科罚。〔19〕

萧龄之犯案时的身份是广州都督,“迁使持节都督广州等一十四州并高崖二府诸军及百姓之务”。〔20〕 据《唐律疏议·名例·称监临主守》规定:“诸称‘监临’者,统摄案验为监临。”其条下疏议曰:“此谓州、县、镇、戍、折冲府等判官以上,虽有曹务职掌不同,但于部内总为监临之例。”〔21〕因此,萧龄之对于其下辖“广州等一十四州并高崖二府诸军及百姓”而言,自然是监临主司。而对其

---

〔16〕《唐律疏议·职制·受所监临财物》第 140 条:“诸监临之官,受所监临财物者,一尺笞四十,一疋加一等;八疋徒一年,八疋加一等;五十疋流二千里。与者,减五等,罪止杖一百。乞取者,加一等;强乞取者,准枉法论。”其条下疏议曰:“乞取者,加一等。谓非财主自与,而官人从乞者,加‘受所监临’罪一等。以威若力强乞取者,准枉法论,有禄、无禄各依本法。其因得馈送而更强乞取者,既是一事分为二罪,以重法并满轻法。”刘俊文:《唐律疏议笺解》,中华书局 1996 年版,第 870 页以下。

〔17〕 相关赃罪中有“准枉法论”之处理,如“受人财物请求”条中“监临势要,准枉法论”,“事后受财”条的“诸有事先不许财,事过之后而受财者,事若枉,准枉法论”以及“受所监临财物”条的“强乞取者,准枉法论”。但《唐律疏议·名例·称反坐之罪》规定:“称‘准枉法论’‘准盗论’之类,罪止流三千里,但准其罪。”其条下疏议曰:“称准枉法论者,《职制律》云:‘先不许财,事过之后而受财者,事若枉,准枉法论。’又条:‘监临内强市,有剩利,准枉法论。’……如此等罪名,是‘准枉法’‘准盗论’之类,并罪止流三千里。但准其罪者,皆止准其罪,亦不同真犯。”因此,即使所犯是此种罪名,也最高判罚流三千里,无法进入真正“议”的程序。

〔18〕 刘俊文:《唐律疏议笺解》,中华书局 1996 年版,第 863 页。

〔19〕 同上书,第 865 页。

〔20〕《大唐故持节华州诸军事华州刺史柱国方阳县开国男萧使君墓志铭并序》,转引自毛阳光:同注〔8〕书,第 384 页。另其督广州事可见《册府元龟》卷六八九;(宋)王钦若等编:《宋本册府元龟》,中华书局 1989 年版,第 2391 页。

〔21〕 刘俊文:《唐律疏议笺解》,中华书局 1996 年版,第 509 页。

行贿者,左智远和冯盎妻个人均于史无载,但冯盎家族确实是岭南地方豪强,“累代为本部大首领”“武德四年,盎以南越之众降,高祖以其地为罗、春、白、崖、儋、林等八州,仍授盎上柱国、高罗总管”。[22] 有学者考证,冯盎在率部归化之后,仍实际据有高凉以至海南岛诸郡,即高州、雷州、崖州等地。[23] 冯盎家族世居岭南,则冯盎妻在萧龄之知广时[24]无疑属其治下。

因史料记载简略,无法探知萧龄之受左智远和冯盎妻之财是否因其职务之便,是否是在办理受托之事之前。但行贿与受贿作为对合犯,如受贿者犯“受财枉法”,则行贿者也应犯《唐律疏议·职制·有事以财行求》:“诸有事以财行求,得枉法者,坐赃论;不枉法者,减二等。”[25]冯盎妻作为越国公妻,自有其官品可以抵罪,但其是否真正进入司法程序仍然于史无载。观新旧《唐书》之《冯盎传》,也并未记载其家族在投唐后是否有人因此获罪。

甚至有理由怀疑冯盎妻可能并无实际的枉法请求。《旧唐书》载冯盎“奴婢万余人,所居地方二千里”,其家族为当地实际掌权者,从中匀十几名奴婢送与提出要求的都督,很可能如高宗诏书所说,“豪门富室,必与交通”,只是一般性质的交好。而萧龄之作为流官,想要在岭南敦风化俗并成功实施实际控制该地区(详见下节论述),其与地方势力的“交通”几乎无可避免。唐初的中央政府对于天高路远的广府豪强,很可能徒有削弱之心,而无治罪之力,只能通过节制官员与其的交通来限制其实力,可惜收效不佳。“前后作牧者,多以黩货为蛮夷所患,由是数怨叛。”[26]冯盎的亲家许敬宗也曾因为收受彩礼过多而贬官,“以女嫁蛮酋冯盎子,多私所聘。有司劾举,下除郑州刺史”。[27]

无枉法请求仅为推测,史料中萧龄之案呈现的法律事实确为“监主受财枉法”,按律当处死刑,从而因其主体资格而使案件进入实际议刑的程序。

三、“受委大藩”“驱策自久”:议贵或者其他

据唐律之规定,能获得八议者,身份须满足亲、故、贤、能、功、贵、勤、宾中的一种。而萧龄之符合的,极可能是“议贵”的“贵”。根据《唐律疏议》“八议”条规定:“六曰议贵。谓职事官三品以上,散官二品以上及爵一品者。”[28]萧龄之案发时任华州刺史。据《旧唐书·地理志》记载:“华州上辅。隋京兆郡之郑县。

---

[22] 《旧唐书》卷一百零九。
[23] 参见罗凯:《隋末唐初岭南政治势力探析》,载《中国历史地理论丛》2013 年第 2 期。
[24] 综合墓志及《册府元龟》相关记载,应是在贞观十八年之后,永徽元年之前。
[25] 《唐律疏议笺解》,第 853 页。
[26] 《旧唐书》卷一八七。
[27] 《新唐书》卷二百二十三。
[28] 同注[10]引书,第 108 页。

义宁元年,割京兆之郑县、华阴二县置华山郡,因后魏郡名。武德元年,改为华州。"[29]华州为三辅之一,是上州。而据《通典·职官典》载"大唐官品",上州刺史属于从三品,[30]所以萧龄之的官品刚好符合议贵的下限。

这一主体条件也在唐临《议萧龄之罪状奏》的论述中被标举:"律有八议,并依《周礼》旧文,矜其异於众臣,所以特制议法。礼:王族刑於隐者,所以议亲;刑不上大夫,所以议贵。"[31]

但值得注意的是,高宗在《流萧龄之岭南诏》所强调其考虑从轻发落萧龄之的理由是:"奏决再三,即合从戮,但人命至重,每存审慎。又其驱策自久,桑榆渐迫,诸子号叫,伏阙求恩,哀矜之心,发自怀抱。"[32]高宗的考虑中,并未谈及萧龄之和议贵相关的主体条件,而"驱策自久"的表述,似乎也更接近于"议故"条的疏议:"谓宿得侍见,特蒙接遇历久者。"[33]

而据萧龄之墓志,其在由李密处投唐后,历任多州刺史,擅长处理民族事务,归化乡民,颇有政绩,即使在其受赃的广州任上也是如此。

广州刺史金邻接宇,石门分域。朝台望拜,赵陁之迹犹存,贪泉引酌,吴隐之风无替。公乘严缉众,资明藻俗,宣乎悫念,布以廉平。仁覃百越,化扬五岭。永徽元年追授持节华州诸军事华州刺史。[34]

由于存在谀墓的风气,墓志的褒扬当然不可尽信,但萧龄之在广州的作为,《册府元龟·牧守部·革弊》中也有记载:

表称岭南州县多用土人任官,不顾宪章,唯求润屋。其婚姻资须即税人子女,百姓怨苦,数为背叛。且都督刺史多居庄宅,动经旬月,不至州府。所有辞讼,皆委之判官。省选之人竟无几案。惟有敕诏施行,才经省览而已。又守领之辈,年别娶妻,不限多少。各营别第,肆情侵夺,专恣若是,实教彝伦。于是诏下并皆禁断,自此蛮俗便之。[35]

两相印证,萧龄之在广州所为,即使扣除一些表达上的水分,也称得上是儒家所标举"循吏"所应施行的教化,确实有实在的功绩。

值得注意的是,萧龄之的孙子萧璿在任官经历上与萧龄之多有巧合。据萧

〔29〕《旧唐书》卷三十八。

〔30〕《通典》卷四十《职官二十二》,参见(唐)杜佑:《通典》,中华书局1988年版,第1094页。

〔31〕《全唐文》卷一百六十二。

〔32〕《全唐文》卷十一。

〔33〕刘俊文:同注〔10〕引书,第104页。

〔34〕墓志写其华州刺史为追授,似为死后加官,与传世文献记载不同。又萧龄之显庆元年去世,永徽元年追授也不符合史实,疑为讹误。《大唐故持节华州诸军事华州刺史柱国方阳县开国男萧使君墓志铭并序》,转引自同注〔8〕文,第384页。

〔35〕(宋)王钦若等编:《宋本册府元龟》,中华书局1989年版,第2391页。

璿墓志记载，其先为华州刺史，因为岭南“氓俗矫虔，官吏侵削，帝思俾乂，佥曰尔谐”，“于是加公银青光禄大夫，授广州都督，兼摄御史大夫，知岭南道按察使，兼管内经略史”。而萧璿在岭南的政绩也是颇为卓著，“上不欺而下不犯，迩既肃而远无携，行必楷模，言为宗匠。回小人之虑，变恶子之心，东南憬俗，实晏如也”。〔36〕即使墓志对于萧璿教化岭南、敦睦风俗的描述性文字掺杂水分，但根据其在此之后历任太府卿兼东都留守、左散骑常侍仍兼留守、京兆尹，最后终老于河南尹任上的经历来看，〔37〕至少其在广州都督任上的作为是为皇帝所满意的。萧璿都督广州并获上下认可，若说其中完全没有祖父的影响及教育，似乎也过于武断。萧龄之在广州的政绩似乎也可以从此处得到侧面的印证。

有学者认为，“萧龄之之所以被宽宥，主要是一方面考虑其以往的功劳以及年龄，还有其诸子的奔走求情”。〔38〕申论之，是否可能是这样一种情况，譬如在萧龄之此案中，符合“议贵”的主体资格是“先奏请议”的原因，而在“议定奏裁”以及高宗最终决定接受唐临意见对其处以流刑的过程中，起主要作用的是类似“议功”或者“议故”所要求的条件，“简在帝心”方能成事？

从“议贵”一条在唐中后期的演变似乎也能说明这一点。唐文宗时曾对“议贵”一条的适用对象作出限缩，即在朝三品以上职事官可得议贵，在外三品以上职事官如刺史类，如果并非由朝官转任，不得议。《唐会要》卷三十九“议刑轻重”对此有详细记载：

太和四年十二月，刑部员外郎张讽、大理少卿崔圮等奏议亲议贵事。……其一议贵曰：“谨按礼经，贵谓近于君也，非独高秩厚俸之为贵。今后刺史非在朝文武职事三品官任者，于所部犯赃抵死罪，并不得以刺史品秩议贵。征司议条，免所犯罪。如先任在朝三品、合在议条者，即准议亲条决流外，子孙者未得任理人官及监临主守。如有法官及本官推官，不详官品，妄有引议，请科违敕罪。其功勤宾故等，有犯赃罪同者，并请准亲贵之法。”敕：“官必任亲贤贵，无宜轻授，罚不及嗣，经训具有明文。若坐子孙，虑伤事理。此一节且仍旧，余依。”〔39〕

若高宗时便按此执行，则萧龄之任官广州之前也是在地方转任，〔40〕显然不

---

〔36〕 王雪玲、王梓奕：《唐萧璿墓志考释》，载杜文玉主编：《唐史论丛》（第 18 辑），三秦出版社 2014 年版，第 315 页以下。

〔37〕 同上注。

〔38〕 同注〔8〕文，第 387 页。

〔39〕 《唐会要》，第 706 页。同注〔10〕引书，第 110 页。

〔40〕 萧龄之入唐之后历任：大将军员外郎散骑侍郎行通事舍人、邵州刺史、淅州刺史、山南道观风俗大使、司农少卿、深州刺史、渝州刺史、持节黔州都督一十三州诸军事黔州刺史、持节都督广州等一十四州并高崖二府诸军及百姓之务、（追授）持节华州诸军事华州刺史。同注〔8〕文，第 384 页。

在八议之列。文宗时此条的修改是在安史之乱之后,唐王朝中央政权控制力下降而外有强藩的情况下提出的,其对于任职中央这一条件的限制,〔41〕当有其异于唐前期的时代因素,似也不能全然以此判断"议贵"乃至八议其他几项的决定的依据是"近于君"。但需要注意的是,奏议者的理由出自《礼记·祭义》,"先王之所以治天下者五,贵有德,贵贵,贵老,敬长,慈幼。此五者先王之所以定天下也。……贵贵,为其近于君也",而礼经在唐代的权威性以及法律解释中的地位自不待言,这个正当化理由是极易说服上下而达成共识的。

明代理学家丘浚在《大学衍义补·慎刑宪·议当原之辟》中表达,实行八议制度所追求的并非是"天子私亲故而挠其法也",而是"王之亲故不可与众人同例,有罪议之,所以教天下之人爱其亲族、厚其故旧;国之贤能不可与庸常同科,有罪议之,所以教天下之人尚乎德行、崇乎道艺;有功者则可以折过失,有罪议之,则天下知上厚于报功而皆知所懋"。〔42〕虽然丘浚在此极力对八议的设计目的进行道德方面的正当化,但"王之亲故"的特权和"上厚于报功"的功利性还是在论述中彰显无疑。结合以上论述,其与之进行区隔的"天子私亲故而挠其法"反而可能是八议最真实的出发点。

关于八议的八种主体条件,其实可以将之分为两大类:一类是硬性指标,议亲(谓皇帝袒免以上亲及太皇太后、皇太后缌麻以上亲,皇后小功以上亲)、议贵(谓职事官三品以上,散官二品以上及爵一品者)、议宾(谓承先代之后为国宾者,存二王三恪,在唐代则为周后介公、隋后酅公),其均需要在血缘、姻亲或者官品方面满足一定的特殊条件。另一类则是弹性指标,即剩下的五种,议故(谓故旧)、议贤(谓有大德行)、议能(谓有大才艺)、议功(谓有大功勋)、议勤(谓有大勤劳)。有学者认为"这五个指标无固定标准,随皇帝认定","具有极大的伸缩性"。〔43〕

单纯从逻辑的角度来看,八议条文的分类很难说没有重复,尤其是硬性指标和弹性指标之间,一个职事官在三品以上的大臣,释褐时间不可很短,对于王朝的贡献也不会小,其很可能同时满足"议贵""议故""议功"的主体指标,形成一种"法条竞合"的状态,如萧龄之案所体现的那样。也正是因为这样的竞合,才使其对于应议之人的保护十分"到位"。如果应议之人能顺利通过刚性条款的筛选进入议刑程序,其本身极有可能满足弹性条款,这会使帮助他最终获得

〔41〕 唐代外官(刺史乃至幕僚)带京官衔以寄禄,此官位是其官而非其职,并非实任其事,唐史学者多有论述,较新而完整的论述请参见赖瑞和:《唐代高层文官》,台北,联经出版事业股份有限公司2016年版,第一部分"使职和职事官"以及第十八章"唐刺史及他的使职帽子"。此处尤其明白点出在朝的三品官是职事官,可见奏议者的用心。

〔42〕 丘浚:《大学衍义补》,京华出版社1999年版,第914页。

〔43〕 同注〔10〕引书,第112页。

处刑减轻、死罪得免的结果,而弹性条款的兜底作用又使更多的人可能进入议刑的程序。

但是,是否八议程序启动后就必然导向减轻处罚?

四、“终须近法”“议欲缓刑”:程序还是实体?

回到“议章”的条文本身,程序启动时即存在一个明显的分流。

“诸八议者,犯死罪,皆条所坐及应议之状,先奏请议,议定奏裁”,其指向的是特定的程序。就文义解释的角度而言,这一特权仅仅是程序上的,并不直接指向实体上减轻处罚的结果,甚至在每一个环节理论上都存在不予减轻的可能:(1)第一次奏请提起八议的程序便被皇帝否决,直接转入正常的死刑复奏程序,就像《流萧龄之岭南诏》所表称的那样,“奏决再三,即合从戮”〔44〕;(2)群臣议定的结果是不减轻处罚,萧龄之此案在这一环节便是如此,即前引诏书中所称“群僚议罪,请处极刑”;〔45〕(3)群臣议定是减轻处罚,报奏皇帝时皇帝不同意减轻。

而犯流罪以下,就直接减一等,这就不仅仅是程序性特权,而是指向了减轻处罚的实体处理结果。

这样的区别待遇固然是基于所犯罪刑的轻重不同而作出的,而整部《唐律疏议》也并未对实体法和程序法进行明晰的切割,因此也很难基于体系解释的理论,认为应议之人犯死罪的在此处也享有类似于犯流罪以下的直接减等的待遇。但是,果真犯死罪者所对应的议章只是程序性条款?在萧龄之案中唐高宗对于第一次群臣议定“请处极刑”的不满仅仅是因为萧龄之简在帝心,还是因为议定结果违背了条文所暗含有普遍性减轻的期待?

该案中,唐临启奏时认为“议事群官,未尽识议刑本意”,“今既许议,而加重刑,是与尧、舜相反,不可为万代法”,那么可以为万代法的,自然就是“重其亲贵,议欲缓刑”。〔46〕 在他看来,交付群议的目的就是缓刑,也就说进入八议程序本身就暗含着要减轻处罚的实体法结果,不如此不足以体现对于亲贵的保护。高宗“从其奏”,则其对唐临的理由也是认可的。萧龄之最后“免腰领之诛,投身

〔44〕《全唐文》卷十一。

〔45〕 根据《旧唐书》的记载,议奏的结果让唐高宗并不满意,所以才在朝堂上公开讨论这一案件,而唐临奏议称“今议萧龄之事,有轻有重,重者流死,轻者请除名”,似乎之前并没有统一的结论。但是唐临认为“议事群官,未尽识议刑本意”,表达出加之重刑的处理意见,再结合诏书里的叙述,则第一次讨论结果应该是并不予以减轻处罚而“处以极刑”。

〔46〕《旧唐书》卷八十五。

瘴疠之地,可除名,配流岭南远处”,确实在事实上也是减死一等的处罚结果,[47]其减轻力度也与犯流罪以下者相同。

唐高宗论及对萧龄之的处罚,“人命至重,每存审慎”,八议制度背后的恤刑思想使其本身具有的程序性意义有实体化倾向,而流罪以下直接减等的规定本身更是直接导向实体权益。某种程度上甚至可以说,议章的在罪刑轻重上的程序分流最后还是殊途同归,都是倾向于对主体减轻处罚。前文所论述的三个步骤,第一步的“先奏请议”和第三步“议定奏裁”的评价者都是皇帝,顺利通过第一步开启议刑,一定程度上就暗示了君主对于个案的态度,尤其当应议之人的身份只满足弹性条款而不满足刚性条款时。

五、结论

结合唐律条文,通过对萧龄之案的剖析,可知八议制度在设计上的“法条竞合”暗示了应议之人的“简在帝心”,而君主本身是整个程序的开启者和最终决断者,因此看似只是程序性质的议刑,顺利开启后的最终处断结果极有可能是处刑减轻、死罪得免。议请减赎当免赎,职官犯罪在量刑行刑上的减轻都是根据应议主体身份推恩展开,难怪薛允升感叹唐律这部分规定“优礼臣下,可谓无微不至矣”。[48]

有学者论及八议制度的类型化,认为存在三种类型:魏晋律倾向以硬性条款保护贵族官僚的特权;唐宋律是折衷混合,既给予充分照顾又加以必要限制,而明律在经历辽宋金元等少数民族政权的法制浸润后,全部采取弹性办法来保护,因此对于贵族官僚等级特权的限制较为严格,其中唐代继承北齐经验对于八议的限制主要就体现流以下犯罪才法定减等。[49] 但通过本文的分析可知,犯罪轻重带来程序分流在唐代的司法实践中很有可能是殊途同归,犯死罪者进入八议之后减等处罚的可能性极高。

由于本文只是基于个案进行的推测,而有唐一代君主与贵族官僚势力强弱对比的变化本来就不小,八议制度本身也有微调,实践中的施行究竟是什么状况,还有待史料丰富后作进一步的探寻。

---

[47] 各书并无萧龄之具体流放地点的记载,但流配岭南任一州都超过了流罪最远三千里的距离,所以并不存在减二等的可能性。参见王雪玲:《两“唐书”所见流人的地域分布及其特征》,载《中国历史地理论丛》2002 年第 4 辑。

[48] (清)薛允升撰:《唐明律合编》,怀效锋、李鸣点校,法律出版社 1999 年版,第 24 页。

[49] 参见苏亦工:《明清律典与条例》,中国政法大学出版社 1999 年版,第 517 页以下。

译　文

作为笛卡尔方法的法学鉴定式*

[德]卡尔·弗里德里希·斯图肯伯格** 著 季红明 蒋 毅*** 译

【摘 要】鉴定式的案例解析技术可谓德国法律教育的一个特色。鉴定式在当今德国大学法学教育中发挥着核心作用,几乎贯穿大学学习、考试始终。德国法学教育名声在外,首先应当归功于对鉴定技术的练习。尽管如此,鉴定式在科学性方面遭受蔑视。案例解析技术被贬低为法律人的"手艺",不能分享"科学"这一学术贵族头衔。然而对此种蔑视一直都是存疑的。本文通过追溯鉴定式的起源和地位,详细考察笛卡尔的方法,最后将笛卡尔的方法与法学的案例解析技术联系起来,验证了鉴定式实具科学性。因此,鉴定式值得在大学课程里进行教授,应历史地、理论地介绍之,清楚阐释其目的并强调它最能磨砺提升案例解析者自身的心智,以使该方法普遍地得到正确、合理的应用。

【关键词】鉴定式 案例解析技术 德国法学教育 笛卡尔方法 科学性

一、序言

在当今大学法学教育的日常中,所谓的鉴定式(Gutachtenstil)起着核心作用:通常,第一学期的大学新生必须吃力地适应这种思考和言说方式,鉴定式也适用于此后几乎所有的考试,如练习课中的笔试和家庭作业以及结课笔试等,

---

* 本文是作者为 Wolfgang Frisch 教授 70 寿辰所写纪念文章。原文具体信息如下:Carl-Friedrich Stuckenberg:Der juristische Gutachtenstil als cartesische Methode. In:Georg Freund, Uwe Murmann, René Bloy und Walter Perron (Hrsg.):Grundlagen und Dogmatik des gesamten Strafrechtssystems. FS für Wolfgang Frisch. Duncker & Humblot, Berlin 2013, S. 165-186。

** [德]卡尔·弗里德里希·斯图肯伯格(Carl-Friedrich Stuckenberg)教授,1964 年生于杜塞尔多夫,2008~2011 年间为萨尔州大学刑法、刑事诉讼法、欧洲和国际刑法以及比较刑法教席教授,2011 年 10 月 1 日起为波恩大学德国和国际刑法、刑事诉讼法、比较刑法以及刑法史教席教授。

*** 季红明,中南财经政法大学法学院教师;蒋毅,中南财经政法大学法学院教师。本文承蒙斯图肯伯格教授授权翻译,特此感谢!

最后它也适用于第一次国家考试;在见习和第二次国家考试中,预备性鉴定(报告)也可能是任务的一部分。尽管很多地方都在第一学期将这门“阶层手艺”的入门[1]交由学术助手所带领的学习小组,但是尤其是在(还存在或再度出现的)初学者和高阶练习课中,高校教师仍将花一些时间进行口头示范并对鉴定式案例解析进行书面修改。与鉴定技术对考试的重要性相称的是,在不同法律领域中,均以文章或者书的形式大量存在关于一般导引和示范性案例解析的教学用文献。

在国际比较中,这种鉴定式的案例解析技术是德国法律教育的一个特色。[2] 属于其他国家的考试习惯的,除了考问抽象知识以外,还有对同样与案例无关的法律问题的说明,而且即使在涉及处理判决实践的地方,大多也不是德国所理解的鉴定式解答。[3] 例如,讨论设定的案情在美国法学院的考试中尽管颇为常见,所要求的争点发现(issue spotting)也应当尽可能地遵循一项可识别的思维图示(Schema),[4]但却并未达到类似鉴定式的严格秩序。德国法学教育在外国享有的——有时比在国内更多的——赞誉,也是基于在国外深造的德国法律人有口皆碑的良好表现,[5]而这样的表现首先应当归功于对鉴定技术的练习。

尽管如此,鉴定式似乎也没有特别好的声誉,这里并非意指对严格形式化的适用方式[6]或学究气的夸张方式[7]以及把学习变成单纯准备考试的方式[8]的此类滥用的批评,所指的毋宁是原则上藐视“单纯的”案例解析技术,这

---

〔1〕 Die Ausbildung der deutschen Juristen, Denkschrift des Arbeitskreises für Fragen derJuristenausbildung e. V. , 1960, S. 236.

〔2〕 Vergleichend Ranieri, JZ 1997, 801, 806ff. ; ders. , ZEuP 1997, 718, 732 dort Fn. 50; ders. , Ius Commune 17(1990), 9, 16ff. jew. m. w. umfangr. Nachw. ; s. a. Hyland, 11 CardozoLaw Review 1587, 1597 ff. (1990).

〔3〕 同时,德国的鉴定式解析对于法国的法律人来说也是不优雅的;关于实践案例的提要(plan eines cas pratique)的简要介绍,参见 Babusiaux, JuS 4/2010, S. XLVI f。对于法国视角下如何看待德国的请求权构造,Vgl. Witz, Droit privé allemand: 1. Actes juridiques, droits subjectifs, 1992, S. 479 ff. m. ,w. Nachw. Motulsky, Principes d'une réalisationméthodique du droit privé, 1948, Motulsky 尝试将司法三段论引入法国,但无果而终。Bydlinski, Juristische Methodenlehre und Rechtsbegriff, 1982, S. 402 dort Fn. 13, 比德林斯基希望能将德国的鉴定式用于奥地利法。

〔4〕 存在数种相互竞争的方法论。与鉴定式最相似的是在案例摘要(case brief)中惯用的所谓的IRAC(争点、规则、分析、结论)表格。此种方法比较参见 Wolff, 14 (1) Legal Education Review 19, 38ff. (2003-2004)。

〔5〕 Vgl. nur Martinek, JZ 1990, 796, 805.

〔6〕 Vgl. nur Kunkel, JZ 1956, 637f. , 639f.

〔7〕 Vgl. Geilen, Jura 1979, 536, 539.

〔8〕 Großfeld, NJW 1989, 875, 877, 881, 正确地反对案例解析技术在“实践上的独占性”。

种技术属于法律人的“手艺”，不能分享“科学”这一学术贵族头衔，因此就像人们不时听到的，此种技术少有人能读，最好也不要在大学讲授。[9] 人们可能会获得这样的印象，以鉴定式进行案例解析是一个可以归咎于考试马戏表演（团）的必要的恶，就像开车的仆役，尽管他能提供有用的服务，但在法学的基底上却根本没他什么事。在这方面，经历了从中世纪到近代的数个世纪由于作为神学和医学之外的第三个排位较高的院系[10]所获得的自信后，自 18 世纪末科学的概念发生改变以来，德国[11]法学（Jurisprudenz）好像一直尚未完全克服其身份危机，被也能对它的实践方面在学科中的定位以及其辅助科学产生影响的问题，亦即自己究竟是否为一门真正的科学[12]这一病魔所缠身。[13]

相反，在我看来，对于鉴定式科学性的蔑视，一直就是有疑问的，因为一看便知，鉴定式和笛卡尔在作为近代哲学和科学哲学的奠基作品之一的《谈谈方法》中所描述的规则存在惊人的相似性。这种表象是否骗人或者法学鉴定式是否可以被视为笛卡尔方法的一种表现形式，本文想要以帮助澄清的问题来对寿星表示庆贺（其兴趣在于“法学工作的特性”，[14]这已被记录下来）。

为此，首先将尝试通过追溯鉴定式的起源和地位（正文第二部分），然后详细考察笛卡尔的方法（正文第三部分），最后将笛卡尔的方法与法学的案例解析技术联系起来，以便确定主题。对于法学（Jurisprudenz）是否为一门科学（Wissenschaft）的问题，只在它对于评判“实践法学”（Praktische Jurisprudenz）必要时

---

〔9〕 例如，Braun 在 ZRP 1998，42，43 中就认为，科学家不适于此。这一立场的鼻祖是萨维尼（Savigny），对他而言，“除了对法学博雅的予以处理之外的所有东西……据其天性就是与大学格格不入的”。Zit. nach Lenz, Geschichte der Königlichen Friedrich-Wilhelms-Universität zuBerlin, Band II/1, 1910, S. 215.

〔10〕 关于这三个院系的排位争论，参见 S. Burmeister, Das Studium derRechte, 1974, S. 21ff. ; s. a. Kant, Der Streit der Facultäten, 1798, Akademie-Ausgabe (1902), Band VII, S. 1ff。

〔11〕 与美国的学术讨论展示了当地学科自我理解与理论史的偶成性（kontigenz），法律现实主义之遗产的继续存在，使法学的“科学性”在今天完全遭到了否定，并且 Langdells 依照德国模式设计的“法律科学”在奇珍异宝箱中被贴上了精神错乱这一特别可笑的标签。S. nur Dedek, JZ 2009，540, 543ff. , 546 m. w. Nachw.

〔12〕 Exemplarisch von Kirchmann, Die Werthlosigkeit der Jurisprudenz als Wissenschaft，1848; von Jhering, IstdieJurisprudenz eine Wissenschaft?, Wiener Antrittsvorlesung vom 16. 10. 1868, aus dem Nachlass hrsg. von O. Behrends, 1998; Neumann, Wissenschaftstheorie derRechtswissenschaft, in：Kaufmann/Hassemer (Hrsg.), Einführung indie Rechtsphilosophieund Rechtstheorie der Gegenwart, 5. Aufl. 1989, S. 375ff. , und letzthin die Beiträge in dem Sammelband von Engel/Schön (Hrsg.), Das Proprium der Rechtswissenschaft, 2007, sowie Zaczyk, FS Puppe, 2011, S. 305, 306 ff.

〔13〕 Grundlegend dazu Jan Schröder, Wissenschaftstheorie und Lehre der „praktischen Jurisprudenz“ auf deutschen Universitäten an der Wende zum 19. Jahrhundert, 1979.

〔14〕 So der Titel seines Kommentars in Engel/Schön (Fn. 12), S. 156 ff.

才进行深入讨论,而该问题的答案明显取决于所使用的科学这一术语的概念,这个概念本应先予澄清。[15] 此外,在下面将会有意识地言及鉴定"格式"(stil),它不仅意指虚拟式的使用,还意指处于整体中的法学鉴定技术或者案例解析"技术",[16]因为所涉及的是否为一种"方法"而并不仅仅是一种方式,尚有待证明。无论如何,至少在指涉一种"习得的思想态度"[17]的意义上,它是一种方式,此外它还涉及 stylus curiae(罗马教廷高度形式化的文书格式)[18]的一个特定衍生物,这在接下来将会予以展示。

二、作为"实践法学"的鉴定式:沿革与理论地位

今天,针对正确使用鉴定式的导引如此众多,而反思这一技术本身或者将该技术嵌入历史之中的做法却如此之少。在德国法律人看来,鉴定技术甚至是先验自明的,对其无需加以说明,[19]它也没有历史。[20] 与此相反,上文对其界限的简短一瞥已经展现,这种德国特色,涉及的是一种历史偶成的(kontingent)案例解析和讲授程序。不过,为何德国法律人解决案件不同于所有其他国家的法律人? 因此,鉴定式的历史显然还必须撰写,而且一些部分还晦暗不明。但其发展的大概轮廓应该可以确定。

1. 对我们的教育中所讲授的法学鉴定("格式"的名称要归功于鉴定)具有标志性的是,它是一个文本,该文本的形式和内容是为一个具体使用情境量身打造的,亦即报告人(Berichterstatter)在一个合议庭中面临的情境,[21]这个情境在大学的教育中是拟制性的,而且在见习中也常常是拟制性的。此时,报告人应向其同事以全面且可理解的方式阐述作为他们表决基础的对特定案件的法律评价,并且说服他们同意其解决方案。大学中练习的鉴定是缩减版,通过剔

---

[15] Neumann (Fn. 12), S. 376. („Scheinproblem") u. ff, zu den Begriffskriterien.

[16] Anderer Sprachgebrauch z. B. bei Schwabe, Jura 1996, 533.

[17] Vgl. Viehweg, Topik und Jurisprudenz, 5. Aufl. 1974, S. 77. 对于 Walter 而言, Kleine Stilkunde für Juristen, 2. Aufl. 2009, S. 23 f., 鉴定式是一半格式,一半方法。

[18] Zum Terminus Schröder (Fn. 13), S. 32 dort Fn. 113a m. umfangr. Nachw.; Ranieri, Stylus curiae dans l'histoire européenne: modéles divergents ou traditions commttnes?, in: Jacob (Hrsg.), Lejuge et le jugement dans les traditions juridiques européennes, 1996, S. 181 ff.

[19] 例如,由于它是"纯粹从逻辑和合目的性以及对刑法学说具体化得出的结论", so Schroeder, JuS 1984, 699; generell krit. Großfeld, JZ 1992, 22, 25。

[20] Zu Recht krit. Ranieri, ZEuP 1997, 718, 731. Löbliche Ausnahme: Braun, Der Zivilrechtsfall, 4. Aufl. 2008, S. 10 ff.

[21] 即使这也渐渐被人遗忘, vgl. Valerius, Einführung in den Gutachtenstil, 3. Aufl. 2009, S. 11, 他认为鉴定的"意义和目的"在于向外行解释案件的法律问题。至少每一名律师知道法律鉴定和委托人书面诉状的差别,但是鉴定并非像 Wörlen, Anleitung zur Lösung von Zivilrechtsfällen, 8. Aufl. 2007, S. 8 中所认为的那样,是对律师工作技术的模仿。

除交由见习期加以培训的事实认定,该版本剥离了实践后果,以至于只需对无争议的、通常是虚拟的事实进行评价,此外也无需制作裁判建议,这也同样是到了见习期才需要学习的。大学的鉴定主要应当说明实体法上的法律状况,必要时也把诉的合法性(Zulässigkeit)或者其他法律救济的合法性补充进来。

鉴定式考试的核心组成部分是将规范假设与事实予以体系性的对应,〔22〕而规范假设的可适用性是借助涵摄以所谓的司法三段论的方式〔23〕来识别或摒弃的。在大学中,因为事实是确定的,所以真正的任务在于借助于法学方法论——"案例解析技术"自身并不属于其中〔24〕——所提供的工具,找出并且具体化适合个案的规范(大前提)。另外,鉴定的特征不仅仅是具体的涵摄,应当遵循随法律领域而发生变化的合乎目的的秩序,而且也是一个思路严谨的学科(eine strenge Disziplin der Gedankenführung):总是以一块白板开始。换言之,首先,只要设问中没有引导性指示,每个关于案件事实的法律陈述均必须通过涵摄被证明是切合的。其次,法律上的评价(rechtliche Würdigung)应当全面地进行,这意味着在所有被合理纳入考量的方面,均须对案件事实加以检查,然而,在此只可以阐述对案例解析而言是必要的事项。伴随的后果是,对于解析无用的语句将被视为多余并因此是错误的。最后,"案例问题"不能保持开放,鉴定必须有一个明确的结论。

总体来看,作为大学考试和第一次国家考试所要求的鉴定是一个奇特的混合物,它既不完全属于实践,也不完全属于科学,既不完全适合证明实践能力,也不完全适于展示科学天赋。因为从实践的角度看,它仅仅是一项不完整的枯燥练习,而"科学"根本只在案例解答必要时,通常在解释疑难问题时才出现。当然,通过这种教学法的技艺形式可以识别,鉴定撰写人是否在相关规范运行方式上理解了该规范以及是否能分析性地思考。制度上仅仅由法学院负责的历史的或者哲学的理解和认识,在鉴定中通常不起作用或者只扮演一个极为间接的角色。

2. 这种鉴定形式的起源,可能在于以前的诸帝国法院(Reichsgerichte)——帝国枢密法院(Reichskammergericht)和帝国皇室法院(Reichshofrat)——的法庭报告技术(Relationstechnik),尽管当时这种形态的法庭报告技术在逐渐减少,

---

〔22〕 Vgl. nur Hassemer, Einführung in die Grundlagen des Strafrechts, 2. Aufl. 1990, S. 250.

〔23〕 自相矛盾的是,常见版本的"司法三段论"是实体法上的,并且因此仅仅适合理想的适用情形,这意味着确定的案件事实、充分的表述,但却不适合也同时要求在法律上对案件事实予以有序的认定这种司法中的典型情形,因此需要形成实践的或程序性的规范语句;dazu Stuckenberg, Untersuchungen zur Unschuldsvermutung, 1997, S. 458 ff. m. W. Nachw。

〔24〕 F. Müller/Christensen, Juristische Methodik, 8. Aufl. 2002, Band I, Rn. 458 ff., 460; krit. E. Schneider, MDR 1973, 100, 101; a. A. Bydlinski (Fn. 3), S. 401.

但它是今天在法律人的见习中所被讲授的法庭报告技术的先驱。它涉及的是一个既简单又合乎目的的组织措施,以利于对法院合议庭的工作进行分工:一个将要在合议庭中进行裁判的案件,由一名或者两名报告人进行准备,然后提交给合议庭的其他成员,以便他们有能力据此对之作出一个有理据的裁判。在叙述相关的问题时,这个为合议庭同事准备的报告(Relation)遵循特定的模式。[25] 在过去,该报告的组成部分一直是一个——按照经典修辞学的规则[26]形成的——带有诉讼进程和案卷摘要的案情报告(Sachbericht),一个导向裁判建议的鉴定,该项鉴定的结构是按诉讼法加以塑造的,亦即问询诉讼请求的类型、结论性(Schlüssigkeit)、证据和抗辩(Einrede),这是一个几乎直到今日都为人熟知的次序。[27] (报告)限于对解决个案而言是必要的事项,同时也是当时就已经提出的实践要求,因为报告的目的是使合议庭的其他成员无须阅读往往极其广泛的案卷并因此节省时间。当然,长期以来也存在抱怨,认为案情报告不符合目的,即过于冗长。[28]

诸如(罗马—天主教会之)罗马上诉法院的其他法院也形成了一些工作规程,这些规程不仅仍深受经院哲学辩论模式的影响,而且也没有包含统一的、法院内部的裁判理由——因为如帝国枢密法院一样无须为当事人起草裁判理由。相反地,报告人给合议庭提供一个争点列表,每名法官对这些争点给出自己的意见。因此,裁判就是这些评议意见的汇编,这就类似于普通法系的合议庭。[29]

帝国枢密法院的报告格式不仅被固定下来用于法院内的练习,[30]而且最后也在法院之外被人学习和教授,尤其是帝国枢密法院在1570年开始向(合议庭之)学者席位(Gelehrtenbank)的未来成员要求测试案情报告(Proberela-

---

〔25〕 Dazu Berger, Entwicklung der zivilrechtlichen Relationen und ihrer denktechnischmethodischen Argumentationsformen, Diss. iur. Frankfurt a. M., 1975, S. 21 ff.; Ranieri, Rechtshistorisches Journal 4 (1985), 75 ff.; ders., ZEuP 1997, 718, 723 ff.; ders., Entscheidungsfindung und Technik der Urteilsredaktion in der Tradition des deutschen Usus Modernus: Das Beispiel der Aktenrelationen des Reichskammergerichts, in: Wijffels (Hrsg.), Case Law in the Making, 1997, Band I, S. 277, 287 ff.; Schild, Relationen und Referierkunst, in: Schönert et al. (Hrsg.), Erzählte Kriminalität, 1991, S. 159, 165 ff.; Schröder (Fn. 13), S. 60 ff.

〔26〕 Vgl. Berger (Fn. 25), S. 26f.; Schild (Fn. 25), S. 168 ff. m. w. Nachw.

〔27〕 Dazu Daubenspeck, Referat, Votum und Urteil, 11. Aufl. 1911, S. 93 dort Fn. 2.

〔28〕 1654年的帝国议会最新决议(der JüngsteReichsabschied 1654)在第145条以下对冗长加以明确的禁止, abgedruckt bei Berger (Fn. 25), S. 154。

〔29〕 Ranieri, ZEuP 1997, 718, 728 f. m. w. Nachw.

〔30〕 这为1654年的帝国议会最新决议(der Jüngste Reichsabschied 1654)之第143条以下条文确认下来。

tionen)之后,[31]这很快为其他法院所采用。[32] 在一个实务性的法学教育被制度化之前,这一技能只能通过在帝国枢密法院实习[33]或参加大学或者其他私立学校或者学会开设的“报告和裁判艺术”(Referier-und Dekretierkunst)的课程的方式学到。16 世纪以来印刷的帝国法院的案情报告[34]以及众多的指导用书[35]证明了就此存在大量需求。如果我们看看这些早期的案情报告,就会发现鉴定缺乏今天期望的严谨推理的情况并不少见;相反,可以找到的是经院哲学式的风格要素,如论题式地列举和讨论争点或怀疑与决定的理由,[36]而它们都分散在结论之中。

今天这种更为严格的报告形式何时形成,以及为大学所使用的独立鉴定何时从中脱离出来,就我所见,对此研究甚少。[37] 但是,观察法律人培养的历史,应当可以认为,报告技术的继续发展主要受惠于普鲁士的法律人教育模式。在 18 世纪之初,普鲁士建立了实务性的法律人培育,这最终成为针对所有法律职业的强制性要求。[38] 在这种直到 1869 年都是双阶段的实践培训(听诊和见习)中,核心组成部分是对民事和刑事案件的报告,1781 年《普鲁士一般法院规章》按照帝国枢密法院的模板对此种报告给出了详尽的指引。[39] 最晚从 1755 年开始,试验报告在第二次国家考试和第三次(“大的”)国家考试中成了考试内容,[40]而在受普鲁士影响的联邦州,这一考试组成部分直到 20 世纪 90 年代

---

〔31〕 Smend, Das Reichskammergericht, 1911, S. 298 u. ff.; Goldschmidt, Rechtsstudium und Prüfungsordnung, 1887, S. 143 f.; Ranieri (Fn. 25), S. 288.

〔32〕 Berger (Fn. 25), S. 33 m. w. Nachw.

〔33〕 Dazu Burmeister (Fn. 11), S. 238 ff.

〔34〕 Nachw. bei Ranieri, ZEuP 1997, 718, 721 f. dort Fn. 12ff.; ders. (Fn. 25), S. 290 ff. 法庭报告示例也参见 Berger (Fn. 25), S. 163 ff.; Ranieri, in Wijffels (Fn. 25), Band II, S. 319ff。

〔35〕 Nachw. bei Berger (Fn. 25), S. 36 ff., 156 ff.; Ranieri, ZEuP 1997, 718, 721 Fn. 9, 10; Schild (Fn. 25), S. 166f.; Schröder (Fn. 13), S. 28 ff. 其中最为出名的之一为 Hommel, Kurze Anleitung, Gerichts-Acten geschickt zu extrahieren, zu referieren und eineSentenz darüber abzufassen, 1. Aufl. 1739, 7. Aufl. (bearb. v. Woltär) 1808。

〔36〕 rationes dubitandi(怀疑的理由)这个术语一直延续到 19 世纪和 20 世纪初, s. AppG Naumburg (Fn. 42), 78; Daubenspeck (Fn. 27), S. 96。

〔37〕 Vor allem von Berger (Fn. 25); Ranieri (Fn. 25); ders., ZEuP 1997,718,726 ff.; Schild (Fn. 25).

〔38〕 Bake, Die Entstehung des dualistischenSystems der Juristenausbildung in Preußen, Diss. iur. Kiel, 1971, S. 6ff.; Ebert, Die Normierung der juristischen Staatsexainina und desjuristischen Vorbereitungsdienstes in Preußen (1849-1934), 1995, S. 20 ff.; Weber, ZZP 59. (1935), 1, 2 ff.; Die Ausbildung (Fn. 1), S. 52 ff.; Dilcher, FS Thieme, 1986, S. 295 ff.; s. a. Bleek, Von der Kameralausbildung zum Juristenprivileg, 1972, S. 73 ff.

〔39〕 Pr. AGO Theil3, Titel4, § 27 und Theil1, Titel13, § 7.

〔40〕 Bake (Fn. 38), S. 11, 13 m. w. Nachw.

才为纯粹的笔试考试所取代。〔41〕 通过培训实践——特别是1852年瑙姆堡上诉法院〔42〕(针对民法)和奥德河畔的法兰克福上诉法院(针对刑法)就撰写案情报告的指导意见(Instruktionen)〔43〕与今天的要求极为相似,鉴定特别要求:通过评估学术文献从而在有序的关联中全面说明所有相关的问题,并且每个句子都必须有助于案件(的解决?),亦即避免不必要的论述;相应的教学文献,尤其是1884年由Daubenspeck(道本施佩克)所创立,而为Sattelmacher(萨特尔马赫)和其他人续写到今日的标准指导用书〔44〕可能在19世纪后半叶——因为案情报告的特质也为现行权威性的法典所改变〔45〕——使案情报告技术在根本上形成了今天依旧使用的形式。〔46〕

更少被研究的是,剥离出来的鉴定在德国法学院成为标准考试内容发展过程。法律人培育分为在大学加以讲授的部分和在法院练习的实践部分这一做法〔47〕大概和它自己一样古老。〔48〕 在15世纪和16世纪的理论中,实践的重要性是完全得到承认的,特别是因为实务界(Praxis)持续的抱怨,从大学出来的法律人没有练习过诸如制作案情报告等实务活动,〔49〕而他们也不可能练习实务工作,因为尽管法学教师多次要求加强考虑实践,〔50〕但这在制度上从未真正达成。〔51〕 尽管如此,在学院里,特别在更后来的时期,〔52〕除了存在占主导地位的

〔41〕 In Nordrhein-Westfalen etwa durch §29 der Neufassung des JAG vom 08. 11. 1993, GVBLNW 1993, 924.

〔42〕 Justiz-Ministerial-Blatt für die Preußische Gesetzgebung und Rechtspflege [Pr. JMBl.]1853, 72 ff. ; vgl. zuvor die lehrmäßige Auflistung typischer Mängel durch die Immediat-Justiz-Prüfungs-Commission vom 12. 05. 1836, Kamptz' Jahrbücher für die preußische Gesetzgebung, Rechtswissenschaft und Rechtsverwaltung 47 (1836), 4S1 ff. ; dazu Berger (Fn. 25), S. 146 ff.

〔43〕 Pr. JMBI. 1853, 383 ff.

〔44〕 Daubenspeck, Referat, Votum und Urtheil, 1884; zuletzt bearb. von Schuschke, Bericht, Gutachten, Urteil, 34. Aufl. 2008.

〔45〕 Berger (Fn. 25), S. 26; Schild (Fn. 25), S. 166; s. a. Michaelis, JuS 1991, 798, 800 ff.

〔46〕 报告技术通常也以非历史的方式予以教授,这会造成对其起源的错误观念,Vgl. Rasehorn, NJW 1970,1166, 1167,他认为报告技术是19世纪末威权国家的产物,Grunsky将其称为"概念法学的插条",JuS 1972, 29, 30; dagegen zutr, E. Schneider, MDR 1973, 100, 101; s. a. Berg, JuS 1972:523; K. W Müller, JuS 1974, 313; Schmidt, JuS 1974,441。

〔47〕 Petrus Blesensis, Speculum iuris canonici, ca. 1180, fol. 90a (zit. Ausgabe:Reimer 1837).

〔48〕 Burmeister (Fn. 11), S. 233 ff. ; Schröder (Fn. 13), S. 21 ff.

〔49〕 Burmeister (Fn. 11), S. 234ff. ; Schröder (Fn. 13), S. 28 ff. ; s. a. Smend (Fn. 31), S. 129 Fn. 1, S. 298, 304 f. ; Goldschmidt (Fn. 31), S. 142 f.

〔50〕 Zahlr. Nachw. bei Schröder (Fn. 13), S. 21 ff. , 28 ff.

〔51〕 Burmeister (Fn. 11), S. 234 f.

〔52〕 Burmeister (Fn. 11), S. 233 ff. ; Schröder (Fn. 13), S. 193 ff. , 198 ff. ; Bake (Fn. 38), s. 17 ff. , 117.

公共和私人讲授课、完全个案决疑指向的辩论(Disputation)与早在博洛尼亚的文学院便已设立的针对商业实践和文书工作(公证人技艺)[53]的课程外,还以不统一的方式一直[54]存在这类课程,它们针对案情练习撰写报告或者遵照特定 stylus curiae(罗马教廷高度形式化的文书格式)的所有形式要求撰写裁判,[55]尤其是许多教授自己从事实务,[56]作为陪审员的成员或者诸学院的裁决合议庭的成员或者是鉴定(判决式评议)的起草者。随着诸如听诊(Auskultatur)和见习实务训练阶段[57]的出现,这些供应至少在普鲁士[58]变得多余并且遭到了忽视。[59] 今天常见种类的案例解析方式,是在 19 世纪康德下述学说的影响下(下面第 3 点)才开始出现的,[60]亦即将规则适用于个案,人们不能讲授,而只能借助实例练习,[61]而且这些方式大概被普鲁士 1788 年的教学大纲[62]以及一如既往地由一些高校教师作为试探性的教学工具所提倡,[63]如众

---

[53] Dazu Peter, Studiumgenerale 16 (1963), 65, 69 = ders., JuS 1966, 11, 13.

[54] Näher A. W. Meyer, Von der Theorie des Rechts, deren Eintheilung und Verhältniß zur Praxis, 1788, S. 19 ff.; Schweitzer, Zur Ankündigung juristischer Übungs-Collegien, 1817, S. 9 ff.; Ortloff, Methodologie oder Lehre des Studiums der Rechts-und Staatswissenschaft, 1863, S. 80 ff.; Goldschmidt (Fn. 31), S. 140; Ranieri, JZ 1997, 801, 808; ders., ZEuP 1997, 718, 730; Schild (Fn. 25), S. 160 ff., jew. m. w. Nachw.

[55] Z. B. Osenbrüggen, Bericht über ein Practicum criminale, 1848.

[56] Burmeister (Fn. 11), S. 170 f., 234; Goldschmidt (Fn. 31), SS. 116, 145; Schild (Fn. 25), S. 163 ff.

[57] Überblick in Die Ausbildung (Fn. 1), S. 52 ff.; Lührig, Die Diskussion um die Reformder Juristenausbildung von 1945 bis 1995, 1997, S. 30 ff.; zu Preußens. Fn. 38.

[58] 在德国南部领域,由于教育史的走向不同,所以实践与理论的分立中不那么突出。Vgl. Die Ausbildung (Fn. 1), S. 61 ff.; Penz, DieGeschichte der Juristenausbildungin Württemberg, Diss. iur. Freiburg/Br., 1985, S. 65.

[59] Bake (Fn. 38), S. 36 ff.; anders in den süddeutschen Gebieten, Goldschmidt (Fn. 31), S. 88.

[60] Vgl. Ortloff (Fn. 54), S. 84 ff. 在普鲁士,19 世纪上半叶的考试问题还是纯"理论的",参见 Butz, Juristenausbildung an den preußischen Universitäten Berlin und Bonn zwischen 1810 und1850, Diss. iur. Berlin, 1992, S. 339 ff. 所列培训文献中的诸多例子。

[61] Schweitzer (Fn. 54), S. 6; w. Nachw. bei Schröder (Fn. 13), S. 208 ff., 211 f.

[62] In der Vorerinnerung zur 3. Abteilung des2. Teils des. Entwurfs zum AGB, abgedr. beiSiewert, Materialien zur wissenschaftlichen Erklärung der neuesten allgemeinen preußischenLandesgesetze, 1800 ff., 1. Heft, S. 31 f. sub 4.

[63] Etwa Schweitzer (Fn. 54), S. 5ff.; 以前主要是 Pütter 在对实践总是特别友好的哥廷根以及 Nettelbladt 在哈雷,dazu Bake (Fn. 38), S. 17 ff.; Schröder (Fn. 13), SS. 193 ff., 201 ff. Zu Übungen und Praktika ders., S. 217 ff.; Butz (Fn. 60), S. 258 ff。

所周知的由耶林坚定地加以提倡。[64] 1869年之后,普鲁士的所有学院都设置了练习课,上练习课是推荐性的,而非强制性的。[65] 练习课成为必修,是在普鲁士于1897年将其提升为第一次国家考试的前提时才开始的,[66]这种"强制练习课"在当时曾遭到练习课的支持者的强烈抗议。[67] 不过,这种被称作"练习"的课程在当时比今天更具多样性。[68] 当笔试在南德早已普遍之时,[69]直到1908年它才最终[70]成为普鲁士第一次国家考试的组成部分,而普鲁士第一次国家考试要求的书面成果长期以来是一篇家庭"学术论文"。[71] 最初,提出理论问题还是案例解析[72]由考试办裁量,最迟从第二次世界大战后开始,案例[73]占据了主导地位——这是一种Von Liszt(冯·李斯特)[74]早在1886年就推荐的考试形式。自那以后,考试反过来影响了大学学习的内容。[75] 因此,今日类型的鉴定式可能最早在19世纪末前后进入大学,并且在20世纪才获得主导地位。

---

〔64〕 von Jhering, Scherz und Ernst in der Jurisprudenz, 13. Aufl. 1924, S. 366 ff. ; auch Zitelmann, Die Neugestaltung desRechtsstudiums, 1921, S. 6 f. ; Goldschmidt (Fn. 31), S. 36 ff. ,335; Vgl. Ranieri, JZ 1997, 801, 808 Fn. 52.

〔65〕 Dazu Ebert (Fn. 38), S. 105 ff. ; Jescheck, Die juristische Ausbildung in Preußen und im-Reich, 1939, S. 37 ff. , jew. m. w. Nachw.

〔66〕 Durch die Allgemeine Verfügung vom 18. 01. 1897, Ziff. II. , Pr. JMBl. 1897, 19 f. (民法中两门练习课,民事诉讼法中一门;之后增加其他的练习课); dazu Jescheck (Fn. 65), S. 55 ff. ; Köhler, JZ 1971, 768, 772 Fn. 50; zu WürttembergPenz (Fn. 58), S. 119 ff。

〔67〕 比如基尔的法学院, DJZ 1902, 185, 186 f. ; von Liszt, DJZ 1902, 129, 130 ff. ; w. Nachw. bei Lührig (Fn. 57), S. 76 f。

〔68〕 Vgl. nur von Liszt, Die Reform des Juristischen Studiums in Preußen, 1886, S. 26 f.

〔69〕 Die Ausbildung (Fn. 1), S. 61 ff. ; Penz (Fn. 58), S. 122 ff. , 183 f. ; Schöbel, FS Schöch,2010, S. 1039, 1043 ff. ; Weber, ZZP 59 (1935), 96, 132; Rechtsgrundlagen bei Daude/Wolff, Die Ordnung des Rechtsstudiums und der ersten juristischen Prüfung in den Deutschen Bundesstaaten,1903, S. 4 ff.

〔70〕 于1849年首次引入的笔试在1864年再度被取消,Ebert (Fn. 38), S. 40 f。

〔71〕 Allgemeine Verfügung vom 30. 03. 1908, §§6, 7a, Pr. JMBI. 1908, 186 f. ; dazu Ebert (Fn. 38), S. 118 ff.

〔72〕 Ebert (Fn. 38), S. 124m. w. Nachw. 耶林还将(Fn. 64), S. 369, 在第一次国家考试中出现法律案例称为珍品。Weber在ZZP 59 (1935)96, 135中再现了柏林高等法院第一次用于笔试的三个案例的案件事实。最初,六个星期的"学术作业"(家庭作业)也是纯理论性的,1892年以后才更经常以法律案例的形式出现,ibid. , 122。

〔73〕 Vgl. die Übersicht in Die Ausbildung (Fn. 1), S. 112 f.

〔74〕 von Liszt (Fn. 68), S. 49 f.

〔75〕 Großfeld, NJW 1989, 875, 877ff. ; Sirp, FS Baumgärtel, 1990, SS. 515, 526.

3. 正如作为定义项被使用的法学(Juristerei)的实践指向[76]的整体一样,实践因素几乎没有造成法学自我理解的模糊,至少当某一学科的地位由其有用性决定时是如此。按照直至近代都影响极大的亚里士多德的分类法,科学是——作为心灵的五种能力之一——对一般事物和必要事物的理解与判断。实践智慧(prudentia, phronesis)作为"正确考虑之后才行动的立场"和艺术(ars, techne)作为"正确考虑之后才创作的立场"均与变化的对象打交道。[77] 依此,最多只有对自然法的处理才是科学,[78]而变动的世俗法大多被归为实践智慧(prudentia),虽说亚里士多德的图示并非总是能得到精确地运用,只要"科学"也被主观地加以理解,[79]法学也经常依据法学阶梯 1.1.1、学说汇纂 1.1.10.2 而被称为科学,或者按照学说汇纂 1.1.1 被称为艺术。[80] 若只要从必然理由里推导出的句子均被视为是"科学的",[81]那么如鉴定式中发生的将一般规则通过涵摄适用于个案的活动,对于诸如 Christian Wolff(克里斯提安·沃尔夫)和 Thomasius(托马修斯)来说也直接是一项科学活动。[82]

直到 18 世纪末前后,才发展出脱离使用目的的法学(Rechtswissenschaft)这个概念,它将实践的法学(Jurisprudenz)降级或者完全排除在外。[83] 对此共同起决定作用的是康德的两个富有影响的立场:一个是他的三阶层的科学概念,依此每种体系性的学说都叫作科学,并且当诸项认识在其体系内的结合存在因果关联时,则其为理性科学,然而只有当"其确实性是自明的",也就是可以提出

---

〔76〕 Exemplarisch Nettelbladt, Systema elementare universae iurisprudentiae positivae communis imperii romano-germanici usui fori accommodatum, 1749, §4, S. 5:"但是这几乎是关于法学的通用理论定义:法学是实践倾向的,法律的正确解释适用与每个案件相关(Doctrinalis definitio iurisprudentiae fere communis vero haec est: Iurisprudentia est habitus practicus, legesrecte interpretandi applicandique rite quibusvis casibus obvenientibus)", w. Nachw. bei Sehröder (Fn. 13), S. 9 ff。

〔77〕 Aristoteles, Nikomachische Ethik, VI, 3 ff.

〔78〕 Statt vieler Chr. Wolff, De iurisprudentia civili in formam demonstrativam redigenda, in: ders., Horae subsecivae Marburgenses anni MDCCXXX, quibus philosophia ad publicamprivatamque utilitatem aptatur, 1731, S. 84 f.

〔79〕 Dazu Schröder (Fn. 13), S. 9 ff., auch 39; 就此而言,"法学"(Rechtswissenschaft)过去是之前通用、但最终消失的"法律学问"(Rechtsgelahrtheit)的同义词。就科学概念的客观化,参见 ibid. S. 36. ff。

〔80〕 Schröder (Fn. 13), S. 9 ff. 罗马的法律人对亚里士多德的分类不感兴趣, Viehweg (Fn. 17), S. 57 ff. m. w. Nachw。

〔81〕 Dazu Schröder (Fn. 13), S. 131 ff.

〔82〕 Chr. Wolff, Philosophia moralis sive Ethica, 1750, Pars I, §195; Thomasius, Primaelineae de jurisconsultorum prudentia consoltatoria, 1705, cap: III, §32; 当然这也并非毫无争议, w. Nachw. bei Schröder (Fn. 13), SS. 170 ff., 174 ff。

〔83〕 Dazu Schröder (Fn. 13), SS. 145 ff., 176 ff.

先验理由的科学才是“真正的科学”。[84] 法律学问毕竟可以为自己主张体系,不过人们立即努力地将其归为形式上体系——理性的科学。[85] 只有当人们使法学符合数学,这意味着可以通过概念进行计算,[86]或者限于如今作为法学分支学科才产生的法哲学,也可能包括法律史时,[87]它才能获得“真正”科学的地位,而与此同时,“法律知识”被降低为纯粹的手艺。[88] 对康德而言,从一般到特殊的过渡,与在沃尔夫那里的不同,它并非知性纯粹分析性运作,因为只有在感性中才可能存在个别的观念(直观 Anschauung),一般的观念(概念)只有在知性中才是可能的。[89] 但是,对于(要加以评判的个别性)直观并不能科以任何(知性)规则。知性就如科学的器官,它关心的是一般概念和规则的形成,而负责将个案涵摄于概念之下则是另一种心智能力,判断力管辖,它不能通过规则来引导,也即既不能教授也无法学习,但确实可以练习并且通过实例(作为“判断力的学步车”)加以提高。[90] 因此,在其工作中,法官也像医生一样,应回归其自然的判断力——其“天生智慧”——的尺度。[91] 因此,规则的适用具有不可避免的非理性的天性,以致如法律人的案例解析技术这类针对规则适用的学说,最终只能通过举例的方式,凭借直观进行,而不能被认为是科学的。[92] 这种思想为这个时代的不少法学作者所接受,他们现在更为有意识且

---

〔84〕 Kant, Metaphysische Anfangsgründe der Naturwissenschaft, 1786, Akademie-Ausgabe Band IV, SS. 465, 467 f.

〔85〕 Dazu Schröder (Fn. 13), S. 149 ff. m. w. Nachw.; Vgl. jüngst Pawlik, FS Jakobs, 2007, SS. 469, 470 ff.

〔86〕 Ausdruck von von Savigny, Vom Beruf unsrer Zeit für Gesetzgebung und Rechtswissenschaft, 1814, S. 29; s. a. Schröder (Fn. 13), S. 161 ff. 莱布尼茨就主张法学与几何存在相似性, Dissertatio de arte combinatoria, 1666, AkademieAusgabe, 6. Reihe, 1. Band (Philosophische Schriften 1663-1672), SS. 163, 189 Nr. 40。

〔87〕 Exemplarisch G. Hugo, Lehrbuch eines civilistischen Cursus, Band I (Enzyklopädie), 5. Aufl. 1817, §§ 24, 34, 43; Gans, Das Erbrecht in weltgeschichtlicher Entwicklung, Band 1, 1824, Vorrede, S. XXVII ff.; eingehend Schröder (Fn. 13), S. 155 ff.

〔88〕 So etwa Gans (Fn. 87); Klein, Klein's Annalen 24 (1806), 157 u. ff.; 然而相对于科学,“手艺”的说法在其他领域也很流行, Vgl. Rescriptan das Cammer-Gericht, wie es künftig beym Exainine der Rechts-Kandidaten gehalten werdensoll, vom 01. 01. 1797, in: Novum Corpus Constitutionum Prusso-Brandenburgensium 19 (1801), SS. 905, 906。

〔89〕 Kant, Logik, Elementarlehre, Akademie-Ausgabe Band 9, S. 91.

〔90〕 Kant, Kritik der reinen Vernunft, 2. Aufl. (B) 1787, B 170 ff. Allerdings auch nur in Maßen, B 173:“判断力的缺乏本质上被人们称为愚蠢,这样的疾病是无法挽救的。” S. a. ders., Über den Gemeinspruch:“Dasmag in der Theorie richtig sein, taugt aber nicht für die Praxis”, 1793, Akademie-Ausgabe, Band VIII, S. 275. Näher Schröder (Fn. 13), S. 176 ff.

〔91〕 Kant, Kritik der reinen Vernunft (Fn. 90), B 173 f.; s. a. Köhler, JR 1991, 48, 49, 50.

〔92〕 Vgl. Schröder (Fn. 13), SS. 176 ff., 188 ff.

更为明确地〔93〕把实践法学的“技艺规则”从理论法学中加以排除。

即便我们今天的科学哲学因先验的对象变得罕见而利用其他的概念标准,〔94〕“心智能力”的描述性—思辨性的学说在心理学史的杂志中消失不见,并且“判断力”由哲学转移到了认知心理学或认知科学中而且有了“范畴化”这一名称。不过在以单纯的“适用”/案例解析为一方和理论/科学为另一方之间的鸿沟尽管在表面上被覆盖了,但是迄今仍存在于深处。因此,鉴定式案例解析的方法层面也许值得仔细审视。

三、笛卡尔的正确运用理性的方法

勒内·笛卡尔(1596—1650)属于没有在其所学专业上做出番事业的法律人。〔95〕他的作品在过去和现在都被很多人视为“近代哲学的开端和起源”,〔96〕笛卡尔本人甚至被视为“近代的始祖”,〔97〕因为他彻底背离经院哲学以及经院哲学对于认知自然毫无成效的分析法,并且把仅仅信赖自己的主体挪到了所有寻找真理活动的核心。他于1637年匿名发表的第一本出版物——《谈谈正确引导理性在各门科学上寻找真理的方法》(以下简称《谈谈方法》)〔98〕使他一夜成名。尽管方法论在他那个时代是全然时髦的,〔99〕不过笛卡尔的文章却是史无前例的激进的。〔100〕《谈谈方法》自身只是给广大读者的,因此用法语写就了前言,书中随后的三篇论文(折光学、气象学、几何学)是演示其运用的。他对普

---

〔93〕 此前也有人将实践法学称为“艺术”(Fn. 80),今天还有人在口语中而非亚里士多德或康德的意义上将书起名为《解决案件的艺术》(Herbst Verlag, München)。

〔94〕 Vgl. Neumann (Fn. 12), S. 378. ff.; Rinken, Einführung in das juristische Studium, 2. Aufl. 1991, S. 254 ff.; allg. Schurz, Einführung in die Wissenschaftstheorie, 3, Aufl. 2011, S. 21 ff.

〔95〕 在Poitier大学仅仅学习两年的法律之后,笛卡尔便于1616年11月9日与10日分别以*Et laudetur*的分数获得了会考毕业证(*Baccalaureat*)和学位(*Lizenziat*)。Adam, Vie et Œuvres de Descartes, 1910 (= Band XII der Erstauflage der maßgeblichenWerkausgabe von Adam/Tannery, Œuvres de Descartes, 1897-1913), S. 40 Fn. a; Gilson, René Descartes, Discours de la méthode. Texte et commentaire, 1930, S. 119.

〔96〕 Jaspers, Descartes und die Philosophie, 1937, S. 5; so schonHegel, Vorlesungen überdie Geschichte der Philosophie, in: Moldenhauer/Michel (Hrsg.), Werke, Band 20, 1986, S. 123:“现代哲学的真正始祖”。

〔97〕 Husserl, Die Krisis der europäischen Wissenschaften und die transzendentale Philosophie, 1936, Husserliana, Band VI, 1976, S. 76.

〔98〕 Der Discours wird im Folgenden wie alle Werke Descartes', nach der Ausgabe von Adam/Tannery (Fn. 95) als „AT [Band], [Seite], [ggf. Zeile]“zitiert, hier also AT VI, 1.

〔99〕 Vgl. Risse, Archiv für die Geschichte der Philosophie 45 (1965), 269 ff. m. w. Nachw.

〔100〕 该方法的组成部分当然并非全新的;zu Anleihen aus derSumma philosophiae quadripartita des Eustachius a Sancto Paulo, Secunda pars logicae, Tract. II, Ausgabe Leiden 1647, S. 106 ff., s. Gilson, Index scholastico-cartésien, 2. Aufl. 1979, S. 181 ff。

遍方法的研究开始得更早,最初是在未发表而且也不是以手稿形式保存的片段《指导心灵探求真理的原则》中,[101] 据推测是在1619年到1628年间针对代数和几何写就的,而《谈谈方法》包含着此文更为成熟的形式。[102]

《谈谈方法》对于笛卡尔具有核心意义,因为是它才使科学真正成为可能,同时也普遍地适用于所有的学科,[103] 这些学科通过普适方法在一门普世科学(普遍数学)[104] 的意义上关联起来,就如他的著名的树图所展现的,根基是形而上学,主干是物理学,枝叶是诸多具体科学,主要是医学、力学和伦理学。[105] 笛卡尔的方法已经嵌入了一种认识论,这种认识论论证了人是否以及如何能认识真理,不过正如对其他的笛卡尔的形而上学、本体和先验的二元论等一样,这里也不能对其认识论予以深入的讨论。因此下面必须假设,笛卡尔的方法不论其论证是否成立均能站得住脚。

笛卡尔的方法有意识地区别于众多逻辑规则,仅仅由以下的四个简单的条款构成,他将它们置于《谈谈方法》的第二章:[106]

第一条:凡是我没有明确地认识到的东西,我决不把它当成真的接受。也就是说,要谨慎地避免轻率的判断和先入之见,除了清楚分明地呈现在我心中、

---

[101] AT X, 349 ff.

[102] Zum Verhältnis der Regulae zum Discours s. Gerten, Wahrheit und Methode bei Descartes, 2001, SS. 66 ff., 208 ff.; Herrmann, Descartes' Meditationen, 2011, S. 148 ff.; Röd, Descartes: Die Genese des cartesianischen Rationalismus, 3. Aufl. 1995, SS. 46 ff., 68 ff.; Wladika, Breite des Ichs, Systematische Studien zu Descartes, 2007, SS. 123 ff., 133 ff.; Wohlers, René Descartes, Discours de la Méthode, 2011, Vorwort, S. XXXVIII ff.; s. a. Specht, Descartes, 10. Aufl. 2006, S. 76 ff.

[103] Der Titel sollte erst lauten „Le projet d'une Science universelle qui puisse élever notrenature à son plus haut degré de perfection ...", Brief an Mersenne, März 1637, AT I, 338, 339; s. a. Discours, AT VI, 21 sowie schon Regula II, AT X, 394 („qualibet scientia").

[104] Descartes, Regulae ad directionem ingenii, Regula IV, AT X, 378.

[105] Descartes, Lettre préface des Principes de la philosophie, AT IX, 14.

[106] AT VI, 18, 16 ff. Übersetzung nach Wohlers (Fn. 102), S. 33. (按现在的正字法) 法语原文如下:„Le premier était de ne recevoir jamais aucune chose pourvraie, que je ne la connusse évidemment être telle: c'est-à-dire, d'éviter soigneusement laPrécipitation, & la Prévention, & de comprendrerien de plus en mes jugements, que ce qui seprésenterait si clairement & si distinctement à mon esprit, que je n'eusse aucune occasion de lemettre en doute. Le second, de diviser chacune des difficultés que j'examinerais, en autant deparcelles qu'il se pourrait, & qu'il serait requis pour les mieux resoudre. Le troisième, deconduire parordre mes pensées, en commemçant par les objets les plus simples et les plus aisésà connaître, pour monter peu à peu, comme par degrés, jusques à la connaissance des pluscomposées; & supposant même de l'ordre entre ceuxqui ne se précèdent point naturellementles uns les autres. Et le dernier, de faire partout des dénombrements si entiers, & de revues sigénérales, que je fusse assuré de ne rien omettre." *译者注:此处的中文译文,主要参见[法]笛卡尔:《谈谈方法》,王太庆译,商务印书馆2000年版,第16页。因本文正文采其德语译本,Fn. 中对应的法语原文不再译出。

使我根本无法怀疑的东西外，不放任何东西在我的判断里。

第二条：对我所想审查的每一个难点，按其可能与必要分成尽可能多的部分，以便一一妥为解决。

第三条：按次序进行我的思考，从最简单、最容易认识的对象开始，以便一点一点逐步上升，直到认识最复杂的对象；就连那些本来没有先后关系的东西，也给它们设定一个次序。

第四条：在任何情况之下，都要尽量全面地考察，普遍地复查，做到确信毫无遗漏。

这种方法要求自己成为由确定且简单的规则构成的认识秩序，它预设了每个遵循它的人绝不以伪为真，以便于逐步地扩大自己的知识，并且实现人之能及的所有真知，[107]即便认知者仅仅具有中等智力。[108] 在此，笛卡尔所关心的乃知识的扩展，而不同于辩证家的传统三段论，它只能阐明人们已经知道的东西，[109]就此而言，笛卡尔的这一方法是发现的技艺(ars inveniendi)。这种方法建立在使用直觉和演绎这两个要素之上。笛卡尔所理解的直觉是指通过明证认知真相，在此认知必须在一瞬间并非连续地发生，而且是清楚且明确的，[110]换言之，对整体的直观必须明确地区别于其他东西(清楚)，而且具体的组成部分必须清楚地分开(明确)。演绎对于笛卡尔来说是一项即使是运转最低的知性也从不会执行错误的操作，[111]因为它原本只是一系列直觉。[112]

第一条规则以方法上激进的疑问[113]设定了起点并且随之表述了克服该疑问的标准，即只将能清楚明确认知到的，因此是自明的东西认为真，亦即不会仅仅因为是长期的传统、父母和老师所教导[114]或者多数人的意见[115]便认为它是真的。对于这种确实性也为真的推断，笛卡尔是从自身存在的"第一认知"(我思故我在)[116]并且借助本体论中上帝存在的证明而得出的。[117] 真在此被理解

---

[107] Regula IV, AT X, 372 f.

[108] Regula VIII, AT X, 399 f.

[109] Discours, AT VI, 17; Regula X, AT X, 406.

[110] Regula m, AT X, 368; Regula XI, AT X, 407.

[111] Regula II, AT X, 365:"演绎……任何人不会犯错，即使是最低理性的人。"

[112] Regula ill, AT X, 369; Regula XI, AT X, 408.

[113] 这一嗣后被称为"笛卡尔之疑问"在 Discours, AT VI, 31 ff. 第 4 章，以及在 Meditationes de prima philosophia, 1641, AT VII 加以深入地证立。

[114] Discours, AT VI, 13.

[115] 尤其是个人比全民更可能发现真理，Discours, AT VI, 16。

[116] Discours, IVe partie, AT VI, 32.

[117] Am ausführlichsten inden Meditationes de prima philosophia, AT VII. Nachw. Zurphilosophiegeschichtlichen Rezeption bei Wladika (Fn. 102), SS. 33 ff., 63 ff., 145 ff.

为无可置疑性。[118] 换言之,怀疑本身就是一个“理性的行动”。[119]

接下来的三条规则陈述了这个真正的流程:划分、排序、列举。因为只有简单的事物才能被清楚明确地认知,所以按照第二条规则,复杂的对象应当一直加以分解,直至其组成部分能被认知,分支难题能被解决为止。

第三条规则规定了对认知秩序的遵守,该秩序不是事物内在的,而是一个由认知主体所构造的,如何能从一个事物中认识另一个事物的秩序。[120] 笛卡尔认为有序的、分步骤的程序是“所有人类行为的核心”,与之相反的是,许多人不反思他们所做之事[121]或者无序地应对最难的问题,就好像他们尝试着从一个建筑物的最底层一跃而上到最高层,因为他们出于傲慢或错误而忽略了楼梯。[122] 因此,“该项技术最深的秘密”以及这几项规则中最有用的,[123]就是将所有要认识的对象加以有序地放置,并且注意什么是最为简单的事项以及从其中可以认知到什么。因此,主要的工夫都应放在秩序的建构上。[124] 有序的进行不能和僵化的形式主义相混淆,因为按照笛卡尔的观点,秩序并非必须始终严格且毫无变通地加以遵循,因为根据认知兴趣,可能只要明确地认知系列中的某个部分就已经足够了。[125]

第四个规则所要求的完整列举,笛卡尔也称其为归纳,[126]它用于在人的智力可能的范围内全面提出问题,因为长链条的推论经常是必要的,并且需要克服记忆的不可靠性。[127] 这种列举必须是连续、充分且有序的,[128]以避免不必要的工作或忽略掉东西。“充分”与否取决于各自的认知兴趣和引导秩序的理念。[129]

此外,适用于研究过程的那些规则,也适用于对要研究的问题的表达,在此也必须忽略多余的部分,并将提问追溯到最简单的(对象)上,而且在可能的情

---

[118] Regula II, AT X, 362.

[119] Röd (Fn. 102), S. 49.

[120] Regula VI, AT X, 381; Regula X, AT X, 404 f.; dazu Gilson (Fn. 95), S. 207 f.; Gerten (Fn. 102), S. 334 ff.; Röd (Fn. 102), SS. 65 f., 73.

[121] 笛卡尔认为,人的一生至少有必要追问一次:人的理性到底能够获得哪些知识? Regula VIII, AT X, 396 f.

[122] Regula V, AT X, 380 f.

[123] Regula VI, AT X, 381.

[124] Regula XIV, AT X, 452.

[125] Regula VIII, AT X, 393 f.

[126] Regula VII, AT X, 387 ff.

[127] Regula VII, AT X, 387.

[128] Regula VII, AT X, 388 ff.

[129] Regula VII, AT X, 390.

况下于列举中将之分解为尽可能小的部分。[130]

他的朋友麦尔生(Mersenne)便批评了该方法的简单性,笛卡尔就此回应道,自己写的不是论文(论方法),而只是一个提纲(谈话),这就等同于序言或者导引(方法的前言或声明),因为他所想的不是教导它,而只是谈论它,因为该方法明显更多地存在于实践而非理论中。[131] 之后的大量证据显示,紧随这一谈话的三篇论文的论述也基本不可能由这一方法所产生——即使不考虑笛卡尔的物理学不久就被证明是存在重大错误的,[132] 这些论文"最突出的特点就是平庸",[133] 这点莱布尼兹(Leibniz)就已经批评过,他看不到这四项笛卡尔规则本身具备什么笛卡尔所特有的东西,毋宁说这使他想起随便某个化学家的规则:"取你所需,做你须做,然后你将会得你所欲。"这最后变成了"我们必须趋善避恶",这句话是完全正确的,但却没有给出善的标准。[134]

恰如对笛卡尔的文献总体一样,今日对其"方法"的评价的光谱已经不可一览无遗了。一些人认为笛卡尔的方法是一种关于研究的高度差异化的一般理论,[135] 或者认为它尽管是不言自明的,不过只在下面的意义上,就像人们今天认为打开一个已经习惯了它的存在的电灯是理所当然的一样;[136] 或者认为平庸的指责是错误的而加以批评,因为该方法较少地涉及一项程序,更多地涉及一种心理态度,一种让人加以重视的修辞学劝告。[137]

四、鉴定式是一种笛卡尔方法吗?

人们可能提出异议说,因为笛卡尔的方法是指向科学和真理的,所以它与

---

[130] Regula XIII, AT X, 430.

[131] Brief an Mersenne, März 1637, AT I, 347, 349.

[132] Vgl. Wohlers (Fn. 102), Vorwort, S. XXIX ff. m. w. Nachw.; s. a. Specht (Fn. 102), S. 95 ff.

[133] Wohlers (Fn. 102), Vorwort, S. XII; s. a. B. Williams, Descartes: The Project of PureInquiry, 1978/2005, S. 18 ff.

[134] Leibniz, Brief an Gerhard Meier, Mitte Januar 1691, in: Sämtliche Schriften und Briefe, Akademie-Ausgabe, 2. Reihe, 2. Band (Philosophischer Briefwechsel 1686–1694), 2009, Nr. 99, S. 377, Z. 11 ff.: "Quatuor Cartesianae Methodi Regulae ... non video quid habeantCartesio proprium. Et parum abest ut dicam similes praecepto Chemici nescio cujus: *Sumequod debes, et operare ut debes, et habebis quod optas*. Nihil admittere nisi evidenter verum (seu nisi quod debes admittere). Divide rem in partes quot requiruntur (id est quot faceredebes). Procede ordine (quo debes). Enumera perfecte (seu quae debes). Prorsus ut quidaminter praecepta ponunt, *Bonum esse appetendum*, *Malum fugiendum*; recte profecto, sed indiciaboni malique desiderantur." S. a. den nachfolgenden Brief Nr. 100.

[135] Sorell, Descartes, dt. Ausgabe o. J., S. 30.

[136] Honegger, René Descartes: Leben, Methode, Weltbild, 1957, S. 10.

[137] Carr, Descartes and the Resilience of Rhetoric, 1990, S. 41.

鉴定式不可比较。尽管笛卡尔顺带将实践法学称为"科学",[138]不过他在那里明显只是使用了当时常用的表达方式。该方法的应用领域的是所有追求通过确实性——也即不是通过信仰便能获得认识的科学;被排除在外的还有日常的生活方式,那里既不追求也不期待对于科学来说是必要的确实性。[139] 规范学科,诸如笛卡尔自己所举出的伦理学[140]作为普遍数学(mathesis universalis)的组成部分尽管也是可以想象的。然而,对于一个其语句不是通过认知明证性真理,而是通过权威性的设立[141]产生的学科则相反。实证法的方法论,只要它处理的是具体规范语句的形成,笛卡尔就兴趣不大,正如他对其他意见争论占主导的学科兴趣不大一样,[142]即使其中也如到处一样推荐一种思维上的秩序。

然而,在解答一个法律案例时,任务的提出在结构上与经验科学或形式科学中说明具体现象或问题并无差别,只要是通过有序且可理解的步骤检验一般语句的可适用性,尝试找出"具体的情况"是什么,不管它现在是一项医学诊断、公路桥梁建造技术的研究、学生食堂布丁的食品化学成分分析或者刑事案件的解答:在这方面,法学中的鉴定与其他学科的鉴定是一致的。[143]

不过,可能还存在一个差异,就是其他学科追求真理(这个病人患有这种疾病,这座桥梁状况不佳,这个布丁变质了或没有变质),而法律人自概念法学退场以来就因为法在语义学上的不确定性便畏于主张,其对法律关系的评价是(唯一的)"真"。尽管在法学中,关于实证法(如一项规范的有效性)和制度性事实(如存在请求权)的陈述是可直接按照真理的定义进行表述的,[144]不过今天几乎无人还相信,[145]能够几何学般地解决用以评判个案必要规范的确切内容上的疑问,这些疑问不仅原则上不可避免而且实践中也经常对裁判具有重要性,也几乎没人相信能找到唯一正确的解决方案。然而,若鉴定不只是为达到培训的目的(此时可满足于"可资赞同的"解决方案)而写,那么它就必须符合如下要求,亦即对于一个——还需按照证据法规则才能形成的——真实(案件)

---

[138] Discours, AT VI, 6.

[139] Brief vom August 1641, AT III, 422; Vgl. Dieprovisorische Moral im 3. Abschnitt des Discours, AT VI, 23 ff.

[140] Oben Fn. 105; Vgl. Gerten (Fn. 102), S. 49 ff.

[141] Vgl. Engisch, Wahrheit und Richtigkeit imjuristischen Denken, 1963, S. 3:"法律人将'真理'认为是出自立法者之手的受时空限定的真理。"

[142] Etwa die damalige Schulphilosophie, Discours, AT VI, 8.

[143] Zutr. Wolf, JuS 1996, 30, 31.

[144] Vgl. Dworkin, Law's Empire, 1986, S. 4 f.; Poscher, ARSP 89 (2003), 200f.

[145] Anders etwa Dworkin, Hard Cases, in: ders., Taking Rights Seriously, 1917, SS. 81, 105 ff.; ders., A Matter of Principle, 1985, S. 119; ders. (Fn. 144), SS. 45 ff., 239 ff.; auchMoore, 26 Harvard Journal of Law & Public Policy 23, 41 ff. (2003).

事实，在法律上作出一个“正确的”（在得到最好说理的意义上）陈述，因为至少国法适用承受不起任意性，法不应失去其定向功能。[146] 法律人的鉴定可以不求真，但对正确性的要求是必要的。

除了这些限制之外，在鉴定技术和笛卡尔的四项方法规则之间存在显著的相似之处：方法上的疑问（第一项规则）是出发点，以至于没有事先检查就不应对事实作出任何法律上的陈述，甚至最为清楚的认定也需要一个简单的涵摄。鉴定式的发问形式是这一疑问的表达。

将一个任务分解（第二项规则），是法学鉴定的特色：一个复杂的（案件）事实被分成更易处理的片段。[147] 这些片段会以具体的规范能逐步地切合它们的方式继续被细分。分析所得的结论最后再被综合在一起。这一系列步骤是在一种秩序（第三项规则）中进行的，这个秩序主要是一种认知的秩序（例如，犯罪构成、请求权构成）。正如在笛卡尔那里一样，所有这些“构造图示”不是“僵化的和不可变更的”，而是可依据目的指向而改变。[148] 只有当它们同时承担起列举（次级的，因为只涉及问题的一部分）的任务时（第四项规则），这些秩序才是严格的，所以犯罪构成也可以当作一个“清单”。与相关的法律的反复核对负责完整地过一遍问题，以确保检查了所有应予考虑的规范（犯罪构成要件、请求权）。

对笛卡尔具有根本性的知性运作的直觉和演绎，在法律人的鉴定中可能比在其他学科中来得更为明显：一项规范的涵摄由——大多数情形下一个较长系列的——演绎构成，这些演绎最终建立在明证性主张之上，亦即一个基础性的（下位）概念是否在该案件中被实例化。[149] 当然，法学的特殊困难在于大前提的发现，而大前提不是从对法律的单纯演绎中得来的。

此外，法律人的技术还必须满足其他的要求：在法治国中，法律人的工作必

---

[146] 对于正确性的要求，s. nur Alexy, Theorie der juristischen Argumentation, 2. Aufl. 1991, S. 264 ff.; Engisch (Fn. 141), S. 4ff.; krit. Müller-Dietz, Z. f. evangel. Ethik1971, 257, 258f. Poscher 在 ARSP 89 (2003), 200, 210ff. 一文中认为，借助真理紧缩理论能够证立教义法学的真理要求，然而这些理论并非是准据性的，因此在法律状况不确定时，只能说法律不确定，以法律鉴定作为其预备的法律适用不能满足于此。

[147] 对于从修辞学中借用的方法对法庭报告进行的细分，见 Schröder (Fn. 13), S. 61 m. w. Nachw。

[148] 在案例解答中，常有人喜欢提出“形式主义”的责难，比较脚注[6]，但是只有在有区别的使用时才是合理的：因为正如前面刚刚所展示的，为了达成秩序与完整性，形式化的过程是可取的。只有当毫无理智地使用一项形式，亦即忘记其服务功能并放弃自行进一步思考时，该非难才是合理的。

[149] Vgl. nur Puppe, JA 1989, 345, 363; dies., Kleine Schule des juristischen Denkens, 2008, S. 49 f. 正如康德（oben Fn. 90）所言，这一明证经验尽管可能不可教授，但其方法则完全可以。

须在可理解和可检验的意义上是理性的;这些都是科学工作的标准,笛卡尔的方法(即便他没有强调这些方法)和鉴定式都完全一样地满足了这些标准。[150]另外,法律人的技术还必须能够为只具备普通智力的法律适用人员正确地加以适用;[151]一种科学的方法可能要求很高,不过笛卡尔自夸他的方法能带领任何只具备普通智力的人到达目的地。[152] 鉴定式同样简单并且因此也足够简单,不过,法律人培养的经验看到更多的是,鉴定式乃是对笛卡尔命题的驳斥(一个简单的方法就已足够且与智力无关),因为对它的忠实适用是没有任何保证的。

总的来说,鉴定技术和笛卡尔的方法一样,也构成了一个避免错误的程序。众所周知,很多的法学笔试和家庭作业的失败,并非因为缺少法律知识,而是因为错误地适用已有的知识,尤其是因为忽略方法上的疑问而导致的"轻率判断和先入之见"以及不完整性。

五、结论

朝界限外的一瞥显示,在我们这个国家作为实践以及教学技术所维持的法律人的鉴定式,可能并不像它看起来那样的不言而喻,而是到19世纪末开始才在大学的教学活动中变得普遍的。长久以来,案例解析在大学里被牢固地确立为对法学"理论"必要的操作测试[153]以及教学上有用的"实际操练",[154]以检验理解和提升能力。人们尽管并非总是但往往完全贬义地把案例解析技术评定为也为法理学所唾弃的"单纯手艺";就案例解析技术的这种评定忽视了对一个法律案件鉴定式的解答在结构上符合对单个问题的说明。若将笛卡尔的方法从他的形而上学中分离出来,那么鉴定式就能以极为清楚的方式满足针对该方法提出的四项规则。毫无疑问,鉴定式是值得在大学进行教授的;换言之,"错误地畏惧(认为鉴定式)不科学的这种指责"[155]是不妥的。

不过,笛卡尔的方法似乎和鉴定式一样,都是乏味的。确实,两者都很简单,但这并非是对已被证明的有用性的异议,恰恰相反:笛卡尔认为有用的前提就在于简单。但是,从乏味或者简单中无论如何都得不出,该方法通常会被正

---

[150] 鉴定除此之外还可以具有美学的一面,Vgl. Schild (Fn. 25), S. 169 ff., 本文对此毫无异议。

[151] Vgl. Jahresbericht des Präsidenten des Juristischen Landesprüfungsamts für 1929, Pr. JMBl. 1930, 48, 51; E. Schneider, MDR 1973, 100 f.

[152] Oben Fn. 108.

[153] von Jhering (Fn. 64), SS. 368, 377.

[154] Goldschmidt (Fn. 31), S. 262.

[155] Vgl. von Jhering (Fn. 64), S. 377, sowie jüngst den Bericht des Ausschusses der Justizministerkonferenzzur Koordinierung der Juristenausbildung: Der Bologna-Prozess undseine möglichen Auswirkungen auf die Juristenausbildung, 2005, S. 43.

确地、合理地加以应用，正如每一位法学教师所知道的那样。也许下面的做法将是有益的，即不非历史地、非理论地介绍鉴定技术，不将鉴定技术交由学习小组甚或复习课，而是在大学的课程里清楚地解释其目的，并强调它最能磨砺提升案例解析者自身的心智。[156]

---

〔156〕 法学院的大量使用使其成为“为准备第一次国家考试的基础技校”（Zitelmann，DJZ 1909，505，508；ähnl. von Liszt，Fn. 68，S. 18），为此付出其代价，“只想到考试不懂艺术的俗人的精神”忽略了真正的科学“知识”（Rescript，Fn. 88），并且不自行思考，而落入盲目的形式主义之中（Kunkel，Fn. 6）；这尽管不能被消除，但正如作为训练鉴定式主要场所的笔试这种考试形式中的矛盾一样，几乎没有被误解。

德国重新统一后的家庭法学

——争论、工作方法及若干观察*

[德]安娜·勒特尔** 著 季红明*** 译

【摘 要】在德国法学内,家庭法学处境并不轻松,常被指摘说家庭法学偏好实践,与政策关系密切,并且是非教义学的。本文想要就此加以澄清并描绘两德统一后的这25年间的家庭法学。本文记录了家庭法学在关注主题(伴侣关系、父母子女关系、成年人保护)、所用方法(法律史、教义学、比较法、交叉学科)方面的转变、连续性和变化过程,并附有观察所得。

【关键词】两德统一 德国家庭法学 教义学 比较法 法社会学

---

* 承蒙汉堡布采留斯法学院(Buceirus Law School)教授安娜·勒特尔(Anne Röthel)女士慷慨授权本人翻译此文,特此感谢。本文原载于《民法实务档案》2014年第5期,第609~663页[AcP(214), 609-663(55)]。

** [德]安娜·勒特尔,德国汉堡布采留斯法学院(Buceirus Law School)教授。若是没有大家各种形式的帮忙,本报告就不可能以此种形式呈现出来。首先应该感谢我的助手Anna-Luisa Lemmerz博士女士,她以细心和远见整理了分散的材料,在数个星期内她作为我的对话伙伴,既给我提供鼓励,同时也提出批评。我要再次感谢我亲爱的同事Christian Bumke教授,他仔细阅读了本报告并提供了重要建议。若没有他,我关于法学是什么以及法学可以贡献什么的图景,将会更为苍白。

*** 季红明,中南财经政法大学法学院教师。本文译稿由德国法兰克福大学法学院博士生王文娜进行校读,中南财经政法大学法学院教师蒋毅、北京大学助理教授贺剑校对,特此感谢他们所提出的宝贵的修改建议和意见。

一、主旨[1]

在法学内，家庭法学处境并不轻松。对很多人而言，家庭法学偏好实践，与政策关系密切，并且是非教义学的。家庭法或多或少被贴上了非学术的女性事务的标签。然而，这些图像的根据为何？这些是否过度简单化或者只是实际情况？该怎么予以回答？提出这些问题之人必须首先承认，对于家庭法究竟是什么、什么是它所感兴趣的以及它是如何工作的，我们的认识是模糊的。接下来的文章想要就此加以澄清并描绘新近的家庭法学（这里被理解为德国重新统一

---

〔1〕 以下为所引文献的缩略语：Behrends/Schumann（Hrsg.），Gesetzgebung，Menschenbild und Sozialmodell im Familien-und Sozialrecht，2008（zit. Behrends/Schumann）；Dethloff，Familienrecht，30. Aufl. 2012（zit. Dethloff）；dies.，Unterhalt，Zugewinn，Versorgungsausgleich. Sind unsere familienrechtlichen Ausgleichssysteme noch zeitgemäß?，67. DJT 2008（zit. Dethloff，67. DJT 2008）；Gernhuber/Coester-Waltjen，Familienrecht，6. Aufl. 2010（zit. Gernhuber/Coester-Waltjen）Jayme/Furtak（Hrsg.），Der Weg zur deutschen Rechtseinheit，1991（zit. Jayme/Furtak）；V. Lipp，Freiheit und Fürsorge，2000（zit. V. Lipp，Fürsorge）；ders./Röthel/Windel，Familienrechtlicher Status und Solidarität，2007（zit. V. Lipp/Röthel/Windel，Familienrechtlicher Status）；Martiny，Empfiehlt es sich，die rechtliche Ordnung finanzieller Solidarität zwischen Verwandten in den Bereichen des Unterhaltsrechts，des Pflichtteilsrechts，des Sozialhilferechts und des Sozialversicherungsrechts neu zu gestalten?，64. DJT 2002（zit. Martiny，64. DJT 2002）；Meder，Familienrecht. Von der Antike bis zur Gegenwart，2013（zit. Meder，Familienrecht）；Muscheler，Familienrecht，3. Aufl. 2013（zit. Muscheler）；Nave-Herz（Hrsg.），Wandel und Kontinuität der Familie in der Bundesrepublik Deutschland，1988（zit. Nave-Herz）；Rauscher，Familienrecht，2. Aufl. 2008（zit. Rauscher）；Röthel/Heiderhoff（Hrsg.），Regelungsaufgabe Paarbeziehung，2012（zit. Röthel/Heiderhoff，Paarbeziehung）；Röthel，Institution und Intimität，in：Röthel/Löhnig/Helms（Hrsg.），Ehe，Familie，Abstammung，2010，S. 9 ff.（zit. Röthel，Institution）；Schwab，Familienrecht，21. Aufl. 2013（zit. Schwab）；ders.，Konkurs der Familie?，1994（zit. Schwab，Konkurs）；ders.，Gleichberechtigung und Familienrecht im 20. Jh.，in：Gerhardt（Hrsg.），Frauen in der Geschichte des Rechts，1997，S. 790 ff.（zit. Schwab，Gleichberechtigung）；ders./Hahne（Hrsg.），Familienrecht im Brennpunkt，2004（zit. Schwab/Hahne）；ders.，/Vaskovics（Hrsg.），Pluralisierung von Elternschaft und Kindschaft，2011（zit. Schwab/Vascokovics）；Schwenzer，Empfiehlt es sich，das Kindschaftsrecht neu zu regeln?，59. DJT 1992（zit. Schwenzer，59. DJT 1992）；Simon（Hrsg.），Rechtswissenschaft in der Bonner Republik，1994（zit. Simon）。

后的家庭法学)的特征。同时,本文将记录从波恩到柏林之路[2](译者注:脚注2已经详细说明了波恩共和国、柏林共和国的用法。魏玛共和国的用法大家也早已耳熟能详。下文对于波恩、柏林、旧或新来修饰的共和国的用法,不再另附解释)的转变、连续性和变化过程。[3]

描述德国重新统一后的家庭法学的特征无疑是一项易受(个人所学和所处时代局限等)影响的努力。任何人都不可能在描写自己的学科和时代时而不被卷入其中。Dieter Simon 早已指出过,当代见证人通常不是好的历史学家。[4]因此,(他们对时代的描述)会伴有失真现象:一些事物显得更为重要和较为原则,只是因为它正在发生。其他事物则作为周围杂音消失于同时代的丰富事物中,在事后才被证明具有里程碑或转折点式的意义。只有在保持一定的距离时,我们才能更为确定地标示,哪一争论曾是真正有影响的以及主要的推动力源自于哪一声音。此外,与诸如公法学等法学的其他学科相比,家庭法学更少进行自我观察、反思和记录。换言之,它缺少一个可对自身的观察予以测量的客观基准点。

这一情况敦促我们要谦逊。因此,接下来的报告可被理解为主要是各种主题和声音的集合。它看起来更像是一个采石场而非一张地图。它所收集与描

---

〔2〕 在下文中,"柏林共和国"(Berliner Republik)被历史地、宽泛地并且同时被国家法严格地理解为再度统一后的德国的时期。因而,随着德意志民主共和国加入德意志联邦共和国,柏林共和国时期按照《德国基本法》第23条第2句旧版[德意志联邦共和国和德意志民主共和国关于恢复德国统一的条约——统一条约(Einigungsvertrag-vom 31. 8. 1990, BGBl. II, 889)的第1条第1款]于1990年10月3日开始,而不是随着该条约于1991年6月20日在联邦议会(BT-Drs. 12/815)决议通过以及在1999年政府和议会从波恩到柏林的迁移完成才开始。因为显而易见的是,对于一个关于法学的报告来说,也要选择一个法律上的基准点,在此基准点就是法律统一的建立。若可以证实,有过这样一个如此深刻的转折,它将柏林共和国从联邦共和国的连续性中挑出来,并且将其与魏玛共和国和波恩共和国放在一列,那么可能这一转折更多是在于再度统一的国家法的实施,而不在于议会、政府和各部从莱茵河畔(波恩)到斯普雷河畔(柏林)的漫长的搬家或者"东"和"西"的更为漫长的生活世界的共同成长。不同的概念理解暗含于 Sontheimer, Berlin schafft keine neue Republik-und sie bewegt sich doch, in: bpb (Hrsg.), Berliner Republik. Aus Politik und Zeitgeschichte (B 1-2/2001); Brunssen, Das neue Selbstverständnis der Berliner Republik, 2005, SS. 11, 19; 对"柏林共和国"这个概念持批评态度的,如 Czada, Nach 1989. Reflexionen zur Rede von der „Berliner Republik“, in: ders./Wollmann (Hrsg.), Von der Bonner zur Berliner Republik. 10 Jahre Deutsche Einheit, 2000, S. 13 ff。

〔3〕 这一报告同时也是项目"柏林共和国时期的法学(Rechtswissenschaft in der Berliner Republik)"的一部分,项目主持人为马克斯·普朗克欧洲法律史研究所的 Prof. Dr. Christian Duve 和 Dr. Stefan Ruppert。该项目预计在2016年将会提供给更多的公众。本报告在内容上接续前一卷 Simon, Rechtswissenschaft in der Bonner Republik, 1994, S. 390 ff. 中 Simitis 的研究。本文可以先行出版,对此我不胜感激。

〔4〕 Simon, S. 7(8).

述的是在统一条约生效以来涉及家庭法的法学争论、工作方式和观察。这些争论提供关于德国统一后家庭法学对哪些主题感兴趣的信息(下文第二部分)。对工作方式的注目,让接近家庭法的自我理解成为可能(下文第三部分)。最后,观察部分给出的信息,涉及家庭法学在法学内部以及相对于司法和立法所承担的角色,即它的实效和在法律结构中的位置(下文第四部分)。

最后一步应当是对几条脉络加以综述(下文第五部分)。基本观察为,德国统一后的家庭法学的争论、工作方法和观察主要是在"旧"共和国的主题和方法范围内继续前行[下文第五部分之(一)]。过去25年(两德统一后的25年),相较于联邦宪法法院关于知道自己出身的权利的裁判或者关于婚姻契约(Ehevertrag)形塑界限的裁判,通过重新统一以及柏林共和国后来在人口和劳动力市场政策上的节约型和积极的新家庭政策,政治的重新定向[下文第五部分之(二)]所引发的阵痛可能更小。叠加在对宪法化和欧洲化进程的主题性处理和方法论的处理之上的历史兴趣,改变了对比较法工作方法的关切,有利于再度强调教义学角度的自我理解。就此可粗略概括如下:德国重新统一后的家庭法学,在柏林共和国以再教义化和去政治化,回应历史性和政治性的家庭法[下文第五部分之(三)]。按最后的调查结果,家庭法学将这些各种各样的困境转变成生产力,着实贡献不小,尤其当人们想到,随着时代变迁家庭法学的圈子变得有多么小。

二、争论

要么按照那些长久以来为法学整体处理的视角,要么按照无论如何都属于大的、决定态度的问题的视角,对德国统一后所引入的家庭法争论加以分类,这一做法显得非常诱人。这些视角包括法的宪法化和欧洲化,以及家庭法与宗教、政治和社会的关系,就如它在世俗化、政治化、法律化(Verrechtlichung)、经济化、多元化或者私人化的标签下所讨论的那样。以此方式是否能勾画出一幅也能经受住嗣后观察的关于新近家庭法学争论的图像,仅仅因参考点的普遍性就已经显得令人怀疑。尤其是,以此种方式只能获得关于长期争论的继续进展的信息。这隐藏着忽视先前既定路径或者更为底层的变迁之外的发展的危险。

因此应当进行一个更为开放和更少挑剔的取样,筛选出导致传统的家庭法主题——婚姻、子女、监护——的争论。

(一)伴侣关系

认识层面的变化和转向,通常可以从第一次新引入的概念中读出。伴侣关系概念即属此列,自德国重新统一以来,它找到了从社会学进入法学文献的路径,[5]而且已标示出了第一个发展方向:“婚姻”和“非婚姻”的二分法——像这样结构的二分法在 20 世纪 80 年代所导入的身份关系和事实关系的区分[6]中也可找到——已经被归纳导向的、越来越脱离社会和宗教信仰基本态度的思维模式所替代。传统的二分法,如异性和同性伴侣关系(下文 2.)以及婚姻和非婚姻(下文 3.)之间的二分,和亲子关系法(Kindschaftsrecht)中婚生子女和非婚生子女以及父亲权利和母亲权利的二分法一样,刚好需要进行同样的检视[下文 (二)之 1.]。

1. 婚姻:从命运共同体到创造共同体(Verursachungsgemeinschaft,译者注:婚姻所得财产分享限于由一方或双方促成、创造而得,与婚姻中的个人努力无关的财产取得不在分享之列)

尽管如此,在针对伴侣关系的个别争论中,作为最为密集的法律化的伴侣关系婚姻处于重要位置。在此,“旧”共和国的重要主题,婚姻中的性别平等,仅仅发挥着无足轻重的作用。[7] 甚至在 20 世纪 80 年代还在进行的关于婚姻存续期间夫妻的个人内部关系的法律性质(《德国民法典》第 1353 条意义上的“婚姻生活共同体”)争论,[8]也已让位。[9] 之前多次强调过的“配偶的自主”相对于国家法似乎是得到了保障。[10] 现在人们感兴趣的更多是婚姻破裂后的财产性后果(“离婚后的互助”,nacheheliche Solidarität)。当时的核心关切是去定型化(De-Stereotypisierung)和个体化。这首先解释了对夫妻间约定及其法律性质的兴趣增长。而富于启发的是其论证的脉络。1996 年,Ingeborg Schwenzer 将其为限制婚姻契约(Ehevertrag)自由(“婚姻契约的内容控制”)所做的成果丰硕的辩护词与如下思想联系起来,即女性在与其未来的丈夫磋商婚姻契约时

---

〔5〕 Röthel/Heiderhoff (Hrsg.), Paarbeziehung;对此尚有疑问的是 Martiny, FF 2011, 345:“通往‘伴侣关系’法?”

〔6〕 Schwenzer, Vom Status zur Realbeziehung. Familienrecht im Wandel, 1987; Hausmann, Entwicklungstendenzen im deutschen Familienrecht. Vom Status zur Realbeziehung, in: Vollkommer (Hrsg.), Die Familie in Wirtschaft, Recht und Gesellschaft, 1990, S. 39 ff.; später Windel, in: V. Lipp/Röthel/Windel, Familienrechtlicher Status, S. 1 ff.

〔7〕 例如,对法定财产制的评价,对此还可参见正文。对此所作的回顾,参见 Schwab, Gleichberechtigung, S. 790 ff。

〔8〕 Siehe nur Hepting, Ehevereinbarungen. Die autonome Ausgestaltung der ehelichen Lebensgemeinschaft im Verhältnis zu Eherecht, Rechtsgeschäftslehre und Schuldrecht, 1984; M. Lipp, Die eherechtlichen Pflichten und ihre Verletzung, 1988; Fenn, Ehevereinbarungen, in: Bosch (Hrsg.), Neuere Entwicklungen im Familienrecht, 1990, S. 37 ff.; Pawlowski, Die “bürgerliche Ehe“ als Organisation, 1983; Gernhuber, FamRZ 1979, 193 ff.

〔9〕 Siehe aber Röthel, Institution, S. 9 ff. und Struck, FuR 1996, 118 ff.

〔10〕 Etwa Gernhuber/Coester-Waltjen, § 18 Rn. 13 ff.

处于“结构性劣势”的地位。[11] 这招致部分强烈批判。[12] Barbara Dauner-Lieb 2001 年对此进行了重新表述,(在磋商缔结婚姻契约时)女性更多的是出于一种情境性的或因个体关系差异而异的过分乐观,而非处于一种结构性劣势,[13] 对于证成今天基本上被广泛接受的对婚姻契约的内容控制而言,该表述作为更有说服力的说明而被广泛接受。

个性化和去固定类型化的努力,也给关于离婚后互相帮助的范围的争论打上了烙印。对于需要加以正当化的离婚后扶养而言,“因婚姻而遭受的不利益”成了最主要的正当化公式。[14] 同样地,补偿因婚姻而产生的财产增长,既说明了也限定了夫妻财产制上的分享的基础。[15] 这里也更多地涉及区分和个性化。[16] 扶养责任和财产分享应当具体的——个体的(konkret-individuell)由各自任务和负担分工加以说明。在扶养范围方面,学者也要求进行区分。Dieter Schwab(迪特尔·施瓦布)认为,“所有的扶养请求权都……导致同样的扶养标准,是不可理解的”。[17] 同样地,财产上的平均分割显得太过笼统。[18] 背后矗立的是一个共同的发展方向:失业和疾病不应当再予担保,带入(婚姻)的财产单纯的增值或者其他的“与婚姻中立的”(eheneutral)财产增长不应再加以分割。[19] 厄运和幸运,都被排除在婚姻之外。建立在终生结合和角色定型(“男方养家糊口的传统婚姻/Ernährerehe”)上的婚姻作为担保共同体(Einstandsgemeinschaft)的想法,发现自身脱离了有期限的和个体化的创造共同体(Verursachungsgemeinschaft)的设想(Stephan Meder)。[20] 在其他地方也可以发现对于非固定类型化的、具体的婚姻相关性(Ehebedingtheit)的有利评定。当立法者在 2008 年严格限制照管扶养费(《德国民法典》第 1570 条之新版本)之时,[21] 对双职工婚姻的基本定位遭到了质疑。这对于仍然过着家庭主妇生活的家庭主

---

〔11〕 Schwenzer, AcP 196 (1996), 88.

〔12〕 Pointiert Zöllner, AcP 196 (1996), 1 (15 ff.); siehe aber auch Coester-Waltjen, in:FS für 50 Jahre BGH, 2000, Bd. I, S. 985 (1001 ff.).

〔13〕 Dauner-Lieb, AcP 201 (2001), 295.

〔14〕 Etwa bei Dethloff, 67. DJT 2008, A 47 f.; V. Lipp, in:V. Lipp/Röthel/Windel, Familienrechtlicher Status, S. 53 (76 ff.).

〔15〕 Meder, Grundprobleme und Geschichte der Zugewinngemeinschaft, 2010; Koch, Die Teilungsmasse des Zugewinns, in:Schwab/Hahne, S. 139 ff.; Battes, FamRZ 2007, 313 ff.

〔16〕 Gernhuber, NJW 1991, 2238 (2239 ff.):“粗略的法,因为作的区分太少。”

〔17〕 Schwab, FamRZ 1997, 520 (524).

〔18〕 Dethloff, 67. DJT 2008, A 109 f.

〔19〕 Schwab, in:FS für Söllner, 2000, S. 1079 (1084 ff.).

〔20〕 Meder, JCSW 53 (2012), 139 (164 f.).

〔21〕 为《扶养法修正法》(Gesetz zur Änderung des Unterhaltsrechts vom 21. 12. 2007, BGBl. I, 3189)所重新塑造。

妇婚姻而言是不公平的。[22] 总之,具体照管关系的“多样性”“在法律中根本没有得到体现”。[23]

随着越来越强调具体的婚姻贡献,明显地,评价婚姻期间因不同的家庭角色而作出的给付在过去也被纳入了讨论中,不过这里呈现出相反的趋势(译者注:即强调平等对待因不同家庭角色而作出的给付,这更倾向于赞同在婚姻伊始就赋予夫妻对于婚后所得财产的平等财产权,而反对仅在夫妻财产制结束时才赋予配偶婚后财产增益分享的现行法定财产制)。法定的互助模式,应当“向上”调整。宪法法院主张职业劳动和家庭劳动具有平等性观点,引起了对于法定夫妻财产制基础布局的怀疑。夫妻应各自管理自己的财产(《德国民法典》第1363条、第1364条),看起来是令人怀疑的“物权法上的梯度”(译者注:婚后个人所得在物权上依旧为个人所有,只在财产制结束时计算差额,进行债权性质的补偿,在之前的阶段两人在婚姻期间所各自取得上的差别就表现为物权上的梯度差)。[24] 迄今一直被作为“现代”而加以庆祝的增益共同体,失去了其无可争辩性的一隅。即便如 Dieter Schwab 这样保守的学者也不害怕“危机”这个词。[25] 一个新的问题被提出来:“谁害怕婚后所得共同制(Errungenschaftsgemeinschaft,译者注:虽然通译为“婚后所得共同制”,但是并不足够准确。词根 Errungenschaft 是指通过努力而获得、取得,无偿而获得者不在其内)?”[26]

2. 同性伴侣关系:从禁忌到身份关系

柏林共和国在2001年引入登记生活伴侣这一法律制度。[27] 在短短的时间内,讨论的氛围持续地发生变化。如 Ingeborg Schwenzer 所言,在20世纪90年代初期,对于“严肃的”家庭法学者来说,“同性生活共同体”这一概念还是一个“绝对的禁忌”。[28] 在十余年从禁忌到法律制度的短暂过程中,家庭法学在此几乎没有产生影响,而最后它却相对平静地对待登记伴侣关系。Thomas Rauscher 总结道,“对同性伴侣关系在法律上加以规范的宪法性问题展开的积极讨论”,“在实际法政策上近乎寂静无声”。[29] 尽管我们事后仍然可以查阅到

---

〔22〕 Helms, in: FS für Spellenberg, 2010, S. 27 ff.; auch Röthel, Institution, S. 9 (18 ff.).

〔23〕 Heiderhoff, FamRZ 2012, 1604 (1605).

〔24〕 Röthel, FPR 2009, 273 ff.; aufgenommen von Helms, in: FS für Spellenberg, 2010, S. 27 (40 ff.).

〔25〕 Schwab, in: FS für Alfred Söllner, 2010, S. 1079 ff.

〔26〕 Brudermüller/Dauner-Lieb/Meder (Hrsg.), Wer hat Angst vor der Errungenschaftsgemeinschaft?, 2013.

〔27〕 Gesetz zur Beendigung der Diskriminierung gleichgeschlechtlicher Gemeinschaften vom 16. 2. 2001, BGBl. I, 266.

〔28〕 Schwenzer, Ein Familienrecht für das 21. Jahrhundert. Brühler Schriften, 2008, S. 27 (29).

〔29〕 Rauscher, Rn. 38.

剧烈激荡的时代("站在十字路口的婚姻和家庭"[30]"纯粹的非理性"[31]"西方的没落?"[32]),[33]但它基本上仍属于引入生活伴侣关系后的最初的那些年头。它将一些技术性的具体问题移到了前台。"不准确性"、"不完备性"、立法者的"半心半意"和"无计划性"都被证实。[34]生活伴侣关系在多大程度上与婚姻相近这一核心问题,一直都较少有人研究,但在材料排布上却仍可一窥端倪:迪特尔·施瓦布和 Karlheinz Muscheler 在他们的家庭法专著的最后一章阐述生活伴侣关系,[35]而 Nina Dethloff 将生活伴侣关系纳入第一章"婚姻和伴侣关系"之中,[36]在 Thomas Rauscher 那里,生活伴侣关系与非婚姻生活共同体作为"无婚姻的生活共同体"一起紧接着婚姻。[37] 对于向同性"开放婚姻"这一最初所无法想象的事,逐渐成了时间问题。[38]

3. 事实生活共同体:从事实关系到法律共同体

同性生活共同体的制度化主要在宪法中找到其推动力,而在处理事实性的生活共同体时,非婚姻生活共同体在新的联邦州中更为广泛。从称谓中已经可以再次读出评价的修正:从非婚共同生活成为 20 世纪 80 年代的非婚姻生活共同体[39]再到德国重新统一后的"事实性的生活共同体"。[40] 从此以后,事实性的生活共同体不再被消极地理解为非婚姻,而是被积极地理解为事实关系。[41]其所指不但是异性的,而且也包括同性的伴侣。在生活共同体破裂之后,就(先前作出的)大额财产给予的返还问题,联邦最高法院最终在 2008 年首度认可司法上的公平补偿,并且明确地将生活共同体承认为"法律共同体"(Rechtsge-

---

[30] Braun, Ehe und Familie am Scheideweg. Eine Kritik des sog. Lebenspartnerschaftsgesetzes, 2002.

[31] Windel, in: Barnstedt u. a. (Hrsg.), Was gehen den Staat Ehe und Partnerschaft an?, 2002, S. 45 (69).

[32] Gernhuber/Coster-Waltjen, Familienrecht, 5. Aufl. 2006, § 42 Rn. 1.

[33] 比如在最新版慕尼黑评论都可查阅到相关信息,参见 Wacke, in: Münchener Kommentar zum BGB 6. Aufl. 2013, Vor § 1 LPartG Rn. 6 ff。

[34] Gernhuber/Coester-Waltjen, § 42 Rn. 1;对规制技术也持批评态度的是 Wacke, in: Münchener Kommentar zum BGB, 6. Aufl. 2013, Vor § 1 LPartG Rn. 7。

[35] Schwab, §§ 94 ff.; Muscheler, § 49.

[36] Dethloff, § 7.

[37] Rauscher, § 27.

[38] Vgl. Röthel, Institution, S. 9 (32).

[39] Etwa Hausmann, Nichteheliche Lebensgemeinschaften und Vermögensausgleich, 1989.

[40] Siehe bereits Löhnig, in: Staudinger, Neubearb. 2007, Anh zu § 1297 ff. Rn. 8 ff.

[41] Schwenzer, Vom Status zur Realbeziehung, 1987; Hausmann, Entwicklungstendenzen im deutschen Familienrecht. Vom Status zur Realbeziehung, in: Vollkommer (Hrsg.), Die Familie in Wirtschaft, Recht und Gesellschaft, 1990, S. 39 ff.

meinschaft),[42]这与部分家庭法学者长久以来的声音是一致的。[43] 与此相关的法律化(Verrechtlichung)受到普遍欢迎,并且被宣布为是对生活共同体继续存续的合理信赖的保护。[44] 家庭法是否应当脱离身份的基本范畴,对此仍存在不同观点,但是不再像在20世纪80年代那样热烈地加以讨论。[45] 随着非婚姻生活共同体被承认为法律共同体以及登记生活伴侣关系制度化,2000年那个年代对身份和事实关系进行的最初的范式区分,就失去了其对立性的一部分。

(二)亲子关系

与伴侣关系法相似,亲子关系法也经历了一些变化,它们可被描述为“包容”(Inklusion):非(法律上的)父母(Nicht-Eltern)通过交往权(Umgangsrecht)更为接近子女,父母关系的身份让路,实际的亲子关系被提升了价值。诸多发展方向已经再次显露在一些概念中。“世系法”(Abstammungsrecht)这一固定的称谓,被批判为“片面地关注于生物学的父母身份”。为替代世系和父母照顾(elterliche Sorge),作为亲子关系的要素的“父母身份”或者“法律上的归属”(rechtliche Zuordnung)和“父母责任”受到青睐。[46] 以重要的改革立法的数量测算,亲子关系法是家庭法内的在两德重新统一以来经历最为深刻的立法变化的领域。对于法律上的亲子关系的总体性的基本类型——世系、照顾、交往,有联邦宪法法院的改革委托(Reformaufträge),[47]之后也有欧洲人权法院的改革委托[48]以及立法转化,而这些立法转化是进行了学术性的加工处理的。此后,

---

[42] BGHZ 177, 193 ff.

[43] 参见 BGHZ 177, 193 (202 ff.),其中提到 Löhnig, Hausmann, Wellenhofer, Coester und Dethloff。

[44] Für eine Gegensicht: Diederichsen, in: FS für Zöllner, 1998, S. 1077 ff.

[45] Näher V. Lipp/Röthel/Windel, Familienrechtlicher Status.

[46] Etwa bei Schumann, FamRZ 2000, 389 ff. und Coester, FamRZ 2012, 1337 (1344).

[47] BVerfGE 61, 358-离婚后共同的照顾权; BVerfGE 74, 33-非婚生子女的继承权; BVerfGE 79, 256-知晓自己出身世系的权利; BVerfGE 84, 168-对非婚生子女的照顾权; BVerfGE85, 80-通过对抚养争议设立不同的审级歧视非婚生子女; BVerfGE 90, 263-在已成年子女撤销婚生子身份时,知晓自己出身世系的权利; BVerfGE 92, 158-收养程序中非婚父亲的权利; BVerfGE 107, 150-《德国民法典》第1626a条“当前合宪”; BVerfGE 108, 82-只是亲生父亲的权利; BVerfGE 117, 202-秘密的父亲身份测试; BVerfGE 121, 69-交往义务; BVerfGE 127, 123-《德国民法典》第1626a条违宪。

[48] EGMR v. 3. 12. 2009 - Rs. 22028/04 = NJW 2010, 501 (Zaunegger/Deutschland) - 照顾法; EGMR v. 21. 12. 2010, Rs. 20578/07 = NJW 2011, 3565 (Anayo/Deutschland); EGMR v. 15. 9. 2013, Rs. 17080/07 = NJW 2012, 2781 (Schneider/Deutschland) - 分别关于交往权; EGMR v. 22. 3. 2012, Rs. 23338/09 = NJW 2013, 1937 (Kautzor/Deutschland); EGMR v. 22. 3. 2012, Rs. 45071/09 = FuR 2012, 473 (Ahrens/Deutschland) - 关于亲生父亲撤销法律上的父亲身份的权利。

改革的法律快速地连续出台了，这些法律涉及赋予未与母亲结婚的父亲在世系和照顾方面的法律地位，依子女和/或父亲的意愿澄清世系，登记生活伴侣的收养和交往权，以及涉及只是亲生父亲的交往权。〔49〕

这些重新定位，决定了争论的对象和基调。它们又进一步分为筹备性的改革争论和事后的核对性立法批判。只有少数争论是脱离被证实的改革需求而进行的，其中就有代孕和捐精、收养的合乎时代性以及在“（父母各自带入婚姻至少一个自己的子女而）拼凑成的家庭/Patchwork”和“同性伴侣家庭”中亲子关系的协调。

1. 子女利益、亲权、权利平等

思想上的发展着力处，一方面是子女的法律地位，另一方面是父母双方的亲权的平等。首先是发现了儿童的权利，这几乎埋葬了最初的《德国民法典》的亲子关系法。“子女作为权利主体”取代父母……而成为亲子关系法思考的中心。〔50〕表现之一是放弃了以父母关系作身份标识。在 20 世纪 80 年代仍然是理所当然的“婚生子女”和“非婚生子女”在类型上的区分，〔51〕转变成为一个“统一的”或者更准确地说是“一个维度的”〔52〕亲子关系法。〔53〕但是由子女利益出发，那么关于世系、照顾、教育目标和交往权的规则的具体塑造也就出现了另一个视角。从子女利益出发，Michael Coester 在 1992 年提出的“心理社会学上的父母”（psychosoziale Elternschaft，译者注：这是一个面对生物学上的父母和法律上的父母不一致的诸多挑战，而基于子女利益保护提出的覆盖广泛的概

---

〔49〕 Gesetz zur Reform des Kindschaftsrechts vom 16. 12. 1997, BGBl. I, 2942; Gesetz zur Abschaffung der gesetzlichen Amtspflegschaft und Neuordnung des Rechts der Beistandschaft vom 4. 12. 1997, BGBl. I, 2846; Gesetz zur weiteren Verbesserung von Kinderrechten vom 9. 4. 2002, BGBl. I, 1239; Gesetz zur Umsetzung familienrechtlicher Entscheidungen des BVerfG vom 13. 12. 2003, BGBl. I, 2547; Gesetz zur Änderung der Vorschriften über die Anfechtung der Vaterschaft und das Umgangsrecht von Bezugspersonen des Kindes zur Registrierung von Vorsorgeverfügungen und zur Einführung von Vordrucken für die Vergütung von Berufsbetreuern vom 23. 4. 2004, BGBl. I, 598; Gesetz zur Überarbeitung des Lebenspartnerschaftsrechts vom 15. 12. 2004, BGBl. I, 3396; Gesetz zur Ergänzung des Rechts zur Anfechtung der Vaterschaft vom 13. 3. 2008, BGBl. I, 313; Gesetz zur Klärung der Vaterschaft unabhängig vom Anfechtungsverfahren vom 26. 3. 2008, BGBl. I, 441; Gesetz zur Reform der elterlichen Sorge nicht miteinander verheirateter Eltern vom 16. 4. 2013, BGBl. I, 795; Gesetz zur Stärkung der Rechte des leiblichen, nicht rechtlichen Vaters vom 4. 7. 2013, BGBl. I, 2176; Gesetz zum Ausbau der Hilfen für Schwangere und zur Regelung der vertraulichen Geburt vom 28. 8. 2013, BGBl. I, 3458.

〔50〕 Coester, JZ 1992, 809 (810).

〔51〕 Siehe noch Gernhuber/Coester-Waltjen, Familienrecht, 3. Aufl. 1980, §§ 45 ff. einerseits und §§ 57 ff. andererseits.

〔52〕 Diederichsen, in: FS für Rolland, 1999, S. 87 ff.

〔53〕 Siehe nur Schwab, § 46.

念,意指实际上为儿童承担或承担过父母之责任者,比如与其长期共同生活于一个屋檐下,推定为心理社会学上之父母,具体所指包括与子女生母共同生活但未认领子女的生父,生母之同居生活伴侣等),[54]在之后通过宪法法院"保护社会性的——家庭的关系"[55]的用语搭配在父亲身份的撤销(《德国民法典》第1600条第2~4款)和交往权(《德国民法典》第1685第2款)的规制中找到入口。在父母照顾的分配和交往权的行使变得更加注重子女福利之后(比较《德国民法典》第1684条,相对于第1634条、第1711条之旧版),在德国统一后的历史进程中,子女福利对于父母身份的裁判来说也变得日益重要。Bettina Heiderhoff强调,"在当下,子女利益也是世系法最为重要的目标"。[56] 由此可以得出子女在父亲身份的认可和撤销上的更为逻辑一贯的参与权,[57]世系法中更多的多样性,比如通过划分撤销后果的等级。[58]

第二个争论涉及影响子女身份法的思想,该争论围绕的是男女在获得父母身份和行使其亲权方面的权利平等。这实质上有助于强化非婚父亲(与子女之生母没有结婚的父亲/nichtehelich Vater)的地位,更准确地说不只是在与婚生父亲的关系上,而主要是在与母亲的关系上,强化非婚父亲的地位。出于20世纪80年代之后社会科学对于父亲产生的兴趣,[59]在20世纪90年代的进程中,一些法学论点——主要是一般性地排除非婚父亲的照顾(《德国民法典》第1705条之旧版)以及轻视非婚父亲在收养程序中的参与的观点(《德国民法典》第1747条第2款之旧版),被认为是侵犯非婚父亲的平等的父母地位。Michael Coester在1995年主张"父亲有基本的平等的认领权利",[60] Uwe Diederichsen稍后对"公然地忽视父亲"加以批评,[61] Thomas Rauscher评论道,在照顾法上"不平等对待乃是法政策之本意"。[62] 但是也有人引用了有利于母亲的权利平等的论据。Nina Dethloff(妮娜·德特洛夫)认为,早前的官方保佐(Amtspflegschaft)(《德国民法典》第1706~1710条旧版)是一项"歧视非婚母亲的规则",

---

〔54〕 Coester, JZ 1992, 809 (810).

〔55〕 BVerfGE 108, 82 (Lts. 2).

〔56〕 Heiderhoff, Die Auflösung nicht abstammungsgemäßer rechtlicher Elternschaft, in:Schwab/Vaskovics, S. 273 (279).

〔57〕 Etwa Gernhuber/Coester-Waltjen, § 52 Rn. 49; Wellenhofer, „Segmentierung" der Elternschaft und Rechte des Kindes, in:Schwab/Vaskovics, S. 173 ff.

〔58〕 Heiderhoff, in: Schwab/Vaskovics, S. 273 (283 ff.); für Kindeswohlbetonung auch Coester-Waltjen, FamRZ 2013, 1693 ff.

〔59〕 Fthenakis, Väter, 1985.

〔60〕 Coester, FamRZ 1995, 1245 ff.

〔61〕 Diederichsen, NJW 1998, 1977 (1983).

〔62〕 Rauscher, in:Staudinger, Neubearb. 2011, Einl zu §§ 1589 ff. Rn. 81.

它“打上的是经济的、社会的和心理的完全不独立的妇女形象的烙印”。[63] 类似地，Ingeborg Schwenzer 指出了母亲要求撤销父亲身份这一权利的正当理由：“几乎毋庸置疑的是，即使是基于权利平等视角，在子女的婚生性上，也须给予母亲以一项自己的撤销权。”[64]最后，在父母地位平等的视角下，在（不被准许的）代孕母亲关系和（被准许的）异源性的精子捐献之间所作的区分也显得可疑。这违反平等的要求：准许一个分割的父亲身份，然而禁止了一个分割的母亲身份。[65] “匿名生产”的准许也被作为属于平等对待的问题加以讨论：“为何有些母亲必须经过规定的程序收养子女，而另一些母亲可以事实上毫无条件和毫无后果地逃避责任？”[66]

2. 范式的累积

借助权利平等的思想，亲权（再度）进入亲子关系的解释中。因此，显而易见的问题就是，这一再度被发现的亲权如何适应被认可的子女福利取向，以及由此显露的紧张关系应以何种方式应对。更确切地说，家庭法学避开了这个问题，它们似乎在范式的累积[67]中找到了解决方案。父母权利的平等与子女的权利和利益结合起来：现在涉及的是子女对于父亲或者父母双方具有的权利。父母利益和子女福利的这一结合，在原则上不是什么新的东西。就如子女福利被立法者长期用于对非婚父亲予以忽视的“附加的合理化”（Zusatzlegitimation），[68]现在子女福利对于实现父母利益来说被功能化了。“子女福利的魔术帽”再次被放置到平等性主题之上，[69]以如此多的激情加以陈述的子女福利，沦落为“用以正当化的空话”。[70]

然而，在亲子关系法中，子女福利成为“官方的”（offizell）论证性的关键概念。与一个基于可审判的权利平等的争论相比，子女福利这个认识上开放的概念内所封闭起来的变动性可能显得“较为可控”。以父母的权利进行的论证，无论如何都不是显而易见的，既是由于其“自私的气质”，也是由于其与权威性的家庭形象相连。迪特尔·施瓦布总结道，在制定法对于离婚父母的共同照顾的决定显露之时，“因为在我们政治—道德化的社会中，追求单纯的个人利益似乎是禁忌，必须在另一种层面上提起此种追求”。对于子女福利来说，一个真正的

---

[63] Dethloff, NJW 1992, 2200 (2201).
[64] Schwenzer, 59. DJT 1992, A 35.
[65] Kaiser, in:Schwab/Vaskovics, S. 239 (257 m. w. N.).
[66] Gernhuber/Coester-Waltjen, § 51 Rn. 14.
[67] Schwab, Gleichberechtigung, S. 790 (824).
[68] Gernhuber/Coester-Waltjen, § 7 Rn. 8.
[69] Nochmals Schwab, Gleichberechtigung, S. 790 (826).
[70] Ramm, JZ 1996, 987 ff.; ähnlich Diederichsen, in:FS für Rolland, 1999, S. 87 (93 ff.).

进步并不在此。[71] 然而,在广泛的子女福利——打磨过的语言界面之下,闪耀着亲权的观念,甚至在原则性问题中也一再闪闪发光。Michael Coester 赞同,在父母的照顾上,在权利拥有者和权利的行使之间进行区分,因为这是爱护所涉及的父母方,“其不必感到自己‘被剥夺了权利’”。[72] 在世系法(Abstammungsrecht)中,比如在“真正的”世系,即生物学的世系这一观念中,子女福利的修辞也经历了潜在的相对化。[73]

3. 分裂的家庭法学

亲子关系法刚刚取得的统一,也只是表面的。旧有的婚生子女和非婚生子女的二分法尽管被放弃,但家庭法却仍维持分裂的态势,趋向新的二分法。子女福利和权利平等的关系依旧不清楚,在法的角色——不干预还是干预,即非法律化还是法律化——的问题上,也是言人人殊。许多人批评该“新的”亲子关系法过度法律化了(Verrechtlichung)。家庭法“成为一个几乎不再能够概览的个人请求权的灌木丛”。这“在自身中带有毁灭的病菌……更多的克制将会产生收益”。[74] 国家已经过渡到,“作为关于儿童福利的优势知识的拥有者”登台演出,并不断地将亲子关系法律化。[75] 恰恰在亲子关系上法的作用也被高估:人们不应该想象,“得救是由法学的建构所决定的,必须只能引入强制性的共同照顾法,子女的世界是一个制度秩序”。[76] 这一法律化也触碰到宪法的界限。在国家通过儿童福利腾飞成为“共同的教育者”之处,父母的自主便陷入了危险。[77] 毋宁说,对现代家庭法的发展而言,“不干预原则”必须是首要的基本原则。[78]

然而,与此同时,一直都有人表达对法律的新的期待。依照“非婚姻家庭”,[79]法律必须考虑到亲子关系的多元化,特别是通过诸如认可国际的父母身份[80]在法律上应对“同性伴侣家庭”。[81] 需要规制的包括“分段的父母

〔71〕 Schwab, in:FS für Gaul, 1997, S. 717 (728).

〔72〕 Coester, FamRZ 2012, 1337 (1344).

〔73〕 Helms, FamRZ 2010, 1 (5).

〔74〕 Frank, AcP 200 (2000), 401 (420); genauso schon Schwab, Konkurs, S. 26.

〔75〕 Schwab, FamRZ 2007, 1 (4).

〔76〕 Schwab, Konkurs, S. 25.

〔77〕 Schumann, Kindeswohl zwischen elterlicher und staatlicher Verantwortung, in: Behrends/Schumann, S. 169 ff.

〔78〕 Schwenzer, RabelsZ 71 (2007), 705 (711 ff.).

〔79〕 Schumann, Die nichteheliche Familie, 1998.

〔80〕 概念依据为 Schwenzer, RabelsZ 71 (2007), 705 (722 f.)。

〔81〕 Dethloff, Regenbogenfamilien, in: GS für Heinze, 2005, S. 133 ff.

身份”、[82]分割的母亲身份[83]和“多个父亲的情形”。[84] 在收养领域也需要进行更多的区分:应当在收养之外为亲子关系提供一种身份关系。[85]

换言之,由于亲子关系法一直都充满活力并且受诸多因素的影响,家庭法学因此保持不安定和改革导向。在有关亲子关系法的出版物中,对法律的批判继续构成最主要的基调。基于关于儿童福利和权利平等、身份关系和事实关系,以及法律化或者不干预等多种思路,在此并未产生共同的材料。就这些问题而言,家庭法学者实质上依然存在类似的分裂,正如其前辈们在婚生子女和非婚生子女的关系上的态度分裂一样。

(三)对成年人的保护

亲子关系法可能是家庭法领域中家庭法学着力最多和关注最多的部分。然而若以立法活动测算,成年人的保护并不逊色于亲子关系法。成年人保护法经历了类似的根本性改变,并以类似的方式沦为“长期的建筑工地”。1992 年 1 月 1 日,新创设的法律制度“照管”(Betreuung)(《德国民法典》第 1896 条以下)取代了禁治产、成年人监护和弱者保佐(Gebrechlichkeitspflegschaft),[86]在 1998 年以来官方的章节标题中,这被明确为“法律上的照管”。从这些概念中,我们便可以再度感觉出主旨的重新定位。替换成年人监护和弱者保佐,代表着“这一努力,亦即通过新的,(尚)未被消耗的术语替代过时的且内涵消极的术语,并由此在一定程度上也呼唤一个应当赋予未来实践以灵魂的‘新精神’”。[87] 连同其一项“法庭的命令”[88]这个“污点”,“专制的旧法”[89]越来越显得是对相关人权利的剥夺(Entrechtung)和歧视性侮辱(“社会性的死亡”)。[90] 在 1992 年开启的道路,从统括的禁治产到较为灵活的、取向于团结互助和自主决定的

---

[82] Wellenhofer, „Segmentierung“ der Elternschaft und Rechte des Kindes, in: Schwab/Vaskovics, S. 173 ff.

[83] Kaiser, Die mögliche Aufspaltung der Mutterschaft, in: Schwab/Vaskovics, S. 239 ff.

[84] Heiderhoff, in: Schwab/Vaskovics, S. 273 (285); dies., FamRZ 2008, 1901 ff.

[85] Muscheler, StAZ 2006, 189 ff.; weitergehend Frank, FamRZ 2007, 1693 ff.

[86] Eingeführt durch Gesetz zur Reform des Rechts der Vormundschaft und Pflegschaft für Volljährige vom 12. 9. 1990, BGBl. I, 2002; seither geändert durch BtÄndG vom 25. 6. 1998, BGBl. I, 1580; 2. BtÄndG vom 21. 4. 2005, BGBl. I, 1073; 3. BtÄndG vom 29. 7. 2009, BGBl. I, 2286; Gesetz zur Regelung der betreuungsrechtlichen Einwilligung in eine ärztliche Zwangsmaßnahme vom 18. 2. 2013, BGBl. I, 266.

[87] Coester, JURA 1991, 1 (3).

[88] Rauscher, § 4 Rn. 88.

[89] Vgl. Müller-Freienfels, in: FS für Keller, 1989, S. 35 ff.

[90] So Gernhuber/Coester-Waltjen, Familienrecht, ab der 4. Aufl. 1994, § 76 I 1 (heute § 76 Rn. 4).

照料(Fürsorge),因而契合了家庭法学文献中的长期主张。[91] 在很短的时间之后,这就被视为"本世纪最为重要和深刻的改革"之一:[92]"在妇女和子女在法律上从家长制的——管束式的照顾(Fürsorge)中解放出来之后,现在改革运动由此达到第三个阶段,老年人和残疾人(被照顾的阶段)",Michael Coester 对于给改革提供营养的思想氛围作如斯总结。[93]

1992年引入照管(Betreuung)并且经过1998年和2005年急速跟进改革法律的这条前进的道路,在基调上也得到了积极的回应。一些人怀疑新法的可行性和实用性,但是只有 Uwe Diederichsen 等少数人提出了尖锐的批评,认为该法"将1900年的《德国民法典》的线条分明的法律结构连同其精简的和完全打上法治国印记的禁治产和监护法,替换成为众多无评价内容的(wertungsleer)、诉诸相互的移情作用(wechselseitige Empathie)的参引规范"。[94] 但总体而言,积极的评价占主导。在此,对于成年人保护的关注——区别于比如对在生活伴侣关系法生效之后几乎不再让人感兴趣的生活伴侣关系的处理——随着时间的流逝,不减反增。其中反映了对法律改革趋势的广泛接受,但可能也反映出对该主题的重要性以及家庭法学自身对新法律制度的渗透和塑造的贡献存在普遍的同感。20世纪90年代和21世纪的对于照管法的争论也可以读出相应的理论取向,所涉及的不是让成年人保护在价值裁断上以自主决定和辅助性为准则,而是涉及对教义学的结构问题的回答。

1. 私人自由和公共照料

这其中包括的首先是照管的需要和行为能力的关系。随着照管的导入,"法律上的"无行为能力的身份被取消,这首先被一些人视为改革的一个漏洞。[95] 几年后,这样的批评就几乎消失了。最初显为犹豫不决的事,很快被视为行为能力的富有意义的灵活化取向。照管的需要,不应再被理解为一个"附随于人的特性",而应被理解为"行动相关和领域相关"。[96] 现在看来,旧法是身份取向的,而新法则是灵活的、有序的和现实导向的。具体而言,在照管和行为能力的关系中,比如在照管人和被照管人"双重权限"(Zuständigkeit)的设想

---

[91] Holzhauer, Empfiehlt es sich, das Entmündigungsrecht, das Recht der Vormundschaft und der Pflegschaft für Erwachsene sowie das Unterbringungsrecht neu zu ordnen?, 57. DJT 1988, B 35 ff.

[92] Schwab, in:Münchener Kommentar, 3. Aufl. 1992, vor § 1896 Rn. 1, 3; später V. Lipp, Fürsorge, S. 1.

[93] Coester, JURA 1991, 1 (3).

[94] Diederichsen, in:FS für Deutsch, 1999, S. 131.

[95] Schwab, in:FS für Mikat, 1989, S. 881 (896); bis heute kritisch ders., Rn. 945:„beziehungsloses Nebeneinander".

[96] Vgl. Schwab, in:Münchener Kommentar, 6. Aufl. 2012, § 1896 Rn. 24.

中,比较快地在教义学上落实了所追求的灵活化。[97] 然而事实证明,立法者只“笼统地”标示出了命令照管(die Anordnung einer Betreuung)的门槛,难以进行更详细的操作。在照管法生效之前,在学术文献中就已经提出的问题——在哪些前提条件下准许“强制照管”,导致了关于自我决定、意思自由和允许能力之间关系的激烈争论。按照对于新法的基础性理解,照管人(Betreuer)的选任门槛不应当降低,即使就此存在一致意见,但照管人的选任另外要与有决断能力的当事人(Betroffenen)的同意相关联,被认为是多余的。[98] 但是无论如何,这不应当导致照管(Betreuung)与无行为能力自动地重新联系起来。[99] 然而司法作出了不同的判决,[100] 由此预备好道路,为给《德国民法典》第 1896 条补充一个条款 1a:“照管人的选任,不得违反成年人的自由意志。”

在当事人无能力事先同意,并且其照管人同意治疗时,关于医学的强制治疗的可准许性的争论,也经历了一个类似的过程。对于照管的基本理解问题再度出现。对于被照管人的权利剥夺的普遍担忧,已然导致了照管绝大多数被解释为对相关人的基本权的干预,照管人的活动被解释为行使公权力。[101] 这就导致要求按照法定授权基础,为了被照管人的福利进行符合《德国基本法》第 104 条第 2 款规定的强制治疗。所支持的替代方案,是对剥夺自由地安置被照管人的现存授权作合宪性解释。[102] 然而,在学术文献中,被广为认可的是对于照管的另一种解读。Volker Lipp 如是说,“面对这样一个公法的视角,要强调的是,照管人是一个私的照料的人(Fürsorgeperson),他尽管处于国家的控制下,但是也同监护人或者父母一样,行使的不是国家权力,而恰恰也是在国家面前行使被照管人的权利”。[103] 迪特尔・施瓦布也认为,若认为照管人“如同一个任意的国家机构一样”对于被照管人行使公权力是一个“误解”,“而照管人实际上代表被照管人”。[104] 当司法仍然作出裁断,把照管关系解读为公法性质的时

---

〔97〕 Näher V. Lipp, Fürsorge, S. 171 ff.; ders., FamRZ 2003, 721 ff.; G. Müller, Betreuung und Geschäftsfähigkeit, 1998; Schwab, FamRZ 1992, 493 (503 ff.).

〔98〕 Schwab, in:Münchener Kommentar, 4. Aufl. 2002, § 1896 Rn. 23 ff.

〔99〕 Differenzierend V. Lipp, Fürsorge, S. 79 ff.; von Sachsen Gessaphe, Der Betreuer als gesetzlicher Vertreter für eingeschränkt Selbstbestimmungsfähige, 1999, S. 415 ff.; Pawlowski, JZ 2004, 13 (17); Holzhauer, FamRZ 1995, 1463 (1467 ff.).

〔100〕 Erstmals BayObLG FamRZ 1994, 720; siehe später auch etwa OLG Hamm FamRZ 1995, 433.

〔101〕 Etwa Spickhoff, AcP 208 (2008), 346 (390 ff.).

〔102〕 Etwa Diederichsen, in:Palandt, 71. Aufl. 2012, § 1906 Rn. 20 m. w. N.

〔103〕 V. Lipp, JZ 2006, 661 (663); ders., Fürsorge, S. 118 ff.

〔104〕 Schwab, in:FS für Frank, 2008, 491 ff.

候,〔105〕在 2013 年短期内创制了对于急救的强制治疗所缺失的法定授权。〔106〕在成年人保护是私法的或者是公法的性质这个“老”问题上,方向性的道岔就由此再度被公开提出来。这导致原则性的疑问,对此,是否照管(Betreuung)和保佐(Pflegschaft)作为法律制度根本上还“与民法中的家庭法相关”。〔107〕

2. 个人化与私人化

借助照管法(Betreuungsrecht),成年人保护应当从“匿名管理继续发展为个人的照管”。〔108〕法律的指导图景是以自然人进行的个体照管,人的照管构成了改革的一个重点。这一个人化受到了广泛的积极评价;对于法律化(Verrechtlichung)的批判,就如同它同一时期统领子女身份法中的诸多争论,只在新法出台后的初始几年偶尔有所表达。〔109〕对于改革的总体的较佳评估和改革对于更大的个人化的关切,都促成了成年人保护的私人化的任何形式首先被批判性地加以检视。这不只是涉及病患生前遗愿(Patientenverfügungen),也涉及预防性代理权(Vorsorgevollmachten)。对于医疗、居住、交往和安置的决定,“在不能被委托给一个意定代理人时,就此而言是高度人身性的”,Heinz Holzhauer 在 1990 年如此说明。比起当事人的决定来说,国家的照管在这方面具有“较大的正当性力量”。“就此而言,老年的预防性授权(Vorsorgevollmacht)也触碰到了其边界。”〔110〕基于这些同样的原因,迪特尔·施瓦布认为不应准许对个人性的事务进行预防授权:“对自己身体的处置,构成这样一类高度人身性的行为,意思的代理……必须受到由法院监控的法定代理这一形式的约束。”〔111〕在这些问题中,“在必要的时候,有法定的……托管……但是不存在一个基于某个授权的意定的私法上的依附关系”。〔112〕类似的怀疑也涉及病人就自己以后不能作出有效的意思表示而作出的病患生前遗愿问题。被质疑的是,对于医生和照管人来说,对于病人就自己以后不能作出有效的意思表示而作出的预先安排是不是

---

〔105〕 BGHZ 145, 297 ff.; 166, 141 ff.

〔106〕 Gesetz zur Regelung der betreuungsrechtlichen Einwilligung in eine ärztliche Zwangsmaßnahme vom 18. 2. 2013, BGBl. I, 266.

〔107〕 Koch, in: Münchener Kommentar, 6. Aufl. 2013, Einl. (vor § 1298) Rn. 40 f.; 类似观点参见 Rauscher, § 3 Rn. 60:“实际上更应说是社会法。”

〔108〕 Coester, JURA 1991, 1 ff.

〔109〕 Holzhauer, FuR 1990, 249 (252)这里一带而过:“法外空间”的界限在新法中被重新划定。

〔110〕 Holzhauer, FuR 1990, 249 (252 f.).

〔111〕 Schwab, in: FS für Gernhuber, 1993, S. 815 (821).

〔112〕 Schwab, FamRZ 1992, 493 (496); für Gegensichten siehe V. Lipp, Fürsorge, S. 209 ff.; Walter, Die Vorsorgevollmacht. Grundprobleme eines Rechtsinstituts unter besonderer Berücksichtigung der Frage nach Vorsorge im personalen Bereich, 1997.

"有约束力的"。这在医事法领域备受批评:病人就自己以后不能作出有效的意思表示而作出的预先安排只是"探求乃至推断当前意思的迹象"。[113] 在立法者首先澄清了个人事务上的预防性授权的有效性[114],并且不久之后说明认可病人就自己以后不能作出有效的意思表示而作出的预先安排[115]之后,事情才有所不同。因此,同时被决定的是一个私法上的——而不是刑法上的——对病人自主决定权的克服。[116] 恰恰是在这个问题上的家庭法文献,甚至在这一转向之后更长的时间内更多地仍然是以担忧者的角色出现。要求病人的处置足够具体,这要求显得过高。[117] 与此相反,对于阐明的要求或者提升形式性的要求而言,反对此类要求的决定显得过于乐观。[118] 在此,这一担忧也发挥了一定的影响,即在于促进预期的自我决定的成年人保护的私人化服务于财政的考量:财政上和组织上受到过分要求的国家只在寻求可能性,将成年人保护机构的数字上已经日益耗费巨大的任务,重新委托于当事人。最终,所追求的"个人的照管",在职业照管的现实中所剩无几。[119] 甚至在 2004 年这个给予近亲属(nahe Angehörige)以法定代理权的建议提出之时,这一担忧就被表达出来。[120] 最终立法者还是决定不为近亲属设置这样一个法定代理权,理由是有滥用的危险。[121]

三、工作方式

各依其关注和对象,对于法律(Recht)所进行的科学性的思考可以与其他的工作方法、论证风格和论据来源联系在一起。对于波恩共和国的家庭法而言,Spiros Simitis 就此曾指出,家庭法的"经典的反思基础"如何受到"宪法化"

---

〔113〕 Spickhoff, AcP 208 (2008), 345 (405); für eine Gegensicht Taupitz, Empfehlen sich zivilrechtliche Regelungen zur Absicherung der Patientenautonomie am Ende des Lebens?, 63. DJT 2000, A 107 ff.

〔114〕 § 1904 Abs. 2 BGB eingefügt durch BtÄndG vom 25. 6. 1998, BGBl. I, 1580.

〔115〕 § 1901a BGB eingefügt durch 3. BtÄndG vom 29. 7. 2009, BGBl. I, 2286.

〔116〕 Die Patientenautonomie war Gegenstand des 56. DJT 1986 (Otto, Recht auf den eigenen Tod?) und des 66. DJT 2006 (Verrel, Patientenautonomie und Strafrecht bei der Sterbebegleitung), jeweils in der strafrechtlichen Abteilung. Siehe aus öffentlich-rechtlicher Sicht Albers (Hrsg.), Patientenverfügungen, 2006.

〔117〕 Diederichsen in:Palandt, 71. Aufl. 2012, § 1901a Rn. 6:Gefahr der Entwertung.

〔118〕 Röthel, AcP 211 (2011), 196 ff.; Taupitz, 63. DJT 2000, A 111 ff.; Schumann, Dignitas-Voluntas-Vita, 2006, S. 65 ff.

〔119〕 比如在 Muscheler, Rn. 782 可查阅到:"如果人们接受,现在不是志愿的照管人而是职业的照管人主导这个领域……那么观察者会对于个人照管的法律理想可能不是满怀希望,而是抱持更为清醒和怀疑的情绪。"

〔120〕 BR-Drucks. 15/2494.

〔121〕 法学界这边只用参阅 Chiusi, ZRP 2004, 119 ff。

“普遍化”和相邻学科(“跨学科”)的质疑。[122] 在德国统一后的时代,宪法化和欧洲化可以被纳入教义学的工作方法之中[下文(三)]。对于社会科学的态度,存有争议,但是保持清醒的认识[下文(四)]。同时历史性的工作方式继续让路[下文(一)],而对于外国的关注[下文(二)]被赋予更多的意义。

(一)历史性的工作方式

在重新统一后的德国,历史性的工作方法在家庭法学中的重要性继续降低(下文1.)。重新统一自身最多也只是成了不被历史性工作方法重视的话题(下文2.)。

1. 从客观的教义历史到阐释方法的统合

兼治私法史和家庭法的研究风格(Forschungsprofile)以及相应的教席则更为罕见。[123] 同时,这一视角的关注点和对象转入了过去。客观的教义历史(nüchterne Dogmengeschichte)让位于“松散的”主题式的统合,而松散的主题式的统合与其说是以点彩画的方式证明发展路径[124],倒不如说是有助于阐释社会变迁[125]。

显而易见的是,家庭法学对于家庭法历史兴趣的消退,归因于上述包括所有分支领域在内的转型和变化。[126] 同时历史工作方式的重要性降低进一步反映出比较法的工作方式的重要性增长[下文(二)]。就此而言,统一后的德国家庭法学既不区别于统一前的“旧”家庭法学,也与20世纪的私法学毫无区别。自从法制史、比较法和法教义学分开发展以来,对于私法学来说,总体上出现了一个认知兴趣的横向化趋势:从垂直的(历史的)法律比较到水平的(当下的)法律比较。在认知兴趣和工作方式的这一普遍变迁中,家庭法学不具有特殊地位。同样在这个问题上,重新定向的推动力也不是源自家庭法学:主要与Reinhard Zimmermann(莱因哈德·齐默尔曼)的作品相关的热切关注点——再度将历史的和比较的工作方式予以“统合”而非“割裂”式的思考,[127] 只是始于合同法,继而扩展至继承法。

---

[122] Simitis, Familienrecht, in: Simon (Hrsg.), SS. 390 (401 ff., 420 ff., 425 ff.).

[123] 不过Dieter Schwab和Heinz Holzhauer的作品中仍持此种主张,最近的支持者为Schumann, Koch,尤其是Meder。

[124] Siehe aber Holzhauer, in: FS für Jayme, Bd. II, 2004, S. 1447 ff.; Koch, FamRZ 1995, 321 ff.; Köbler, in: FS für Holzhauer, 2005, S. 355 ff.; Meder, Grundprobleme und Geschichte der Zugewinngemeinschaft, 2010; ders., Familienrecht.

[125] Etwa bei Holzhauer, JZ 2000, 1076 ff. oder bei Schwab, JAmt 2006, 549 ff.

[126] Dazu bereits oben II.

[127] Siehe nur Zimmermann, Heutiges Recht, Römisches Recht und heutiges Römisches Recht, in: Zimmermann/Knütel/Meincke (Hrsg.), Rechtsgeschichte und Privatrechtsdogmatik, 2000, S. 1 ff.

2. 再度统一:隐蔽的重大转折

德国的再统一迄今也未被作为历史工作方式的特别基准点。相反地,统一进程和再度统一几乎未曾被主题化。再统一显得既不是重大转折,其日期也根本不是特别显眼的日期。其他的事件,比如《德国民法典》的生效和嗣后的基本法的生效,标记着观察的期间。[128] 被纳入观察的是整个的时代("从古代到现在")、世纪或者年代(20 世纪 90 年代),只很少明示"旧的"共和国和"新的"再度统一德国的家庭法。[129] 这可能是令人吃惊的,倘若人们考虑到家庭法学同时对于审视和处理"变革"和"重大转折"何其感兴趣。[130] 1989 年和 1990 年的政治转向,没有成为这一转变之记录的一个独立篇章。

这一点与统一条约保障了"旧"共和国的家庭法的连续性息息相关。民主德国的家庭法在再统一进程中未能幸存,在统一进程中为人民大会(Volkskammer)加以根本地改革的民主德国的家庭法典,于 1990 年 1 月 1 日生效,[131] 然而也已经在 1990 年 10 月 3 日被扔进废纸篓,不再实际应用。同时从最初的家庭法典事后产生一个关于远离世界观的、先天残疾的法的图像,该图像不被"老的"家庭法学视为富有成效的科学借鉴的推动力:依据一个——出自联邦司法部[132] 又进入家庭法学的基本感知的——声明,"民主德国的家庭法对于一个民

[128] Frank, AcP 200 (2000), 401 ff.; Limbach, Die Entwicklung des Familienrechts seit 1949, in: Nave-Herz, S. 11 ff.; Schwab, Entwicklungen und Perspektiven des Familienrechts, in: FS 40 Jahre Familienpolitik in der Bundesrepublik Deutschland, 1993, S. 63 ff.; ders., Gleichberechtigung.

[129] Siehe aber Simon, Von der sozialistischen und von der bürgerlichen zur postmodernen Familie, in: Koch (Hrsg.), 10 Jahre Deutsche Rechtseinheit, 2001, S. 89 ff.; Diederichsen, Wiedervereinigung im Familienrecht. Nachrichten der Akademie der Wissenschaften in Göttingen, 1. Phil. -Hist. Klasse, 1991, Nr. 6, S. 197 ff.; Ramm, in: ders., Familienrecht. Verfassung, Geschichte, Reform, 1996, S. 247 ff. Siehe auch die Beiträge von Henrich und Lingelbach in: Jayme/Furtak sowie die in Schwab (Hrsg.), Familienrecht und Rechtseinheit, 1991 versammelten Beiträge aus der FamRZ und der IPRax der Jahre 1990 und 1991.

[130] Siehe nur die Beiträge in Nave-Herz (Hrsg.), Kontinuität und Wandel der Familie in Deutschland: Eine zeitgeschichtliche Analyse, 2002 sowie Willutzki, in: Ev. Kirche in Deutschland (Hrsg.), Gottes Gabe und persönliche Verantwortung, 1998, S. 142 ff.; Limbach, in: FS für Schwenzer, 2011, S. 1079 ff.; Schwab, FamRZ 1995, 512 ff.

[131] Dazu Eberhardt, Die Novellierung des Familiengesetzbuchs der DDR, FamRZ 1990, 917 ff.

[132] 可查阅的资料也包括 Helmut Kohl, 40 Jahre Familienpolitik, in: Bundesministerium für Familie und Senioren (Hrsg.), 40 Jahre Familienpolitik in der Bundesrepublik Deutschland, 1993, S. 7 (8):"东德的家庭被赋予与在西德不同的角色。家庭不得不积极参与到建设社会主义社会教育和发展'社会主义人格'当中。德国统一社会党——国家通过让家庭承担义务为其意识形态目标服务,德国统一社会党——国家就大规模收窄家庭的教育和责任活动空间……德国统一社会党——国家把家庭变成了促进其意识形态的工具;家庭不得不服从德国统一社会党——国家的目标。与此相反,德意志联邦共和国保护家庭并且为家庭的自由发展创造框架条件。"

主、开放、主观主义的、受到财政和经济利益强烈支配的社会来说,是不合适的"。[133] 甚至在民主德国的家庭法所预期的在统一后的德国之后的法律发展的地方,意识形态的保留也阻碍了一个毫无前见的评价。关于官办保佐(Amtspflegschaft)非婚生子女的规定(《德国民法典》第1706~1710条旧版)[134]转到新的联邦州,在统一条约中是政治上不可调和的,这样的认识在"老的"家庭法学被视为"意识形态的执念"。[135] 家庭法的"政治取向"属于民主德国家庭法的明显缺陷。[136] 总的来说,产生"一种情况,在此种状况中民主德国家庭法的诸种特性一无所剩",Dietrich v. Simon 在 2001 年如此说道。[137] Thilo Ramm 和 Anita Grandke 所领导的"德国家庭法和青少年法(Jugendrecht)的统一"工作组在1995年提交其决议报告,甚至也是更多地放眼于未来,"对过去的讨论,相对而言过于简短",编者们在其前言中表示遗憾。[138] 在分裂的时期很少有人基于比较法的视角关注民主德国的家庭法,[139]之后也很少有人基于法史的视角对它关注。但在德国统一若干年后,在对于家庭法的较大的系统陈述中,几乎再找不到统一的踪迹。这一点同样也适用于一些问题,就这些问题,家庭法在再度统一后,朝一个在民主德国改革后的家庭法典中已经被创建的方向发展。这里也毋宁说是避免参考和借用民主德国的家庭法。在重新规整非婚生子女身份时,观察旁边西方盟友的、国外的法律发展或者指出宪法的指引

---

〔133〕 参见联邦司法部里的负责人 Wolf 的意见,Wolf, Das Familienrecht der DDR und der Einigungsvertrag, DtZ 1995, 386 (388)。

〔134〕 被《废除法定的官办保佐和重新规定援助法之法律》(Beistandschaftsgesetzvom 4. 12. 1997, BGBl. I, 2846)所废除。

〔135〕 Diederichsen, Wiedervereinigung im Familienrecht. Nachrichten der Akademie der Wissenschaften in Göttingen, 1. Phil. -Hist. Klasse, 1991, Nr. 6, S. 197 (199 ff.):"意识形态和过渡法律";类似地,参见 Simon, Von der sozialistischen und von der bürgerlichen zur postmodernen Familie, in: Koch (Hrsg.), 10 Jahre Deutsche Rechtseinheit, 2001, S. 89 (104):"意识形态的固执"。尽管两人强调,这"也适用于西德方面",但是,这不能阻止东德的家庭法典直到今日附着了一个"意识形态的怀疑",这个怀疑与家庭法学开放的兴趣相对立。

〔136〕 对于夫妻财产制法持此种态度,参见 Bosch, Familien-und Erbrecht als Themen der Rechtsangleichung nach dem Beitritt der DDR zur Bundesrepublik Deutschland, FamRZ 1991, 1001 (1011)。

〔137〕 Simon, in: Koch (Hrsg.), 10 Jahre Deutsche Rechtseinheit, 2001, S. 89 (101).

〔138〕 Ramm/Grandke (Hrsg.), Deutsche Wiedervereinigung. Zur Familienrechtspolitik nach der Wiedervereinigung, 1995, S. X.

〔139〕 持批评态度的,参见 Ramm, Wiedervereinigung und Familienrecht, in: ders., Familienrecht. Ausgewählte Aufsätze, 1996, S. 246 (285)。

(Vorgabe),要比回顾民主德国的家庭法的规则榜样更有成效。[140] 相比于民主德国的《非婚生子女法律地位法》(Nichtehelichenrecht),经由统一条约而导致的法律分裂较少被视为"改革动力"[141] 和"改革压力"。[142] 在涉及阐明婚后所得共同制(Errungenschaftsgemeinschaft)的优点时,家庭法学同样谨慎。民主德国的家庭法中的这一夫妻财产制已经知晓历史上的一个规制典范,这更多地作为学术价值已经穷尽的制度而被提及(译者注:1965 年东德的家庭法典中所规定的法定夫妻财产制,它在历史上曾有典范,就是德国历史中某些邦国采用的以及《德国民法典》中规定为约定财产制的婚后所得共同制(Errungenschaftsgemeinschaft),而联邦德国随着男女平权法改革了夫妻财产制,婚后所得共同制因为其技术上的诸多内在缺陷而被立法者摒弃,不仅没有成为法定财产制,连约定财产制的地位都不保。这个历史上的典范的婚后所得共同制都已经在联邦德国 1957 年的立法中被摒弃,所以再谈 1965 年东德的夫妻财产制的所谓历史上的典范,已无学术价值。[143] Rainer Frank(雷纳·弗兰克)在 2000 年就这样总结道:"众所周知的是,民主德国的家庭法典根本未曾持续地影响 1990 年后的发展。"[144]

(二)比较的工作方式

随着对于历史工作方法的兴趣消减,相对应的是对于外国法和比较法的兴趣日益增长。已经为 Spiros Simitis 对于波恩共和国时期所观察到的欧洲内部和外部的争论和改革进程的开启,从统一以来,不只是继续推进,而是经历了新的品质和活力。得之于广度,却部分地失之于深度:对外国的观察,获得了日常的效力(下文 1.),但是经常限缩于赤裸的规制模式的非情境化的描摹(下文 2.)。

1. 外国作为论据

随着不言自明性的增长,对外国的观察就成了核心的论据,用以表明改革的需要和发展潮流。"外国"成了日益增加"国际"取向的家庭法学采取法政策

---

〔140〕 比如在 Dethloff, NJW 1992, 2200 ff.; 相反意见,参见 Ramm, JZ 1996, 987 (994):"在任何情况下,它都是非常可取的,若联邦政府关于亲子关系法改革之法律草案探讨过东德的家庭法典并且在制定时以之为榜样的话。"对东德的法律的比较法上的参考,参见 Schwenzer, FamRZ 1992, 121 ff。

〔141〕 So bei Coester, JZ 1992, 809.

〔142〕 Henrich, Reformfragen im bundesdeutschen Nichtehelichenrecht, in: Jayme/Furtak, S. 263.

〔143〕 例如, Brudermüller/Dauner-Lieb/Meder (Hrsg.), Wer hat Angst vor der Errungenschaftsgemeinschaft?, 2013; 相反意见参见 M. Lipp, FamRZ 1996, 1117 ff. 以及 Pawlowski/V. Lipp, FamRZ 1992, 377 ff。

〔144〕 Frank, AcP 200 (2000), 401 (404).

态度时多次舀取的论据泉源。[145]经常以此种方式产生一个关于国际性发展标准的图像,德国家庭法退隐于这个图像后面。德国法这样的"滞后",在许多具体的争论中成为独特的论据。这特别适用于亲子关系法。其符合时代性,"在国际性发展的光照下",[146]在"比较的环视下",[147]"借助对于其他国家的法律状况的观察"[148]和考虑到"在外国已然进行的意义深远的改革"[149]加以观察,并且 20 世纪 90 年代末按照"诸多邻国的改革 显得完全过时"。[150] "相比于其他国家的法秩序",德国法进行了"不合时宜的切割"。[151] Michael Coester 对此深表遗憾,并号召进行改革,以此"人们在欧洲也能再度看得清楚"。[152] 之后,可以明显轻松地评论,德国亲子关系法重又找到"对亲子关系法的国际标准的追随"。[153]甚至在讨论宪法的计划时,比较法也成长为论据泉源。随着认可亲生父亲的撤销权,Rainer Frank(雷纳 · 弗兰克)如是说,德国联邦宪法法院"引发了雪崩,这个雪崩……是其可能不愿引发的,若是从比较法角度研究了这个问题的话"。[154] 当德国联邦宪法法院实施了知晓出身的、范围广泛的权利时,它就在国际上把德国法孤立了。[155] 同样的批判指出,在德国联邦宪法法院主张父亲身份澄清程序:"人们会希望,在作出具有如此影响的裁判之前,德国联邦宪法法院关注了外国法。"[156]在伴侣关系法中,对德国法的反思与一个国际性的定位连接起来也越来越成为不言自明的。[157] 在 Ingeborg Schwenzer (1992)、Dieter Martiny (2002) 和 Nina Dethloff(妮娜 · 德特洛夫)(2008)提交给德国法律人大会的鉴定报告中,所查明的外国的改革趋势,对于改革建议来

---

[145] 特别相关的是 Schwenzer, Dethloff, Martiny, Henrich, Frank und Coester-Waltjen 等人的作品。

[146] Dethloff, NJW 1992, 2200.

[147] Coester, FamRZ 2007, 1137.

[148] Dethloff, JAmt 2005, 213.

[149] Schwenzer, FamRZ 1992, 121.

[150] Gernhuber/Coester-Waltjen, Familienrecht, 5. Aufl. 2006, § 48 Rn. 14.

[151] Coester, JZ 1992, 809.

[152] Coester, FamRZ 2007, 1137 (1145).

[153] Gernhuber/Coester-Waltjen, § 48 Rn. 14.

[154] Frank, FamRZ 2004, 841 (842).

[155] Frank, FamRZ 2004, 841 (845).

[156] Frank/Helms, FamRZ 2007, 1277 (1278).

[157] 比如在处理非婚姻生活共同体和同性伴侣关系时;比较法上的鉴定,参见 Basedow u. a. (Hrsg.), Die Rechtsstellung gleichgeschlechtlicher Lebensgemeinschaften, 2000 und Scherpe/Yassari (Hrsg.), Die Rechtsstellung der nichtehelichen Lebensgemeinschaften, 2005。

说,其地位举足轻重。[158] 空间上,视野从欧陆邻近民主国家,经由东欧新的民主国家,扩展直至欧洲以外的联邦国家的法秩序。一直更为不言自明地使用外国法进行论证的另一个参考源就是迪特尔·施瓦布和 Dieter Henrich 在 1992 年发起的针对欧洲家庭法的研讨会文集,该研讨会让家庭法的广泛的领域都能够进行“欧洲比较”。[159] 与此同时,对“欧洲化”,“欧洲”和“外国”的描述嵌入了针对家庭法的更为体系性的描述。[160]

柏林共和国时代的家庭法学,彻底地寻求比较,追求定位、标准和基准。然而,为此所需的知识,由一种比较法提供,该种比较法尽管在广度上是勤劳的和富有成效的,但是并不总是同等地对历史的、制度的和社会的根源感兴趣。只有少数人将这视为一个挑战甚至一种匮乏,就如同在 Joachim Gernhuber 和 Dagmar Coester-Waltjen 那里产生的共鸣一样:“就此而言,家庭法的比较法并非轻易地适合于为自己的法秩序找到新的解决方案。毋宁说是此类的建议必须以对法和社会进行细致的分析、广泛的研究为前提。‘隧道视野’和‘拣选葡萄干’,比在其他法律领域的可适用性要小得多。”[161] 这些质疑并不能阻挡比较法的凯旋。在统一后的德国,一个主要对评价感兴趣、较少对调查结果感兴趣的比较法构成了法政策的论证助手。

2. 原则、示范法和可选用的法:模仿的工作方式

同时,比较法的法政策的视野扩展了:冷战结束标志着“比较法的新路径”。[162] 甚至在家庭法学中,也组建了欧洲共同取向的跨国的研究联合。按照

---

〔158〕 Schwenzer, 59. DJT 1992, A 15 ff. ; Martiny, 64. DJT 2002, A 37 ff. , 51 f. , 54 f. ; Dethloff, 67. DJT 2008, A 28 ff.

〔159〕 Siehe Schwab/ Henrich (Hrsg.), Entwicklungen des europäischen Kindschaftsrechts, 1994; dies. (Hrsg.), Der Schutz der Familienwohnung in Europäischen Rechtsordnungen, 1995; dies. (Hrsg.), Familiäre Solidarität. Die Begründung und die Grenzen der Unterhaltspflicht unter Verwandten im europäischen Vergleich, 1997; dies. (Hrsg.), Eheliche Gemeinschaft, Partnerschaft und Vermögen im europäischen Vergleich, 1999; Hofer/dies. (Hrsg.), Scheidung und nachehelicher Unterhalt im europäischen Vergleich, 2003; dies. (Hrsg.), From Status to Contract? Die Bedeutung des Vertrages im europäischen Familienrecht, 2005; Spickhoff/Schwab/Henrich/Gottwald (Hrsg.), Streit um die Abstammung. Ein europäischer Vergleich, 2007; Kroppenberg/Schwab/Henrich/Gottwald/ Spickhoff (Hrsg.), Rechtsregeln für nichteheliches Zusammenleben, 2009; Löhnig/Schwab/Henrich/Gottwald/ Kroppenberg (Hrsg.), Vorsorgevollmacht und Erwachsenenschutz in Europa, 2011; Löhnig/Schwab/ Henrich/Gottwald (Hrsg.), Kindesrecht und Elternkonflikt, 2013.

〔160〕 形成一种风格的是 Dethloff 的表述。自从该“家庭法”教科书 2007 年第 28 版以来,她在教科书各章下面都有一节专门进行欧洲的法律比较。

〔161〕 Gernhuber/Coester-Waltjen, § 2 Rn. 1.

〔162〕 Schwenzer, Development of Comparative Law in Germany, Switzerland, and Austria, in: Reimann/Zimmermann (Hrsg.), The Oxford Handbook of Comparative Law, 2008, S. 69 (99 ff.).

债法中的原则—运动的典范,[163] 在 2001 年欧洲家庭法委员会成立,其中德国方面最初的参与者是 Dieter Martiny,之后是 Nina Dethloff。在欧洲家庭法委员会的工作成果中,即所谓的原则,涉及的是制定出的示范法(Modellgesetz),其意在作为可选用的法(optionales Recht)或者至少作为欧盟的成员国家立法者的欧盟范围内的模板。[164] 对于具有欧洲甚至全球抱负的、以比较法为基础的模型构建,欧洲家庭法委员会并非唯一的支持者。甚至在欧洲家庭法委员会之外,德语系的家庭法学,在示范法的发展中也发现比较法的工作方法的一个新的活动领域。其所感兴趣的是,是否净益共同制适宜成为"欧洲的模板",以及一个可选用的"欧洲的婚姻"有怎样的形态或者最后一个全球性的"模板家庭的密码"能有何种形态。[165]

到原则、示范法和可选用的法这一转向,可能再一次地与此有关,即在它处所建立起的工作方法和关注,现在为了家庭法而采用,以求不失去"联系"。这一转向证明基准的效用,同时也是民法学内部交流程序的例证。在此,为家庭法发展一个自己的工作方法并不重要。[166] 应当遵循的是"已然在合同法和侵权法中所走的路径"。因此,所伴随的是比较法方法论的进一步打磨。所感兴趣的不是历史地成长的法系,而是"赤裸的"规制模型,感兴趣的不是错综复杂的变化迁徙运动和发展脉络,而是"无前见的"描述"更好的法律"(better law)。尽管家庭法的社会的、历史的和政治的根源,被认为是影响因素。然而对这些根源详细地重新评估不再属于主要任务,"当然,欧洲家庭法委员会意识到这一事实",Katharina Boele-Woelki 如是说,"在欧洲内部,存在显著的社会的、经济的和政治的差别,但是在一个国家的法秩序内部,也不存在同质的社会"。[167]

在方法论上显示为景深(Tiefenschärfe)的减损(译者注:景深是指相机对焦

---

〔163〕 参见欧洲合同法委员会的著作以及欧洲民法典研究组的著作。

〔164〕 Boele-Woelki/Ferrand/González-Beilfuss/Jänterä-Jareborg/Lowe/Martiny/Pintens, Principles of European Family Law Regarding Divorce and Maintenance Between Former Spouses, 2004; dies., Principles of European Family Law Regarding Parental Responsibilities, 2007; dies., Principles of European Family Law Regarding Property Relations between Spouses, 2013; 请查阅以下网址 www.ceflonline.net。

〔165〕 除了 Martiny 和 Dethloff 的单独的出版物之外,尤其是可参见 Lipp/Schumann/Veit (Hrsg.), Die Zugewinngemeinschaft-ein europäisches Modell?, 2008; Coester-Waltjen, in:FS für Peschel-Gutzeit, 2002, S. 35 ff.; Henrich, FamRZ 2002, 1520 ff.; Schwenzer, Model Family Code from a Global Perspective, 2006。

〔166〕 Dethloff, AcP 204 (2004), 544 (568).

〔167〕 Boele-Woelki, Ziel-und Wertvorstellungen der CEFL in ihren Prinzipien zum Europäischen Familienrecht, in:Liber Amicorum Pintens, 2012, S. 167 ff. sowie in Röthel/Heiderhoff, Paarbeziehung, S. 67 ff.

点前后相对清晰的成像范围。减小景深会造成所谓背景虚化、凸显主题的效果),却也可解读为家庭法学从国家立法的限制迈向解放的步伐。在这一方向上,Thilo Ramm 在 1995 年主张,"将法学从其立基于现存法的、概念—体系性的自我捆绑中解放出来"。〔168〕 对于跨国的和脱离国家的原则的兴趣增长,有助于家庭法学这样的解放。

(三)教义学的工作方式

关于教义学的工作方法在德国统一后的家庭法中的重要性,无法勾画出一幅完整的图画。在亲子关系法和伴侣关系法中,民法教义学必须接纳来自宪法和欧洲人权公约的根本性的推动。就此而言,民法教义学经受了丧失说服力和工作能力的危险,走出了冲突并最终受益(下文 1.)。但是,在成年人保护法和婚姻财产法的处理上,既可以看出教义学的工作方法即使没有新发现的改革委托也持续地构成家庭法的自我理解,也可以看出对此所必要的手工工具并没有被遗忘(下文 2.)。

1. 危机和宪法化

随着婚生子女和非婚生子女地位的平等处理,认可父亲的权利以及知晓自身出身的权利,德国联邦宪法法院〔169〕以及之后的欧洲人权法院〔170〕也把波恩共和国的"老的"子女身份法的基本结构完全打成碎片。家庭法学至少是部分地未加准备地触及这个:自 20 世纪 70 年代以来随着与现行法距离的日益增加,非婚生子女的法律地位受到了教义学上的详细检查。〔171〕 与此同时,一项子女知晓自己出身的权利的这个发现〔172〕被视为长年讨论历程的"中断"和"疼痛处"。〔173〕 Uwe Diederichsen 在墙上涂绘了"一个针对逻辑一贯的民法教义学的溃烂"的图画。德国联邦宪法法院和立法者的协作,对"在结果上对法教义学的传统功能,并因此对私法秩序的成功运行……"提出质疑。〔174〕 这一基调能够受

〔168〕 Ramm, Wiedervereinigung und Familienrechtsreform, in: Ramm/Grandke/Berié (Hrsg.), Familie und Recht, Materialien zum 5. Familienbericht, 1994, Bd. II, S. 63.

〔169〕 前文第二部分之(二)脚注[47]。

〔170〕 前文第二部分之(二)脚注[48]。

〔171〕 Kropholler, Kritische Bestandsaufnahme im Nichtehelichenrecht, AcP 185 (1985), 244 ff.; 详细的批评参见 Ramm, Grundgesetz und Eherecht, 1972。

〔172〕 BVerfGE 79, 256 (268 f.); später BVerfGE 90, 263 (270); 96, 56 (63).

〔173〕 Coester, JZ 1992, 807 (810). 在宪法文献中也能看到一个发展跳跃, siehe nur Wahl, in: FS für Frank, 2008, S. 31 (39 f.):"宪法法院的创造。"之后的类似批评参见 Coester, FamRZ 2012, 1336 (1338):关于没有彼此结婚的父母的照顾权利(Sorgerecht),欧洲人权法院 2009 年的这个判决(EGMR, vom 3. 12. 2009, NJW 2010, 501-Zaunegger)以及德国联邦宪法法院 2010 年的这个判决(BVerfGE 127, 132),"并不出人意料地终结了认知获取的阶段,但是从效果上却是革命性的"。

〔174〕 Diederichsen, NJW 1998, 1977 (1991).

益于猛烈的私法的宪法化批判(privatrechtliche Konstitutionalisierungskritik),而该批判是在1990年的联邦宪法法院的商事代理人判决[175]后攻取了合同法学的广大区域,[176]并且也日益关注宪法学。[177]

随着时间的推移,有关"宪法至上"的纠葛变得较为少见。即使对于来自卡尔斯鲁厄(译者注:指德国联邦宪法法院)和斯特拉斯堡(译者注:指欧洲人权法院)的改革推动这样的真正热情可能不会出现,德国统一后家庭法学却在短短几年中,建设性地对待家庭法受基本权和人权约束一事。在20世纪90年代初期仍被提出的批评,即缺少一个对于私法和宪法的"科学性的统观"(Zusammensicht)以及家庭法学"在基本法的解释上失灵",[178]在几年之内就失去了其合理性。家庭法学对宪法由无兴趣和陌生变成了关注和熟悉。基本权和人权的纳入成为家庭法学教义学工作方式的天然组成部分。[179] 历史翻到了新的一页:由一个被动和认命的基调,在重新统一的德国逐渐产生一个家庭法学,其又自荐作为针对立法和司法的先行思考并且目的指向思考的知识存储器。[180] 在对一贯性的追求中,对逻辑一致性和"体系统合"的关注中,[181]基本权和欧洲人权公约的解释经由联邦宪法法院和欧洲人权法院纳入教义学日常工作的持续不断的挑战中。[182] 家庭法有了一个发展,这是Wolfram Müller-Freienfels在1991年就已经预测到的:家庭法学展示出"日益偏好宪法性论证"。[183] 这里只围绕亲子关系法作说明:在准备阶段被问的是,一部改革法律是否"满足"宪法

---

〔175〕 BVerfGE 81, 242.

〔176〕 Zöllner, AcP 196 (1996), 1 ff.; Medicus, AcP 192 (1992), 43 ff.; Diederichsen, AcP 198 (1998), 171 ff.

〔177〕 Siehe nur Ruffert, Vorrang der Verfassung und Eigenständigkeit des Privatrechts, 2001, schon im Titel angelehnt an Wahl, Der Vorrang der Verfassung und die Selbständigkeit des Gesetzesrechts, NVwZ 1984, 401 ff.; Schuppert/Bumke, Die Konstitutionalisierung der Rechtsordnung, 2000.

〔178〕 Ramm, Wiedervereinigung und Familienrechtsreform, in: Ramm/Grandke/Berié (Hrsg.), Familie und Recht 1994, Bd. II, S. 38, 48.

〔179〕 然而没有明确的自我反思。就如在近期在法学的众多分支中进行的,特别是在公法中(siehe nur Schmidt-Aßmann, Verwaltungsrechtliche Dogmatik, 2013 sowie die Beiträge in Kirchhof/Magen/Schneider [Hrsg.], Was weiß Dogmatik?, 2012)进行的关于法教义学的概念、方法和位值的广泛争论,在家庭法学中无法明确地找出。

〔180〕 概念是依照Harenburg, Die Rechtsdogmatik zwischen Wissenschaft und Praxis, 1986, S. 183 ff。

〔181〕 概念是依照M. Lipp, FamRZ 1998, 65 (67)。

〔182〕 略举几个例子:Henrich, in: FS für Peter Lerche, 1993, S. 239 ff.; Coester, FamRZ 1995, 1245 ff.; Löhnig/Preisner, FamRZ 2012, 489 ff。

〔183〕 Müller-Freienfels, in: FS für Rittner, 1991, S. 423 (460 ff.).

的要求[184]或者符合“联邦宪法法院的方针”,[185]理据说明是不是“立于稳固的……基本权教义基础上”,[186]一个“合宪的民法……能够怎样确定父母”,[187]登记伴侣的一项收养权利是不是宪法上所要求的,[188]哪种民法上可想象到的模板对于没有彼此结婚的父母的照顾的形塑最符合“宪法的方针”。[189] 长时期的发展和司法的路径这时也被详细检查,是否与《德国基本法》第 6 条相一致。[190] 但是,这个重点也越来越多地被发现,即宪法在许多问题只提供“法律的基础数据”或者“方向性标志”。[191] 宪法化不再是陌生的,也不再普遍适用于各学科。随着日益变得可见的“外部界限”,对于私法教义学来说可“自由”处分的内部空间再度获得其轮廓。

论证方式中类似的位移发生在婚姻财产制[192]和同性生活共同体的法律地位相关问题上。对于制度化的认可的赞同和反对,在家庭法的文献中也主要限缩于这个问题上,是否《德国基本法》第 6 条第 1 款的(对婚姻的特别)保护要求同时也应理解为(与对婚姻的特别保护)保持距离的要求(Abstandsgebot)。[193]家庭法学最初还参与到对联邦宪法法院的“目中无人”和“专横”的宪法上的批判合唱团,随着时间的推移,这种事情较少被读到了。“尽管在德国几乎不存在一个不在宪法层面加以讨论的家庭法问题”,Rainer Frank(雷纳·弗兰克)在 2000 年这样说道,“人们提出了疑问,我们的家庭法若没有联邦宪法法院的判决今天是否会看起明显不同。人们尤其不能忽视,家庭法是社会现实的镜像,反过来社会现实仅仅受到宪法非实质性的影响”。[194] 在这一发展过程中,超越实证的工作方式上了伤病名单。由于家庭法学找到了一个宪法化的教义学工作

---

[184] Typisch etwa Schumann, FamRZ 2000, 389 ff.

[185] Frank/Helms, FamRZ 2007, 1277 (1280).

[186] Coester, JZ 1992, 809 (814).

[187] Coester, FamRZ 1995, 1245 (1246).

[188] Coester, in:Liber Amicorum Pintens, 2012, S. 313 ff.

[189] Coester, FamRZ 2012, 1337 (1342 f.).

[190] Etwa bei Schumann, Kindeswohl zwischen elterlicher und staatlicher Verantwortung, in:Behrends/Schumann, S. 169 ff.

[191] Etwa bei M. Lipp, FamRZ 1998, 65 (66).

[192] 例如,在婚姻财产制的争论中,为联邦宪法法院所发展出的思想——婚姻贡献的等值性(BVerfGE 53, 257 [296]-供养补偿; BVerfGE 79, 106 [126]-增益补偿; BVerfGE 105, 1 [10 f.]-离婚后的扶养)起着越来越大的作用;参见 Röthel, FPR 2009, 273 ff。

[193] Etwa bei Diederichsen, JZ 2002, 23 ff. und Wacke, in:Münchener Kommentar, 6. Aufl. 2013, Vor § 1 LPartG Rn. 6:“如果其他的伴侣关系享受到与婚姻受到的同样保护,那对于作为制度的婚姻进行的宪法上的特别保护就荡然无存了。”

[194] Frank, AcP 200 (2000), 401 (406).

方式,加快了信仰的、[195]法哲学的和法伦理学的参照系的重要性的减损。[196]

2. 长期任务和明确的教义化

在家庭法的财产问题中,较少有狂风暴雨来临。对法律材料的说明和澄清持续不断地来到这里。在相对安静的湖面,家庭法学——只给出一些例子——可以展示出亲属间经济上团结互助的"基础",[197]给出对于婚姻财产制的"承载的评价"的反思,[198]澄清法定夫妻财产制中的登记财产的"意义",[199]形成"'婚姻生活关系'的法教义学",[200]雕刻出家庭里的补偿秩序相对于债法的"特性",[201]让人注意到体系的漏洞和不一致,揭露"秘密的"指导图像,[202]还有更多。(家庭法学的教义学成果的)接收人和对象(Adressat und Gegenstand)主要是司法,较少是立法者。尽管家庭法学也时而惊讶于联邦宪法法院的"起哄"(Zwischenrufen),它却可以有效地教义学式地陪伴家庭财产法的进一步的发展。这也适用于统一后德国的家庭法学最为激烈的争论之一:婚姻契约(Ehevertrag)自由的界限。在德国联邦宪法法院号召民事法院对"明显片面的婚姻契约"进行内容控制之后,Barbara Dauner-Lieb贡献了决定性的教义学的筹备工作,[203]该工作为联邦最高法院满怀感激地接受并且在联邦最高法院那在很短的时间内被拓展为"核心领域理论"。[204] "借助清晰的教义学保障法的安定性",这一程序之后被总结为:"民事第12审判委员会的这个非常慎重地发展出的,并且有理有据的裁判属于近期最重要的家庭法裁判之一。对婚姻契约进行的司法控制,在近整整3年前被联邦宪法法院的一个轰动的法政策性的判决猛然夺取其稳固的基础;民事审判委员会的这个裁判把对婚姻契约的司法

---

[195] Schwab, Konfessionelle Denkmuster und Argumentationsstrategien im Familienrecht, in: Concik/Henne/Simon/Ruppert/Vec (Hrsg.), Konfession im Recht, 2009, S. 163 (177); ders., FamRZ 2014, 1.

[196] Siehe aber Brudermüller, Geschieden und doch Gebunden. Ehegattenunterhalt zwischen Recht und Moral, 2008; Diederichsen, in:Schwab/Hahne, S. 115 (132 ff.):"对赡养父母和抚养独立子女的法伦理上的证立。"

[197] V. Lipp, NJW 2002, 2201 ff.

[198] Dauner-Lieb, AcP 201 (2001), 296 (312 ff.).

[199] Braun, in:FS für Musielak, 2004, S. 119 ff.

[200] Diederichsen, in: Völmicke/Brudermüller (Hrsg.), Familie-ein öffentliches Gut?, 2010, S. 15 (30 ff.).

[201] Röthel, FamRZ 2012, 1916 ff.

[202] Röthel, Institution, S. 9 ff.

[203] Dauner-Lieb, AcP 201 (2001), 296 (312 ff.).

[204] Grundlegend BGHZ 158, 81 ff., in der Folge siehe BGH NJW 2005, 137 ff.; NJW 2005, 139 ff.; NJW 2005, 1370 ff.; NJW 2007, 907 ff.; NJW 2008, 1076 ff.; NJW 2009, 2124 ff.

控制,重又放到一个允许维护法安定性的塑造(Gestaltung)的稳固的教义学基础上。"[205]这一"稳固的教义学基础",人们必须这样加以补充,若是没有家庭法学前面的详细准备,就不可能如此轻易地到手。甚至在其他的问题,家庭法学也持续地与司法对话并且协助进行法的系统收集、分类和渗透。家庭法学引入了有效性控制和行使控制(Wirksamkeits-und Ausübungskontrolle),[206]打造了"因婚姻遭受的不利益"这个概念,[207]追问了法律的指导图像,[208]并且力图重新整合被作为"与夫妻财产制并列的法"(Nebengüterrecht)而发展出的配偶间和生活伴侣之间的债法上的财产补偿。[209] (家庭法)根本的兴趣点在于家庭法、合同法和侵权法的关系。相互冲突的基本取向的汇合,利于家庭法在"债法化"和"家庭化"(Familiarisierung)之间进行教义学的自我反思。[210] 值得注意的是,对于债法化趋势的教义学批判,也存在于司法借助债法的手段在结果上肯定配偶的分享请求权的地方,在此,请求权的产生或是基于默示的内部合伙,或是基于一个与婚姻相关的给予(ehebedingte Zuwendung)的交易基础丧失。许多人赞赏联邦最高法院的公正的结果,[211]与此同时其他人恰恰批评这一构造的"教义学上值得商榷的种类和方式"。[212]

在婚姻财产法中,所涉及的是应对长期的任务,1992年1月1日,照管(Betreuung)这一新法律制度的生效以及与此相连的成年人保护法中的重新定向,给予了特别的机会去考虑教义学工作方式的位阶值(Stellenwert)。这里批判性的自我反思伴随教义学工作方式的转向。Volker Lipp在2000年还批判道,"法学文献……迄今主要处理与适用直接相关的问题,较少关乎新法的结构问题","照管法的核心问题和概念迄今都未加说明。因此,法学还没有完成其真正的任务,系统地筹备新法,检查其效果,并因此同时通过为实践提供清晰的标准和可行的解决方案建议的方法,在法的适用上下工夫"。[213]这里所催讨的朝"结构

〔205〕 Rauscher, DNotZ 2004, 524 ff.

〔206〕 对此的概述参见 Sanders, Statischer Vertrag und dynamische Vertragsbeziehung, 2008。

〔207〕 Siehe schon oben, Fn. 14 f.

〔208〕 Röthel, Institution, S. 9 (14 ff.).

〔209〕 Siehe nur Dauner-Lieb, FuR 2009, 361 ff.; Röthel, FamRZ 2012, 1916 ff.

〔210〕 Siehe einerseits Haas, FamRZ 2002, 205 ff., andererseits Schwab, FamRZ 2002, 1296 ff.:"批判性的"; Heiderhoff, FamRZ 2004, 324 ff.:"存在问题的"; 对于契约作为针对家庭关系的思考方式适当性的概念上的疑惑,参见 Röthel, FamRZ 2012, 1916 ff. 以及 Röthel (Hrsg.), Verträge in der Unternehmerfamilie, 2014 中所集合的诸多文章。

〔211〕 Siehe nur Dauner-Lieb, AcP 210 (2010), 580 (589 ff.) m. w. N.

〔212〕 Koch, in: Münchener Kommentar, 6. Aufl. 2013, Vor § 1363 Rn. 18.

〔213〕 V. Lipp, Fürsorge, S. 5.

问题”和教义学的工作方式的转向,之后结出了多种成果。家庭法学接受了立法者 1992 年的有意留白〔214〕这一挑战。新的照管法制度以教义学的构想为后盾,为的是说明其在行为能力、意思自由、授权和预先声明的结构中的体系位置。〔215〕尽管不是所有的解释建议之后都被采纳。然而这无损照管法作为家庭法学对教义学工作方式明确反思的一个场所的重要性。在同一时期,对需要照管的解读,被人作为一般地“拆解法教义学”的例证以及磨掉传统的教义学的形象的例证而抱怨。〔216〕回想起来,这可主要解读为说明在家庭法的这一领域对于教义学工作方式自食其力的期待有多高的证据。

(四)交叉学科的工作方式

以私法的其他部门领域作为测度参考,据说家庭法一般与社会科学和生命科学有着特别的亲密关系。长期以来,子女利益被视为针对发展心理学和教育学的铰链概念(Scharnierbegriff),〔217〕照管法与《德国民法典》第 1896 条中改写的需要医学诊断的照管联系起来,并触及精神病学和老年医学,在离婚法中以及应对非婚姻生活共同体的过程中碰到社会学等。特别是与社会科学的这一亲密关系也已经构成了波恩共和国时期家庭法学的工作方式的特征。〔218〕

1. 开放的表面

20 世纪 70 年代的关于法学和社会科学的关系的激烈争论,〔219〕至少在一点上富有成果:明显的是,潜在的假定和“感受到的”日常知识,现在被一个前置的明确的和可证明的调查结果替代。在应对非婚姻生活共同体的问题时,对于婚

---

〔214〕 Siehe Diskussions-Teilentwurf eines Gesetzes über die Betreuung Volljähriger, hrsgg. vom Bundesminister der Justiz, 1987, SS. 99, 268 f., 279.

〔215〕 为此贡献的是专著形式的教授资格论文 V. Lipp, Freiheit und Fürsorge, 2000 以及 von Sachsen Gessaphe, Der Betreuer als gesetzlicher Vertreter für eingeschränkt Selbstbestimmungsfähige, 1999;进一步参见 Pawlowski, JZ 2004, 13 ff. Und schon Schwab, in:FS für Mikat, 1989, S. 881 ff。

〔216〕 Holzhauer, JZ 2000, 1076 (1080):“法教义学作品在今天广泛地存在于,将不再具有规范性效力的传统的教义学的形象磨掉。抵制是没有用的,因为解构主义是这个时代的一个标志并且触及的范围远远超出法学。解构主义标志着过渡到奥古斯特·孔德所提出的三阶段规则(神学阶段、形而上学或者抽象阶段以及实证阶段)的第三阶段。”

〔217〕 Grundlegend Simitis, Kindeswohl, 1979; später Limbach, Die Suche nach dem Kindeswohl-Ein Lehrstück der soziologischen Jurisprudenz, Zeitschrift für Soziologie 8 (1988), S. 155 ff.; aus jüngerer Zeit Willutzki, Psychologie im Familienrecht, Kind-Prax 1999, 3 (5):心理学进入法律的“门户”。

〔218〕 Simitis, Familienrecht, in:Simon (Hrsg.), S. 390 (425 ff.).

〔219〕 纲领性作品 Lautmann, Soziologie vor den Toren der Jurisprudenz, 1971; Rottleuthner, Rechtswissenschaft als Sozialwissenschaft, 1973;对公法的观察,参见 Hoffmann-Riem (Hrsg.), Sozialwissenschaften im öffentlichen Recht, 1981。

姻缔结和离婚行为以及非婚姻生活共同体的发生、构成和稳定性进行的经验观察成为核心的论据。[220] 对于亲属扶养是否合乎时代的考虑，与“社会人口发展”的数据连接起来。[221] 在对父母扶养的讨论中，关于寿命预期和保佐成本的“社会现实”变得重要起来。[222] 在从时间维度估量因照管子女而给付的扶养时，需要借助独自抚养子女的母亲的职业活动获得一幅详细的有关“子女照管方面的活生生的现实”的图像。[223] 此外，法学感兴趣的在于，婚姻契约的缔结频率以及带有何种内容，或者预先防备性的医疗指示(Vorsorgeverfügungen)的授权频率以及具有何种内容，设置了多少照管，为防止儿童利益被危及而以共同的照顾声明作为保护措施的频率，[224] 夫妻间和生活共同体间如何分配家庭劳动和职业劳动[225] 等。在没有这些数据的地方，很快产生了对“法律事实研究”的呼吁。[226] 一个在统一后的德国加强了的、受到公共财政支持的法律事实研究越来越多地响应这一号召，[227] 并且由此促成了家庭法学日益的数字取向(Zahlenorientierung)。最初先在提交给法律人大会的鉴定报告中成为不言自明的事物，也找到了它的道路，从教科书进入大型评注。[228] 同时，相邻科学更近

---

[220] Siehe nur Hausmann, in: Hausmann/Hohloch (Hrsg.), Das Recht der nichtehelichen Lebensgemeinschaft, 2. Aufl. 2004, Einführung, Rn. 6 ff.:“社会科学的背景。”

[221] Siehe schon Schwenzer, FamRZ 1989, 685 ff.; später dies., 59. DJT 1992, A 11 ff.; ähnlich Dethloff, 67. DJT 2008, A 12 ff.:“法律现实的变化和社会科学的认识。”

[222] Siehe nur Gernhuber/Coester-Waltjen, § 47 Rn. 1 f.

[223] Heiderhoff, FamRZ 2012, 1604 (1605 f.).

[224] Dethloff, § 13 Rn. 101 f.

[225] Dethloff, 67. DJT 2008, A 16 ff.

[226] Coester, FamRZ 2007, 1137 ff. 感叹，针对为何一个非婚生子女的母亲拒绝作出共同照顾的表示的原因，“现实的并且涉及德国情况的法律事实研究缺乏可靠性”，“普遍的一种印象是，认为联邦宪法法院的这个推测完全不重要：该假定即是，一个未婚的母亲拒绝孩子父亲的照顾表示的意愿的，就此，她必定有维护子女福利的‘重大’事由，并且绝对不为外来的、尤其是自身利益所主导”。

[227] Siehe nur Limbach, Die gemeinsame Sorge geschiedener Eltern in der Rechtspraxis: eine rechtstatsächliche Studie, 1989; von Eicken/Ernst/Zenz, Fürsorglicher Zwang, 1990; Rottleuthner-Lutter, Gründe von Ehescheidungen in der Bundesrepublik Deutschland, 1992; Vascovics/Rost/Rupp, Lebenslage nichtehelicher Kinder, 1997; Buba/Vaskovics, Benachteiligung gleichgeschlechtlich orientierter Personen und Paare, 2000; Rupp, Rechtstatsächliche Untersuchung zum Gewaltschutzgesetz, 2005; dies., Die Lebenssituation von Kindern in gleichgeschlechtlichen Lebensgemeinschaften, 2009; Karle/Gathmann/Klosinski, Rechtstatsächliche Untersuchung zur Praxis der Kindesanhörung nach § 50b FGG, 2010.

[228] 参见 Münchener Kommentars, 6. Aufl. 2013 第 6 卷后附录所列出的“关于家庭法的法律事实”, S. 1791 ff。

地靠过来：家庭社会学确立了作为社会学的一个独立的、突出的分支学科，[229] 并且在心理学内部形成了家庭法心理学[230] 作为分支。

语言的变化也是对相邻学科开放的证明。基于社会学视角而观察到的“通过广泛的调适社会学术语而明显的社会学化……”[231] 类似地适用于心理学，最后也适用于行为经济学。人们谈论多元化、个性化、细分和变迁，人们对生活形态、性别角色和生命历程视角感兴趣，强调参与、联系和时间观念对于儿童发展的重要性，并且以过度自信和有限理性论证，以描述处于个人关系中的决定情形。从表面上看，道岔被搬到“开放的”[232] 家庭法学的方向上。一个被交叉学科“纯化的”或者至少“赋予灵感的”家庭法学，表面地寻求与相邻科学的对话：社会学中和心理学者被邀请参与法学会议，法学学者们认为参与非法学的会议是有吸引力的，而且这促成了共同的出版形式。[233]

2. 跨学科的家庭法学或者“严格的法律观点”？

一个对交叉学科至少是感兴趣的，但是在任何情况下都不带偏见的家庭法学能经受住更为细致检查的考验吗？从社会学的视角来看，(家庭法学的)这一靠拢无论如何都较少具有基础性。“家庭法传统上是敌视社会学的”，Doris Lucke 在 2000 年还如此陈述。[234] 但是与法学的其他部门学科进行的比较，让人有理由相对化上述判断。明确的方法论的自我反思，就像在大约同一时期与 Wolfgang Hoffmann-Riem 的行政法中的作品联系起来那样明确的方法论的自

[229] 跟踪调查可参见 Nave-Herz, Wozu Familiensoziologie?, in: Busch (Hrsg.) Aktuelle Forschungsfelder der Familienwissenschaft, 1999, S. 15 ff。

[230] Dettenborn/Walter, Familienrechtspsychologie, 2002.

[231] Lucke, Rechtssoziologie, Familiensoziologie und Familienrecht, in: Dreier (Hrsg.), Rechtssoziologie am Ende des 20. Jahrhunderts, 2000, S. 86 (93 ff.).

[232] 概念来自 Voßkuhle, Wie betreibt man offen(e) Rechtswissenschaft, in: Hoffmann-Riem, Offene Rechtswissenschaft, Ausgewählte Schriften, 2010, S. 153 ff。

[233] 例如，在针对家庭研究的特刊(“对话中的家庭法、家庭社会学和家庭心理学”)，siehe nur Schwab/Vaskovics; Coester-Waltjen/V. Lipp/Schumann/Veit (Hrsg.), Reformbedarf im nichtehelichen Eltern-Kind-Verhältnis, 2011 年以及 Funcke/Thorn (Hrsg.), Die gleichgeschlechtliche Familie mit Kindern. Interdisziplinäre Beiträge zu einer neuen Lebensform, 2010 年也是跨学科的作品；Scheiwe/Krawietz (Hrsg.), (K) Eine Arbeit wie jede andere? Die Regulierung von Arbeit im Privathaushalt, 2014. 在家庭法大全杂志(FamRZ)中也发表非法学的文章，尽管只是个别地，如 Hermanns, FamRZ 1994, 1001 ff。

[234] Lucke, in: Dreier (Hrsg.), Rechtssoziologie am Ende des 20. Jahrhunderts, 2000, S. 86 (105).

我反思，[235]在家庭法中更为少见，[236]而且在它出现的地方，最后发现关于交叉学科性质的工作方式的内容、发展方向和说服力的"常识"是多么脆弱。在一个广泛认同的"潜藏的采用社会学的思考方式"[237]和法外的知识库的幌子后面，躲藏着两种基本态度，这两种基本态度标志着极端的立场。只有少数人明确地主张一个交叉学科甚至是跨学科的开放：家庭法学应当超越继受心理学的或者社会学的知识。家庭法学应该参与到一个整合性地集合不同的、研究家庭的学科，比如社会学、经济学、心理学、教育学、人口学以及政治学。根据一个在21世纪初与跨学科的主题化[238]大约同时、既为社会科学也为法学方面所表达的要求，需要构建一个跨学科开放的家庭法学。[239] 不过，这一前提条件众多的开放，仍不对外行人的认知兴趣开放。更为典型的是相反的观点，它让相邻科学停留在"辅助科学"的高度，[240]尽管交叉学科的交流的重要性一再被

---

[235] Hoffmann-Riem, Offene Rechtswissenschaft, 2010; 此外参见 Möllers, Theorie, Praxis und Interdisziplinarität in der Verwaltungsrechtswissenschaft, Verw-Arch 93 (2002), 22 ff.; Engel, Rechtswissenschaft als angewandte Sozialwissenschaft, in: ders. (Hrsg.), Methodische Zugänge zu einem Recht der Gemeinschaftsgüter, 1998, S. 11 ff.; für eine Gegensicht Krebs, Sozialwissenschaften im Verwaltungsrecht: Integration oder Multiperspektivität, in: FS für Schmidt-Aßmann, 1999, S. 127 ff。

[236] 家庭法在之后的就此而产生的文集中也没有代表，由此也可见一斑。在 Engel/Schön (Hrsg.), Das Proprium der Rechtswissenschaft, 2007, 从私法中只选取了资本市场法作为具体参考。在 Cottier/Estermann/Wrase (Hrsg.), Wie wirkt Recht?, 2010, 选取的是继承法，而且在这卷 Jungen Zivilrechtswissenschaftler, hrsgg. von Domey et al, Einheit des Privatrechts, komplexe Welt: Herausforderungen durch fortschreitende Spezialisierung und Interdisziplinarität, 2008, 家庭法学也没有说话。

[237] 这个习语是依据 Cottier, Inter-und Transdisziplinarität in der Familienwissenschaft, in: FS für Schwenzer, 2011, S. 351 (359). Lucke, in: Dreier (Hrsg.), Rechtssoziologie am Ende des 20. Jahrhunderts, 2000, S. 86 (96 ff.) 同样观察到家庭法立法进程的一个"潜在的社会科学化"。

[238] Mittelstraß, Transdisziplinarität-wissenschaftliche Zukunft und institutionelle Wirklichkeit, 2003.

[239] 一方面见 Wingen, Auf dem Weg zur Familienwissenschaft? Vorüberlegungen zur Grundlegung eines interdisziplinär angelegten Fachs, in: Ettrich/Scherzberg/Wegner (Hrsg.), Erfurter Beiträge zu den Staatswissenschaften, 2004; ders., Auf dem Weg zur Familienwissenschaft?, in: Busch/Nave-Herz (Hrsg.), Familie und Gesellschaft. Beiträge zur Familienforschung, 2005, S. 33 ff.; 另一方面见 Schwenzer/Aeschlimann, Zur Notwendigkeit einer Disziplin „Familienwissenschaft", in: FS für Giger, 2006, S. 501 ff.; dazu Cottier, in: FS für Schwenzer, 2011, S. 351 ff。

[240] 诊断和批评一再出现在 Lüscher 这里，参见 Lüscher, Widersprüchliche Vielfalt-Neue Perspektiven zum juristischen und soziologischen Verständnis von Ehe und Familie, Bitburger Gespräche, Jahrbuch 2001, S. 15 ff. Genauso die Kritik aus der Sicht der Psychologie bei Fegert, Kindeswohl-Definitionsdomäne der Juristen oder der Psychologen, in: Dt. Familiengerichtstag 13 (1999), S. 33 ff。

强调,[241] 但是学科交叉性按该工作方式的权重,却被排挤为“随机的”工作方式,[242] 此外,它强调法律观念的独立性。在此,家庭法学与行政法学并无区别,对此 Christian Bumke 观察到了一个类似的“开启”和“闭合”的同时性。[243] 这样,子女利益未受触动仍旧是一个“法律概念”,[244] 尽管它是“不确定的”,而且需要“进行法理的精确化”。外部的界限是通过“法律上的子女利益标准和社会标准”来获得的,否则由宪法上的对于“父母教育优先”的保护,来保障父母定义(如何对子女教育)的权威(Definitionshoheit)。[245] 以这样的论证脉络(Argumentationslinien)可以同时保障家庭法学的解释尊严,而且可以较为容易地击退由相邻科学所生的不受控制的“冲刷”。以类似的方式,婚姻的终生性(《德国民法典》第 1353 条第 1 款)面对法外的认识如“社会学查明的离婚现实”,[246] 维持为“宪法的制度保障的概念性的……表达”。[247]

重要的是改革争论中的重点的转变。在很长一段时间内,改革争论体现为家庭法争论内、相邻科学特别着力研究的领域。[248] 但是现在这里也更为经常出现再度强调真正的法律立场。人们所提出的告诫是,不应当给予人口学上的变化和真正的社会学的观察以论证性的独立自主。“这一时期的经济上的团结互助(Solidarität)的法秩序的改革必要性”,Volker Lipp 如是说,“大多是由此得以成立,即社会状况自《德国民法典》创制以来,已经经历了显著的改变,并且婚姻、家庭和亲属关系的社会功能和重要性也随之变化……但是,由社会状况的

---

[241] 与收养法相关的参见 Frank, FamRZ 2007, 1693 (1699):“尤其是收养法急切需要法学和社会科学之间的商讨。法律人应该比现在实际情况上所了解的更多地了解被收养子女的根源性问题的情况。”

[242] 参见 Luhmann, Die Wissenschaft der Gesellschaft, 1990, S. 457 ff。

[243] Bumke, in: Schmidt-Aßmann/Hoffmann-Riem (Hrsg.), Methoden der Verwaltungsrechtswissenschaft, 2004, S. 73 (115 ff., 123):“对于行政法学与非教义学的学科的交往来说,标志性的并且令人震惊的是这一事实,即对于非教义学学科的开放和关闭的过程,进行的既不持续也不具有体系性,而且也很少是关于行政法学工作方式的专业内自言自语的对象。相反地,这一切都取决于已有的知识和个人研究兴趣。”

[244] 基础性的文献为 Coester, Kindeswohl als Rechtsbegriff, 1983, 尤其是 S. 163 ff.:“在个案中加以更新的价值标准。”

[245] Gernhuber/Coester-Waltjen, § 57 Rn. 30.

[246] 参见 Lucke, in: Dreier (Hrsg.), Rechtssoziologie am Ende des 20. Jahrhunderts, 2000, S. 87 (S. 103),这是经验性的辩驳和社会科学的启示如何历经长期的改革讨论而“安然无恙”的一个例子。

[247] 例如在 Roth, in: Münchener Kommentar, 6. Aufl. 2013, § 1353 Rn. 15; 相反的一个观点参见 Röthel, Institution, S. 9 (30 f.)。

[248] 因此在“整个家庭领域”法社会学“持续景气”;参见 Röhl, Zur Bedeutung der Rechtssoziologie für das Zivilrecht, in: Dreier (Hrsg.), Rechtssoziologie am Ende des 20. Jahrhunderts, 2000, S. 39 ff。

变化,几乎不能直接得出赞成或者反对具体的规制的结论”。〔249〕 在其他地方也强调,需要“细致地确证,所观察到的变化有多么的确定和持久,这些变化究竟是否涉及一个被视为对于法的形成来说重要的情况”。〔250〕 在关于父母照顾(Sorge)的法政策的争论中可以观察到,不仅单独照顾的赞同者,连共同照顾权的赞同者也“在极为不同的发展心理学和儿童精神病学认识中(找到)支撑”。〔251〕 法外的停靠点也不具有像它乍看之下可能具有的明晰性。人们在衡量交叉学科的论据时,对其持怀疑态度。

这样的声音可能不意味着以法外的知识进行“绝然明白的”论证的终结。〔252〕 但是这样的声音证明了,对于直接将法外的调查结果转化为法政策的呼求,人们的不适感日益增长。在照管法(Betreuungsrecht)的解释上,家庭法学中也出现这样的对“严格的法律观点”的强调:“相反,对于法学来说,所关涉的完全只是作为法的现象的照管(Betreuung)……与照管相连的法规范,只有在人们将其理解为法对于向一个法秩序提出的特定事实问题的回答时,才能被认为是法。”对此,法外的考虑,只有在现行法中找到其体现并因此属于法教义学对象的立法资料时,才有意义。〔253〕 出现了这样一个对“严格的法律观点”的再度强调并且这一强调也没有陷入片面,这很可能又再次与联邦宪法法院在家庭法中的出色效能有关。Klaus Röhl 在联邦宪法法院的司法中所观察到的“社会科学的法律批判的共振”,〔254〕在此尤其是有据可查的。联邦宪法法院不仅赋予社会调查结果和法外的知识水准(Stand)在公开的判决理由中日益增长的空间,还给予其越来越常见的决定性的权重。〔255〕 联邦宪法法院在基本权的解释时已

---

〔249〕 V. Lipp, NJW 2002, 2201 (2202); 对于法外观察的论证上的独立自主这个问题,同样参见 Otte, AcP 202 (2002), 317 (330 ff.)。

〔250〕 So, wenngleich zum Erbrecht, Röthel, Ist unser Erbrecht noch zeitgemäß?, 68. DJT 2010, A 13.

〔251〕 Limbach/Willutzki, Die Entwicklung des Familienrechts seit 1949, in: Nave-Herz (Hrsg.), Kontinuität und Wandel der Familie in Deutschland, 2002, S. 7 (35).

〔252〕 令人印象深刻的描述参见 Simitis, Familienrecht, in: Simon (Hrsg.), S. 390 (433 f.): “因此,尤其是社会学的和经济学的论证路径不是为较少绝对的、更多试验性的思考和反应提供条件,而是把论证过程缩减为,‘最为可能地’执行/实施在法学外的根据看来无可辩驳地指明的规则。对‘法学的’教义学的批判就这样只导致,法教义学的结论为一个并没有少‘教义化的’非法学方法或者学科的结论所替代。”

〔253〕 Abermals Lipp, Fürsorge, S. 9 f.

〔254〕 Röhl, Zur Bedeutung des Rechtssoziologie für das Zivilrecht, in: Dreier (Hrsg.), Rechtssoziologie am Ende des 20. Jahrhunderts, 2000, S. 39 (63).

〔255〕 Etwa BVerfGE 103, 89 (103 f.)-婚姻契约/Eheverträge(对于未婚母亲的生活状况的社会学认识); BVerfGE 115, 1 (4 ff., 17, 21 ff.)-变性人法律(性科学的认识); BVerfGE 133, 59 (70 ff., 90 f.)-连续收养(发展心理学的认识)。

然进入到与相邻科学的冲突中,因而在此问题上减轻了负担的家庭法学可以以此“严格的法律观点”同时强调其私法性质。

四、一些观察

在对德国再统一以来家庭法学中的争论以及对家庭法学的工作方式概览之后,现在应当涉及这个问题,即家庭法学在法学内部[下文(一)]和从司法和立法的视角[下文(二)]应被如何看待。

(一)在法学内部

家庭法长久以来或多或少未予言明地被视为私法中政治性的、接近实践的以及更为“非教义学式的”领域。家庭法学也认识到自己面临着相应的保留(态度):当人们怀疑法学是否真的是科学,那么家庭法学者比合同法学者更多地遭遇到这种质疑。在统一后的德国的历程中,这一趋势改变甚小。更确切地说,家庭法学的圈子变得更小。但是,这与家庭法在实践中可能失去其重要性并不相关。相反,高的离婚数量、新的家庭形式,迄今为止只被视为“事实关系”的关系(非婚姻生活共同体、社会性父母)日益法律化(Verrechtlichung),以及照管程序(Betreuungsverfahren)的飞速发展,几乎是赋予德国统一后家庭法以实践的繁荣。一方面,众多新的实践取向的杂志被推出,[256]而且出现无数的实践评注、手册、表格手册(Formularbücher)、专业律师辑要(Kompendien)发现其市场;另一方面,家庭法的教授资格论文的数量屈指可数,[257]而且家庭法的归档文章(Archivbeiträge)也越来越陷入例外之列。[258]“德国家庭法越来越多地交由实践家”,Nina Dethloff(妮娜·德特洛夫)在2007年总结道。[259]不同于公司法和资本市场法或者消费者保护法,与实践的亲近关系对于家庭法学的感知来说不是优势,而是缺点:(家庭法学)不仅被批评是政治性的,还被指摘是实践性的。

对于“低度教义学化”这一下意识的责备,一个自信、勇敢的家庭法学或许能够抵抗。但是标志性的是,许多之后共同影响家庭法的争论的人都决意不写

---

[256] Darunter Familie und Recht (FuR) seit 1990; Betreuungsrechtliche Praxis (Bt-Prax) seit 1992; Familie, Partnerschaft, Recht (FPR) seit 1995; Forum Familienrecht (FF) seit 1997; Zeitschrift für Kindschaftsrecht und Jugendhilfe (ZKJ) seit 2006; Familienrechtund Familienverfahrensrecht (FamFR) seit 2009 sowie Neue Zeitschrift für Familienrecht (NZFam) seit 2014.

[257] von Sachsen-Gessaphe, Der Betreuer als gesetzlicher Vertreter, 1999; Martiny, Unterhaltsrang und-rückgriff, 2000; Lipp, Freiheit und Fürsorge, 2000; Wanitzek, Rechtliche Elternschaft bei medizinisch unterstützter Fortpflanzung, 2002. 随着2013年Budzikiewicz和Hilbig-Lugani的教授资格论文的完成,这一趋势或有所改观。

[258] 在1990~2013年(包括2013年在内)内,宽松地算也才只有大约25篇文章。

[259] Dethloff, Familien-und Erbrecht zwischen nationaler Rechtskultur, Vergemeinschaftung und Internationalität, ZEuP 2007, 992 (1005).

“家庭法的”教授资格论文。[260] 鉴于征召的带有家庭法简介的教席的数量在持续减少,上述抉择是不难作出的,且不失为一种好的策略。在司法考试规章中,家庭法也属于趋势上与其说是扩张的不如说是濒危的学科。同时,作为法学分支学科,家庭法可能成为第一个能够达致显著的妇女比例的法学分支领域。但是对于法学内部的家庭法学的感知来说,这点并未有助于提升威望。

这一回顾可能会唤起这个印象,即新近家庭法学的这一发展趋势与其贴近实践和政治亲和性或多或少是无法反驳的。但是如 Nina Dethloff 所强调的,在其他欧洲法秩序特别是在美国,家庭法在大学的研究中享有一个高得多的地位。但是她对于“在家庭法和继承法中进行更多的基础研究”的呼吁,[261] 不能持续地阻止统一后德国的家庭法学损失名声。(德国统一后家庭法学名声损失)这一点显得更为显著,相比之下同一时期继承法学在法学内部经历了明显的价值提升并进而成为时尚主题。

(二)在法学外部

经常被描绘出的家庭法学贴近实践和亲合政治的生动图画,可以推测在实践和政治中有一个特别的实际效果。但是事情并非这样一清二楚。在德国统一后的家庭法固化和改变之间无法一目了然的交织中,很难发现感知家庭法学的连续图案。粗略而言,至多可以总结出,家庭法学在财产问题上比在个人关系问题上趋向于直接影响实践和政治。比如,当联邦最高法院在 2008 年首次认可一个非婚姻生活共同体破裂后的补偿请求权,[262] 联邦最高法院对于这一方向调整主要是以——自 20 世纪 80 年代末以来开始越来越多转向反对原则性排除请求权的——家庭法学的前期准备工作进行理由说明。[263] 例如,在处

---

[260] Etwa Rauscher, Reformfragen des gesetzlichen Erb-und Pflichtteilsrechts, 1993; Dauner-Lieb, Unternehmen in Sondervermögen, 1998; Spickhoff, Gesetzesverstoß und Haftung, 1998; Veit, Die funktionelle Zuständigkeit des Betriebsrats, 1998; Wellenhofer, Zulieferverträge im Privat-und Wirtschaftsrecht, 1999; Kaiser, Die Rückabwicklung gegenseitiger Verträge wegen Nicht-und Schlechterfüllung nach BGB, 2000; Dethloff, Europäisierung des Wettbewerbsrechts, 2001; Schumann, Unrechtsausgleich im Frühmittelalter (unveröffentlicht, 2003); Heiderhoff, Grundstrukturen des nationalen und europäischen Verbraucherschutzrechts, 2004; Röthel, Normkonkretisierung im Privatrecht, 2004; Löhnig, Treuhand, 2006; Helms, Gewinnherausgabe als haftungsrechtliches Problem, 2007.

[261] Nochmals Dethloff, ZEuP 2007, 992 (1005).

[262] BGHZ 177, 193 ff.; 对此见前文所述,第三部分之(三)2。

[263] Insbesondere Hausmann, Nichteheliche Lebensgemeinschaften und Vermögensausgleich, 1989. -Der BGH stützt seine Rechtsauffassung im Übrigen u. a. Auf Löhnig, in: Staudinger, Neubearb. 2007, Anh zu §§ 1297 ff. Rn. 85, 112 ff.; Coester, JZ 2008, 315; Gernhuber/Coester-Waltjen, Familienrecht, 5. Aufl. 2006, § 24 Rn. 24, § 44 Rn. 20.

理婚姻契约的核心领域理论,[264]离婚扶养以"因婚姻而遭受的不利益"为定位,[265]以及在法律反对照管扶养中所谓的年龄阶段模式的决定,[266]都可以读到类似的继受过程。同样令人印象深刻的是,亲子关系法为此提供了很多的例子,即对于在这一较多个人问题上的大的改变来说,决定性的推动力恰恰不是直接来自家庭法学,而是由联邦宪法法院以及也越来越多地由欧洲人权法院所引发。对于婚生和非婚生子女的区别对待,早在20世纪90年代初期在学术文献中就被揭示出是存有宪法上的疑问的,但是立法者一直到规制需求在宪法上成为无可辩驳之时才作出反应。[267]对于非婚父亲的父母照顾(elterlichen Sorge)的进一步塑造[268]以及对只是生物学上的父亲的交往权的进一步塑造,[269]尽管也符合学术文献的长年以来的主张,[270]但是这也是因为联邦宪法法院的或者是欧洲人权法院的决定性的推动力。政治意志在这些个人问题上较少被洞察力

---

[264] BGHZ 158, 81 ff.; 准备工作出自 Dauner-Lieb, AcP 201 (2001), 295 ff。

[265] 《扶养法修改法》对《德国民法典》第1578条的修改,在BT-Drs 16/1830, S. 13, 18中被明确地借助Schwab, FamRZ 1997, 521 (524) 等的批判加以阐释。2007年11月23日《海牙协议施行法》……以及2013年2月20日的《修改实体扶养法规定的法律》(Gesetz zur Änderung von Vorschriften ... des materiellen Unterhaltsrechts vom 20. 2. 2013, BGBl. I, 273)在2013年对《德国民法典》第1578b条的重新塑造,在BT-Drs. 17/11885, S. 6 中主要是以联邦最高法院对文献中的批评作出过回应的判决加以解释。

[266] BT-Drs. 16/1830 S. 16 f. 宣称通过之后2007年的《扶养法修改法》(Gesetz zur Änderung des Unterhaltsrechts vom 21. 12. 2007, BGBl. I, 3189)对《德国民法典》第1570条的修改,是"对文献中与此相关的批判"的回应。在此方向上已经参见Gernhuber/Coester-Waltjen, Familienrecht, 5. Aufl. 2006, § 30 Rn. 24:"在子女未年满8周岁之前照管都无工作的职责,这样的一般推定在今天不再能被接受。"

[267] Gesetz zur Reform des Kindschaftsrechts vom 16. 12. 1997, BGBl. I, 2942, angestoßen durch BVerfGE 61, 358 ff.; 72, 155 ff., 74, 33 ff.; 79, 256 ff.; 84, 168 ff., 85, 80 ff., 90, 262 ff., 92, 158 ff. (siehe dazu schon oben Fn. 47); genauso später Gesetz zur Umsetzung familienrechtlicher Entscheidungen des BVerfG vom 13. 12. 2003, BGBl. I, 2547 f., angestoßen durch BVerfGE 107, 150 ff. Siehe auch Gesetz zur Klärung der Vaterschaft unabhängig vom Anfechtungsverfahren vom 26. 3. 2008, BGBl. I, 441, angestoßen durch BVerfGE 117, 202 ff.

[268] Gesetz zur Reform der elterlichen Sorge nicht miteinander verheirateter Eltern vom 16. 4. 2013, BGBl. I, 795, angestoßen durch EGMR v. 3. 12. 2009, Rs. 22028/04, NJW 2010, 501–Zaunegger sowie BVerfGE 127, 132 ff.

[269] Gesetz zur Stärkung der Rechte des leiblichen, nicht rechtlichen Vaters vom 4. 7. 2013, BGBl. I, 2176, angestoßen durch EGMR v. 21. 12. 2010, Rs. 20578/07, NJW 2011, 3565 – Anayo/Deutschland; nachfolgend EGMR v. 15. 9. 2013, Rs. 17080/07, NJW 2012, 2781–Schneider/Deutschland.

[270] Siehe insbesondere Schwenzer, 59. DJT 1992; Henrich, Reform im bundesdeutschen Nichtehelichenrecht, in: Jayme/Furtak, S. 253 ff.; Coester, JZ 1992, 809 ff.; ders., FamRZ 2007, 1137 ff. sowie schon oben, II. 2. a).

和认识所决定,更多的是为外在的行动压力所决定。

家庭法学在财产问题上比在个人问题上更直接地为人所感知,为此所展示的那些例子充其量划定了一个粗略的网格,在多个方面都要限制、修整。首先,在两个方向上都有相反的例子。例如,学术文献对于有义务补偿的财产规定(《德国民法典》第 1374 条)的持续不断的批判,[271] 既没有在司法中找到其路径,[272] 也未被立法者所考虑。[273] 相反地,立法者在一些具体的个人问题上也完全遵循了学术文献。比如,在 2002 年同于大部分的学术文献[274] 而反于联邦最高法院的判决,[275] 排除撤销因异源人工授精而产生的父亲身份。[276] 其次,把家庭法学在实践和政治中是否以及如何被感知的这个问题,限制于重新定位是否已经选取了一个在家庭法学中是显而易见并且被预想的方向,是对问题的简化。在这一直接的效果之外,对于大的领域来说只有较为间接的、较为长期的效果,这些效果已经因为其丰富和多样性而难以记录。家庭法学建立了概念的横向联系,为了让新创制的法律制度比如照管(Betreuung)、病人就自己以后不能作出有效的意思表示而作出的预先安排,以及预防性授权融入行为能力、意思表示和同意的结构中,家庭法学对于非财产制上的财产补偿("Nebengüterrecht/与夫妻财产制并行的法")的分类和系统化作出了贡献,对于没有彼此结婚的父母的照顾(Sorge)以及法律上认可同性伴侣发展出规制模式,让家庭法的大部分可以获取比较法的知识,从社会学的商谈中引入生物学的、社会的和法律的父母身份的区分到法学的商谈中,将目光投向新的家庭形式("同性伴侣家庭/混合家庭")等。一些在实践和政治中落脚,其他的则依旧

---

[271] Siehe nur Battes, FamRZ 2007, 313 ff.; Koch, in: Münchener Kommentar, 6. Aufl. 2013, § 1374 Rn. 15 jeweils m. w. N.

[272] BGH FamRZ 2014, 62 ff. – § 1374 Abs. 2 BGB 不适用于彩票奖金;BGHZ 80, 384 ff. – § 1374 Abs. 2 BGB 不适用于精神损害赔偿请求权(Schmerzensgeldansprüche)。

[273] 就此而言,2009 年的《增益补偿和监护法的修改》(Gesetz zur Änderung des Zugewinnausgleichs-und Vormundschaftsrechts vom 6. 7. 2009, BGBl. I, 1696)没有改动 § 1374。

[274] Wanitzek, Rechtliche Elternschaft bei medizinisch unterstützter Fortpflanzung, 2002, insbes. S. 296 ff.; Schwab, Familienrecht, 11. Aufl. 2001, Rn. 490; zuvor schon Zimmermann, FamRZ 1981, 929 (931); Holzhauer, FamRZ 1986, 1162 (1164); rückblickend Spickhoff, in: FS für Schwab, 2005, S. 923 ff.

[275] Erstmals BGHZ 87, 169 ff.; später relativierend BGHZ 167, 169 (177 ff.):若没有"特殊情况"出现,撤销在任何情况下都不是权利滥用。

[276] 《德国民法典》第 1600 条第 5 款是由《进一步改善子女权利的法律/Gesetz zur weiteren Verbesserung von Kinderrechten》(KindRVerbG) vom 9. 4. 2002, BGBl. I, 1239,所引入的。在亲子关系改革法中,这个问题当时是故意被冷落的(BT-Drs. 13/8511, S. 69 f. und BT-Drs13/4899, S. 52)。因此,《进一步改善子女权利的法律》是被明确作为对进一步的法律发展的"修正"而加以证立的(BT-Drs. 14/2096, S. 7)。

难以把握,作为伴随知识或者意见频谱而存在,而没有对于与波恩共和国相比之下的德国统一后的期间构成一个在意义增长或者损失的方向上确定的趋势。

但是,在那些改革成效并非"明晰的"情形中,要对政治界和实务界对家庭法学之关注程度进行准确判断实为困难,此种困难别具代表性。这一困难指示出学术与政治和实践关系上的特性,而这个特点在统一后的德国进一步增强:家庭法学、家庭法实务和家庭法政策都不是自我闭合的领域,而是彼此聚合生长,即对于自我理解和角色意识来说,"科学"和"实践"的区分不只是对于许多实务人士,而且对于很多学者都既丧失其说服力也丧失了吸引力。学者和实务人士以同一的格式并且在同样的地方,特别是在《家庭法大全杂志》(FamRZ)上刊载文章。学术交流的重要论坛同时是学术、实践和政治相会的论坛。未曾有而且现在也不存在对于德国法负有义务的制度化的(像民法教师协会那样)只保留给大学的家庭法学的会议形式(Begegnungsform)。在家庭法的学术协会的年会上,碰到的法官多过于大学教授,而且其他的会议形式要么完全根源于实践(家事法庭大会),要么至少是考虑邀请联邦最高法院的家庭法审判委员会以及争取联邦司法部的家庭法业务部门作为资助支持者。[277]学术和实践的这种自组织关系,尽管使家庭法学能够尽早在实践和政策中注入知识和态度。但是,家庭法学与实践和政治的这一亲密关系,并不仅仅是向对自身有利的方向发展。伴随着这样的距离,其贡献的区别力也陷入危险之中。在此所涉及的不是柏林共和国的一个原则上的新现象,也不是一个只有家庭法才遭遇的危险。Michael Stolleis 此前已经就波恩共和国时代的行政法学与行政实践的关系指出了类似的情形。[278] 但是由于家庭法学缩小为更小的群体,统一后德国家庭法学与实践和政治的关系可能在感觉要超乎寻常得更为紧密。直接影响低也可以解读为赞美:恰恰在这些问题中,即其中家庭法学——如同在亲子关系法中——对于实践和政治具有较小的直接影响,证明仍然存在一个没有完全化为实践和政治的"点缀"的自我立场。

五、总结

新近的家庭法学是什么状况?两德统一带来了转折、全新的事物吗?德国统一后家庭法学遭受了新型的挑战或者无名的阻力?人们现在尝试再度与众多争论、践行的多种工作方式以及一系列可观察的认知保持一定距离,因此产

---

[277] 例如,每年在哥廷根大学举行的针对家庭法的"研讨会"(Workshops),或者自2012年起每两年在汉堡和明斯特举办的"家庭法的专业研讨"(Fachgespräche Familienrecht)。

[278] Stolleis, Verwaltungsrechtswissenschaft in der Bundesrepublik Deutschland, in: Simon (Hrsg.), S. 227 (243).

生了一个模棱两可的调查结果：在基调上，连续性的图像占据上风，因为两德统一并不标志着争论和工作方式的重大转折[下文(一)]。但是同时，构成一个对于家庭法学来说特殊的、新的挑战：随着两德统一，主要是随着柏林的家庭政策，家庭法经历了一种新的政治化[下文(二)]。此一政治化碰到一个尽管更小但是并没有受更少瞩目的家庭法学，其力图越来越多地再教义学化以及由此去政治化[下文(三)]。

(一)从波恩到柏林之路的连续性

对争论、工作方式和观察的筛分，绘制了一幅关于家庭法学的画卷，该家庭法学总体上是在统一之前在"旧"共和国就已经展开的空间内活动。对伴侣关系法[上文第二部分之(一)]、亲子关系法[上文第二部分之(二)]以及特别是成年人保护关系法[上文第二部分之(三)]中的权利平等、自治和完整性的进一步加工处理，比较法的工作方式进一步的意义提升，以及历史工作方式进一步的意义消退[上文第三部分之(一)和(二)]，宪法化和欧洲化整合到教义学的工作方式[上文第三部分之(三)]，最后对于相邻的人文和社会科学的有控制的开放[上文第三部分之(四)]，就如同争取家庭法学在法学内的地位[上文第四部分之(一)]以及家庭法学得到实践和政治的倾听[上文第四部分之(二)]一样，都没有更多原则性的新东西。

基于家庭法学的视角，"柏林"在整体上与"波恩"没有太多不同：两德统一，对于波恩共和国的"旧"家庭法学来说，并不意味着重大转折，也没有导致深刻的新的定位。家庭法学在人员和内容上都是连续地活动。首先，当事人和对象保持不变：波恩共和国的家庭法学同时也构成两德统一后的"新的"家庭法学，[279] 其次，统一条约保障了波恩家庭法的存续。[280] 甚至在自我感知中，统一也没有被程式化为重大转折——恰恰与之相反。对历史性时刻的兴趣充其量是短暂的。一贯处理"变迁"和"转折"的家庭法学，经由两德统一，既没有看到方法论上的调整，也没有看到内容上的质疑。

(二)家庭政策的转向：柏林与波恩的不同之处

对于家庭法和家庭政策而言，可想而知的是，这里强调连续性多过于转折。这点也是大部分切合实际的：随着两德统一家庭法明显的重新定位，要么处理的是在20世纪80年代就已经出现的议程，要么是需要转化的宪法法院急迫的改革委托。但是柏林共和国的家庭法并不都只是20世纪70年代或者80年代

---

[279] 20世纪80年代，民主德国的两位在大众传播中出名的家庭法学者是高校女教师Anita Grandke和司法顾问Karl-Heinz Eberhardt。在1994年Anita Grandke退休以后，带有"东德—昔日"的独立的家庭法学再也无法辨别。

[280] 参见上文所述，第三部分之(一)2。

的家庭政策的延续。更确切地说,在20世纪90年代的进程中家庭法学看到自己面临这样一个家庭政策,即通过法律手段将家庭以一种对于老的联邦共和国来说新的、直接并且显而易见的方式经济化。两德统一后,家庭政策放弃了它对于人口和劳动力市场政策调控家庭的保留。民主德国的家庭法在统一的过程中基于同样的原因被断然拒绝,[281] 这一点已被遗忘,在家庭法学中也是如此。[282] 柏林的家庭法政策已经察觉到,把家庭的"经济的魅力"以及家庭法作为调控家庭的工具。[283] 这已经随着统一后联邦政府首次的家庭报告公布于众。出自1994年的这个第5次的家庭报告"统一的德国的家庭和家庭政策——人力资本的未来",[284] 同时也是第一个包含独立一章家庭法的家庭报告。2006年联邦政府的第7次家庭报告,[285] 首次暗示了家庭法政策中的一个引人注目的新基调。人口变化、未来的技术熟练的专业人员的数量短缺以及"国际学生能力评估测试成绩带来的冲击(PISA-Schock,译者注:2001年年底德国公布第一次参加国际学生能力评估计划——Programme for International Student Assessment,PISA——的测试成绩,结果引起了媒体的极大关注,德国中学生在测试中的表现仅为中等,令人震惊,这很快被称作PISA-Schock)",引入了一个政治变化,其后果就是,由于受人口政策、劳动力市场政策和教育政策激励,家庭的经济效用最大化成为家庭政策的明确目标,并因此也成为家庭法的明确目标。这一新的家庭政策的里程碑,随着2007年的扶养法改革、[286] 2006年父母津贴(Elterngeld)引入,[287] 以及照管津贴(Betreuungsgeld)的引入[288] 而

[281] 参见前文脚注[136]及下一项。

[282] 对此对人们提出警醒,做出了特别贡献的是Schumann, Kindeswohl zwischen elterlicher und staatlicher Verantwortung, in: Behrends/Schumann, S. 169 (225 Fn. 186)。

[283] Nachzeichnung bei Schumann, Die Ökonomisierung der Familie, Jahrbuch der Akademie der Wissenschaften, 2001, S. 444 ff., dort unter Hinweis auf eine Aussage von Renate Schmidt, Bundesfamilienministerin von 2002 bis 2005, in: Schmidt/Mohn (Hrsg.), Familie bringt Gewinn, 2004, S. 15.

[284] Fünfter Familienbericht der Bundesregierung, BT-Drs 12/7560. Siehe kurze Zeit später die Analysen von Kaufmann, Zukunft der Familie im vereinten Deutschland, 1995, insbes. S. 188 ff. („Zukunftsperspektiven und politische Optionen") und S. 195 ff. („Was lässt sich politisch tun?").

[285] Siebter Familienbericht der Bundesregierung, BT-Drs. 16/1360: "在灵活性与可靠性之间的家庭"; zuvor schon Rürup/Gruescu, Nachhaltige Familienpolitik im Interesse einer aktiven Bevölkerungsentwicklung. Gutachten im Auftrag des BMFSFJ, 2003。

[286] Gesetz zur Änderung des Unterhaltsrechts vom 21. 12. 2007, BGBl. I, 3189. 扶养法的改革强调离婚配偶的"自己负责"。尤其是离婚配偶的照管扶养费(《德国民法典》第1570条新版本)被大幅削减。由此激励继续进行职业活动。同时,子女抚养费的顺位在牺牲离婚配偶的顺位的情形下得到提升(《德国民法典》第1609条新版本)。

[287] Gesetz zur Einführung des Elterngeldes vom 5. 12. 2006, BGBl. I, 2748.

[288] Gesetz zur Einführung eines Betreuungsgeldes vom 15. 2. 2013, BGBl. I, 254.

被设立。

但是在家庭法学中,这一政策变化最初被人保持一定的距离,而且也没有被广泛地主题化。[289] 对于国家和法在家庭方面的角色,尽管有着不断的思考。但是家庭法学界还是在其他一些问题上产生争执。“面对家庭共同体的利益过度强调个人利益”[290] 被当作“法律化”(Verrechtlichung)和“扩张国家干预”加以批判,[291] 法从夫妻的内部关系中撤退被人略带轻松地认为是“去法律化的趋势”,[292] 相反地,在父母赡养的问题上被惋惜“没有兑现”基本法对婚姻和家庭加以特别保护的许诺。[293] 在此趋势下,私法上的田园生活的家庭法学与作为远离国家室内空间的家庭一直保持着连接,“家庭法是私法……相应地,统摄的理念是家庭是自治、与国家目的无关的”,Dagmar Coester-Waltjen 在 2009 年对私法社会理念在家庭法中的效力作了如上总结。[294] 人们曾经以“婚姻和伴侣关系与国家何干”这一修辞式的问句,极端厌恶地拒绝了生活伴侣法;[295] 而在私法性的家庭法学中作为整体趋势之新家庭政策对家庭的调控和经济化,最初一直没有可予查证的回应。私法的家庭法学更多对性别正义的实现和修改过的扶养法的司法实施感兴趣。在这里触及家庭自治、家庭法的人的图像以及准许调控的界限,这一点最初在公法中为人所注意。在联邦政府的第 7 次家庭报告公布之后的很短时间内,“打造一个公法的家庭法以有助于自我意识的形成”这一主张就已经声势很大。[296] 公法学现在日益对国家家庭政策的界限感兴趣,私法家庭法学碰上了对家庭进行新的经济化。而这一私法家庭法学对这一

---

[289] Siehe aber Schumann, Die Ökonomisierung der Familie, Jahrbuch der Akademie der Wissenschaften, 2011, S. 444 ff. und schon dies., in: Behrends/Schumann, S. 169 (211 ff.).

[290] Frank, AcP 200 (2000), 401 (420).

[291] 与亲子关系法相关的已经见于正文第二部分之(二)3,以及 Schwab, FamRZ 2007, 1 ff.; ders., Konkurs, S. 16 ff。

[292] Limbach, in: FS für Schwenzer, 2011, S. 1079 (1081 ff.).

[293] Diederichsen, in: Schwab/Hahne, S. 115 (136).

[294] Coester-Waltjen, in: Riesenhuber (Hrsg.), Privatrechtsgesellschaft, 2009, S. 271 (292).

[295] Barnstedt/Häsemeyer/V. Lipp/Pawlowski/Windel (Hrsg.), Was gehen den Staat Ehe und Partnerschaft an?, 2002.

[296] Insbesondere von Seiler, Grundzüge eines öffentlichen Familienrechts, 2008, S. 32 und passim. Siehe auch schon dens., FamRZ 2006, 1717 ff. sowie Schuler-Harms, Familienleistungsausgleich als Herausforderung an das Verfassungsrecht. Unter Berücksichtigung von Familienautonomie und staatlicher Nachwuchssicherungspolitik (Habilitationsschrift 2003, unveröffentlicht); Brosius-Gersdorf, Demographischer Wandel und Familienförderung, 2011.

积极的家庭调控的新形式,先是不注意,之后是冷淡,而且任何情况下都有所保留,[297]直至这一新的形式在“家庭正义”这个悦耳的主题下被加以讨论。[298]

（三）在一个再度政治化的家庭法中的去政治化的家庭法学

两德统一后,家庭法学对于波恩的立法者以及之后的柏林的立法者的“新的”人口市场和劳动力市场取向的家庭政策的反应,与对两德统一的家庭政策自身的反应相比略有不同:家庭法从历史、政治和经济中获得动力,尽管两次被人注意到这种背景,但是只是次要地、至多是迟延地成为明确的对象。家庭法引人注目的政治化,代表着统一德国的开端,而且之后应该算是统一以来的首个25年的家庭政策的特征;家庭法学对于家庭法的政治化作出了回应,在这两种情况下都是通过去政治化。这一去政治化尤其是可以从工作方式中看出来。相比于本国法的历史性,外国的法律发展被赋予了更多的权重,相比于对社会、政治和法之间的复杂变动的理解,“赤裸的规制模式”更受家庭法学关注。与此同时,在这一通过宪法化和欧洲化加工并且日益有意识地形成的教义学基础上,也成功地将固有的家庭法从历史传统、社会观念和信仰背景中解放出来,并且对传统的二分法——婚姻和非婚姻、异性和同性伴侣关系、婚生和非婚生子女身份以及母亲和父亲权利——加以检验。考虑到非常清楚的与国家的紧密联系、家庭法学对象巨大的政治依赖性以及实践和政治一直以来日益强大的拥抱,家庭法学运用同样的生存策略,这种生存策略是法学所盼望的,获得其作为超越时间、脱离国家、远离政治并且从自己的渊源进行创造的科学的独立自主。将这一困境转换成反思性的生产力是个不小的功绩,尤其是考虑到家庭法学的圈子很小。

---

[297] 这可能也与“经济化”(Ökonomisierung)在私法学中并非普遍性地具有负面含义有关。家庭政策上的经济化发生在这样一个时期,其间家庭法学结识行为经济学(siehe nur Wagner, Vertragsfreiheit und Vertragsgerechtigkeit im Eherecht, in: Röthel [Hrsg.], Verträge in der Unternehmerfamilie, 2014, S. 197 ff.; Schmolke, Grenzen der Selbstbindung im Privatrecht, 2014)并且以此方式寻求其与私法学对法经济分析的较大的商讨之间的联系。

[298] Löhnig, Familiengerechtigkeit, in: Röthel/Löhnig/Helms (Hrsg.), Ehe, Familie, Abstammung, 2010, S. 33 ff.; ähnlich Völmicke/Brudermüller, in: dies. (Hrsg.), Familie-ein öffentliches Gut?, 2010, S. 7 ff.

商事性的范围

——对制定《商事和消费者保护法典》的思考

[比]安德瑞·普特曼斯(Andrée Puttemans)* 著 刘 骏** 译

【摘 要】在回顾1807年《商法典》和比利时消费者保护法的历史渊源之后,笔者指出商法的最初进路是通过“商人”和“商行为”概念确定商事法院的管辖范围,这已不再适应今日之需要。

商法发展成为越来越多的分支法:保险法、破产法、公司法、银行金融法、知识产权法、竞争法等,一些学者称为“爆炸”。这将导致这些自治的分支法最终会脱离“主干共同法”,乃至于产生商法消失的危机。另一些学者则相信商法的未来:商法被理解为商事性活动的法律,即经济法所不可缺少的一部分。

通过审视比利时实证法可知,民事法和商事法在财产性私法形式之下朝着互补演进。

若“商事习惯”(usage)曾在商法的制定过程中发挥了重要作用,但考虑到当前商事活动频率的加快、技术的演进和法律文本的大量增加,习惯如今只是制定商法过程中一类微不足道的渊源。

一些规则仍仅仅适用于商人(当然的债务连带性、自由证据、营业资产的抵押、禁止亏本出卖等);其中最重要的即是破产和司法重整;当前这些适用范围

---

* [比]安德瑞·普特曼斯,法学博士,法语布鲁塞尔自由大学法律与犯罪学院(ULB)和荷兰语鲁汶大学法学院(KUL)教授,研究方向:竞争法、知识产权法、经济法。本文原载于纪念《比国商法典》颁行200年的文集《商法典两百年》,布鲁塞尔Larcier出版社2007年版,第31~74页(Andrée Puttemans, “*Le champ de la commercialité-réflexions en vue de l' élaboration d' un Code du commerce et de la consommation*”, in *Bicentenaire du Code de commerce-Tweehonderd jaar Wetboek van Koophandel*, Bruxelles, Larcier, 2007, pp. 31-74)。

** 刘骏,比利时布鲁塞尔自由大学法学博士,华东政法大学法律学院师资博士后。译者感谢普特曼斯教授和Larcier出版社的慷慨授权。可能是考虑到写作层次以及方便读者精确引用,作者对段落进行了连续标号,译文保留之。

狭窄的“集体清算程序”遭到批评。

最近商法的大部分文本具有更广泛的适用范围,不再仅仅适用于商人。例如,1991年7月关于商事实践和消费者保护和信息告知的法律(LPCC)适用于销售者(Vendeur),还有竞争法适用于“企业”(entreprise),也就是所有从事经济活动的实体。商事法院和商事法院主席的管辖范围扩充至广义的商事活动,包括与消费者之间的关系。

比国商事实证法散发着不可否认的吸引力:在吸收消费法的实质内容之后,当前其正在吸收知识产权法的大部分内容。事实上,实证法整体有资格被商法所“启发”,由于不正当竞争诉讼的“抓取”(catch all)效果:该诉讼可停止某一违反法律或规章规定且损害某个企业或消费者利益的行为。《商法典》的适用范围是依据两个互相关联的概念而被确定:商人和商行为。《商法典》中列举的商行为是过时、无序的;为使该概念规范所有的生产、服务和运输活动,应修正该列举中的漏洞和反常。“商行为”是否应该包含自由职业活动是个棘手的问题。另外,判例从“商行为”中排除没有营利目的的行为。“营利目的”这一标准在学说上是有争议的,最高法院认为,为了确定LPCC意义上的“销售者”资格,使用“营利目的”这一标准也是不恰当的,因为在服务活动方面,该法律又回归至“商行为”概念。

在实证法上,职业地完成商事行为的自然人和章程目的在于完成商事行为的法人是商人,然而为了完成以营利为目的的民事活动,从而采取商事形式的人,不归为商人。

为了将商事实践和消费法的适用扩展至其他非商人的经济活动者,比国立法者创造了饱受批评的“销售者”概念,这一概念与民法上传统“销售者”的定义相隔甚远。商事实践和消费者保护法意义上(LPCC)的销售者,是指私法领域的职业人员(除了自由职业者)和公法上从事商业活动的“人”,以及更广义而言,所有从事商事活动,即提供销售或出卖产品或服务的人,无论其是否具有营利目的。存在或不存在营利目的、有无对价,对决定“销售者”的资格没有影响,但是那些从事性质上不属于商行为的服务活动的人,不可被认为是销售者,其原因在于为适用商事实践和消费法,“服务”这一概念结合着商行为的概念。

自由职业活动的范围是宽泛的、有弹性的。该概念没有被法律定义,在比国法上,这一概念作为“口袋”,包括所有商事实践和消费法没有规范的独立职业活动。

有学者提议将《商法典》意义上的商人概念、商事实践和消费法意义上的销售者替换为“企业”的概念。然而“企业”这一概念并不是统一的,其在不同的经济法分支中都发挥一定作用,但是拥有不同的意义(会计法、企业信息系统公示制度、竞争法、支付不能法等)。

在欧盟消费者保护法中，采用的是“经营者”（professionnel）这一概念。这一概念在欧盟消费法第一框架指令中很重要——《2005/29 关于针对消费者的不正当商事实践的指令》——涉及所有的商事活动、工业活动、手工业活动和自由职业。这一概念看起来与竞争法上的企业概念近似。但是比国立法者还未决定利用转化该指令的机会修正“销售者”的概念。

这一指令也定义了“消费者”，消费者是指在与该指令相关的商事实践活动过程中，其行为的目的并不属于商事活动、工业活动、手工业活动或自由职业活动的所有自然人。与这一概念相区别之处是，比国法消费者概念中包括法人。然而，既然采纳的标准不是使用产品或服务的能力，而是购买的用途，在消费者概念中包括法人的做法在实践中几乎没有效果。

为尝试勾勒新的“商事性”的范围，作者强调法国万森尼（Vincensini）的博士论文。他认为，所有从事经济活动（欧盟法院所理解的经济活动，特别是在竞争法上）的人，特别是运用不属于其个人的手段（财产、劳动力）的人都是商人。因此，特别是私法上所有以完成经济活动为目的的法人都是商人。

作为结论，从这一观察出发：在比国法上，消费者保护法深刻地与商法紧密联系着，作者建议采取实用主义的且与这方面欧盟法相连贯一致的路径，在《商法和消费者保护法》形式之下，将商法和消费者保护法的一般规则法典化。

【关键词】商法　商事性　适用范围　消费者保护法　商人　商行为

一、商法的永久性身份危机

（一）法学家对商法理解的历史性概览

§1. 商法

1. 罗马法中，商法虽然诞生了但被法学家所忽视（在古罗马，士兵受到尊敬而商人受到轻视），随着经济来往和技术的发展，商法在实践中得到了成长。

这一习惯法在 10 世纪时出现在意大利北部的港口城市，那里大量的商事制度得到发展，如信用证、商事公司、账户和转账付款等的雏形。我们看到，“银行家”这一单词起源于意大利“banca”，指的是一个桌子之上，威尼斯或佛罗伦萨的借款人（和外汇兑换人）进行账户交易。当该银行家聚集了坏账且无法支付其个人债务时（经常是因为其债务人载着货物的船沉没了），其债权人就公开砸烂桌子，以使所有人知道该银行家已经支付不能。原有的术语“banca rotta”变为“banca rupta”，演变成为法语中“破产”（banqueroute）一词。

因此，产生了商人的法律（jus mercatorum），[1]这是一种国际习惯，也就是

---

[1] jus mercatorum 是概念“商人法”（lex mercatoria）的来源，其在国际私法中是根深蒂固的概念。

商人之间适用于他们交易时的习惯。

巡游的商人,在分散他们的货物时,也在欧洲各贸易城市中传播这一发展中的习惯法:汉萨同盟城市、香槟人、勃艮第人、弗拉芒人等。

因为这些习惯没有法律效力,也不可被各国家的裁判机构所援引,因此商人在他们之中任命解决纠纷的裁判官。

在1563年,经由掌玺大臣米歇尔·德·洛皮塔尔(Michel de l' Hospital)的执笔,查理九世(Charles IX)的诏令在巴黎创设了一个真正的常设商事法院,它由商事裁判官组成,也就是从商人中遴选出的法官。通过一个世纪的发展,在全法国境内已创设了二十多个商事法院。

2. 路易十四(Louis XIV)统治时期所表现出的国家中央集权运动,在商法中也体现出来:在柯尔贝尔(Colbert)的提议以及商人们的请求下,一部分习惯实体法(droit matériel coutumier)第一次被编纂。商人们常遇到习惯法的适用和解释问题,而这些习惯法因地区不同而变化,特别是由于一些当地习惯的新出现,因此他们要求编纂习惯法。这次编纂采取了一些皇家敕令(ordonnance)的方式,包括土地交易敕令,和1673年的规范一般商事的敕令,也被称为《萨瓦里法典》(Code Savary,由于该法典作者的名字而得名,他是个商人而非法学家)以及1681年关于海事的敕令。

法国大革命未修改这些实体法,也未触及适用这些实体法的裁判机构。保留了关于土地交易和海事的两个敕令以及商事法院,因为商事法院的裁判官由选举产生,这一法官遴选制度符合大革命的理念。但是大革命接受了动摇古代法经济基础的两个原则:营业自由原则(Allarde 法令)和取缔行会原则(Chapelier 法律),这些同业行会(corporations)之前在王权之下汇集不同的职业。这两个原则建立在大革命的根基之一"自由"之上,奠基着我们社会中的经济自由主义。

3. 如同我们了解的那样,拿破仑式的第二次法典编纂,《商法典》是仓促制定的,没有制定《民法典》所彰显的严格和细致。当军队供应商欺诈性地通过提供劣质军队给养而致富的丑闻爆发时,差点导致新兴法兰西银行(波拿巴创立于1800年)的崩溃,其促使拿破仑立即颁布严厉制裁破产人的法规。于是,我们只能满足于几乎"抄袭式"的复制皇家敕令,而这些敕令源自政治、经济、司法上完全不同的另一个时期。因此,我们今天庆祝《商法典》两百年生日,可以说它是草率的文本,狂热的拿破仑式编纂法典最平庸的成果;《商法典》的编纂并非是由起草《民法典》那样的才华和声望都具备的法学家负责,而且其在生效日期(1808年1月1日)之前就已经很大程度上过时了(关于土地交易的皇家敕令被纳入其中,但其本身在17世纪就被认为过时了)。

1807年的《商法典》包括四编(第一编:一般商法;第二编:海商法;第三编:

破产;第四编:商事裁判),共648条。我们在其中很少找到关于公司的规则,几乎没有银行法、保险或交通法规(除了海事运输),完全没有关于知识产权的规则。后者是为大革命所接受的一类新权利,但完全被拿破仑的法典所忽视。

4. 今日,在比国法上,〔2〕《商法典》的原有文本几乎不存在了,除了题目……因为,在比国,特别是由于学说开拓性的著作,法学家们渐渐地占有了这一内容,拆卸和重塑了各个不同的拼图。数个特殊的法律已经出现,以补充《商法典》:破产和重整法、商事实践和消费者保护法、金融和银行法、知识产权法等。如果1851年的破产法那时仍位于《商法典》之中,1997年制定的破产法则并非如此,上述其他法律也同样并非如此。

在法国,"新"《商法典》于2000年被采纳,这次的编纂条件让人想起1807年《商法典》被制定时的条件:这一编纂因吸收"现有法"(à droit constant)而被完成,也就是说,其仅是现有法律文本的汇编,仅有的益处是使全部条文有了连续的编号。因此,对其的批评是非常尖锐和一致的:这个编纂并无所获,反而打乱了大家习惯的引注。

在比国,另一途径被开启,在公司法领域,致力于以积极的方式编纂公司法(更大胆地说,以明智的方式):1999年5月7日的法律引入《公司法典》,它于2001年2月6日生效,没有仅仅汇集那时现存的散乱条文,而是使其结构化并给予法典以协调性(有时还修改条文,特别是补充欠缺的概念定义)。

在纪念拿破仑法典中最受诋毁的《商法典》之际,这样的问题被提出:是否可能编纂比法国立法者做得更好,提出一项新的、真正的、实质性的《商法典》?在这方面,很多学者没有掩饰他们的怀疑,认为商法内容由于不协调性和变动性,以至于不可被编纂。然而,我们可以追问,是否不可能使商法的基本概念有秩序和有协调性?对此,我们可从商法的主体和其客体之定义进行尝试。

§2. 消费者保护法

5. 有关消费者和保护消费者、使其知情的法律,在19世纪的法典中找不到任何痕迹。如果说保护与出卖人相对应的买受人的观念,很早就在法律史中以特殊的、分散的条文的形式出现(因为亨利·的·巴日写道,在买卖合同中,几乎总是买受人被欺骗、出卖人做营利性交易),立法者只是最近才意识到应以普遍的形式在消费者与经营者之间的关系中保护消费者的利益。

消费者保护法被理解为特殊规则的集合,是为了保护从经营者处获取产品、使用服务以满足其个人需要的人,其是最新的创造。质言之,一方面,其产生是由于消费者的抗争运动——特别是女消费者(其历史与女权主义、社会抗

---

〔2〕《法国民法典》和《法国商法典》颁布时,同时适用于现在的比利时地区,比国在1830年独立之后,对这些法典进行了本土化。——译者注

争运动有关系,同时也与广告技术的发展不无联系);另一方面,其产生也源于经济学家的著作。这些著作和运动就其本身,也是因工业化的大发展、生产力的提高和运用广告技术以增加消费者的需求,同时通过这种方式创造新的就业而出现的。这种现象深刻地改变了产品制造者与消费者之间的关系;他们之间的距离被拉大,二者之间介入了大量的中介人。可并不夸张地说,消费社会是以发展经济为目的被有意地创造出来的(为了使大量制造的产品流入市场)。

6. 在 1971 年,经历十多年的努力和讨论之后,比国立法者采纳了第一个关于商事实践(pratiques du commerce)的法律,其主要是为了保护零售商免受大规模倾销的袭击。[3] 然而该法律(LPC)也包括了保护消费者的规定,但在不正当竞争法律中消费者仍局限于被动的角色,几近"配角"。立法者也没有费力去定义"消费者"的概念。

还需要等到二十年之后,1991 年 7 月 14 日关于"商事实践、消费者保护和知情"法律(LPCC)的制定,即比国的第一个消费者保护法,其呈现出较大的适用范围并致力于直接保护消费者。该法律的采纳,一部分是因为急需转化一系列重要的欧共体指令,而这些指令当中的大部分早就应该被转化。但立法者的决心不限于仅仅履行比国的国际义务。其立法理由表明了"法律的双重效益",使汇集与消费者知情以及商事经营的相关条文具有了正当性,这些条文可被称为同一现象的不同表达和体现。当时的经济部表示,这一法律是在消费者保护法这一新兴学科的重要实验。该法律也强调对民法特别是对债法和合同法的"入侵",甚至有时被激烈地批评。LPCC 的规定都是强制性(impérative)的,一些甚至属于公共秩序(ordre public)。

学者将 1991 年法律描述为一种"超级法",如同打开了整体经济法和消费者保护法的一扇窗口。正如斯图克(Stuyck)指出的那样,在不正当竞争法向广义的商事实践法的演进中,1991 年的法律写下了浓重的一笔:"在遵守法律、公共利益和消费者利益,以及尊重竞争者和市场上其他企业的合法利益的前提下,确保企业的产品和服务流通、销售。"其规制针对消费者的不正当条款(clause abusive)并施加销售者(vendeur)以"告知义务"。远程销售和销售者企业之外的交易也被该法律详细地规制,同样的还有广告或者价格的张贴和产品的标签。最后,新法律正式确立了在商事领域应符合诚信一般规范的双重性:一方面为了保护销售者的利益(第 93 条),另一方面为了保护消费者的利益(第 94 条)。

一方面,为了保护在特殊领域内的消费者,在这个一般性法律之外,其他一

[3] 之前,1934 年 12 月 23 日第 55 号皇家敕令"保护制造者、消费者和商人免受破坏正常竞争环境的侵害",已经在比国法律中引入了"针对不正当竞争行为的停止之诉"。

些特殊的法律也被采纳,如与消费信贷有关的法律(1991 年 6 月 21 日的法律)、债务集体程序(1998 年 7 月 5 日的法律)、消费产品的买卖(2004 年 9 月 1 日的法律)等。

另一方面,由于立法者在 LPCC 适用范围内排除了自由职业者,而是规定了 2002 年 8 月 2 日与自由职业有关的欺诈型广告、比较型广告、滥用条款和远程合同的法律之中,我们找到了规范这一领域的消费者保护法。

(二) 什么是商法?

7.《商法典》颁布两百年之后,这个问题继续引起争论和疑惑:商法(droit commercial)是商人的法律(主观概念)或商行为的法律(客观概念)? 或者应该扩大我们探究的范围,以在商法中包括所有的生意法(droit des affaires)或者企业法 (droit de l' entreprise) ?

问题得从根源找起。1807 年的法典是主观概念和客观概念笨拙妥协的结果,只能引起争论:依据主观学说,商事性应该包含在一些职业之中,商行为是商人完成的行为,然而客观学说支持商事性应该仅位于由《商法典》确定的商行为列表之中。

《商法典》在此进入了一个循环论证,可被归纳为:"谁是商人? 从事商行为的人。哪些行为是商行为? 被商人所从事的行为。"

8. 事实上,历史地来看,"买卖人"(marchand)这一概念,随后的"商人"(commerçant)这一概念,主要为了确定商事法院的管辖权(处理商人之间的争端)而发展起来的。随后《商法典》的起草者,拒绝创设一个职业的裁判机构(由于同业行会的废除),这给予商事法院一个额外的管辖范围,即处理任何人之间有关商行为的争议。因此,与"商行为"和"商人"有关的,这些复杂的、杂乱无序的、不连贯的概念,仅仅是为了规范管辖问题而被引入《商法典》之中。作为证据,在《商法典》的最初文本中,"商行为"的定义没有出现在第一编(商事总论),而在第四编(商事裁判机构)第二章之下(商事法院的管辖)。

这一商法路径在今日已经没有多大意义,因为商事法院的管辖权超越了商人之间的纠纷或者只与商行为有关的纠纷。因此,1991 年 7 月 14 日关于商事实践和消费者的保护和信息告知的法律(LPCC),允许商事法院的主席进行"紧急审理"(en référé, 也就是所有形式的紧急审理但涉及实体法),以命令停止所有违反该法律的行为。但是,该法律的大部分规定不仅仅适用于商人,而且更广泛地规范 LPCC 意义上的"销售者"(vendeur)(稍后再探讨这一有趣的概念);一些规范还涉及所有人(例如,有关广告、原产地命名、拍卖、强制买卖、非法买卖等规范)。后一方面的内容依附于商行为的概念,而且在商行为概念中还包括了 LPCC 意义上的"服务",这受到了广泛批评。

我们还看到在这一意义上,提及比国立法者将要很快在知识产权领域赋予商事法院更广泛的裁判权限。

(三)新的路径和新命名的建议(生意法、经济法、企业法……)

9. 商法的概念因为广受批评而应该被放弃?应该以更时髦和更宽泛的“生意法”或“经济法”(droit économique)或者“企业法”取代它?

依据法国教授艾斯卡哈(J. Escarra)的观点,“企业”这一概念在商法中处于中心地位:该概念对商人和商行为的界定是非常必要的(以企业形式营业的人是商人;在企业内部完成的行为是商行为)。在这一意义上,范·赫依(J. Van Ryn)和合恩(J. Heenen)先生认为经济法(droit économique)应该包括以法律语言规范企业活动的框架和机制的所有规则。他们将其称为商法的“实质领域”(domaine réel),以与商法的“形式领域”(domaine formel)相对应,后者由实证法所表达。由于语言使用的习惯性,这两位杰出的比国学者仍是继续使用“商法”(droit commercial)这一命名。范·惹尔文(Van Gerven)认为,经济法构成企业法,商法是经济法主要分支。

然而,我们将看到,实证法上的“企业”这一概念并非只有单一意义。其本质上是经济概念(或社会概念),依据运用这一概念的法律的不同,而具有不同的法律范畴。因此,看起来,想依靠这一概念来划定商法的范围是有些不切实际的,无论是将其命名为“企业法”还是“私法性经济法”(尤其是,后一表达有问题,因为商法的实质范畴看起来经常超过私法的范围,如竞争法)。

10. 商法发展成越来越多、越来越相互独立,且相对公共枝干商法也自治的分支。最开始时,运输法呈现这种情况(想想1681年运输方面的指令),以及随后各种行业的适用法律,如保险、破产、公司、银行和金融操作、知识产权和竞争等。

一些学者认为这是分裂,也就是一些自治的分支最后脱离了共同躯干,以至于有使主干消失的危险。

另一些学者则相信商法的未来,他们将“商法”理解为有商事特征活动的法律、经济法的整体:“我们考量搅动商事法律的离心能量;但是,如果小单元继续发展,他们基因性的主干仍保持着这一模具的核心特性。”

二、商法的特征和商事性的效力

(一)越来越不显著的特征

§1. 专适用于商人的规则

11. 虽然一些重要的习惯在商法上仍富有生命力(例如,商事买卖、商事共同债务人之间的连带性、商事债务到期自动的催告),但应该承认“习惯”这一法律渊源在当今的社会不再产生很多新的规则。商事活动频率的加速、技术和科技的迅速发展,不允许有足够的时间来形成一个习惯。立法者(越来越多的是欧盟立法者)经常在习惯产生之前进行立法介入。

并不阻止"商人"(广义)继续以起决定性作用的方式参与到商事规则的诞生中,但以比习惯更现代的方式——游说(lobbying)——这种有影响力的实践已成为职业活动,不间断地被实践着,特别是在布鲁塞尔的欧盟区……

12. 另一方面,依据《商法典》第25条,商事领域的证据是自由的,而在民法领域证据则是受规范的。

只有《商法典》第1条意义上的商人,可享受1925年10月25日关于商事营业资产(fonds de commerce)的抵押以获得贷款的权利。而且,商人之间经常被适用若干法律,一些强制(contrainte)只适用于商人:禁止赔本买卖,必须拥有银行账户以及必须接受另一个商人以支票或银行转账的形式支付至少250欧元的款项,还有必须公布他们的结婚契约。

§2. 适用于商人但也适用于其他企业与个人的规则

13. 在企业信息银行(Banque-Carrefour des Entreprises)登记这一要求,适用于所有的法人以及所有的个体经营者(professionnels indépendants),包括自由职业从业人员(titulaires de professions libérales),但仅商事企业须登记在该企业信息银行的附属登记册中,后者即是商事登记处。登记于商事登记处这一事实推定具有商人的身份,除非提供相反证据。

至于定期保持会计账簿的规则适用于所有的商人,但更宽泛地来讲,它也适用于1975年7月17日关于企业会计账簿意义上的企业。2002年5月2日法律修改1921年关于非营利社团(Association sans but lucratif)的法律,没有将非营利社团界定为会计法意义上的企业,但其将1975年会计法规定的义务施加于一些大型的非营利社团。

所有的商人被要求遵守1991年关于"商事实践和消费者保护和知情"法律(LPCC),但该法律并不仅仅局限于商人。

在欧盟法中,消费者保护法的融合指令施加于所有的经营者(professionnel),这一概念扩展至从事商业、工业、手工业或自由职业的所有法人或自然人。

电子商务法适用于"服务者"(prestataire),也就是所有提供所谓"信息社会"服务的自然人或法人(其中包括自由职业的从业人员)。

狭义理解的竞争法(包括滥用市场支配地位、非法的卡特尔、滥用集中和国家补贴,但不包括不正当竞争法)适用于企业,与《商法典》中的商人相比,企业是更宽泛的种类。

§3. 适用于商人的集体清算程序

14. 在比国实证法上,商事性的主要效力与法律主体适用商事性的"晚期"有关,至少与对商事企业的存续存在重大危险的阶段有关,因为破产和司法重整是仅仅适用于商人的债务清理集体程序,排除其他处于困难境的企业。

依据1997年8月8日关于破产的法律,所有的商人持久地停止清偿,其信用严重受损时则可认定其处于破产境地(第2款)。关于司法重整,受1997年7月17日法律的规范,其可在一定条件下,适用于商事债务人,如果其暂时地不可清偿其债务或者其营业的连续性被一些困难所威胁,而这些困难可能会在较短期间内引起停止清偿。

在法国,类似规则的适用范围是非常广泛的:保护程序(预期司法重整)、司法重整和司法清算适用于所有的商人、手工业者、农民、从事独立职业活动的自然人,包括受立法或规制性章程规范的自由职业或称号被保护的自由职业,以及所有私法上的法人(2000年《法国商法典》第L. 620-1条及其以下)。在德国,1994年10月5日的清偿能力法以概括的方式被适用,而不考虑债务人是否具有商事性特征。

我们将会注意到,比国在1997年准备关于司法重整和破产法律的草案时,有争议的是"困难企业"的概念。然而该概念并未在正式文本中出现,正式文本仍是继续将债务人的商人身份作为这些集体清算程序的试金石。有人提议扩大可享受重整的主体范围,也就是为了该程序的需要,将自然人类比于商人以及将法人类比为商事公司,只要这些人是在商事基础上被组织起来的。例如,一些大型医院采用非营利社团的组织形式,但是其营业额可达一千多万欧元。提出该建议的学者认为,这样的企业也可在司法重整的范围内被重新组织,如同欧盟其他国家那样。这一比较自由主义的观点被其他从社会视角着眼的拥护者继续阐发:"法律将会部分地达不到目的,如果我们不将被非商人雇佣的劳动者纳入考虑范围。这些劳动者也希望其雇主可以享受司法重整的好处。"然而,这种建议还未被采纳,因为以"企业"的标准来替代既有的商事性标准不足够清晰,以及商人的概念尽管是陈旧的,但仍决定着商事法院的管辖范围、适用的证据体系等。仅仅扩大关于重整法律的适用范围将会带来过高的风险,因为没考虑到其对适用于商人之全体立法的影响。

库西(H. Cousy)教授很遗憾地表示,比国立法者没有抓住1997年破产法律改革的机会以扩大该法律的适用范围,而是仍局限于商人。他主张通过修改《商法典》第1条定义商人的条文,使该法律的适用范围扩大至所有的企业。

§4. 商事法院的管辖范围

15. 在专适用于商人的集体清算程序之外,商事法院(tribunal de commerce)的管辖范围是商事活动最显著的法律效果,也就是与商人联系最为紧密的效力,这是由于多重原因:至少是在一审不会有延迟审理(arriéré judiciaire)、商事裁判官的出席、法官裁判时更注重经济现实等。

依据《民事诉讼法典》第573条,商事法院审理商人之间的就法律认为是商行为有关的争议。此外,如果诉讼与一个法律认为是商行为的有关,而且其中一个非商人对抗商人,非商人的诉讼当事人可以选择向商事法院或初等法院(tribunal de première instance)起诉。所有在诉讼产生之前剥夺非商人该选择权的管辖权协议当然地无效。

最后,当诉讼当事人都是非商人时,商事法院审理他们之间有关票据、信用证有关的争议,当其标的数额超过 1860 欧元时,以及一些领域的诉讼,如公司法、破产和重整法、河流和海商法等。

另外,商事法院的主席被赋予越来越多的管辖权,特别是"紧急裁判权",以判令停止某项行为(请参见后文)。

因此,看起来商事法院和其主席已经成为广义商事活动(包括与消费者之间的关系)的法官,不仅仅是商人或商行为的法官。

(二) 商法的吸引力

16. 正如前文所言,如果将商法这一部门法仅局限在商人和商行为概念的枷锁中,其特性在今日表现得越来越不明显。

但是,商法仍发挥无可争议的吸引力。估计在几个月之后,知识产权这一领域可能会有商事性特征(至少是关于商事法院的管辖范围)。很长时间以来,比国的消费者保护法借助不正当竞争法的康庄大道:请求商事法院主席下令停止侵害(action en cessation),然而这条大道很少被个体的消费者运用,而是越来越多(经常是成功的)地被消费者组织所运用。此外,今日已承认这一规则:在 LPCC 意义上的销售者违反任何一项即使是与经济法无关的法律规定,若构成违反被 LPCC 所规定的商事领域须符合诚信实践的一般规范,对此违反商事法院的主席可依任何利害关系人的请求命令停止侵害[这是该一般规范的"抓取"(catch-all)效果]。

17. 如果在 19 世纪,商法看起来是例外法,构成普通法规则也即民法的例外,更确切而言,债法和合同法(一般被认为有着较高的立法质量,在比较《民法典》和《商法典》各自的制定条件之后)的例外,该情形在 20 世纪过程中得到深刻地演进,可毫不夸张地确认商法超出了哪怕其最广泛的范畴:公司和交互计算(compte courant)这些制度在民法中得到大量地运用。毋宁说,民法和商法在财产性私法形式之下,正朝着互补性发展。财产性民法继续哺乳着私法,但是有滋养的交换也会在相反的方向发生:因此商事公司法不仅影响着非营利社团的法律制度,也影响着不动产区分所有权人委员会;破产制度也启发了债务集体清算制度;还发生了商法给予了民法中"不被宠爱的"制度,如"准合同"以新的灵感。"一直以来,商法的愿望是成为法律规则的实验场,一经承认,无差别地充实着法律生活。"

《公司法典》正是财产性私法、民法和商法统一的绝佳例子。1991 年 7 月 14 日关于商事实践和消费者的保护和信息告知的法律,以及 2003 年 3 月 11 日关于信息社会服务的若干法律问题的法律(电子商务法)也解释了这种统一化的趋向,因为这些规则既规范电子商务供应商之间的关系,也规范着其与消费者之间的关系,甚至例外地也规范消费者之间的法律关系。

尽管比国实证法传统上并非属于民商合一体制,我们观察到立法者最近以来,毫不犹豫地以一种实用的路径取得了一些成功,这种做法与这样一种观点无法达成一致:民事领域和商事领域以一种确定的、严密的方式被区分着。

三、商事性的环节:从商人(或企业,或销售者,抑或经营者)到消费者

(一)对"商行为""商人""企业""销售者""经营者"和"消费者"概念的批评性检视

§1. 导言

18.《商法典》的适用范围处于这两个概念的辐射范围之下:"商人"和"商行为",而且这两个概念需要互相参照才能被定义和理解。然而,大量的法律条文习惯上被归于商法的旗帜之下,适用于其他并非商人的人,以及并非被《商法典》有限列举为商行为的行为。越来越多地,在涉及划定商法的适用范围时,使用"经济活动"(activités économiques)或"商事活动"(activités commerciales)的概念。

因此,详情参见比国实证法的现状。

§2. "商行为"——复杂、有缺漏的列举

19.《商法典》没有定义商行为,但有一个简单的且不规则的列举。比国判例认为,该列举是局限的,因此而宽泛地解释每一种类的行为。

在比国,该列举在1972年、1956年和1995年被修改,但今日看来仍是过时的、无序的列表,其中的行为和活动被法律认为是"商行为"。

学说通过以类别区分商行为,努力地给予该没有明显主线的列举一点顺序。

20.《商法典》第2条和第3条列举的行为或活动,并非因它们的形式或完成这些行为的人而被认为是商事的,而是因为它们的内容(objet),这些活动或行为传统上被认为是"性质上属于商行为"(我们也使用"客观商行为"的表达,特别是荷兰语学说中)。

《商法典》第2条依据活动的内容,列举一系列在流通领域、生产、服务、中介活动或供应领域的商行为。在这里复制该列举是非常烦琐的。因此,毋宁参见下面的概括的图表,在第一栏中包括经济领域,其次是因它们的内容而被《商法典》认为是商行为的行为以及不属于商行为的行为。

表1 《商法典》第2条列举的商行为

	性质上属于商行为	第2条既不规范从属行为也不规范下列行为：
分配	为了转卖的购买和再出卖 为了出租的购买和出租	为了出租而购买或出租不动产+不动产出租； 药剂师活动(art. 2bis)
生产	工业 工程 手工业	纯采掘工业； 农业； 不提供商品的手工业
服务	银行 演出 保险 商事办公场所 运输	互助保险； 精神、艺术和体育活动； 寄存保管财产； 自由活动
中介	经纪人 代理商 商事代理人	
供应	酒店、饭店和咖啡 养老院 殡葬企业 水、电、气供应	
准备行为	为了营业而购买营业资产	

排除在商行为概念中的经济活动

<u>纯手工业活动</u>

21. 未提供商品的手工业活动并未进入商行为的任何范畴，除非在必要的情况下因其主体而属于商行为的范畴：商人或商事公司完成的手工业活动因其完成的主体而属于商行为。

<u>精神活动和运动性质的给付</u>

22. 精神活动生产的作品不可被类比于商品，而属于民事活动(这是有关作者、作曲家、艺术家、独立记者、教学服务的活动等)。关于职业运动性质的给付，也作如此推理。在比国，我们一般认为该类活动属于自由职业(professions libérales)。相反，由出版商、唱片商店、电影制作者等进行的作品商业化则属于商行为。

<u>自由职业者的活动</u>

23. 一方面，将自由职业者的活动排除出商法的适用范围，在很长一段时间内被认为是合理的。支持这种传统排除的论点近日越来越少了。当自由职业

者独立地行使交换产品或服务的活动,以及以持续的方式追求一个经济目的时,其也属于适用竞争法的企业。

另一方面,认为自由职业者不使用商业方法的论据也逐渐站不住脚了:这些自由职业者越来越经常地联合起来创立商业公司,以及很大程度上废除了职业道德禁止做广告的做法。

然而,在实证法上,自由职业和自由职业者仍被排除在商行为和商人所确定的商事性适用范围之内。

有部分学者认为,遵守从业道德和有权负责确保该从业道德得到遵守的机关,解释了为什么将自由职业排除出商事范围。另外一些作者认为该排除只是历史的余晖,已经失去了应该存在的理由。我们将会看到,在针对消费者的不正当实践方面,“自由职业”的概念在比国剩下了一个残余的概念:2002年8月2日关于自由职业的欺诈性广告、对比性广告、不正当条款和远程合同的法律,某种程度上相当于“口袋”(bouche-trou),其允许被适用于所有未被欧盟指令关于商事实践的规则所规范的独立自由职业者。

药剂师(pharmacien)

24.《商法典》第2bis条(1973年新增的),规定药剂师并不完成商行为,因而也非商人,只要其满足为了向个体出售的购买,以及向个体出售有关药剂师职业范围之内的产品,而不完成其他法律认为主要地或从属地在惯常职业框架之内完成的、属于商行为的行为。

我们知道大部分药剂师除了出卖药品,还出售药品杂货或美容产品,而后者并不属于药剂师的职业。学说认为,如果其不超过药品销售的营业额,该活动从属于药品的出售(因而是民事的)。

一些保险活动

25.商业保险(assurance à prime)位于商行为列表中,排除并非以营利为目的的互助保险(assurance mutuelle)。商业保险活动是指承保人以营利为目的愿意在一项合同约定的风险发生时,给予保险人一笔金钱,而保险人定期支付已被确定的定额保险费。

该类活动与互助保险相对应,后者是数个被置于类似风险的人,缴纳其分摊额(cotisation)以赔偿将来其中某一个遭受合同中确定的风险的人(因此,存在风险的互助和缺乏营利目的;从经济的眼光来看,每个人既是保险人也是被保险人,或者更确切而言是“参加者”)。因此仲裁法院宣称,医疗保险互助协会提供的医疗保险不可被认为是《商法典》第2条和第3条意义上的商行为,只要这些保险处于其判决所明定的限制之内。该区分最近被布鲁塞尔上诉法院在商事实践领域所质疑,因为在适用LPCC时,缺少营利目的并不重要。在另一个案件中,最高法院清楚地确认互助保险的活动并非商行为,以及提供这种活动的互助保险协会也不因此而获得商人的身份。

农业活动

26. 尽管农业活动是生产活动，其也被排除在商行为的概念之外，因为农业活动需求助于自然生产。该项排除基于如下拟制：土地是生产者的延伸。由于农业科技的进步和集成式农业的大力发展，该项历史论据今日看起来已失去了恰当性。

一些不动产活动

27. 为了出租而进行的不动产买卖不属于商行为，后续的出租也不是。这些排除是 19 世纪的遗存，今日已经失去了意义。

寄存活动

28. 哪怕是非常宽泛的解释，也无法在实证法上将寄存财物的活动（寄存动产、商品的仓储、保存档案等）归于“性质上的商行为”之中。从应然法角度来看，这一漏洞应被填补。

应被纠正的不合理之处

29. “更多因为传统和精神上的懒惰，而非由于理性”，一些生产、服务和交换活动被排除在商事性的范围之外，虽然其无可争辩地参与产品和服务的生产和交换，而且我们承认其具备商法的特征：交换、竞争和与职业有关的法律。

这些应该改正。至于改正到哪种状态，以及如何改正则是非常棘手的问题，这些问题值得被讨论。

这些问题中，最棘手的当属于自由职业活动的商事性。

营利目的标准

30. 比国判例在这一领域遵从了法国占统治力的学说（如今也是如此），为了使处于性质上属于商行为的列表中的行为可被界定为商行为，在《商法典》明确表达的条件之外，还增加了一个条件：为了获得利润，或者换句话说，“营利目的”（le but lucratif）（在法国，学者们更宁愿使用“投机”（spéculation）这一术语）。

依据比国最高法院，如果依据《商法典》第 2 条，一些行为被法律认为是商行为，这是因为立法者推定这些行为是以营利为目的。但这仅涉及可被推翻的推定（présomption juris tantum），因此允许提供相反证据。如果没有清晰和决定性的标准时，该判例被大部分实体法法官所遵循。然而，我们可怀疑“营利目的”概念的“清晰和决定性的”特征。事实上，这涉及一个矛盾的概念，“营利目的”具有不同的意义，当其致力于区分公司（民事或商事的）与社团时——在第一个意思上，营利目的意味着意图实现营利且向股东分配——或者当其用于特征化“性质上的商行为”。在后一意义上，是否应该认为当活动并非完全无偿的或当其行为人从中获取职业利润时，就有营利目的？而且追求以公共服务为目的的活动排除任何营利意图？比国判例对这些问题的回答并未呈现出协调性，然而在法国，大家都以实现利润作为商行为的特征。

在这一问题上，比国学说自20世纪50年代以来出现深刻的分裂。范·赫依(Van Ryn)指出，营利意图的主观标准并未被立法者规定，不能够满足交易安全——第三人无法确定他们的缔约人是否以商人身份行事，即使后者在其职业活动或附属性活动范围内完成属于性质上的商行为列表中的行为时——以及未考虑经济现实(特别是有关公法人和非营利社团的活动)。他提议将“主观标准”替换为“客观标准”，也就是与为了获取利润(以获取高于成本花费的收入)的企业组织结构有关，他明确道：使用商业方法在这个问题上是决定性的。一些学者赞成该种观点。我们将看到，关于商事实践和消费者的保护和信息告知的法律意义上的“销售者”概念(vendeur)，很大程度上建立在商事活动的概念之上，而与任何营利标准无关。

而且，该争论在民商合一体系的国家如同荷兰的相关法律中也出现了。荷兰商法以商事活动意义上的营业(entreprise)概念为中心，但要讨论的问题在于营利目的是否是该商事活动定义的要素或者，如同梅斯教授(Dorhout Mees)建议的那样，是否只需参照所考虑活动的主要特征，商事活动只有在该类活动以一种占优势的方式概括地呈现出商事性和有偿性的特征时，才可被界定为“营业”。仅在有疑问时，才适合考察具体情况应该如何。

31. 法国学者万森尼(Vincensni)，叙述了在法国实证法上主观标准(营利目的)和客观标准(将行为记入一活动)的被适用，一行为只有通过汇集两个条件之后才能被认为属于性质上的商行为：行为人的营利目的和其从事某一活动，该活动由一系列的行为特征化，这些物质的或法律的行为自愿地由一共同目的连贯和联结起来。

32. 考虑到一些公法上的企业越来越广泛、深入地介入经济生活，有时立法者明确将这些企业的行为认定为商行为。

§3. “商人”(commerçant)

33.《商法典》将商人定义为习惯地或职业地完成商行为的人，尽管以从属的(à titre d' appoint)方式。该概念既适用于法人也适用于自然人。

在比国法上，既不是人的法律形式(此处我们指的是法人)，也不是其登记于商事登记处[企业信息银行(Banque-Carrefour des Entreprises)的附属登记簿]，也非某人介入经济活动这一事实使其拥有商人的身份。

如果商事性的定义是单一的，讨论为了决定某人的商人身份而适用的标准时，一项重要的差别应该是依据这个人是自然人、法人还是没有法人人格的公司(民事公司，或称“合伙”)。

关于自然人，是考虑实际从事的活动以决定他们的商事性：商人是完成被认为是商行为的行为,并主要地或者是附属地将这些行为作为其习惯的职业。

相反,法人或不具有法人人格的公司的由其公司目的决定民事或商事性质。如果其公司目的在于完成法律规定的商行为,即拥有商人的身份,否则就是民事的。在实证法上,民事公司采纳一商事形式并不改变其民事性质(也不改变其完成行为的性质)。

我们可以合理地追问:将为了营利目的、选择采纳商事形式和因此使用商事性的特征性工具的企业,不适用商事性的法律效果、排除出商事性的适用范围,这是否是合适的。

我们将看到,在其讨论商事性的论文中,万森尼论证了将商法的适用范围扩展至所有的有经济目的的私法法人,而不依据他们公司目的是民事或是商事进行区分,以及不考虑营利目的的标准。他以一个或多个自由职业者组成的商事公司为例,还指出并不是由该公司来完成自由职业,而是由该公司的股东即自然人来完成,这些股东依据他们的职业过错而拘束他们的个人责任。关于公司,其追寻营利目的并为此目的而使用并非个人的手段,与在任何公司框架之外执业的律师和医生相反。

§4.“销售者”(vendeur,LPCC)

34. 以前的关于 1971 年 7 月 14 日有关商事实践法律之下,该法律的大部分规定适用于《商法典》第 1 条之下的商人。

在取代上述法律的 1991 年 7 月关于商事实践和消费者的保护和信息告知的法律(LPCC)中,“销售者”的概念有其独特的词义,完全不同于经典的民法概念,即《民法典》第 1582 条意义上的“销售者”。这一特殊的概念在其他立法中并不存在,无论是欧盟的、外国的、比国的——它曾引起了激烈的批评,由于其复杂晦涩、不完整和非逻辑的特征。而且,这一概念的含义在 LPCC 各个章节中也并不统一。这一概念是以前“商人”概念,即《商法典》意义上职业地完成商行为的人和现代“企业”概念的艰难妥协,自 1992 年 LPCC 生效以来,其带来了丰富的判例,其中若干个还是最高法院的判决。

35. 从 LPCC 的草案中可看出,通过使用“销售者”这一概念,立法者意图显著地扩大该法律的适用范围,在竞争关系更现实的视角之下,通过允许 LPCC 适用于其他并非商人的经济活动参加者。因此,农民可成为该法律意义上的销售者。

然而,为定义 LPCC 意义上的“服务”而参照商行为,使我们又回到了原点:《商法典》的“商行为”,而立法者不想仅仅局限于《商法典》。

LPCC 的第 1.6 条提及三类人,被界定为 LPCC 的销售者,应提供销售或销售产品或服务。然而,任何构成商行为的给付或构成有关手工业登记法律规定的手工业活动,即是服务(service)。“产品”(produit)被定义为任何有形动产,不包括不动产和无体财产。

作为总结,以下人可称作“销售者”:私法领域的经营者,从事商事活动的公法上的人,以及更宽泛地从事具有商事性特征活动的人,无论是否具有营利目的,只要这些人提供销售或销售产品或服务(包括公共服务)。是否存在营利目的或对价,对界定销售者是没有影响的。

36. LPCC大部分规定适用于上述的销售者与消费者之间的关系。特别是,被如此定义的销售者应符合商事领域诚信实践的一般规范。

其他的规定拥有更宽泛的适用范围。例如,有关原产地标志、广告、拍卖、强制买卖和非法买卖的规定被概括地适用,而不局限于销售者。

最后,规制赔本买卖仅仅适用于商人。

37. 为了适用LPCC中有关不正当条款(Clause abusive)的章节(第五章第2节,第31~34条),应将“销售者”不仅理解为该法律第1.6条所规范的人,还包括其他在职业活动过程中与销售者缔约的法人或自然人,但不包括自由职业的从业者。

为了适用规制不正当条款的规定而扩大“销售者”的概念,是1993年的指令所要求的,该指令涉及所有经营者,也就是“所有自然人或法人在其职业活动框架内缔结涉及本指令的合同,无论其是公权力性的或是私人性的”。无论如何,并不要求被界定为“销售者”的人提供销售或服务。

§5. “企业”(entreprise)

38. 有人提议用企业这一概念来替换《商法典》意义上的“商人”和LPCC意义上的“销售者”概念。然而,实证法并没有提供具有单一意义的企业概念。此外,将目前仅适用于商人的概念扩展至所有的企业(例如,竞争法所理解的企业),并不能获得一致赞同。

范·赫依和合恩将企业定义为人员、物质和非物质要素集聚的统一组织,这些要素附属于一个法律上独立的主体,并持续追求一个既定的经济目的。

对于范·惹尔文而言,企业是一个独立和持续的组织,其中一个或多个人在物质或非物质手段的帮助下制造或销售产品和服务,通过购买者支付这些财产或服务,来至少为了组织持续运转所必要的开支。

39. 事实上,这些定义符合竞争法上所采纳的企业概念:比国竞争法上企业的定义借鉴了范·赫依和合恩的观点,然而范·惹尔文所提出的定义符合欧盟竞争法上的企业概念。

欧盟条约(Traité CE)没有定义“企业”。判例通过赋予其功能性的内容(企业是一个“如同企业一样运转”的实体,因而可能对竞争产生影响并修改竞争规则)而尽力来明确这一概念。依据一贯的判例,企业的概念包括实行经济活动的实体,而不考虑该实体的法律状态和其运行方式。

用于在既定市场提供服务或财产的活动，特征化了经济活动这一概念。欧共体法院(Cour de justice des Communautés européennes)承认某些公共利益任务的非经济性特征，这些任务涉及成员国的核心职能，诸如空中导航的安全维护和提高以及环境保护。

关于与成员国社会保险体系运转有关的活动，判例则依据个案判定他们的性质，认为主要基于团结原则(solidarité)的活动属于非经济性的。

相反，服从市场逻辑、以资本积累为目的的活动属于经济性的。

行使混合功能的实体仅就有经济特征部分的活动适用于竞争法。

我们将注意到，这一企业的定义在2000/35/CE指令融合的商法另一领域被接受：防止在商事交易中的迟延付款。在这一领域，企业被理解为哪怕当活动只被一个人从事时，一个在经济活动或独立职业活动中运转的组织。

40. 比国2006年9月15日协调强化的关于经济竞争保护的法律，将企业定义为持续追求经济目的的自然人或法人(第1条，a)。因此，这一定义与欧盟法上的定义有很大不同，因为比国竞争法上的企业必须是法人。

在最近一个判决中，欧盟一审法院认为，法律上是独立的、但经济上并不独立，商事代理人和雇主共同构成一个企业。这一分析在比国法中难以想象。

除了这一与企业法律人格(personnalité juridique)有关的区别之外，比国竞争执法机关系统性地参照企业概念的欧盟法路径，也就是与经济活动有关。因此，SABAM，一个著作权管理公司被看作竞争法上的企业，如同天然气、电力、模拟数字信号分配的市政联合公共企业(intercommunale)一样。

我们已经看到，当自由职业的从业者从事一项独立性、旨在财产或服务交换的活动并持续地追求经济目的时，他适用于竞争法的。从业者提供服务的技术性或复杂性，和他们职业行使受规范这一情形，都不能够修改这一结论。但当他们的活动排他性地附属于公共职能的行使范围时(例如，公证员或司法执达员赋予一些文书以真实性)，不被认为是竞争法上的企业。

41. 然而看起来，企业这一概念并非总是具有竞争法赋予其的含义，这解释了最近的学说分析放弃了提供统一的企业定义，以及承认这一概念依据运用该概念的不同经济法分支[会计法、企业信息公示制度(la Banque-Carrefour des Entreprises)、竞争法、支付不能法]而产生分裂。最多，这关系到一个术语，当立法者意图以这一个术语指代所有适用同一法律的人或实体时，它的使用是合适的。

§6. “经营者”(professionnel)

42. 欧盟立法者在2005/29/CE关于针对消费者的不正当实践的框架性指令采纳之前，对采用哪个术语来界定“经营者”非常犹豫。

如果有关欺诈性广告的84/450/CEE的指令(随后被修改以加入比对性广告规制)规范所有从事商事、工业、手工业或自由职业活动的人，85/577/CEE关于在商事营业场所之外缔结合同的消费者保护,仍参照"商人"这一概念,被理解为活动在商事活动或其职业活动框架内的所有自然人或法人。

93/13/CEE 包括经营者与消费者之间订立合同中的不正当条款。该指令中的"经营者"被定义为"所有自然人或法人在其职业活动框架内缔结涉及本指令的合同,无论其是公权力的或是私人的"。我们在关于远程合同消费者保护的97/7/CE 指令找到类似的定义,但这次该指令规范的人被称为"供应商"(fournisseur)而非"经营者"。98/6/CE 关于提供给消费者的产品价格指示的指令,再次使用"经营者"术语,"经营者"被定义为"所有销售或提供销售的产品涉及其商业活动或职业活动的自然人或法人"。

43. 最近的 2005/25/CE 关于针对消费者的不正当商事实践的指令,意图提供一个为规制企业针对消费者的不正当商事实践的框架。

在该指令中,"企业""商人""经营者"的概念被轮流使用,如同同义词一般。

"企业"(英语 business)这一术语在其标题中被使用,也在其立法理由部分被大量地使用。但是,指令文本中没有定义企业,而是让位于"经营者"这一词语(英语 trader)。然而,这个"经营者"的概念看起来与竞争法上的企业概念接近。

该指令将"经营者"定义为自然人或法人,为了与本指令有关的商事实践,为其商业、手工业、工业或自由职业活动而行为,以及所有以经营者名义或为其利益而行为的人。

其也适用企业针对消费者的不正当商事实践"在某一包含产品的商事交易之前、过程中和之后"。须广义地理解该指令中"产品"这一术语,其包括所有财产或服务,也包括不动产财产、权利以及债务。

44. "服务"这一概念并没有被明确。然而,这一概念是《欧盟条约》确定的几大自由和自由流通的核心,被 2005/29/CE 指令的立法理由所提及,并被《欧盟条约》第 50 条所定义:在条约里,服务是指"一般而言有偿提供的给付,在其未被有关商品、资本和人员自由流动相关的规则规范时"。正常情况下,服务包括工业的、商业的、手工业的和自由职业的活动。

欧盟法院曾明确了"有报酬"(rémunération)这一概念的外延,报酬的核心特点在于这一事实:该报酬构成给付者和服务接受者之间支付的正常经济对价。在高等教育机构提供课程时,这一特征即不存在,因为其是受公共财政支持的,而仅收取学生的学费。相反,当高等教育提供的课程是为了寻求商业上的营利,而且其财政主要来源于私人资金时,特别是向学生或学生家长要求的报酬,则可被定义为服务。

尽管报酬被用于公共目的,"有报酬"这一条件也是成立的,如乐透(loto)

所获取的利润。

45. 现如今 LPCC 第 1.6 条定义的“销售者”(vendeur)概念,在转化该指令后,不应该继续存在,该指令的适用范围扩展至所有的经营者(professionnel),包括自由职业者,在他们与消费者、自然人之间的关系中,还适用于所有与不动产、权利和债务或服务有关的交易,而对“服务”的理解并不受商行为概念的限制。

然而,在被 2006 年 11 月 24 日部长会议通过的转化法律草案中,并没有用经营者(professionnel)替代销售者(vendeur)这一概念,也没触及这一术语在 LPCC 中的定义。依据该草案的立法理由书,“指令中的‘经营者’和‘受规制职业’,因担心与整体不协调而没有被采用。因为,使用的是‘销售者’这一术语,并符合这些定义。只有自由职业,也被包括在指令‘被规制职业’这一概念之中,而不被 LPCC 规范”。

然而,我们已考察过的“销售者”,必须是那些销售或出卖产品或服务的人,而“服务”的概念受商法典中商行为概念的限制。

因此,LPCC 销售者的定义与 2005/29 欧盟指令采用的经营者概念存在两个重大的区别:

(1)销售者必须是那些销售或出卖产品或服务的人(过时地依附于商行为这一概念,然而商业活动这一概念就足够了);

(2)自由职业者连同其他一些类似的经营者(艺术家、教师)被排除这一概念……

§7. “自由职业者”

46. 比国 2002 年 8 月 2 日与欺诈性广告、对比性广告、不正当条款和远程合同法律中与自由职业有关的法条中,包括了对“自由职业”包揽性的定义:“所有独立的提供服务或财产的职业活动,不构成一项商行为或 1965 年 3 月 18 日关于手工业登记所规范的手工业活动,也不被 1991 年 7 月关于商事实践和消费者的保护和信息告知的法律规范,排除农业和畜牧业活动。”

该法律同 LPCC 一道,意图转化若干欧盟指令。这也是为什么立法者不理会最高行政法院(Conseil d’État)立法部的建议,后者建议明确规范与一职业秩序有关的职业(建筑师、律师、医生、公证员、药师、兽医、企业审计员、会计师和企业法律顾问)以及 1976 年 3 月 1 日规范职业称号保护和服务给付型、知识型职业行使的框架法律所提及的职业,以及一些特殊法律,如同婚姻中介企业、心理分析师、记者和私家侦探;最高行政法院还提及其他未被任何一般或特别法律规范的自由职业者,比如信息职业。自由职业概念的狭窄定义并不允许该法律呈现出一览无余的特征,而该特征对于达到这些指令所要求的效果是必需的。该一览无余的特征将会不可避免地导致令人吃惊的结果,因为其意味着所有未被LPCC所规范的独立职业,且非手工业的、农业的或畜牧业的都属于自由职业这一概念。曾有判决表明,为适用2002年的法律,行使按摩活动或教授按摩技术的人应被看作自由职业者。

至于欧盟方面,在一起税务争端时,欧盟法院列举了一些重要的标准,这些标准可能奠定欧盟范围内自由职业的定义的基础:自由职业呈现出显著的知识性特征,要求较高的自治性,普遍地适用于准确和严格的职业规范;在行使这一职业活动过程中,个人的素质很重要;为完成职业活动,较高的自主性很关键。

不动产领域很好地说明了笼罩在这一种类之上的模糊。不动产中介被同时认为属于自由职业和商事性质,以至于LPCC对其适用特别是有关虚假广告的规定。《不动产中介行业协会道德法典》第1条规定:"在行使职业活动的框架之内,不动产中介需要同时符合职业内在需要的诚实和尊严,遵守相关法定规定,特别是1991年7月14日关于商事实践和消费者的保护和信息告知的法律,以及为执行这一法律的法令(arrêté)。"

47. 目前立法者公开地拒绝以法律统一规范针对消费者的不正当商事实践、广告、不正当条款和远程合同看起来很不合理,并强制判例以极其不合理的方式去扩大解释自由职业的概念。这样看起来是更合理的:将自由职业者纳入LPCC的规范,在LPCC第1条用2009/29/CE指令意义上的经营者(professionnel)这一概念替代不规范的、非常模糊和不完整的"销售者"(vendeur)概念。

§8. "消费者"

48. 为了适用1991年7月关于商事实践和消费者的保护和信息告知的法律,消费者是"所有法人或自然人非以职业目的地使用或购买市场上的产品或服务的人"(第1.7条)。

依据最高法院对于消费者定义中的"职业目的"概念,起决定性作用的是完成行为或活动的性质,而非其营利目的或内容。因此,目的是支持一个政党(Vlaams Blok)的法人(非营利社团, vlaamse concentratie),该法人接受政党的捐赠,而无论该政党的政治、宗教或哲学意识形态如何。在选举的时候为其候选人提供服务,以职业的形式租用广告位置、承诺负责选举开支,这一非营利社团不可被看做是消费者。在该案中,一个文化刊物的出版社拒绝在其刊物中刊登为政党"法兰德斯集团"(Vlaams Blok)选举造势的广告;非营利社团"法兰德斯联合组织"(vlaamse concentratie)认为该拒绝是非法的、违背消费者利益,起诉要求停止该项拒绝(它主张LPCC第94条之违反)。布鲁塞尔上诉法院驳回了它的诉求,理由是通过租用广告位置,该非营利社团从事职业活动,最高法院也批准了上诉法院的判决。

整体来看,法人很少符合消费者的特征:不是为了职业目的而购买或使用产品或享受服务。

因为用于界定消费者的特征不是某一领域的知识或技能，而仅仅是购买产品的目的（职业或非职业地）。

49. 在已经提到的 2002 年 8 月 2 日与自由职业有关的法律中，没有提到消费者，而是客户（client）；判断客户的标准与在商事实践领域适用的“消费者”标准是非常类似的，因为客户是指法人或自然人在法律规范的合同中以非职业目的的面貌出现。一个咨询律师的公司并非该法律意义上的客户。选择使用“客户”这一词看起来是非常不明智的，为了协调性和简洁性，应该用“消费者”这一概念替代它。从上边提到的建议视角来看，既然致力于统一在商事领域和自由职业领域不正当实践的法律，改变“客户”这一词汇也是有道理的。

50. 在 2005/29/CE 关于针对消费者的不正当商事实践的指令中（这个指令在上文中已被多次提及），应该这样理解“消费者”：所有自然人在与本指令有关的商事实践中，以与其商业活动、工业活动、手工业或自由职业活动不相关的目的而行为（art. 2. a）。

因此，欧盟法关于消费者的定义较比国的更狭窄（因为其不包括法人），但比 LPCC 中的定义更宽泛，与后者相反，其不限于为了获取或使用产品或服务。其与比国法相比更精确：欧盟法的定义明确表明仅有职业的、独立的活动被排除出消费者的概念，而非有偿的职业活动。但我们看到，如同比国法一样，欧盟共同法也没有确认知识或技能的标准。

51. 在比国，编纂法典的一些愿景起因于 1995 年要求制定消费者保护法的一般法律的建议草案，但是这些草案并没有下文。

该草案文本中采纳的“消费者”定义与实证法上现行有效的概念相去甚远，因为草案作者意图侧重“缺乏职业技能这一条件”，而非购买产品或服务的用途：“消费者是所有获得、接受或利用产品、服务或与其有关的通讯，而非本人作为企业追求产品的制造、转化或分配，或服务的给付。法人并非消费者，除非其的确是为了获得某项产品或利用某项服务而没有相应的职业能力。”

对于比国立法者来说，看起来并不可能，在与经欧盟融合的消费者保护法有关的所有领域，确立这一需要保护的消费者概念：由于其缺少在某一领域的知识。然而，经过融合的内容一点点的覆盖消费者保护法的整个适用范围……但是，我们可以合理地追问：欧盟指令所采纳的“用途标准”是否满足这一目的，即“保证较高水平的消费者保护”，特别是关于他们的健康、经济利益的保护和他们的知情权，这一目标由《欧盟条约》（CE）第 153 条确定。

（二）朝向这些概念的融合？

52. 欧盟法（至少法语意义上）并不理会商人的概念，也不理会商行为的概念。相反，企业、商业活动、经济活动、手工业职业或自由职业这些概念处于欧盟法的中心位置。关于后者，我们指出商事活动的概念看起来从来都不是单独出现的,而总是和工业活动、手工业活动、自由职业活动一起出现。

53. 在比国法上,商行为这一概念不仅仅是为了决定商人的身份,其也特征化"服务"这一概念,因此同样特征化商事实践和消费者保护和知情意义上的"销售者"概念。然而,我们已经看到在转化 2005/29/CE 指令之际,这一有局限的"销售者"概念不应被保留。

商行为的概念也允许宽泛地定义非营利社团,也就是那些不致力于商业或工业经营的团体,且并不力图使其成员获得物质上的营利。

54. 对于法国教授维昂第尔(Viandier)来说,所有的经济活动都应该由商法来规范。按照这位学者的理解,所有的生产活动、加工活动和财富流转活动,无论是商业的、手工业的、农业的或自由职业的,都是经济活动。相反,家庭活动并不包含在这一概念之中(个体的财富管理、政治、工会、哲学、慈善的活动),因为这些活动的进行并不包括交换、商事竞争或职业的行使。依据这一路径,自由职业活动完全进入商事性的范围,作者并没有解释如何对待艺术活动和教学活动。

55. 依然是在法国,最近对商事性和商法概念思考最深入的是万森尼(Vincensini),他更细腻的论文勾勒出了现代商法的框架,更适应现代社会的现实,而非自动或者完全地将所有的自由职业纳入商事性的适用范围。

他的论文包括两个主要方针:是否考虑为了进行经济活动而运用手段和素质的个人特质,和是否用客观商业活动标准替代营利标准。

第一个标准:运用的手段和素质

56. 在经济活动中,存在着应该被剔除商法范围的活动,因为它们不是典型的资本主义:这些活动是因获利的人的资质而进行的财产或服务交换:手工业活动、自由职业活动、智力活动、文艺活动……

在这种情况下,生产财产或提供服务的人也是其本人。

相反,商事活动在于获利的人利用其他劳动力或开发不属于它的外来财产:"就此意义上,商事活动是典型的资本主义活动。"然而,法人必然行使非个人的活动——"法人人格必然包括产品和服务的生产者与其经营者(exploitant)的分离。另由于法人法律上是非个人的组织,其活动也是非属人性的"。

私法上的以经济为目的的法人完全是商事性的,不是因为商事与经济相混同,而是因为法人人格的目的是将简单的经济活动转化为资本主义类型的活动,而对于法人人格,我们易忽视其对经营活动性质的影响。这些法人悄悄地符合了商事性的标准,因此其应适用与商人一样的规则。这些规则不仅仅是为了经营活动中第三人的利益,如第三人在企业破产时受到更好的保护;这些规则还更好地适应了经济活动的真正性质,使经营活动更具有竞争力。

为了阐明他的理论,万森尼举了如下例子:如果电影制造者从事个人的、原创性的活动时(选题、合作者、各种合作之协调),这属于民事活动;但如果其只是执行因第三人创造出来的画面,他的活动则是商事性的;当手工业者个人手工地从事着生产活动,他从事的是民事活动;但当其主要因外在的劳动力(工人或机器)而生产产品或其商品来源于外部时,则是商事性的,“驾校的主任如果参加驾驶教学则是民事活动,但当其汇集一群领薪教练而不参加教学,则应该被称为商人”。最后,可能是为了使我们更清楚地明白他提出的区分标准,他指出妓女卖淫属于民事活动,而妓女的淫媒活动则是商事性的。

第二个标准:商事性活动(或者经济活动)

57. 万森尼建议将主观的“营利性目的”标准替代为客观的“商事活动”,也就是“财产或服务以对待给付为目的的一种交换模式,一般通过给付价款而交换”或者“以致力于生产在市场上流通的服务或财产为目的的活动”。在这方面,他参照竞争法上关于经济活动概念所演绎出来的知识。

四、消费者保护法对商法的影响

(一)消费者保护法的现今趋向

58. 今日,无论是关于合同的规制(不正当条款、远程合同、分时度假、旅游合同、金融服务等)还是产品的安全,消费者保护法的欧盟法源泉都发挥着最重要的作用。例如,一些如同“克雅氏病”(Creutzfeldt-Jakob,疯牛病的人体形式)之类的丑闻,使欧盟立法者特别关注食品安全的问题。

关于消费者与新科技之间的关系(隐私保护、电子商务等),也被欧盟立法者所重点关注。

我们看到在 2005 年,欧盟采纳了一个重要的框架指令(directive-cadre),以规制针对消费者的不正当商事实践。为保证转化该指令的成员国法律应该最迟在 2007 年 6 月 12 日被公布,在 2007 年 12 月 12 日被适用。其将会不可避免地深度影响现行关于商事实践和消费者保护和告知的法律。

(二)私法各分支的交织——实用性的进路

59. 消费者保护法属于民法与商法之间“缺失的链条”,与民法和商法规则互相嵌套。在比国法上,如果消费者法在民法上的嵌套是形式的(我们想到在民法典中加入了与消费产品买卖的规则),其在商法中嵌套则是更深远的(LPCC、电子商务的法律等)。

60. 另一种进路,更实用主义的(pragmatique)与欧盟法这方面法律更协调的进路,可能是用同一法典编撰有关商法和消费者法律的一般规则。这一方案将剔除民法中的消费者保护法,使民法典保持着这样一种功能,即“共同法的守卫者”,在比国法上其一直被分配这一职能。

五、结论

61. 在目前这一阶段，还不可能对未来这一法典的结构提出建议。最多我们会尝试勾勒出一些思考轨迹，这些思考轨迹受前述的当前实证法上“商事性”情况的启示，并请每个人批评之。

62. 我们因此可尝试在比国构建“消费者保护和商法典”，内容包括：

(1)扩大“商人”的定义，扩展至以经济为目的的所有私法法人(当然经济活动不仅包括商事活动，还包括不被商行为概念所包括的活动，即自由活动)；

(2)关于“商行为”的定义，除了为经营而购买营业资产，还包括所有产品和服务的生产或交换活动，不包括手工业活动、自由活动、教学活动、运动活动和艺术活动；

(3)对“自由职业活动”更准确、更实际的定义；

(4)关于“经营者”的定义，采纳2005/29/CE指令中的定义(所有有关经营者之间和针对消费者的不正当商事实践的规定都将适用于这一“经营者”概念)；

(5)关于“消费者”的定义，采纳2005/29/CE指令中的定义；

(6)一些可以整体被适用的概念(例如，公示措施、信息公司提供的服务)；

(7)消费者保护“横向的”(horizontal)法律(也就是一般地适用于消费者与经营者之间关系的法律，除了行业性的规制规范)；

(8)商事实践的横向法律(经营者之间的关系：不正当竞争法)；

(9)电子商务法；

(10)营业资产法(很大部分需要制定；除了1919年关于营业资产质押的法律外，营业资产法还可包括商事租赁法，而且后者可扩展适用至为了自由活动而租赁的场所)；

(11)商事中介人(一般意义上的)；

(12)商事票据法；

(13)商事质押法；

(14)企业会计法；

(15)关于企业信息公示系统的框架法律；

……

《北航法律评论》简介

《北航法律评论》(Beihang Law Review)系北京航空航天大学法学院主办的法学刊物,创刊于2010年,现由北航青年教师和学生共同组成编辑团队。它以“宏扬法治理念,阐释法学精义,透析社会现实,推动法学教育”为根本办刊宗旨与理想,坚持学术自由、兼容并蓄、思想自由的人文精神,透视和洞察中国当前的法律体系、社会结构、社会心理及思想意识,透过独特的视角,探寻中国法治道路的方向,兼具理论性、适用性与前瞻性。

《北航法律评论》采用学术集刊的出版形式,每年出版1~2辑,设有“专题研讨”“论文”“译文”“案例分析”“时评”“人物访谈”等栏目。《评论》策划的专题包括:法律实证主义、侵权法的回顾与展望、刑事诉讼法的修改、民法典编纂、网络安全与网络犯罪等,希望成为国内法学前沿理论研究与交流的思想阵地。本刊已被中国知网(CNKI)数据库、中国法律知识总库、北大法宝等数据库全文收录。

本刊编辑部地址:北京市海淀区学院路37号北京航空航天大学法学院《北航法律评论》编辑部,邮编:100191,E-mail:bhlawrev@163.com。

《北航法律评论》约稿函

为达致上述理想及学术旨趣,《北航法律评论》欢迎海内外学者来稿。来稿请以电子邮件方式发送至本刊编辑部,本刊编辑部邮箱为:bhlawrev@163.com。对本刊编辑原则及体例,特声明如下,以供参考:

1. 本刊拟每年出版1~2辑,采取以书代刊之方式,文章形式可体现为论文、译文、案例分析、书评、随笔、立法与司法动态述评及学术会议综述等;

2. 本刊原则上对来稿不考虑作者之身份及学术背景,仅以学术水平与学术规范为标准,论文或译文原则上应为1万字以上;

3. 本刊所刊载文章中的观点均属于作者个人,并不必然反映编辑部或其他机构、个人的观点;

4. 本刊版权属于本刊编辑部所有;本刊所刊载文章,均已由其作者授与自发表之日起一年的专有使用权;

5. 为保证学术研究的严肃性与纯洁性,维护良好学风,凡为本刊供稿之作者在文中引用他人著述时,均须注明出处;如有剽窃、抄袭行为,将本着文责自负之原则,由侵权者本人承担全部责任;

6. 来稿须在同一语言下未事先以任何书面或网络等形式公开发表;稿件请附英文标题、中文摘要和关键词,并注明作者身份和联系方式;译稿须同时邮寄原文稿,并附作者或出版者的翻译授权许可;

7. 本刊欢迎对所刊文章的转载、摘登、翻译或结集出版,但任何转载、摘登、翻译或结集出版,均须事先得到本刊编辑部的书面许可;

8. 为扩大本刊及作者知识信息交流渠道,除非作者在来稿时声明保留,否则视为同意本刊编辑部拥有向第三人授予已刊作品的电子出版权、信息网络传播权和数字化汇编、复制权;以及向《中国社会科学文摘》《高等学校文科学术文摘》和中国人民大学书报复印资料等文摘类刊物推荐转载已刊作品的权利;

9. 自本刊收到来稿之日起,2个月后如未采用或未通知,作者或译者可自行处理;

10. 任何来稿视为作者或译者已经阅读或知悉并同意本刊上述各项声明。

《北航法律评论》引征体例

一、一般体例

1. 引征应能体现所援用文献、资料等的信息特点，能与(1)其他文献、资料等相区别；(2)能说明该文献、资料等的相关来源，方便读者查找。

2. 引征注释以页下脚注形式连续编排。

3. 本体例要求注释与正文分开。在正文须加注释处右上角以阿拉伯数字标记。脚注编号通常位于相应标点之外。

4. 正文中出现100字以上的引文，不必加注引号，直接将引文部分左右边缩排两格，并使用楷体字予以区分。100字以下引文，加注引号，不予缩排。

5. 引征可不使用引导词或加引导词，支持性或背景性的引用根据可使用“参见”“例如”“例见”“又见”“参照”“一般参见”“一般参照”等；对立性引征的引导词为“相反”“不同的见解，参见”“但见”等。

6. 注释中重复引用文献、资料时，若为注释中次第紧连援用同一文献、资料等的情形，可使用“同上注”。若两个注释编号次第紧连，但引征的同一文献不在同一页码，则使用“同上注，第M页”。若重复援用同一文献、资料等的注释编号中间有其他注释的情形，应先加注作者名，在作者名后注明“见前注X，第M页”。若前注中有多项引征不同文献、资料等的情形，则应注明作者或者文献、资料标题后，加“见前注X”或“见前注X，第M页”(在引征同一文献、资料等的不同页码时)，以示区分。

7. 图书或成册作品援用的一般结构次序为：

作者：标题，出版者，出版时间，版次，页码。

8. 定期出版物援用的结构次序为：

作者：标题，出版物名称，卷期号，出版时间，页码。

9. 作者(包括编者、译者、机构作者等)为三人以上时，可仅列出第一人，使用“等”予以省略。

10. 作者众所周知的作品，可不加作者名。

11. 编辑、整理而非创作之作品,应在编者、整理者姓名后,作品标题前注明编辑/编著/主编/整理等。

12. 引征多作者独立作品汇集的汇集作品文献、资料时(如研讨会等成果结集出版),在该独立作品后注明"载"某汇集作品。

13. 引征二手文献、资料,需注明该原始文献资料的作者、标题,在其后注明"转引自"该援用的文献、资料等。

14. 引用影印本或其他印本,用括弧注明原作出版时间及影印时间。

15. 引征信札、访谈、演讲、电影、电视、广播、录音等文献、资料等,在其后注明资料形成时间、地点或出品时间、出品机构等能显示其独立存在的特征。

16. 外文作品的引征,从该文种的学术引征惯例,不必译成中文;外国人名、地名等专有名称建议保持原文。

二、引用例证

1. 著作

* 张晋藩:《中国法律的传统与近代转型》,法律出版社2005年版,第32页。

* Dennis Patterson, Law and Truth, New York: Oxford University Press, 1996, p. 76.

2. 译作

* [法]孟德斯鸠:《论法的精神》(下册),张雁深译,商务印书馆1963年版,第32页。

3. 编辑(主编)作品

* 朱景文主编:《对西方法律传统的挑战——美国批判法律研究运动》,中国检察出版社1996年版,第32页。

* 郭道晖等主编:《中国当代法学争鸣实录》,湖南人民出版社1998年版,第32页。

4. 杂志/报刊文章

* 徐爱国:"霍姆斯《法律的道路》诠释",载《中外法学》1997年第4期,第115页。

* 马蔚:"集体企业改制的法治缺失",载《工人日报》2004年6月12日第5版。

* Oliver W. Holmes, The Path of the Law, 10 Harvard Law Review 457, 460 (1897).

5. 作者众所周知

*《马克思恩格斯选集》(第一卷),人民出版社1995年版,第32页。

6. 著作中的文章

* [美]宋格文:"天人之间:汉代的契约与国家",李明德译,载高道蕴等主

编:《美国学者论中国法律传统》,中国政法大学出版社 1994 年版,第 32 页。

7. 网上文献资料引征(引征网上文献资料应将该页面另存为独立文档,发送本编辑部的电子邮箱或者打印出寄送本刊编辑部,以备查阅)。

* 梁戈:“评美国高教独立性存在与发展的历史条件”,<http://www.edu.cn/20020318/3022829.shtml>(2002 年 5 月 17 日访问)。

* Randi Bussin, Multilingual Web Site Strategy & Implementation: Microsoft <http://www.headcount.com/globalsource/articles.htm> (visited Apr. 19, 1999).

图书在版编目(CIP)数据

北航法律评论. 2017年. 第1辑 : 总第8辑 / 李昊,
明辉主编. --北京 : 法律出版社,2019
ISBN 978-7-5197-3596-8

Ⅰ. ①北… Ⅱ. ①李… ②明… Ⅲ. ①法律-文集
Ⅳ. ①D9-53

中国版本图书馆CIP数据核字(2019)第122160号

北航法律评论 2017年第1辑(总第8辑)
BEIHANG FALÜ PINGLUN 2017 NIAN DI-1 JI
(ZONG DI-8 JI)

李 昊
明 辉 主编

责任编辑 黄倩倩 张 康
装帧设计 臧晓飞

出版 法律出版社
总发行 中国法律图书有限公司
经销 新华书店
印刷 北京建宏印刷有限公司
责任校对 郭艳萍
责任印制 陶 松

编辑统筹 学术·对外出版分社
开本 720毫米×960毫米 1/16
印张 16.75
字数 317千
版本 2019年7月第1版
印次 2019年7月第1次印刷

法律出版社/北京市丰台区莲花池西里7号(100073)
网址/www. lawpress. com. cn
投稿邮箱/info@ lawpress. com. cn
举报维权邮箱/jbwq@ lawpress. com. cn
销售热线/400-660-8393
咨询电话/010-63939796

中国法律图书有限公司/北京市丰台区莲花池西里7号(100073)
全国各地中法图分、子公司销售电话:
统一销售客服/400-660-8393/6393
第一法律书店/010-83938432/8433 西安分公司/029-85330678 重庆分公司/023-67453036
上海分公司/021-62071639/1636 深圳分公司/0755-83072995

书号:ISBN 978-7-5197-3596-8
定价:68.00元
(如有缺页或倒装,中国法律图书有限公司负责退换)